DICCIONARIO BILINGÜE DE NEGOCIOS

Bilingual Business Dictionary

LID Editorial Empresarial

Dearborn
Financial Publishing, Inc. ®

A pesar de que se ha procurado dar información fidedigna y actualizada, las ideas, sugerencias, principios generales y conclusiones que figuran en este texto están sujetas a reglamentaciones municipales, estatales y federales, casos llevados a los tribunales y revisiones de los mismos. Recomendamos al lector buscar asesoría legal en lo concerniente a leyes específicas aplicables a su localidad. Esta publicación no debe ser utilizada como sustituto de consejo legal competente.

While a great deal of care has been taken to provide accurate and current information, the ideas, suggestions, general principles and conclusions presented in this text are subject to local, state and federal laws and regulations, court cases and any revisions of the same. The reader is thus urged to consult legal counsel regarding any points of law. This publication should not be used as a substitute for competent legal advice.

Adaptado de The CAPITAL Business Dictionary, LID Editorial Empresarial, Sopelana 22, Madrid E-28023 España, Copyright© 1998

Dirección editorial:	**Karin N. Kiser**
Supervisión editorial y producción:	**Editorial Pax México**
Portada:	**Richard Gahalla**

Copyright © 1999 por Dearborn Financial Publishing, Inc.®
Publicado por Dearborn Financial Publishing, Inc.®, Chicago

ISBN 0-7931-3369-6

Contenido / Contents

español-inglés

A

a cuenta (*on account*) Anticipo o pago parcial de una cantidad cuyo total a menudo no se ha fijado.

a fecha fija (*actual to date*) Cuando el vencimiento de una deuda, contrato u obligación está fijado en un día concreto desde el principio.

a la orden (*to the order of*) Expresión que significa que un valor comercial puede ser transferido por endoso. La persona a cuya orden se emite tiene la capacidad de transferirlo a una tercera para que lo haga efectivo.

a la presentación (*on presentation*) Acto de exhibir al librado un documento de giro para que lo satisfaga de inmediato, o para que tome nota del mismo a efectos de su vencimiento.

a prorrata (*pro rata*) Distribución por prorrateo o prorrata.

a título informativo; ATI (*for your information; FYI*) Expresión que indica que no es una oferta en firme o que no se espera una acción concreta o una respuesta del receptor.

a toda plana (*full column*) Noticia o comunicación publicitaria que ocupa todo el ancho de la página del periódico o revista, normalmente en su parte superior si es noticia, e inferior si es publicidad (faldón), y con caracteres destacados. Si la publicidad ocupa también todo el alto se llama página completa.

abanico (*product line*) Conjunto de productos, servicios o precios, parcialmente diferenciados dentro de la misma categoría, que se ofrecen a intervalos regulares para cubrir el mayor número posible de necesidades.

abastecer (*supply*) Dar o vender a alguien la cantidad de bienes que necesita.

abejas asesinas (*killer bees*) Compañías que están dispuestas a defender a otra de un intento de compra hostil, por ejemplo, en una OPA.

abogado (*lawyer; attorney*)
Licenciado en Derecho
inscrito en su colegio
profesional. Persona que en
un proceso civil tiene a su
cargo la asesoría y defensa de
alguna de las partes. En un
proceso penal es quien tiene a
su cargo la defensa del
inculpado.

abonado (*subscriber*) Persona que
tiene derecho a un servicio
mediante el pago de una
cuota o abono.

abonar (*subscribe*) Inscribir a una
persona para que reciba
determinados servicios o
pueda acudir a una serie de
espectáculos.

abonar (*post a credit*) Practicar
una nota de abono o crédito
en la contabilidad, o anotar
una cantidad en el Haber
de una cuenta.

abono (*credit entry*) En
contabilidad, apunte contable
en el Haber.

abono (*subscription*) Acuerdo y
documento por el que se
compra el derecho a usar
unas instalaciones o acudir
a un espectáculo durante un
periodo determinado. El pago
puede ser único o dividirse en
cuotas periódicas. Puede
incluir el derecho de compra
preferente de los abonos
siguientes. Es válido para una

persona o familia, y
raramente puede utilizarse
por otras personas (aunque
sólo sea para una sesión).

abortar (un proceso) (*abort [of a
process]*) Producir una
terminación anormal.

abrazo del oso (*bear hug*)
Procedimiento de acoso de
la empresa agresora a la
compañía que quiere comprar,
a través de un ultimátum a la
dirección de la empresa
asediada.

abrir una cuenta (*open an account*)
En contabilidad, asignar un
código informático a una
cuenta en la que se anotarán
los movimientos que le
correspondan. En banca,
llenar la ficha de apertura y
realizar el depósito inicial en
una cuenta.

abrogación (*repeal*) Anulación o
derogación de una norma
o disposición jurídica.

absorción de costos (*absorption
costing*) Determinación del
costo de una unidad
incluyendo su costo variable y
semivariable y su
participación en los costos
fijos e indirectos o de
estructura, de acuerdo con
criterios justificables. Se dice
que una actividad o la venta
de un producto absorbe

4

gastos fijos cuando su precio de venta excede al costo variable y aporta esa diferencia para cubrir los gastos fijos de la empresa.

abusivo (*abusive*) Trato injusto hacia una persona o grupo laboral en los términos de un contrato o convenio, como resultado del mal uso de una posición de poder en las negociaciones.

abuso (*abuse*) Uso de un derecho excediéndose claramente de los límites normales relacionados con el ejercicio del mismo, en detrimento de una tercera parte. En la administración pública, uso injusto o excesivo del poder otorgado a un servidor público.

abuso de posición dominante (*abuse of dominant position*) Ventajas ilegales que obtiene una empresa debido a su hegemonía en el mercado, por ejemplo, la imposición de precios más altos o condiciones discriminatorias. Va en contra de la libre competencia.

accesión (*accession*) Modo de adquirir propiedad basándose en que la posesión de los bienes da derecho a todo lo que ellos incorporen natural o artificialmente. Se basa en el principio de que todo lo accesorio sigue a lo principal.

acceso (*access*) En informática, grabación o recuperación de datos desde un disco o cualquier otro periférico.

acceso (*access*) Entrada a un establecimiento, organización o sistema.

acceso aleatorio (*random access*) Tipo de acceso a la memoria, a un fichero o a una base de datos, en el que las posiciones de almacenamiento son direccionables y, por lo tanto, puede accederse a ellas en cualquier orden. Se dice que se accede aleatoriamente si la secuencia de transacciones elegida no corresponde con alguna en la que los registros puedan estar organizados. Por ejemplo, se puede leer el registro 3001 sin necesidad de leer antes los 3000 anteriores. Las memorias RAM, ROM y PROM y los discos son los principales dispositivos de acceso aleatorio.

acceso directo (*direct access*) Sistema de obtención de cierta información que permite buscarla directamente y saber dónde está. Es más rápido que el acceso secuencial, aunque puede exigir formatos homogéneos y constantes.

acceso directo a memoria; ADM (*direct memory access; DMA*)

Método por el cual los procesos de entrada/salida pueden acceder a la memoria del procesador cuando se está ejecutando un programa. Consiste en un sistema de circuitos especializado o un microprocesador que transfiere datos de memoria a memoria sin utilizar el procesador principal. Aunque el ADM puede robar periódicamente ciclos del procesador, los datos son transferidos más rápido que utilizando el procesador para la transferencia de cada octeto (por ejemplo, las tarjetas de red). Este soporte físico (hardware) permite dar pausa al procesador principal y leer/escribir información directamente de/a la memoria del sistema.

accesorio (*accessory*) Pieza auxiliar necesaria para que una máquina se use con una utilidad determinada. Su precio, si se vende por separado, suele ser relativamente mayor que el de la máquina principal.

accidente laboral (*occupational accident*) Accidente sufrido por un trabajador en su puesto o en el viaje de su casa al trabajo.

acción (*action*) Por lo general, derecho que se tiene a una cosa y que se manifiesta en la facultad que tiene el titular para hacerlo efectivo por vía judicial. En derecho, acto por el que se pide la persecución de un delito o falta, cuyo fin es la imposición de la pena que corresponda al culpable.

acción (*share*) En una compañía, parte igual del capital de una sociedad mercantil anónima. Pueden ser nominativas o al portador y total o parcialmente desembolsadas. La acción es un título-valor y da derecho a una parte proporcional en el reparto de beneficios y a su cuota patrimonial correspondiente en la disolución de la sociedad. Da también derecho preferente en la suscripción de nuevas acciones y derecho de voto en las Juntas Generales.

acción al portador (*bearer share*) Acción en la que no figura el nombre del propietario y que puede ser transferida mediante una simple entrega, sin necesidad de anotación alguna en los libros contables. Su propiedad se demuestra por la simple tenencia.

acción cambiaria directa (*direct legal action for collection*) Acción ejecutiva que tiene el portador legítimo de una letra de cambio contra el aceptante y sus avalistas, para exigirle el pago que no ha sido satisfecho a su vencimiento, aunque no se haya levantado protesta.

acción con crecimiento (*growth stock*) Acción de una sociedad que se caracteriza por tener un alto potencial de crecimiento, por ejemplo, al pertenecer a un sector tecnológicamente en desarrollo o al tener la mayoría de sus operaciones en países que están avanzando con rapidez.

acción coyuntural (*short-term economic policy*) Medida de política económica aplicada durante un periodo de tiempo corto que tiene como fin recuperar o mantener determinado nivel de desarrollo de un sistema económico o de un sector.

acción de nulidad (*nullity action*) Procedimiento que se inicia para obtener la nulidad total de un contrato al considerarse que padece algún vicio esencial o se obtuvo de un modo coactivo. La declaración de nulidad dará lugar a la ineficacia jurídica de un contrato.

acción de viudas (*widow and orphan stock*) Acción que paga altos dividendos y que es muy segura, aunque tenga pocas expectativas de crecimiento. Suele tener un coeficiente beta bajo.

acción ejecutiva (*executive legal action*) Acción que le corresponde al titular de un título ejecutivo, por ejemplo, la letra de cambio. Le concede el derecho a la ejecución del patrimonio del deudor mediante embargo de sus bienes con la finalidad de satisfacer el crédito.

acción nominativa (*registered share*) Acción en la que figura el nombre del propietario y cuya emisión y transferencia deben anotarse en el libro de socios de la sociedad emisora. Normalmente se puede transmitir por endoso.

acción nueva (*new share*) Acción emitida en una ampliación de capital. Se le da este nombre para distinguirla de las acciones existentes, pues en algunas ocasiones, y de forma temporal, tienen derechos económicos distintos.

acción ordinaria (*common stock*) Parte en la que se subdivide el capital de una sociedad anónima sin derechos u obligaciones especiales. Las acciones ordinarias dan a su propietario el derecho de voto y el derecho de recibir un dividendo anual después del pago de los intereses a los obligacionistas y del dividendo de las acciones preferentes.

acción parada (*inactive stock*) Acción que apenas tiene movimiento de compraventa, aunque puede corresponder a una sociedad muy rentable y que vaya aumentando de valor.

acción parcialmente desembolsada (*partly paid-in share*) Acción que aún no ha sido enteramente pagada por el accionista.

acción posesoria (*possessory action*) Acción que protege la posesión defendiendo a quien la detenta contra cualquier perturbador, pero sin pronunciarse acerca del derecho de posesión.

acción preferente (*preferred stock*) Título intermedio entre la acción y la obligación que tiene una retribución fija si el emisor logra una utilidad determinada. Se llama también obligación participativa y normalmente no tiene derecho de voto.

acción preferente convertible (*convertible preferred stock*) Acción que recibe un dividendo fijo y tiene un derecho privilegiado al pago de dividendos. Puede convertirse opcionalmente en acción ordinaria en una fecha futura.

acción sin derecho de voto (*non-voting stock*) Acción de una compañía que tiene un dividendo preferente, un precio de emisión inferior u otro tipo de compensación, a cambio de que no vote en la junta general de accionistas. Simplificadamente se puede decir acción sin voto.

acción totalmente desembolsada (*fully paid-in share*) Acción en la que el importe desembolsado coincide con el manifestado.

accionariado (*body of shareholders*) Conjunto de los accionistas de una sociedad.

acciones con derecho de voto (*voting stock*) Acciones de una sociedad que dan derecho al accionista de votar en la junta general en persona o por poder.

acciones de la dirección (*management ownership*) Conjunto de acciones que son propiedad de los directores de una sociedad.

acciones ganga (*cheap stock*) Emisión de acciones a un precio menor del que figura en la oferta pública, en beneficio de la dirección o de una parte de los accionistas.

accionista (*stockholder*) Propietario de una acción.

accionista mayoritario (*majority shareholder*) Accionista o grupo sindicado de accionistas que controlan más del 50% del capital social o, al menos, del que tiene derecho de voto.

accionistas principales (*major stockholders*) Accionistas que ocupan una posición de gran influencia en la compañía, aunque no necesariamente tengan la mayoría, pues basta con un 5 o 10%, dependiendo de la fragmentación del resto, para ser considerado entre los principales.

accisa (*excise*) Impuesto especial indirecto que grava el consumo de determinados artículos, como productos de tabaco, bebidas alcohólicas, productos petrolíferos y similares, etc., con objeto de controlarlos. Tiene una elevada incidencia en el precio de venta y un impacto económico considerable. Cuando un impuesto grava todo tipo de artículos se denomina impuesto sobre ventas.

acelerador; teoría de acelerador (*accelerator theory*) Teoría que señala que la demanda de bienes de equipo tiene mayores oscilaciones que la demanda asociada de productos finales, de forma que una variación en el ritmo de crecimiento de ésta hace variar a aquélla.

aceptación (*acceptance*) Acto por el cual una persona recibe voluntariamente lo que se le ofrece o el encargo que se le confiere. La aceptación implica la manifestación del consentimiento.

aceptación bancaria (*banker's acceptance*) Línea crediticia bancaria instrumentada mediante el descuento de letras de cambio giradas por el cliente y aceptadas por el propio banco.

aceptación de la letra de cambio (*draft acceptance*) Acto por el que una persona se obliga, después de haber reconocido la firma del que la gira, a pagar una letra a su vencimiento. La aceptación debe constar en la letra expresamente.

aceptación limitada (*limited acceptance*) Aceptación de una letra de cambio por un importe menor que la cantidad nominal.

aceptante (*accepting office*) Compañía que acepta reaseguros de otra compañía de seguro directo o de reaseguros, a la que se conoce con el nombre de cedente. A su vez, la compañía aceptante o cesionaria puede ceder parte del riesgo a otra compañía que se denominaría retrocesionaria.

acondicionar (*condition*) Preparar una mercancía para un uso determinado, para satisfacer las necesidades de un cliente, o para su transporte. Es la última actividad de producción que se realiza justo antes del embalaje, o bien en el local del cliente como montaje final.

acopiar (*stockpile*) Acumular una mercancía en gran volumen, aunque no necesariamente con ánimo especulativo.

acoso sexual (*sexual harassment*) Persecución o creación de molestias a una persona con comentarios o requerimientos sexuales no apropiados en el mundo empresarial. Se van tipificando en las legislaciones penales de ciertos países.

acreditación (*accreditation*) Procedimiento que un organismo sigue con el fin de asegurar que una persona o institución está facultada para desempeñar su misión.

acreditar (*credit*) Abonar en una cuenta. El lado derecho de una cuenta.

acreedor (*creditor*) Persona física o jurídica que tiene un derecho de crédito sobre otra.

acreedor preferente (*preferential creditor*) Acreedor con derecho de cobro privilegiado en un procedimiento ejecutivo o concursal (quiebra, suspensión de pagos, etc.). El acreedor es privilegiado por su derecho real sobre la cosa (prenda, hipoteca, etc.) o por estipulación legal (Hacienda Pública, sueldos y salarios devengados, etcétera).

acreedores a largo plazo (*long term liabilities*) Parte del pasivo que incluye todas las deudas no comerciales, como los proveedores, que tienen vencimiento superior a un año. Por ejemplo, deuda bancaria a largo plazo y obligaciones.

acrónimo (*acronym*) Palabra que se forma uniendo las iniciales de otras palabras, por ejemplo, ONU, ONG y NAFTA.

acta (*minutes, record*) Documento que recoge el desarrollo de una reunión, y especialmente los acuerdos tomados en ella. Se lee y se aprueba con las modificaciones precisas al principio de la siguiente reunión del mismo órgano.

acta notarial (*notary certificate*) Escrito que tiene por objeto la acreditación de un hecho o derecho que ha presenciado o autorizado un notario.

actitud (*attitude*) Disposición de ánimo estable de una persona con respecto a un producto o un mensaje. Depende de su evaluación racional, de sus sentimientos y de su inclinación a la acción en torno a ese producto.

activación de gastos (*expense capitalization*) Contabilización de gastos como partidas de activo (inversiones tangibles o intangibles). Es usual contabilizar como inversión los gastos financieros asociados a su constitución, así como los gastos de investigación y desarrollo, los traspasos y los gastos de primer establecimiento. Estos gastos se amortizan en ejercicios posteriores.

actividades insalubres (*unhealthy activities*) Actividades que violan la normativa administrativa referente a salubridad, higiene y medio ambiente.

activo (*asset*) Por lo general, cualquier bien o derecho propiedad de una empresa o individuo, especialmente si tiene valor material que permite pagar deudas.

activo (*asset side*) En contabilidad, parte del balance general de una empresa que refleja los bienes o derechos de los que es titular. Se representa a la izquierda o encima del pasivo.

activo amortizable (*depreciable asset*) Parte del activo sobre el que se calculan las cuotas de amortización, al considerarse que se deprecia con el uso o el paso del tiempo.

activo circulante (*current assets*) Activo de la empresa que, o bien es líquido (caja, bancos, activos financieros a corto plazo), o se puede convertir en efectivo dentro del plazo de un año (clientes, existencias, obra en curso, etcétera).

activo circulante neto (*net current assets*) Fondo de maniobra, capital de trabajo o diferencia positiva entre los activos y los pasivos circulantes.

activo de caja (*bank reserves*) Cantidades, propiedad de instituciones financieras, disponibles a la vista en cuentas corrientes abiertas en el banco central, así como los depósitos especiales constituidos para la cobertura del coeficiente de caja.

activo derivado (*derivative instrument*) Activo financiero cuyo valor depende del que toman otro u otros,

11

especialmente si depende de la fluctuación de un índice.

activo fijo (*fixed assets*) Activo operativo de la empresa que se espera usar más de un año (terrenos y edificios, instalaciones, maquinaria, etc.). Las inversiones financieras a largo plazo (participaciones, etc.) se consideran activo fijo. Los activos fijos materiales se amortizan durante su vida útil.

activo financiero (*financial asset*) Título-valor o derecho sobre un bien fácilmente convertible en dinero. Por ejemplo, una participación en el capital social de una sociedad, un crédito sobre una entidad, un derecho de suscripción preferente o una opción.

activo financiero; inmovilizado financiero (*permanent financial investments*) Activo financiero que se tiene no por razones coyunturales o temporales de inversión, sino con un objetivo de control de filiales o participaciones estables.

activo inmaterial (*intangible asset*) Grupo de bienes intangibles que constituyen los activos de una compañía. El valor se basa en el precio de adquisición; sin embargo, en caso de cesión o transferencia, el valor debe actualizarse de acuerdo con la actual posición financiera de la empresa.

activo material; inmovilizado material (*tangible fixed assets*) Parte del activo de la empresa compuesto por bienes inmuebles o bienes muebles no destinados a la venta en el curso normal de las operaciones. Incluye terrenos y bienes naturales, edificios, maquinaria, instalaciones y herramientas, elementos de transporte, mobiliario y enseres, equipos para procesamiento de información, refacciones y otros e instalaciones complejas especializadas.

activo neto (*net fixed assets*) Valor que se obtiene deduciendo el total de las amortizaciones del activo bruto.

activo neto; neto patrimonial (*net worth*) Suma de los fondos propios de la empresa. Resultado de deducir del activo total de la empresa el pasivo exigible.

activo no circulante (*non-current asset*) Activo fijo que no está destinado a convertirse rápidamente en tesorería.

activo sintético; sintético (*synthetic asset*) Combinación de activos financieros que contiene algún derivado. Los sintéticos permiten modificar a bajo costo las características del activo original, por ejemplo, su riesgo o su liquidez, y crear nuevos activos que no existen en el mercado.

activo subyacente; subyacente (*underlying asset*) Activo que se contrata en una opción o en un futuro.

activos líquidos (*liquid assets*) Partidas del activo formadas por caja, bancos e inversiones financieras temporales. Todo ello puede ser considerado sustitutivo del dinero.

acto administrativo (*administrative act*) Manifestación de voluntad por medio de la cual los órganos administrativos realizan sus funciones, creando, modificando o extinguiendo derechos u obligaciones.

actualizar (*update*) Poner al día un informe o un dato. En finanzas se puede calcular el valor actual de un flujo de dinero futuro descontándolo al tipo de interés aprobado. En contabilidad se actualiza estimando el valor de reposición de un activo, o el valor regularizado o revalorizado.

actualizar (*update*) En informática, modificar datos en un fichero o base de datos, con intención de agregar y/o

borrar registros, además de cambiar valores en registros ya existentes. Instalar una nueva versión de un programa previamente instalado en la computadora.

actuario (*actuary*) Profesional de la aplicación del cálculo de probabilidades, la estadística y la matemática financiera al análisis del riesgo y el seguro para calcular primas, reservas y provisiones técnicas.

acuerdo (*agreement*) Coincidencia o similitud suficiente entre dos opiniones, datos o hechos que permiten la misma conclusión. En derecho, declaración escrita o verbal por la que dos o más partes manifiestan su conformidad al asumir determinadas obligaciones y derechos con un objetivo común.

acuerdo de indemnización (*letter of indemnity*) Acuerdo en el que una de las partes de una relación asume la compensación por las pérdidas que, como resultado de una actividad determinada, sufra la otra parte.

acuerdo de precios; fijación de precios (*price-fixing*) Convenio entre firmas aparentemente competidoras para vender sus mercancías a precios determinados. Este tipo de acuerdo está prohibido legalmente, pero con frecuencia no de forma estable. Además de precios se pueden incluir otras condiciones, como facilidades de pago y gasto publicitario.

acuerdo horizontal (*horizontal agreement*) Acuerdo firmado por empresas que están en un mismo plano en cuanto a capacidad productiva y posibilidades de comercialización de sus productos.

acuerdo vertical (*vertical agreement*) Acuerdo celebrado entre empresas que se encuentran situadas en diferentes niveles de la cadena de producción o comercialización de un bien.

acuerdos de cooperación (*cooperation agreements*) Acuerdos interempresariales que por cumplir ciertas condiciones son válidos y no atentan contra la libre competencia.

acuerdos de investigación y desarrollo (*research and development agreements*) Acuerdos para fomentar el estudio y la fabricación de técnicas básicas y productos nuevos.

acumulación de datos (*data collection*) Recolección de informaciones y datos para ser usados en una investigación o análisis. Se guarda en archivos y bases de datos, frecuentemente informatizados.

acusación (*accusation*) Petición formal contra una persona o colectividad por creer que es culpable de haber cometido un acto jurídicamente punible. Se debe realizar ante un juez o magistrado competente.

acusación privada (*private accusation*) También llamada acusación a instancia de parte. Aquella en la que, por las características del delito, el inicio de la acción corresponde a una de las partes o, aunque intervenga el ministerio fiscal, la parte quiere defender sus derechos por sí misma.

acusación pública (*public accusation*) Acusación en la que el ordenamiento jurídico compele al ministerio fiscal a iniciar el proceso, independientemente de que exista o no acusación privada. Esta acusación está reservada para aquellos delitos que la legislación de cada país señala como perseguibles de oficio.

acuse de recibo (*acknowledgment*) Impreso que acredita el recibo de una carta certificada, documento o notificación.

ad valorem (*ad valorem*) Expresión latina que significa "con arreglo al valor". Se utiliza en derecho arancelario, cuando los aranceles se aplican sobre el valor de las mercancías y no sobre unidades físicas.

adaptador (*adapter*) Dispositivo que permite que un sistema se conecte y trabaje con otro.

adaptador de red (*network adapter*) Tarjeta de circuito impreso que se instala en una estación de trabajo o en un servidor y controla el intercambio de datos en una red. Lleva a cabo las funciones electrónicas del método de acceso (protocolo de enlace de datos). El medio de transmisión (cable de par trenzado, coaxial o fibra óptica) interconecta físicamente todos los adaptadores de red.

adaptador de vídeo (*video adapter*) Tarjeta de circuito impreso que se instala en una computadora personal y genera texto e imágenes en la pantalla de un monitor. Es responsable de la calidad de la resolución y del número de colores que se pueden mostrar en pantalla.

adelantamiento (*front-running*) Tipo de comercio de iniciados en el que se compra o vende opciones o acciones, al enterarse de la inminente llegada de una gran orden que va a alterar el precio de mercado con el fin de lucrarse con esa información confidencial.

adeudar (*post a debit*) Practicar una nota de cargo o débito en la contabilidad. Anotar una cantidad en el Debe de una cuenta.

adeudo; débito (*debit entry*) Cantidad cargada en la cuenta de un cliente, con motivo de una deuda de éste originada por una transacción comercial o financiera. Sinónimo, aunque menos usado, de cargo.

adhesión (*adherence*) Declaración formal por la que una parte expresa su voluntad de responder del cumplimiento de las obligaciones resultantes de un acuerdo de voluntades en el que no ha tenido participación.

adhesivo (*sticker*) Impreso publicitario de pequeño tamaño con engomado en el anverso o en el reverso que se coloca en puntos de venta o en vehículos. Contiene un mensaje muy simple y sirve de recordatorio de una campaña o marca.

adicto al trabajo (*workaholic*) Persona obsesionada por su trabajo, al que dedica un gran número de horas descuidando otras facetas de su vida personal o familiar.

adjunto (*assistant*) Persona que desempeña un trabajo de apoyo y complemento a otra. No tiene autoridad jerárquica, salvo en los casos en que expresamente se le confiera.

administración (*administration*) Gestión de asuntos e intereses propios o ajenos. A diferencia de la palabra dirección, el término administración tiene valor jurídico.

administración de cartera (*portfolio management*) Actividad consistente en la administración, asesoramiento y ejecución de órdenes de carteras de valores particulares o institucionales. Este servicio se puede realizar con medios propios o contratándolo a un tercero a cambio de una retribución fija o variable.

administración de crisis (*crisis management*) Estilo de gestión que se debe utilizar en momentos de dificultades graves fijándose objetivos a corto plazo y dando más

importancia a la liquidez que a las utilidades. Se intentan resolver los problemas más urgentes y los que van surgiendo día a día por encima de los que pueden ser más importantes pero sólo son significativos a largo plazo.

administración de directorios (*directory management*) Mantenimiento y control de la estructura de directorios de un disco duro. Normalmente hace referencia a la lógica (software) que facilita esta tarea.

administración de discos (*disk management*) Mantenimiento y control de un disco duro mediante utilidades que proveen funciones de formateo, copia, diagnóstico, administración de directorios, defragmentación y copias de seguridad.

administración de existencias (*inventory management*) Administración y control de las existencias, almacenes e inventarios de una empresa. Su objetivo es conseguir el volumen mínimo de existencias compatible con las necesidades de ventas y de producción de la empresa.

administración de la información (*information management*) Disciplina que analiza la información como un recurso de la empresa. Cubre las definiciones, usos, valor y distribución de todos los datos e información dentro de una empresa, sean o no procesados por un ordenador. Evalúa el tipo de información que necesita una empresa para funcionar y progresar con eficacia.

administración de movilidad (*mobility management*) Modo en que el sistema va controlando la ubicación de un teléfono móvil con el fin de encaminar óptimamente una llamada.

administración de proyectos (*project management*) Planificación, ejecución y finalización de un proyecto de forma eficiente, optimizando el uso de recursos, la calidad obtenida y el cumplimiento del plazo de entrega. La organización de una empresa por proyectos se cruza con las divisiones típicas por departamentos, lo que exige un buen espíritu de trabajo en equipo y una buena comunicación entre los diferentes especialistas. Hay ciertas técnicas, como el método del camino crítico, que facilitan la planificación y el control de los proyectos.

administración de red (*network management*) Control de una red activa para localización y aislamiento de problemas, así como recopilación de estadísticas para depurar la instalación de la misma.

administración de sustitutos (*management succession*) Procedimiento para asegurar que se desarrolla el suficiente talento directivo dentro de la organización, de manera que se pueda reemplazar sin traumas las personas que se trasladan a otros puestos, se retiran o abandonan la empresa de forma inesperada. Requiere estimar adecuadamente las necesidades futuras, seleccionar y entrenar a los directivos y preparar planes de contingencia.

administración de tareas (*task management*) Parte del sistema operativo que controla simultáneamente la ejecución de una o más tareas dentro del ordenador.

administración de tesorería (*cash management*) Actividad del departamento financiero para reducir el dinero circulante necesario, aumentar su retribución y asegurar su disponibilidad cuando sea necesario. Se trabaja en estrecha colaboración con uno o varios bancos especializados para, por ejemplo, consolidar saldos, colocar excedentes, llevar un calendario de pagos, etcétera.

administración del cambio (*management of change*) Procedimientos para mantener una organización permanentemente adaptada a los diferentes escenarios y a los problemas inesperados que surgen a menudo. Aunque de siempre lo único permanente ha sido el cambio, los teóricos de la dirección empresarial y los consultores especializados han hecho hincapié en este aspecto dadas la mayor rapidez e implicaciones internacionales que hay en las variaciones actuales.

administración del tiempo (*time management*) Organización eficaz del tiempo disponible. Al crecer la velocidad y la complejidad de las relaciones, el tiempo se convierte en el recurso más escaso y una administración eficaz requiere fijar prioridades, diferenciar tareas repetitivas y trabajos delegables, asignar un tiempo para las principales responsabilidades, prever planes alternativos y reservar un tiempo para el descanso personal y la vida familiar.

administración financiera (*financial management*)
Administración integral de los recursos financieros de la empresa. Comprende la captación de fondos propios y ajenos, política de cobros, control del capital circulante, criterios de distribución de utilidades, análisis de oportunidades de inversión.

administración por objetivos (APO); dirección por objetivos (DPO) (*management by objective; MBO*) Técnica de administración empresarial consistente en la fijación de objetivos cuantificados y con una dimensión temporal, al máximo nivel de detalle posible, de tal forma que cada mando intermedio de la empresa tenga una meta concreta y una forma de evaluar su gestión.

administración presupuestaria (*budget management*) Técnica de dirección basada en el uso de presupuestos para cada actividad y en la comparación del resultado real y el presupuestado. Es sinónimo de control presupuestario, con mayor énfasis en su utilización como instrumento de administración integral. Forma parte de la dirección por objetivos.

administrador (*administrator*) En general, persona que

administra, custodia y tiene a su cargo bienes o intereses ajenos. En una sociedad, persona que ejerce las funciones de gestión y representación de ella. Responde tanto del mandato que reciba de los socios como del cumplimiento de lo que la ley, los estatutos o los acuerdos de la Junta General de accionistas determinen.

administrador; gerente (*manager*) Administrador de una organización a nivel medio superior, ya que es responsable de un servicio, depende de un director de departamento o división y tiene a su cargo a jefes de sección. En empresas pequeñas o familiares se usa como sinónimo de director general, y es la persona que dirige los negocios y tiene poderes.

administrador de datos (*data administrator*) Persona que coordina las actividades dentro del departamento de administración de la información.

administrador de red (*network administrator*) Persona que gestiona una red. Los administradores generalmente se hacen cargo de llevar a cabo las instalaciones de aplicaciones en los servidores, dar de alta a usuarios, asignar contraseñas y derechos de acceso a los diferentes recursos y controlar la actividad de la red.

administrador de riesgos (*risk manager*) Persona responsable del control, contratación y administración de los seguros, coberturas y estimación de riesgos en una empresa o institución. Se encarga de que exista un adecuado nivel de cobertura de todos los activos de la empresa, incluido el saldo de clientes.

administrador líder (*lead manager*) Banco principal en un sindicato bancario que organiza la emisión, negocia con el prestamista y selecciona a otros bancos como administradores o suscriptores.

administrativo (*clerk*) Persona que desempeña una función determinada dentro del campo de la administración, con poca responsabilidad y sin poder legal para actuar con independencia.

admisión (*admission*) Acto de recibir o dar entrada. Se suele admitir un plazo en que ella es revocable, si se descubren defectos o vicios ocultos en la cosa. En algunos casos, sinónimo de aceptación.

admisión temporal (*temporary admission*) Importación

temporal en un país de bienes, principalmente materias primas, con el fin de ser manipulados y reexportados y para lo cual se exime a esos productos del pago de aranceles aduaneros.

adquisición de empresa (*company acquisition*) Proceso de toma de control de una empresa por otra mediante la compra de una participación con mayoría de voto en su capital social.

adquisición externa (*outward acquisition*) Compra que una empresa nacional realiza de otra extranjera.

adquisición interna (*inward acquisition*) Compra que una empresa extranjera realiza de una empresa nacional. Un elevado número de firmas importantes nacionales en manos foráneas puede no ser beneficioso para la economía y la paz social de un país, al quedar el tejido productivo expuesto a decisiones e intereses supranacionales.

aduana (*customs*) Órgano de la Administración con oficinas en las fronteras, encargado de vigilar y registrar el paso de personas y bienes a través de ellas. Su tarea principal es cobrar los derechos e impuestos a las mercancías importadas, aunque también interviene en las devoluciones de impuestos y apoyos a la exportación.

adverso al riesgo (*risk averse*) Inversor que prefiere menos riesgo que la media del mercado, por lo que preferirá invertir en valores más seguros aunque menos rentables.

afianzamiento (*bail*) Acto por el que se constituye una fianza para garantizar el cumplimiento de una obligación.

afidávit (*affidavit*) Declaración presentada por escrito ante un funcionario con atribuciones para dar fe pública.

afiliación (*joining*) Acto por el que una persona física o jurídica se inscribe en una asociación. El afiliado se obliga a cumplir los estatutos, aportar sus cuotas y colaborar en el logro de los objetivos comunes.

afiliado (*affiliate; member*) Miembro de una asociación. Se usa preferentemente en relación con partidos políticos y sindicatos. Cuando se habla de sociedades mercantiles, deportivas y, en general, cuando puede haber unas ventajas tangibles e inmediatas para el miembro, se usa la palabra socio.

aforar (*gauge*) Medir un caudal, calcular la capacidad de un recipiente o realizar un inventario.

aforo (*seating capacity*) Número de personas que admite un recinto en un momento dado.

agencia (*agency*) Empresa independiente del sector servicios que funciona como intermediario. La costumbre ha determinado que se llame agencias a las empresas que funcionan en unos sectores específicos, como publicidad, viajes, transportes o aduanas.

agencia (*branch*) Cada una de las unidades que representan a una empresa en una zona geográfica limitada con un local abierto al público. Normalmente es un centro de beneficios autónomo y su responsable tiene cierta autonomía. Tiene un rango inferior al de sucursal.

agencia de aduanas (*customs agents*) Personas dedicadas al despacho de mercancías en las aduanas. Se ocupa de gestionar todas las incidencias, como el pago de derechos, reclamaciones, etc. Está representada por un agente.

agencia de calificación (*credit bureau*) Sociedad que califica y da una opinión sobre el nivel de calidad y solvencia de una emisión de renta fija o papel comercial de una empresa determinada.

agencia de colocaciones; agencia de empleo (*employment office*) Establecimiento que canaliza las ofertas de trabajo y trata de conseguir trabajo a los desempleados.

agencia de comercialización directa (*direct marketing agency*) Agencia que vende o compra productos a personas individuales o a organizaciones sin pasar por empresas intermediarias. Los productos no se venden dentro de tiendas. Emplea medios publicitarios selectivos, como la venta por correo, la venta a domicilio; utiliza catálogos para hacer conocer sus productos.

agencia de publicidad (*advertising agency*) Empresa que asesora a un anunciante, colabora en la definición de la estrategia de comunicación, crea el mensaje, supervisa su realización y, generalmente, contrata su difusión. Las agencias tienen dos departamentos principales: el de arte (que realiza la labor creativa) y el de cuentas (que mantiene los contactos y la supervisión). Puede tener también especialistas en investigación de mercados, producción y en compra de medios. Cobra al anunciante un porcentaje que oscila entre el 12% y el 15% del gasto publicitario, o un honorario fijo equivalente.

agencia tributaria de Estados Unidos (*Internal Revenue Service; IRS*) Agencia federal que en Estados Unidos se encarga de gestionar e inspeccionar el cumplimiento de las obligaciones tributarias.

agenda (*agenda*) Orden del día o relación ordenada de los asuntos a tratar en una reunión. Libro con espacios para cada día en el que se anotan las actividades a realizar.

agente (*officer*) Persona que tiene facultad para realizar actos de autoridad con efecto jurídico, por ejemplo, un agente judicial o un agente de tráfico.

agente (*agent*) En general, persona que obra en representación de otra con la debida autorización o poder legal.

agente comercial (*broker; intermediary*) Intermediario que obra en nombre o por cuenta de otro en actos de comercio.

agente de cambio y bolsa; corredor de bolsa (*stockbroker*) Mediador calificado con carácter de fedatario público. Media en las transmisiones de acciones y obligaciones. Miembro de una asociación profesional bajo la supervisión de una Junta Sindical.

agente de seguros (*insurance agent*) Intermediario que interviene en la gestión de operaciones de seguros. Puede ser un simple agente (representante o no) perteneciente a la red comercial de una compañía concreta de seguros, o un corredor de seguros con libertad para colocar la operación de seguros en la compañía que considere más importante.

agente marítimo (*shipping agent*) Empresa dedicada a prestar a los armadores servicios de aprovisionamientos, resoluciones de trámites portuarios, obtención de remolques, etc., en el puerto en el que operan. El agente adelanta dinero en caso de necesidad y realiza pagos a cuenta del armador, a cambio de unos honorarios por sus servicios.

agentes económicos (*economic agents*) Operadores y participantes en un determinado mercado o proceso productivo (economías familiares, empresas, sector público, etcétera).

agentes mediadores de comercio (*business mediators*) Agentes independientes que median en la celebración de los contratos y actos mercantiles. Tienen carácter de fedatarios públicos y los documentos en que intervienen tienen carácter público a todos los efectos. Cobran un corretaje por sus servicios.

agotamiento; quemarse (*burnout*) Cansancio psicológico, e incluso físico, por el exceso de trabajo, acompañado a veces por frustración por no alcanzar los resultados esperados o el reconocimiento al que uno se considera acreedor.

agregado (*attaché*) En la administración pública, funcionario adscrito a una embajada y encargado de asuntos de su especialidad (agregado militar, comercial, cultural).

agregado (*assistant*) En general, empleado adscrito a un servicio del cual no es titular.

agregar (*append*) Añadir datos a una estructura existente.

agrupación sectorial (*trade association*) Conjunto de empresas que colaboran en la defensa de los intereses del sector, en la compra a terceros, en exportaciones, etc., manteniendo su personalidad jurídica y su cuenta de resultados independiente.

agrupador (*transport intermediary*) Intermediario que practica el agrupamiento de mercancías y obtiene así descuentos importantes que en parte traslada a sus clientes.

agrupamiento (*grouping*) Acción y efecto de transportar conjuntamente mercancías de varios remitentes de una ciudad a otra, para ser entregadas a varios destinatarios.

aguja (*pin*) Cada uno de los conductores macho de un enchufe de líneas múltiples. Cada aguja se conecta con su correspondiente hembra para cerrar el circuito. Conductor en forma de pie en una pastilla (chip) que se enchufa en el zócalo de una tarjeta de circuito impreso.

ahorro (*savings*) Cantidad deducida del consumo actual para destinarla a consumo futuro. Es la diferencia entre ingresos y gastos a nivel individual.

aislamiento económico; bloqueo económico (*boycott*) Rechazo a establecer relaciones con un país o con empresas, con el fin de obligarles a aceptar algunas condiciones o impedirles lograr sus objetivos.

ajuste estacional (*seasonal adjustment*) Alteración numérica de datos tomados sobre varios periodos consecutivos de tiempo (una serie cronológica), realizada para tener en cuenta que los valores de los datos para un periodo particular suelen estar sujetos a influencias propias de ese periodo.

ajuste fiscal en frontera (*border tax adjustment*) Sistema utilizado para evitar la doble imposición en el comercio internacional. Una mercancía es desgravada al salir de un territorio aduanero, devolviéndose los impuestos indirectos que se le han gravado en el interior. Al entrar en otro territorio aduanero, es gravada con impuestos similares a los de las mercancías del territorio en el que entra. Este sistema permite situar a las mercancías que vienen del exterior en régimen de competencia.

ajuste por periodificación (*end-of-period adjustment*) Acumulación de gastos e ingresos de carácter no periódico en las fechas intermedias, a efectos de cálculo de resultados.

al valor (*ad valorem*) Calificativo que alude al valor real de una mercancía. Se utiliza especialmente en materia de impuestos (comercio exterior) cuando la base imponible es el valor de la mercancía, y no su medida física o por unidades.

álbum de prensa (*press book*) Libro en blanco en el que se colocan los recortes de prensa y las transcripciones de radio y televisión relacionadas con una campaña, persona o tema.

alcance del trabajo (*scope of the examination*) En auditoría o asesoría, profundidad y amplitud con las que se va a realizar el informe en función de los objetivos que se tengan. Un mayor alcance requiere más horas de trabajo y es más costoso.

alfabetización informática (*computer literacy*) Comprensión de las computadoras y los sistemas de información que incluye un cierto vocabulario especializado, principios fundamentales del procesamiento de datos y una perspectiva sobre cómo las personas sin conocimientos técnicos pueden utilizar las ventajas del mundo informático.

alfombrilla; cojín (*mouse pad*) Pequeña superficie lisa especialmente preparada para facilitar el deslizamiento controlado del ratón de una computadora.

alimentación de páginas (*page feed*) Proceso incorporado en la mayoría de las impresoras que hacen que corra el papel hasta la parte superior de la siguiente página del pliego.

alimentación por clavijas (*pin feed*) Método de movimiento de papel por medio de un conjunto de clavijas en un rodillo o tambor. Las clavijas enganchan el papel a través de huecos perforados en sus bordes izquierdo y derecho.

alimentación por rueda dentada (*sprocket feed*) Método de movimiento de papel por medio de un conjunto de clavijas en un rodillo o tambor. Las clavijas enganchan el papel a través de huecos perforados en sus bordes izquierdo y derecho. Equivale a alimentación por clavijas.

alimentación por tractor (*tractor feed*) Mecanismo que proporciona un movimiento de alta velocidad de las hojas de papel a través de la impresora. Contiene clavijas sobre tractores que se enganchan en cada uno de los orificios perforados en los bordes derecho e izquierdo del papel.

alimentador de hojas (*sheet feeder*) Dispositivo mecánico que alimenta una impresora.

almacén (*warehouse*) Lugar donde se guardan existencias. Es posible que ese local sirva para vender al por mayor, ya sea en régimen tradicional de mostrador, en forma de autoservicio mayorista o como centro distribuidor para reparto al detallista.

almacén general de depósito (*bonded warehouse*) Almacén que se alquila parcialmente para el depósito de mercancías. Además de garantizar la custodia, el almacenista emite un resguardo de depósito que permite vender o pignorar la mercancía sin moverla físicamente.

almacén popular (*discount store*) Tienda que trabaja artículos de uso corriente de mediana calidad, con precios reducidos y servicios limitados. Se puede encontrar todo tipo de productos, pero con un surtido poco profundo. Actualmente tiene poca fuerza.

almacenaje dinámico (*dynamic storage*) Sistema de almacenaje en que la mercancía, situada en paletas, se desliza por unos rodillos desde la zona de producción a la de expedición. Se emplea cuando hay pocas referencias, poco espacio para almacenar, y se quiere conseguir una perfecta rotación del producto, ya que el más antiguo es el primero que sale. Suele ir a una o dos alturas.

almacenamiento (*storage*) Término de carácter general, aplicable a cualquier dispositivo o instalación capaz de guardar datos o mercancías para su posterior recuperación.

almacenamiento de fichero (*file storage*) Dispositivos que pueden contener un depósito de datos masivo en el sistema informático. Las unidades de disco y las cintas magnéticas son ejemplos de dispositivos de almacenamiento de ficheros.

almacenamiento fuera de línea (*off-line storage*) Discos y cintas de información que se almacenan en un banco de datos.

almacenamiento masivo (*mass storage*) En informática, dispositivo de memoria inmóvil y mecánico, por ejemplo la cinta magnética, la cinta de papel y el disco.

almacenamiento real (*real storage*) Cantidad de memoria RAM en el sistema, en contraposición a la memoria virtual.

almacenamiento secundario (*secondary storage*) Dispositivos de almacenamiento externo como discos y cintas.

almacenar (*store*) Recibir y conservar existencias de forma ordenada y eficaz. Los productos se pueden almacenar por familias y por rotación. En el almacenaje por familias, los artículos se colocan en el orden de la lista de pedido, que agrupa a los artículos en categorías naturales. En el almacenaje por rotación, se colocan por orden de ventas, utilizando los lugares que minimizan el recorrido para los más vendidos. A veces se combinan estos sistemas y siempre se dejan aparte artículos voluminosos, frágiles, muy valiosos o que exigen una conservación especial.

alocución (*allocution*) Discurso breve que dirige un superior para animar o aclarar cierto tema a sus subordinados.

alquiler de lista (*list renting*) En venta directa, utilización pagada de una lista de nombres y direcciones que se suponen especialmente adecuados para una determinada acción. Puede incluir o no el derecho de conocer en detalle la composición de la lista y de utilizarla en acciones posteriores.

alquiler-venta (*lease-back*) Operación por la que se vende un bien (por ejemplo, un edificio de oficinas) y simultáneamente se alquila por una renta y plazo fijado. Puede incluir o no derecho u obligación de recompra. El vendedor logra liquidez y una plusvalía y el comprador cierra una operación a dos bandas con un margen asegurado.

alta dirección (*top management*) El consejero delegado o máximo ejecutivo de una organización y los directores que dependen directamente de él.

alta resolución (*high resolution*) Impresora o pantalla con una gran información gráfica y buena calidad por contar con más puntos de imagen (pixels) por unidad de superficie.

ambigüedad del papel (*role ambiguity*) Incertidumbre o desconcierto sobre el rol a desempeñar en una cierta organización y circunstancia. La persona no conoce exactamente lo que se espera de ella y cómo se debe comportar en su puesto.

amistoso (*user-friendly*) Calificativo para el programa de cómputo que se considera especialmente fácil de entender y utilizar por un usuario novel, que se base en su intuición. A veces requiere mayor documentación y más espacio, por lo que puede ser menos potente.

amortización (*depreciation*) Reconocimiento de la pérdida gradual de valor de un activo fijo a lo largo de su vida física o económica dando como gasto del ejercicio un porcentaje de su valor.

amortización acelerada (*accelerated depreciation*) Amortización de un activo a un ritmo superior al normal. En algunos casos (por ejemplo, máquinas de procesamiento de datos) se puede conseguir la amortización en un plazo inferior al habitual. Los métodos más usuales son el de un porcentaje fijo sobre lo que queda por amortizar y el de la suma de los dígitos de los años.

amortización anticipada (*early repayment*) Devolución del principal de un crédito o préstamo antes de su vencimiento.

amortización de principal (*debt service*) Cualquier pago total o parcial del principal de una deuda. La amortización se puede hacer en un solo pago final o en plazos que pueden ser iguales y periódicos, crecientes o decrecientes.

amortización lineal (*straight line depreciation*) Política de amortización (contable o fiscal) en la que en cada ejercicio se asigna la misma cuota de amortización del bien. Esta cuota fija es el resultado de dividir el valor del bien entre su vida esperada.

amortización por suma de dígitos de los años (*sum-of-the-year's-digits depreciation*) Política de amortización acelerada en la que la cuota de cada ejercicio n se calcula con la fórmula $Cn = v(e-n)/s$, donde v es el costo inicial del bien, e la vida esperada, n el número de orden del ejercicio y s la suma de los dígitos equivalente a $s = e(e+1)/2$.

amortización porcentual (*declining balance depreciation*) Política de amortización acelerada en la que en cada ejercicio se asigna un porcentaje constante sobre el valor residual del bien. El gasto de amortización es mayor en los primeros años.

amortizar (*depreciate*) Calcular la parte del valor de un activo fijo que debe considerarse gasto del ejercicio. Este cálculo deberá hacerse preferentemente en función de la vida económica y no de la vida útil de un activo.

ampliación de capital (*capital increase*) En las sociedades mercantiles, acto jurídico por el cual, previa aprobación del consejo de administración y la Junta General de accionistas, se lleva a cabo un aumento en el capital social de la empresa, bien sea con la emisión de nuevas acciones o aumentando el valor nominal de las mismas. Debe realizarse en escritura pública e inscribirse en el Registro Mercantil.

análisis (*analysis*) Distinción y separación de las partes de un todo hasta llegar a conocer sus principios o elementos.

análisis actuarial (*actuarial analysis*) Estudios propios de la actividad aseguradora. Para ello se utilizan cuadros y sistemas financieros y estadísticas de probabilidad y de factores de riesgo, etcétera.

análisis comparativo (*comparative analysis*) Evaluación de dos o más alternativas o productos para descubrir diferencias y semejanzas, estimar sus relaciones y medir su costo, eficacia y resultados relativos. Se usan datos cuantitativos y cualitativos tratando de medir el peso que el público objetivo daría a cada atributo.

análisis costo-beneficio (*cost-benefit analysis*) Técnica utilizada para analizar la viabilidad económica de grandes proyectos, generalmente en el área del sector público. Con ello se intenta identificar y valorar todos los costos y beneficios que van a producirse durante la vida del proyecto, teniendo en cuenta factores en muchas ocasiones difícilmente cuantificables (reducción de la contaminación, del tiempo de comunicación entre dos ciudades, etcétera).

análisis cualitativo (*qualitative analysis*) Examen de los factores relevantes para una determinada decisión y que no se han podido cuantificar.

análisis de audiencia (*audience analysis*) Investigación sobre el número de individuos receptores de los diferentes medios de comunicación en un tiempo determinado, y de sus características demográficas, socioeconómicas y de estilos de vida.

análisis de cohortes (*cohort analysis*) Estudio sistemático de un grupo de población, determinado por la similitud en sus características vitales, sociales o económicas, mediante la definición y comparación de los comportamientos y acontecimientos del mismo en un periodo de tiempo delimitado.

análisis de desviaciones (*variance analysis*) Procedimiento para calcular y explicar la desviación entre las magnitudes reales y las objetivas o presupuestadas. Pueden haberse producido diferencias en el costo de vida, precios de venta, volumen o gama de productos, etc., que en este procedimiento se cuantifican para investigar sus causas.

análisis de entradas y salidas (*input-output analysis*) Análisis macroeconómico que estudia las interrelaciones sectoriales del sistema económico, cuantificando matricialmente las compras que cada sector o campo de actividad hace a los demás, el valor añadido generado por él, y los porcentajes de ventas de sus productos que van al consumidor final o a otros sectores como materias primas o como bienes intermedios. El análisis incluye también las relaciones con el sector exterior (importaciones y exportaciones). Se utiliza una tabla de entradas y salidas.

análisis de gastos de estructura
(*overhead value analysis; OVA*) Método para analizar los gastos de estructura o generales, especialmente los de personal, y ver si corresponden con el resto de la empresa y la función que realmente deben desempeñar.

análisis de la competencia
(*competitive analysis*) Estudio de los competidores de una empresa o de la situación competitiva en un sector. Se examinan cuotas de mercado y ritmos de crecimiento por segmentos, fortalezas, debilidades, oportunidades y amenazas para cada uno, capacidad de negociación frente a proveedores y clientes y posibles entradas y salidas, entre otros aspectos.

análisis de la regresión
(*regression analysis*) Método que estudia la correlación entre una variable dependiente y otra u otras independientes, por lo que puede ser simple o múltiple. La regresión lineal trata de obtener una relación lineal de ajuste, con un cierto valor explicatorio, entre la variable dependiente y la independiente. Un método para realizarla es el de los mínimos cuadrados.

análisis de métodos y tiempos
(*methods and time measurement*) Procedimiento para descomponer las operaciones, tanto industriales como administrativas, en tareas simples que se tratan de optimizar. Se pretende simplificar las tareas y suprimir pasos innecesarios al mismo tiempo que se definen unas normas objetivo que pueden servir de base para sistemas de primas por productividad. Originalmente la descomposición de las tareas llegaba a los movimientos más básicos del trabajador a los que se les había asignado un determinado tiempo.

análisis de sensibilidad (*sensitivity analysis*) Estudio del impacto que un cambio en las variables de un modelo económico tiene en el resultado del mismo. Intenta responder a preguntas del tipo: "¿Qué ocurriría si...?". El análisis de sensibilidad sirve para identificar las variables críticas en un modelo económico.

análisis de sistemas (*systems analysis*) En informática, instalación y mantenimiento de las máquinas y sistemas operativos y de comunicación más adecuados para un entorno determinado.

análisis de valor (*value analysis*) Procedimiento sistemático de mercadotecnia usado para evaluar, en función del valor o utilidad que representa para el consumidor, cada elemento del costo de un producto. Permite añadir o eliminar características y funciones basándose en el beneficio que ofrecen al consumidor, y no por razones puramente técnicas.

análisis del surtido (*product range analysis*) Estudio y determinación de los artículos que se van a ofrecer en cada momento. Entre las muchas variables que intervienen están la definición del establecimiento, la actuación de la competencia y los proveedores, las sugerencias de los consumidores, las posibilidades físicas de almacenamiento y de exposición en el punto de venta, y el margen bruto y la rotación por artículo, familia y sección.

análisis discriminatorio (*discriminant analysis*) Método utilizado para crear modelos donde la variable dependiente no es numérica sino que expresa una cualidad, por ejemplo, la de ser comprador o no de una determinada marca. Este método clasifica a los consumidores para posteriormente determinar las variables discriminatorias o relevantes en la predicción de a qué grupo pertenecerá un consumidor.

análisis financiero (*financial analysis*) Estudio de la situación patrimonial y perspectivas de beneficios de una empresa, para llegar a conclusiones sobre el valor de sus acciones en el futuro. Por extensión, estudios sobre variables económicas.

análisis fundamental (*fundamental analysis*) Método de análisis de previsión de las tendencias de precios en mercados organizados (mercados de valores, materias primas, divisas, etc.), que estudia en profundidad los fenómenos económicos subyacentes para emitir una opinión. Parte de la hipótesis de que los mercados se comportan de forma racional, con relación causa-efecto, y que además no son totalmente eficientes, pues un estudio detallado permite prever bien el futuro. Se complementa con el análisis técnico.

análisis multivariante (*multivariant analysis*) Técnica utilizada en el análisis estadístico de datos correspondientes a varias variables. El estudio de las relaciones se puede hacer por correlación múltiple, regresión, análisis factorial y en racimo, entre otras técnicas.

análisis técnico (*technical analysis*) Método de previsión de tendencias y precios. Parte de la hipótesis de que las series históricas de precios y las tendencias de la actividad de un determinado mercado organizado y público son la mejor forma de predecir las tendencias futuras. Considera que existe una psicología en los operadores que permite sacar conclusiones y tomar decisiones de acuerdo con las curvas de precios y cotizaciones. Se complementa con el análisis fundamental.

analista (*analyst*) Experto que estudia un determinado sector de actividad y emite recomendaciones.

analista de bases de datos (*database analyst*) Experto en analizar, tratar y administrar bases de datos.

analista de sistemas (*systems analyst*) En informática, experto en computadoras que organiza las máquinas, los sistemas operativos y las comunicaciones. No toca los programas o aplicaciones concretas empresariales.

analista de sistemas (*systems analyst*) En organización, persona responsable del desarrollo de un sistema de organización y de información de gestión. Su labor incluye el diseño y modificación de un sistema para adaptarlo a las necesidades de los usuarios.

analista programador (*programmer analyst*) Persona que diseña y analiza sistemas de información y además programa las aplicaciones para estos sistemas. Es, por tanto, un analista de sistemas y un programador de aplicaciones.

animación (*animation*) En mercadotecnia, conjunto de actividades dirigidas a estimular la imagen de un establecimiento o galería comercial. Su finalidad es aumentar el tráfico de público objetivo, así como su participación activa. Para ello, además de la decoración y la música, se organizan concursos, rebajas, etcétera.

anotación contable (*book entry; accounting entry*) Acto de registro de una transacción económica en los libros de contabilidad de la empresa. La transacción se refleja en el Diario, pasándose posteriormente al Libro Mayor y al Libro de Inventarios y Balances. Equivale a apunte.

antedatar (*backdating*) Marcar un documento con una fecha anterior a la verdadera o fijar una fecha para que una acción tenga efectos retroactivos.

anteproyecto (*preliminary sketch*) Conjunto de trabajos preparatorios de un proyecto que se presenta para ser discutido de cara a su redacción definitiva.

anticipación (*anticipation*) Capacidad para adelantarse a las exigencias y gustos del mercado.

anticipo; adelanto (*advance; advance payment*) Pago parcial de una cantidad antes de que sea debido, y a cuenta. Cantidad adelantada a un empleado a cuenta de su salario. Cantidad adelantada a un proveedor como garantía de una adquisición importante y para que se aprovisione de los materiales necesarios.

anticipo; provisión de fondos (*advance*) Dinero adelantado a un profesional a cuenta de la liquidación final que éste presente por sus servicios. En el comercio, fondos o mercancías adelantados por el librador de una letra de cambio al librado.

anticresis (*antichresis*) Derecho del acreedor a percibir los frutos de un inmueble de su deudor, con la obligación de aplicarlos al pago de los intereses y, eventualmente, al pago del principal.

antigüedad de cuentas (*aging schedule*) Clasificación de las cuentas por cobrar según el tiempo transcurrido desde su fecha de vencimiento. Sirve para controlar la recuperación de saldos y para estimar los importes que se deben considerar de dudoso cobro.

antimonopolio (*antitrust*) Legislación especial de defensa de la competencia para evitar situaciones de abuso de poder en el mercado. La legislación antimonopolio es especialmente estricta en Estados Unidos y en la Unión Europea, donde cualquier sospecha de colusión, reparto de mercado o abuso monopolista es llevada ante los tribunales.

antivirus (*antivirus*) Programa que detecta y elimina un virus en el sistema informático.

anual (*annual*) Que se repite cada año, o que dura un año.

anualidad (*annuity*) Cantidad fija que se paga o recibe cada año durante un periodo o de forma vitalicia, y que tiene su origen en una imposición, un seguro, una donación o un usufructo.

anualidad (*annual installment*) En un préstamo, la cuota anual fija de devolución. Al principio, la parte dedicada a intereses es proporcionalmente mayor que la dedicada a amortización del principal, que va aumentando según pasan los años, mientras que los intereses bajan al estar ya amortizado parte del capital inicial.

anuncio (*advertisement*) Comunicación publicitaria pagada por el anunciante para hacer llegar un mensaje a su público objetivo por cualquier medio de comunicación.

anuncio colectivo (*joint advertising*) Anuncio que promueve el producto de dos o más empresas o de todo un sector, por ejemplo, el de carne de vacuno.

anuncio de apoyo (*support advertisement*) El que se relaciona de un modo subsidiario con el principal. Se suele utilizar para un tipo de soporte publicitario que complemente al más importante.

anuncio gratuito (*free advertisement*) Anuncio regalado por el medio donde va a ser publicado.

anuncio por palabras (*classified advertisement*) Anuncio de pocas palabras, por lo general sin dibujos, que se publica clasificado en secciones de los periódicos y revistas especializadas. Constituye una fuente estable e importante de ingresos publicitarios.

anuncio principal (*main advertisement*) El más importante en una serie de anuncios o en la totalidad de una campaña publicitaria. No necesariamente es el primero que aparece y suele coincidir con el soporte publicitario o el original concreto al que se destinan más recursos.

anuncio testimonial (*testimonial*) Mensaje publicitario basado en la recomendación del producto por parte de un personaje conocido y confiable, de ser posible relacionado con ese producto.

año comercial (*commercial year*) Periodo de 360 días que utilizan bancos y entidades financieras para el cálculo de operaciones de descuento.

año de vacas flacas (*lean year*) Año con resultados bajos o con pérdidas.

año fiscal (*fiscal year*) Periodo para el que se preparan los presupuestos de ingresos y gastos de la administración del gobierno y en el que se devengan los impuestos.

año social (*accounting year*) Duración del ejercicio de una sociedad, que puede ser inferior a 12 meses. Suele coincidir con el año natural, salvo en empresas agrícolas (por campañas) y comerciales al público (por problemas de toma de inventarios y fin de temporada).

apagar (*power off; shut down*) Cortar el funcionamiento de una computadora, cerrando las aplicaciones, saliendo del sistema en caso necesario y cortando el suministro de energía.

apalancamiento financiero (*financial leverage*) Relación entre el pasivo exigible y los fondos propios en la estructura financiera de la empresa. Una relación alta indica un apalancamiento fuerte y aumenta la rentabilidad sobre los capitales propios, siempre que la rentabilidad de la empresa sea superior al costo de los recursos ajenos.

apalancamiento defensivo (*leveraged recap*) Utilización de la capacidad de endeudamiento de una empresa con posterior reparto a los accionistas de la liquidez generada, como medio de evitar que lo haga un tiburón después de comprar la empresa.

apalancamiento operativo (*operating leverage*) Relación entre los costos fijos y variables de una empresa. Una relación alta indica un apalancamiento fuerte. En época de mayor actividad y ventas aumentarán los beneficios, proporcionalmente más que en otra empresa que produce lo mismo y al mismo costo, pero con más inclinación hacia los costos variables. Sin embargo, en una época de recesión, esta empresa estaría mejor. Debe bajarse la relación cuando además hay un apalancamiento financiero fuerte, si se quiere lograr una mayor estabilidad en la rentabilidad sobre fondos propios.

apartado postal (*P.O. Box*) Caja que se alquila en las oficinas de correos para recibir la correspondencia.
El usuario debe presentarse periódicamente para abrir su caja.

apartamiento (*crowding-out*) Abandono de un mercado por los más débiles o por los que compiten a precios de mercado. Se aplica especialmente a la contracción de la demanda de crédito por particulares cuando un aumento en las necesidades de financiación de la administración pública hace subir los tipos de interés.

apertura (*opening*) Conjunto de actividades promocionales y publicitarias que giran en torno a la inauguración de un establecimiento. Es fundamental la correcta planificación de las distintas actividades para que todo esté a punto. Se suele solicitar algún tipo de contribución a los proveedores.

aplazamiento (*extension*) En finanzas, extensión mutuamente pactada del vencimiento de un crédito u obligación financiera.

apoderado (*legal representative*) Persona que dispone de poder notarial otorgado por una persona física o jurídica, con unas determinadas facultades de representación legal. En sentido amplio, se entiende cualquier persona con poder de firma.

apoderamiento (*empowerment*) En recursos humanos, proceso para dotar de mayor capacidad de decisión y actuación a los niveles más inferiores de una organización con el fin de mejorar la calidad total y el tiempo de respuesta a los problemas que surgen.

apreciación (*appreciation*) Incremento del valor de un activo como una acción, obligación, mercancía, divisa o bien inmobiliario. Se reconoce contablemente esta apreciación mediante la revalorización, aunque en el lenguaje común existe cierta confusión en el uso de estos términos.

aprender actuando (*activity learning*) Sistema de formación que utiliza situaciones donde se requiere una decisión activa por comparación con los procesos pasivos de aprendizaje mediante conferencias o lectura de textos. Incluye trabajos prácticos en equipo, discusiones en clase de casos reales y desempeño de roles.

aprendiz (*apprentice*) Persona que trabaja para otra con el objeto de aprender su oficio. Existen contratos de aprendizaje con salarios bajos que introducen a los jóvenes en el mercado laboral y les capacitan para obtener un puesto de trabajo.

aprendizaje continuo (*lifelong learning*) Aprendizaje durante toda la vida profesional, tanto por los ejecutivos como por las organizaciones. Esta formación continua implica que deben existir varias oportunidades de aprendizaje para atender las necesidades individuales en el punto preciso de la carrera profesional, cuando esas necesidades son más aparentes y se han adquirido la experiencia e información relevantes.

apropiación indebida (*embezzlement*) Acción de apoderamiento de cosas muebles que el agente hubiere recibido en virtud de un título que produzca obligación de entregarlas o devolverlas. Se aplica también a la apropiación de bienes perdidos con ánimo de lucro.

aprovisionamiento (*supply*) Abastecimiento de bienes para su próxima utilización.

apunte (*accounting entry*) Acto de registro de una transacción económica en los libros de contabilidad de la empresa. La transacción se refleja en el Diario, pasándose posteriormente al Libro Mayor y al Libro de Inventarios y Balances. Equivale a anotación contable.

arancel (*fee scale*) Escala de comisiones, corretajes y honorarios que los miembros de una profesión colegiada deben cobrar a sus clientes. Cantidad facturada.

arancel de aduanas (*customs tariff*) Cantidad que se paga por el derecho a importar o exportar una mercancía. Se aplica también a la tarifa oficial que la regula.

arbitraje (*arbitrage*) En finanzas, operación que consiste en comprar y vender simultáneamente en dos mercados distintos un mismo producto, divisa o instrumento financiero, con la idea de obtener un beneficio aprovechando ineficacias del mercado.

arbitraje (*arbitration*) En derecho, sumisión de las partes de una relación jurídica a la decisión de un tercero llamado árbitro. El arbitraje suele ser voluntario y evita recurrir a los órganos judiciales, ganando en rapidez.

arbitraje de mercancías (*cross-border shipments*) Compra de mercancías en un país para su posterior envío a otro país con el objetivo de aprovecharse de las diferencias en el costo de adquisición de las mismas.

arbitrajista (*arbitrager*) Persona que se aprovecha de las ineficiencias de los mercados realizando operaciones sin riesgo que le dejan un pequeño beneficio. El arbitrajista ayuda a crear mercados eficientes con su trabajo.

arbitrio judicial (*judicial discretion*) Facultad de que gozan los jueces y magistrados para apreciar según su sano criterio determinadas pruebas o circunstancias, fallando de acuerdo con los dictados de su conciencia.

archivo (*file*) En informática, información contenida en el disco duro o en memoria auxiliar (discos, cintas) con el fin de mantenerla después del tiempo de ejecución y/o vencer las limitaciones de espacio en la memoria central. Los archivos, también llamados ficheros, pueden contener datos, programas, texto, sonido, imágenes o cualquier otro tipo de información.

archivo (*archive*) Lugar donde se conservan y custodian documentos públicos o privados.

archivo del sistema (*system file*) Fichero en código de máquina que es parte del sistema operativo o de algún otro programa de control, incluidos los ficheros de configuración utilizados por tales programas.

archivo oculto (*hidden file*) Fichero de disco al que se le ha puesto el atributo de oculto para evitar que sea visto, borrado o modificado. Los ficheros del sistema suelen estar ocultos, y cualquier usuario puede ocultar sus ficheros para lograr cierta protección contra accesos no autorizados.

área (*area*) En informática, zona de la memoria que se asigna para alojar los datos que se han leído de un medio de soporte o los que hay que escribir en él.

área de circulación (*circulation area*) Espacio geográfico en que una publicación está disponible.

área de libre cambio (*free exchange area*) Zona geográfica donde el intercambio de mercancías y el movimiento de capitales se realizan en forma libre. Es más amplio que zona de libre comercio. El TLC es un ejemplo.

área de mercado (*market area*) Zona geográfica en la que se vende un producto. Puede ir desde un barrio hasta todo el mundo. Hay compañías que dividen el área en regiones o zonas, pero otras tienen el orden de tamaño inverso. El nombre del responsable, de mayor a menor tamaño, suele ser director, gerente, jefe y delegado.

área de servicio (*service area*) Zona en que se ofrece al conductor prestaciones como gasolina, cafetería o descanso.

área deprimida (*depressed area*) Zona geográfica que se caracteriza por presentar un índice alto de desempleo, escasa inversión y estancamiento económico.

argumento de venta (*selling point*) Cada uno de los puntos fuertes de un producto o servicio que se utiliza para lograr una venta.

argumento de venta único; AVU (*unique selling point; USP*) En publicidad, argumento en el que se centra la campaña de comunicación. Juega con los significados de la palabra único: uno solo, exclusivo y excelente.

arqueo (*registered tonnage*) Medida de capacidad o de peso oficial de un buque.

arqueo de caja (*cash count*) Comprobación de los movimientos de caja, especialmente del dinero y talones allí depositados. La realiza el propio cajero o un auditor.

arranque dual (*dual boot*) Posibilidad de algunas computadoras, en conjunto con sistemas operativos que permite elegir en el momento de arrancar la máquina el sistema operativo con el que se va a trabajar.

arrastrar (*drag*) Técnica de mantener pulsado un botón del ratón mientras se desplaza el mismo. Generalmente se utiliza para mover un objeto seleccionado o para efectuar la función de resaltar texto contiguo en un documento.

arrastrar-bloquear (*drag-lock*) Función que personaliza la utilización de una bola de guía de modo que se pueda seleccionar texto sin mantener pulsado un botón mientras se mueve.

arte final (*final artwork*) Representación definitiva en blanco y negro de lo que será un mensaje impreso. Es el paso intermedio entre el boceto y la prueba de imprenta e incluye todos los dibujos, fotografías y textos con indicación de los colores a utilizar y con instrucciones especiales para la imprenta si es necesario.

artículo básico (*staple good*) Producto de gran consumo incluido en el surtido básico que es prácticamente obligatorio ofrecer al público. Los precios de estos artículos son los más recordados por las amas de casa y los que más contribuyen a dar la imagen general de la tienda en cuanto a precios.

artículo complementario (*complementary good*) Artículo que acompaña a otro en su utilización. En distribución es frecuente colocar al lado de un artículo en oferta otro complementario con mayor margen.

artículo de fondo (*leading article*) Artículo que trata un tema con profundidad, ofreciendo todos los detalles e informaciones posibles y especialmente manifestando las opiniones que hay sobre ese tema.

artículo de reclamo (*loss leader*) Artículo que se vende a precio muy bajo, incluso inferior a su precio de compra, con el fin de atraer público al establecimiento. También se llama artículo gancho, aunque este último puede ser atractivo por otras razones aparte del precio (disponibilidad en exclusiva, mejor calidad, etcétera).

artículo gancho (*loss leader*) Artículo que sirve para atraer al público a un establecimiento, bien porque se tiene en exclusiva, bien porque es de una marca muy prestigiada y se oferta a precio reducido con cierta periodicidad para favorecer la venta de otros artículos. Se utiliza sobre todo en distribución.

artículo líder (*product leader*) Artículo con cuota de mercado relativamente alta y que el ama de casa recuerda con facilidad, que se utiliza por el fabricante para estimular la venta de otros artículos de su familia de productos. En él se concentran la fuerza de ventas y la publicidad, y de él depende, en gran parte, la imagen y el beneficio del fabricante.

artículo surtido (*assorted product*) Artículo o referencia que engloba en una unidad cantidades pequeñas de varias referencias.

asamblea anual (*annual meeting*) Reunión ordinaria de socios celebrada una vez al año para que el órgano de dirección informe de los resultados, se aprueben las cuentas y la gestión, y se renueven los miembros de la junta directiva. En el caso de una sociedad se emplea el término Junta General de Accionistas.

asamblea de trabajadores (*worker's assembly*) Reunión de trabajadores para acordar su postura de negociación ante la dirección de la empresa. Muchos países reconocen éste como un derecho de los trabajadores y establecen los reglamentos para controlarlo.

ascenso (*promotion*) Subida en la jerarquía de la empresa que implica, junto con un aumento de salario, un incremento de responsabilidades.

asesor (*adviser*) Persona que en el campo de sus conocimientos o experiencia aconseja o ilustra con su dictamen a otro. Es un consejero externo.

asesor fiscal (*tax adviser*) Persona que aconseja en temas tributarios.

asesoramiento (*consulting; advisory services*) Actividad profesional que consiste en aconsejar, evaluar y ampliar información, y realizar tareas especializadas de apoyo basándose en los conocimientos y experiencias propios y respecto a un determinado mercado, producto, materia o técnica de análisis.

asiento contable (*book entry*) Acto de registro de una transacción económica en los libros de contabilidad de la empresa. La transacción se refleja en el Diario, pasándose posteriormente al Libro Mayor y al Libro de Inventarios y Balances. Equivale a apunte y a anotación contable.

asignación (*allocation*) Distribución de recursos u objetivos entre los diferentes proyectos, productos o departamentos de una organización.

asignación de espacios (*space allocation*) Asignación óptima de los productos en un establecimiento para maximizar las ventas. Habitualmente se considera sólo la cifra vendida de cada artículo y se le da un espacio proporcional, mientras que la gestión de espacios tiene en cuenta las ventas potenciales de ese producto y de los relacionados con él, así como los márgenes brutos y los costos directos que puedan ser diferentes de un producto a otro.

asignación de personal (*personnel placement*) Procedimiento para situar en cada puesto de trabajo a la persona de la organización más adecuada, optimizando el uso de los recursos humanos totales y manteniendo unos costos competitivos.

asignación de recursos (*resource allocation*) Distribución de un conjunto de medios limitados entre los diferentes objetivos, departamentos, programas o productos de una entidad. Se plasma en el presupuesto anual de gastos y de inversiones.

asistente (*assistant*) Persona que colabora estrechamente con un alto directivo en la organización de sus reuniones y en la preparación de sus presentaciones e informes.

Suele tener una elevada preparación académica y el puesto sirve para ganar rápidamente conocimiento de la empresa, de sus operaciones y de sus directivos e interlocutores exteriores principales, antes de pasar a un puesto de dirección intermedia donde pueda empezar a acumular experiencia real de dirección.

asociación (*association*) Agrupación de personas que se rige por la voluntad general de sus componentes y cuyo fin es la satisfacción de un interés común no lucrativo.

asociación de consumidores (*consumers association*) Agrupación de consumidores o usuarios de servicios que se unen para defender mejor sus derechos. Divulga información, asesora y organiza reclamaciones, y establece controles de calidad.

ataque frontal (*frontal attack*) Ataque directo a la fuente principal de ventas y beneficios de la empresa competidora. Esta técnica sólo se aplica cuando el atacante tiene más recursos que el competidor ya que éste se defenderá con todas sus fuerzas.

ataque por el flanco (*flank attack*) Modelo de ataque lateral en el que el atacante se centra en aumentar una gama de productos o en ofrecer variables menores o mayores dentro de la misma área de producto/mercado en la que es fuerte el competidor principal.

atención selectiva (*selective attention*) Proceso por el que el consumidor inconscientemente sólo capta un pequeño porcentaje de todos los mensajes publicitarios que le llegan y una parte menor aún de su contenido.

atomización (*fragmentation*) Característica de un mercado en el que las unidades oferentes o demandantes son de tamaño reducido. Aunque en teoría es una de las condiciones para que haya competencia perfecta, suele tener una connotación negativa para la supervivencia o desarrollo futuro de dicho mercado.

atracción emocional (*emotional appeal*) Fundamento de un mensaje publicitario que, en vez de apelar a argumentos lógicos o de utilidad racional, se basa en la creación de sentimientos de amor, odio, orgullo, miedo, deseo sexual o humor para impulsar a un determinado comportamiento.

atrasado (*overdue*) Pasado su vencimiento o momento esperado.

atrición natural (*natural wastage*) Proceso de reducción natural de la plantilla de una organización al no sustituir a las personas que dejan voluntariamente la empresa, se jubilan o causan baja por accidente o fallecimiento.

atrincheramiento de la dirección (*managerial entrenchment*) Defensa a ultranza de sus cargos y prebendas que algunas direcciones de empresas atacadas mediante una OPAH establecen, aun a costa de sacrificar los intereses de sus accionistas, que son los que deben prevalecer.

atrincheramiento del consejo (*board entrenchment*) Disposiciones defensivas que el consejo de administración de una empresa adopta ante el peligro de una OPAH.

audiencia (*audience*) En publicidad, población total expuesta a un mensaje en un espacio y medio publicitario dado. La audiencia útil es la proporción de la audiencia que pertenece al público objetivo. No hay que confundir audiencia con cobertura.

auditoría (*audit; auditing*) Revisión oficial de los libros de contabilidad para comprobar la exactitud de los apuntes y los criterios de contabilidad y acumulación utilizados al realizarlos. Tiene como fin asegurar que se han registrado todas las transacciones económicas y que los estados financieros reflejan lo más exactamente posible la verdadera situación de la sociedad y se presentan de acuerdo con los PCGA (principios de contabilidad generalmente aceptados). La auditoría puede ser limitada o completa y externa o interna.

auditoría (*auditing*) Verificación e inspección de cuentas. Profesión y actividad de los auditores.

auditoría ambiental (*environmental audit*) Investigación sistemática sobre los métodos y procedimientos de trabajo en una empresa, en la medida en que son relevantes para los aspectos ambientales. El resultado de la investigación es el informe de auditoría ambiental, que presenta los puntos problemáticos en el funcionamiento ambiental de la empresa.

auditoría de administración (*management audit*) Evaluación sistemática de la gestión de una compañía realizada por consultores externos. El propósito es revisar el uso de los recursos y sugerir mejoras. Cubre también áreas no estrictamente contables o económicas, como motivación del personal, calidad del producto y reconocimiento de las marcas por los consumidores.

auditoría de sistemas (*systems audit*) Revisión de la programación, sistemas, máquinas y forma de funcionamiento del centro de procesamiento de datos y de la empresa en su conjunto, con el fin de determinar la calidad, seguridad y eficacia de las operaciones informáticas.

auditoría externa (*external audit*) Auditoría realizada por un auditor ajeno a la empresa y contratado para tal efecto. Puede ser una empresa de auditoría o un auditor individual o contador público titulado.

auditoría interna (*internal audit*) Departamento de una empresa, usualmente con dependencia directa de una comisión especializada del consejo de administración, que tiene por misión supervisar el cumplimiento de las normas contables y de conservación de activos, diagnosticar y sugerir mejoras en la gestión, asegurar la confiabilidad de la información, y colaborar con la auditoría externa evitando la duplicidad de trabajos.

auditoría limitada (*limited audit*) Revisión que no incluye la comprobación completa de los estados financieros de la sociedad, sino solamente algún aspecto parcial de ellos (clientes, inventarios, etc.). Suele incluir un comentario sobre los principios contables utilizados.

auditoría limpia (*unqualified opinion*) Informe de un auditor en el que señala que ha podido examinar toda la información contable y que ésta sigue los principios de contabilidad generalmente aceptados.

auditoría preliminar (*interim audit*) Revisión parcial que identifica los principales problemas para lograr un informe limpio y facilita los ajustes necesarios con tiempo suficiente.

auge (*boom*) Fase del ciclo económico caracterizada por una expansión de la producción, por un incremento de los precios y de los salarios y por una alta tasa de empleo. Identifica también un periodo favorable en el desarrollo de una empresa.

aumento (*increase*) Incremento. Variación al alza de una magnitud.

ausentismo (*absenteeism*) Ausencia justificada o no del trabajo sin previo conocimiento del superior.

austeridad (*austerity*) Política económica general o de una empresa consistente en una reducción del gasto al máximo.

autocartera (*treasury stock*) Acciones en manos de la propia sociedad o de una filial. Se origina en muchas ocasiones por la necesidad de comprar acciones en la bolsa para mantener la cotización. A veces se intenta colocar en bolsas extranjeras o en operaciones específicas. Equivale a acciones en cartera.

autoedición (*desktop publishing; DTP*) Sistema de edición informática que combina aplicaciones de texto y gráficos en la misma página y manipula el texto y los gráficos en pantalla. La mayoría de los usuarios que utilizan autoedición emplean tres programas: un procesador de textos para preparar los textos, un programa de gráficos para trabajar con imágenes y un programa de autoedición para combinar los textos y las imágenes.

autoliquidable (*self-liquidating premium*) Promoción de ventas en la que se ofrece un premio a un precio reducido que cubre los costos y sin embargo es muy atractivo para el consumidor. El bajo costo se consigue al comprar un gran volumen o encargar una producción especial.

autopista de la información (*information highway*) Conjunto de elementos físicos, lógicos y de comunicaciones que permiten la circulación de grandes cantidades de información de voz, datos y audiovisual entre los usuarios y centros de servicio interconectados a través de redes de área extendida. Es el principio sobre el que se sustenta la existencia de redes globales como Internet. Normalmente usan medios interactivos y multimedia.

autorización (*authorization*) Licencia o consentimiento que se otorga a una persona para que realice un acto que de otro modo no podría realizar.

autoservicio mayorista (*cash & carry*) Establecimiento en régimen de autoservicio abierto a un público restringido (detallistas, hostelería, comunidades), con pago al contado y sin reparto a domicilio. Aunque también hay fracciones y unidades sueltas, la mayoría de las ventas se hacen por cajas completas.

aval (*guarantee*) Acto por el que una persona o entidad se responsabiliza de la conducta personal, de las deudas o, en general, del cumplimiento de una obligación de otra persona.

avalancha de depositantes (*run*) Presión simultánea de los depositantes que quieren cerrar sus cuentas.

avalista; garante; fiador (*guarantor*) Persona que presta o da el aval en favor de otra persona. El avalista responde de igual manera que el avalado, e incluso el acreedor puede reclamarle directamente en ocasiones. Salvo pacto en contrario, los avalistas responden de forma solidaria.

avenencia (*compromise*) Acuerdo con efectos jurídicos plenos que se produce entre las partes como resultado de una transacción o negociación.

aviso de remesa (*remittance slip*)
Impreso que acompaña a una
factura, depósito de talones o
efectos de pago, y que recoge
datos esenciales como
importe total, fecha u origen.

aviso de renovación (*renewal
notice*) Notificación que la
compañía aseguradora suele
enviar a sus clientes, con
suficiente antelación, para
recordarles el pago de la
prima o la renovación tácita
del contrato de seguro.

azar (*chance*) Concepto estadístico
que expresa la idea de
incertidumbre en la aparición
de determinados fenómenos o
en la obtención de un
resultado concreto. Es un
término clave de la teoría de
probabilidades.

B

balance comparativo (*comparative balance sheet*) Presentación de balances que permite comparar fácilmente los valores de una empresa relativos a periodos distintos o de dos empresas relativos al mismo periodo.

balance con la comunidad (*social responsibility report*) Parte de la memoria anual de una empresa en la que se detallan las actividades relacionadas con los empleados (balance social), accionistas, consumidores o usuarios, clientes, proveedores, competidores, universidad, administración pública y medio ambiente.

balance consolidado (*consolidated balance sheet*) Resultado de la consolidación de balances.

balance de liquidación definitiva (*liquidation balance sheet*) Balance que se realiza en la fase de liquidación definitiva de una sociedad con la finalidad de valorar el capital que se repartirá entre los socios o las deudas pendientes.

balance de situación (*balance sheet*) Informe contable que refleja la situación patrimonial de la empresa en un día concreto. Se denomina balance porque en el sistema de contabilidad de doble entrada, el activo siempre es igual a la suma del pasivo exigible más los fondos propios.

balance final (*closing balance sheet*) Balance que se realiza al final de cada ejercicio social, con regularización de las existencias y las cuentas por cobrar, el cálculo final de las amortizaciones y, de hecho, todas las operaciones contables necesarias para calcular el resultado del ejercicio social.

balance inicial (*opening balance sheet*) Balance que se realiza al principio de cada ejercicio social y también al empezar la actividad social para mostrar las aportaciones de los socios.

balance provisional (*interim balance sheet*) Balance cerrado a una fecha dentro del año financiero pero que no coincide con la fecha de cierre habitual.

balance social (*labor relations report*) Parte de la memoria anual de una empresa en la que se detallan las características de los empleados y las actividades relacionadas con ellos y con los posibles sindicatos.

balanza comercial (*trade balance, balance of trade*) Saldo que en un periodo de tiempo determinado tiene el intercambio de mercancías de un país con el exterior. Se dice que es favorable o positiva si las exportaciones son mayores que las importaciones.

balanza de bienes y servicios (*balance of goods and services*) Suma de la balanza comercial de un país y los movimientos de cobros y pagos de servicios (como el turismo y la asistencia técnica) con el exterior.

balanza de capitales (*balance of payments on capital account*) Parte de la balanza de pagos que incluye los movimientos de entrada y salida de capitales a corto y largo plazo de un país con el exterior (como inversiones extranjeras y créditos).

balanza de pagos por cuenta corriente (*balance of payments on current account*) Parte de la balanza de pagos que incluye el intercambio de mercancías, compraventa de servicios y transferencias privadas.

banca (*banking industry*) Sector o actividad de la intermediación financiera de depósitos. Los bancos transforman plazos y riesgos, tomando depósitos de unos clientes y prestándoselos a otros.

banca electrónica (*electronic banking*) Conjunto de equipos informáticos necesarios para la prestación de servicios financieros en tiempo real.

bancarrota (*bankruptcy*) Sinónimo de quiebra, cesación o suspensión que hace el comerciante de su giro o tráfico, por carecer de solvencia. En la bancarrota la insolvencia es definitiva, mientras que en la suspensión de pagos es transitoria.

banco (*bank*) Institución financiera que actúa como intermediario entre las personas con exceso de efectivo para depositar o prestar, y las que tienen necesidades de financiación. Acepta depósitos de unos clientes y presta dinero a otros, ajustando cantidades, plazos, riesgos y precios. En algunos países la banca se divide en privada (comercial e industrial), oficial, cajas de ahorro y cooperativas de crédito. En Estados Unidos la división se hace entre la banca privada comercial, de ámbito federal o estatal, banca oficial, cajas de ahorro, y asociaciones de ahorro y préstamo.

banco comercial (*commercial bank*) Intermediario financiero que acepta depósitos a la vista y a plazo y por lo general ofrece los servicios de cuentas de cheques, préstamos a individuos y empresas (incluso hipotecarios), tarjetas de crédito, transferencia y pago de nóminas y recibos, descuento en efectivo y operaciones de comercio exterior. Puede manejar también operaciones de capital. El banco comercial puede tener muchas oficinas y especializarse en el consumidor, o en la banca al por mayor para grandes empresas.

banco de inversión (*investment bank*) Banco al por mayor especializado en negocios de asesoramiento e intermediación de valores de renta fija y variable. No se ocupa del negocio al por menor y, en general, tiene pocas oficinas. En Estados Unidos, un banco de inversión se especializa en la intermediación de títulos-valores (acciones, obligaciones, papel comercial, etc.) y no acepta depósitos ni concede créditos, aunque sí asegura la colocación de emisiones de títulos.

banco extranjero (*foreign bank*) Banco perteneciente a un país extranjero con sucursales o filiales en el territorio de ese país.

banco industrial (*industrial bank*) Intermediario financiero especializado en la toma de posiciones de riesgo en participaciones industriales y la concesión de créditos a mediano y largo plazo.

bandas de fluctuación (*fluctuation range*) Márgenes por exceso y por defecto que se aplican a ambos lados de un valor central, permitiendo el movimiento de una determinada variable económica dentro de los mismos antes de intervenir. Se aplica el término, por ejemplo, para expresar la amplitud máxima que se permite a las divisas ligadas al Sistema Monetario Europeo antes de producir una devaluación o revaluación.

banquero (*banker*) Persona que se dedica al negocio bancario. Generalmente se reserva este término para designar a personas que ocupan una posición alta en el banco (consejero, director general) o que están ligadas de forma sustancial a la propiedad del banco.

barato (*cheap*) Vendido o comprado a buen precio o por debajo de su precio normal. Se suele confundir con económico, de bajo precio o poco costoso.

baremo (*table scale*) Tabla y conjunto de normas utilizadas para calcular precios (en función del volumen total, tamaño del pedido y composición o costo de transporte) y, en general, para evaluar y comparar personas u objetos.

barómetro financiero (*barometer*) Indicador seleccionado para estimar la tendencia de un mercado. Los gastos de consumo, construcción de viviendas y tasas de interés son ejemplos de barómetros utilizados en las previsiones económicas.

barrera arancelaria (*tariff barrier*) Limitación del comercio internacional consistente en exigir el pago de una tarifa llamada arancel para permitir la importación de mercancías.

barrera de entrada (*entry barrier*) Dificultad o impedimento que encuentra una empresa para entrar a un nuevo sector, producto o área geográfica. Por ejemplo, gran inversión de capital, patentes, requisitos legales, compra de espacio lineal, etcétera.

barrera de salida (*exit barrier*) Dificultad o impedimento que sufre una empresa para salir de un sector, producto o área geográfica en que se encuentra. Por ejemplo, costo de indemnizaciones, repercusión en otros productos, contratos de créditos, etcétera.

barrera técnica (*technical obstacle*) Exigencia de que las mercancías importadas se ajusten a los reglamentos técnicos y especificaciones de calidad del país importador, especialmente cuando las diferencias son artificiales y existe ánimo de dificultar el libre comercio.

base de datos (*data base*) Método de organización de ficheros en el cual un conjunto de datos relacionados se almacena en una unidad de discos u otro dispositivo de almacenamiento. Conjunto de datos que pertenecen a una empresa y son utilizados por ésta en sus actividades. En algunos casos se comercializa para su uso por terceros.

base de datos de formato libre (*free form database*) Sistema de base de datos que permite la entrada de texto sin tener en cuenta la longitud u orden. Se diferencia de un tratamiento de textos en que se incorporan mecanismos de búsqueda, recuperación y organización de los datos mucho más elaborados.

base de datos de producción (*production database*) Base de datos que contiene la información de las transacciones diarias de una empresa y los archivos maestros.

base de datos de red (*network database*) Método de organización de una base de datos por propietario de los registros, de forma que cada registro, salvo el raíz, puede tener diferentes propietarios y, por lo tanto, diferentes rutas para acceder a él. Base de datos que reside en una red, lo que implica un diseño del sistema basado en la arquitectura Cliente-Servidor con un Servidor de Bases de Datos. Base de datos

que contiene información de todos los usuarios de la red.

base gravable (*taxable base*) Renta o base de cáculo para determinar el impuesto a pagar por un contribuyente, de acuerdo con las estipulaciones y reglas definidas en leyes y reglamentos fiscales.

beneficiario (*beneficiary*) Persona física o moral que de acuerdo con el contrato de seguros percibirá la indemnización de la compañía aseguradora, en caso de que ocurra un siniestro cubierto por la póliza. Es posible que exista una relación entre el beneficiario y el asegurado o entre el beneficiario y el contratante o tenedor.

beneficio de las actividades ordinarias (*profit from ordinary activities*) Beneficio obtenido con las operaciones normales de una sociedad después de imputar los gastos e ingresos financieros y antes de considerar resultados extraordinarios y de cartera.

beneficio del ejercicio; beneficio neto; resultado neto contable (*net profit*) Beneficio obtenido restando de los ingresos todos los gastos relativos al ejercicio, incluyendo impuestos y gastos extraordinarios. Equivale a beneficio neto durante todo el año financiero.

beneficio en el papel (*paper profit*) Beneficio teórico que se tiene cuando el precio de un bien excede al de compra más los gastos de mantenimiento y financiación. El beneficio no es real hasta que el bien se vende a ese precio. Equivale a beneficio latente.

beneficio fiscal (*tax incentive*) Bonificación tributaria concedida por el Estado a las empresas de ciertos sectores o áreas geográficas o que cumplen ciertas condiciones (inversión, planes de formación, exportación), con la finalidad de promover actividades concretas de inversión y creación de empleo.

beneficio latente (*non-realized profit*) Beneficio teórico que se obtendría al liquidar en el día una operación a plazo no vencida o al vender unas acciones compradas más baratas. El beneficio no se puede contabilizar hasta que efectivamente se realice, bien porque se llegue al vencimiento, o bien, porque en efecto se vendan esas acciones.

beneficio o pérdida realizada (*realized profit or loss*) Beneficio o pérdida realmente obtenido una vez realizada la venta de un valor.

beneficio por acción; BPA (*earnings per share ;EPS*) Cifra que se obtiene al dividir los beneficios de una sociedad después del pago de impuestos, entre el número total de acciones en circulación. Sirve para calcular el valor de la acción multiplicándolo por un PB adecuado.

beneficio sobre capital (*return on equity;ROE*) Porcentaje de beneficios netos sobre la inversión de acciones ordinarias durante un cieto periodo.

beneficio técnico (*technical profit*) Beneficio obtenido por una siniestralidad real inferior a la prevista de acuerdo con las estadísticas utilizadas en las bases técnicas, o por gastos de gestión interna y externa inferiores a los previstos en las fórmulas estadístico-actuariales. Frecuentemente se opera a pérdida técnica, compensada por beneficios financieros producidos por exceso de la rentabilidad financiera real obtenida en el mercado, sobre el tipo de interés técnico utilizado en las fórmulas actuariales.

bianual (*biannual*) Que sucede dos veces al año. Es sinónimo de semestral. No confundir con lo que ocurre cada dos años o bienal.

bien (*good*) Cualquier objeto o servicio que es percibido como capaz de satisfacer una necesidad. Pueden ser bienes libres o bienes económicos.

bien de capital (*capital good; investment good*) Bien destinado a producir otros bienes de consumo o de inversión. Se va consumiendo en el proceso de fabricación, por ejemplo, una máquina. Equivale a bien de inversión y bien de equipo.

bien de consumo (*consumer good*) Bien o servicio que es comprado y utilizado directamente por el usuario final y no necesita de ninguna transformación productiva. Puede ser duradero y no duradero. Sinónimo de producto.

bien de inversión (*investment good*) Bien destinado a producir otros bienes de consumo o de inversión. Se va consumiendo en el proceso de fabricación. Equivale a bien de capital y a bien de equipo.

bien inferior (*inferior good*) Bien de primera necesidad cuya demanda crece con el aumento de los precios porque los consumidores no tienen los ingresos para comprar productos mejores y de mayor valor.

bien intermedio (*intermediate good*) Bien o servicio que es comprado por un transformador para su elaboración posterior y no llega al consumidor final en esas condiciones.

bien público (*public good*) Bien o servicio que la iniciativa privada decide no ofrecer por no poderlo producir rentablemente y que, al ser beneficioso para la sociedad en su conjunto, es provisto por el Estado.

bienal (*biennial*) Que sucede cada dos años o dura dos años. No confundir con bianual.

bienes complementarios (*complementary goods*) Bienes económicos que son consumidos al mismo tiempo para satisfacer una sola necesidad (automóviles y neumáticos). Una disminución en la demanda de uno de ellos ocasiona una disminución en la demanda del otro. Es el opuesto a bienes sustitutivos.

bienes económicos (*economic goods*) Bienes sujetos al tráfico mercantil a diferencia de los bienes libres. Por su naturaleza pueden ser privados o públicos.

bienes industriales (*industrial goods*) Bienes utilizados en la producción de otros y no destinados al consumo individual, como maquinaria, herramientas pesadas o materias primas.

bienes perecederos (*perishable goods*) Productos destinados a ser usados o consumidos en un plazo de tiempo limitado y prefijado ya que posteriormente se deterioran.

bienes secos (*dry goods*) Expresión poco usada en español que abarcaría todas las mercancías no líquidas o gaseosas. En Estados Unidos se utiliza principalmente para textiles y mercería.

billón (*trillion*) Un millón de millones, mil millardos o, lo que es lo mismo, la unidad seguida de doce ceros.

bimestral (*bimonthly*) Se aplica a lo que se repite cada dos meses o dura dos meses.

binario (*binary*) Lenguaje básico de todas las computadoras digitales, según el cual los números, letras e instrucciones se representan con combinaciones de 1 y 0, es decir, encendido o apagado. Por ejemplo, el número 5 está representado por 0101 y el 7 por 0111.

bitácora (*log*) Registro de actividad de una computadora. Normalmente es un fichero de texto que se utiliza para depurar instalaciones, recuperación de sistemas, control de estadísticas y seguridad.

bito; bit (*bit*) Abreviatura de dígito binario. Es la unidad de información más pequeña en una computadora, una selección dicotómica, entre encendido o apagado, uno o cero. El octeto representa un carácter, por ejemplo una letra, y está formado por ocho bitos. Se suele utilizar el término inglés.

blanquear (*laundering*) Legalizar fondos monetarios ilícitos o dinero negro a través de varios métodos, como transferencias de fondos entre sociedades o contabilizando beneficios o ventas superiores a los reales.

bloque publicitario (*advertising break*) Conjunto de anuncios que se emiten durante una pausa publicitaria. Se paga más por el primero y el último. A veces una pausa se interrumpe por uno o más anuncios de la propia cadena o por anticipos de programas futuros, lo que da origen a varios bloques dentro de la misma pausa. Los pases se contratan para bloques que la cadena de televisión se compromete a emitir a intervalos regulares, por ejemplo cada media hora.

bloqueo (*standstill*) En una negociación, situación en la que ninguna de las partes está dispuesta a hacer concesiones u ofrecer alternativas aceptables por las otras partes.

bloqueo económico (*economic embargo*) Embargo y paralización de las relaciones financieras y comerciales con un país por parte de otro u otros, como medida de castigo o represalia, o con el fin de influir en la política interior de dicho país. Equivalente a boicot.

boceto (*rough lay-out*) Representación simple y no definitiva de una idea, mensaje o producto. Está más elaborado que un bosquejo.

bodegón (*package-shot*) Escena de cierre de una película publicitaria en la que aparecen colocados los productos con una clara identificación de marca. Pueden estar acompañados de materias primas o productos terminados. Suele aparecer el logotipo del fabricante.

boletín (*newsletter*) Publicación periódica especializada en información económica general o sectorial.

boletín de prensa (*press release*) Información proporcionada a los medios (no sólo los periódicos) para dar los detalles de un acontecimiento en particular.

bolsa (*stock exchange*) Lugar público de contratación regulado y supervisado por la Administración, y donde se lleva a cabo la compraventa de valores, bienes y materias primas con la intermediación de agentes e intermediarios bursátiles.

bonificación (*allowance*) Concesión de una mejora por reducción del precio por pagar o aumento de la cantidad por cobrar. Un tipo especial es el retorno al final del ejercicio.

bono (*bonus*) Retribución extraordinaria que se cobra por alcanzar un determinado objetivo, normalmente anual.

borrador (*rough-draft*) Escrito pendiente de corrección en el que hay que completar apuntes o detalles.

bosquejo (*sketch*) Primer esquema de una idea o de un mensaje.

botón de reiniciar (*reset button*) Botón o tecla especial en una computadora que reinicia el sistema. El equivalente en una impresora limpia la memoria permitiéndole recibir nuevos datos desde la computadora para ser impresos.

bruto (*gross*) Cantidad completa sin ninguna deducción, por oposición a neto.

buena fe (*good faith*) Convicción en que se halla una persona que actúa con derecho legítimo.

buscar (*search*) En informática, rastrear en una tabla o archivo para encontrar los datos que coinciden con unas especificaciones dadas.

buzón de sugerencias (*suggestions box*) Caja situada en el punto de venta o de trabajo y donde los clientes o empleados pueden depositar sus opiniones, consejos o incluso reclamaciones.

C

caballero blanco; príncipe (*white knight*) Empresa que acude en ayuda de otra que está sufriendo un intento de compra hostil, ofreciendo mejores condiciones. Esta mejora puede ser por un precio de compra de las acciones más alto, por su pago mediante dinero y no por acciones de otra empresa, por garantizar la permanencia del equipo directivo, o por la promesa de mantener la independencia de gestión de la empresa adquirida.

cabildero (*lobbyist*) Experto en transmitir opiniones y mensajes para influenciar las decisiones de otros, especialmente cuando son funcionarios, parlamentarios o periodistas. Defienden las posiciones de las empresas o sectores que los contratan diseminando información que en la mayoría de los casos es correcta y útil para conocer las posturas de todos los implicados.

cadena de franquicias (*franchise chain*) Cadena de tiendas que comparten un nombre e imagen común y se comprometen a abastecerse conjuntamente de una central de compras a nivel nacional y un centro distribuidor a nivel regional o mayorista. Cada tienda es propiedad de una persona independiente que puede abandonar la cadena cuando quiera. Si el centro distribuidor es propiedad de los dueños de las tiendas, se trata de una cooperativa de detallistas. El nombre de cadena voluntaria es más habitual en alimentación y droguería como sectores tradicionales, mientras que el de cadena de franquicias se utiliza en sectores más modernos como el textil y el de imagen y sonido. Equivale a cadena voluntaria.

cadena de sucursales (*chain*) Empresa que posee varios establecimientos similares en distintas zonas y mantiene una imagen, organización y sistemas de promoción y distribución comunes.

caída de los precios (*price fall*) Rápida disminución de los precios de venta debida a una disminución de la demanda o a un aumento de la oferta. Normalmente se debe a un cambio de los gustos o de la moda, aunque puede ser general si la causa afecta a toda la economía de una región.

caja (*cash*) Cuenta contable donde aparece el saldo del dinero en efectivo que tiene la empresa. Incluye también los depósitos bancarios.

caja de ahorros (*savings bank*) Institución financiera de depósitos, similar a un banco comercial por los servicios que presta, aunque concentra su actividad en créditos hipotecarios y en cuentas de ahorro.

caja fuerte (*safe*) Recipiente blindado y dotado de mecanismos especiales de seguridad, en el que se guarda dinero u objetos de valor.

caja mutua de ahorros (Estados Unidos) (*savings and loan association*) Institución financiera estadounidense que invierte sus depósitos en préstamos hipotecarios para la vivienda de sus depositantes.

caja negra (*slush fund*) Sistema organizado para disponer de fondos que financien operaciones ilegales, como comisiones o sobornos a políticos.

cajero automático (*automatic teller machine; ATM*) Máquina con elementos mecánicos y electrónicos que permite a los clientes de un banco realizar operaciones automáticamente a cualquier hora. En ellos se pueden realizar depósitos, retiros de efectivo, comprobación de saldos y compraventa de valores. El cliente tiene una tarjeta con una clave secreta para evitar su uso fraudulento.

calendario (*timetable*) Programa de futuras actividades que recoge las fechas en que se van a producir.

calificación de obligaciones (*credit rating*) Proceso de análisis financiero por el que una agencia de calificación da su opinión sobre la solvencia de una emisión de renta fija en cuanto al puntual cumplimiento del pago de intereses y devolución del principal.

Cámara de Comercio (*Chamber of Commerce*) Institución con personalidad jurídica propia que promueve y representa los intereses comerciales e industriales de las empresas de su provincia.

cámara de compensación (*clearing house*) Organismo que se encarga de compensar los cheques y otros medios de pago que un banco tiene contra otros como resultado de operaciones que en él realizan sus clientes. En la cámara de compensación cada banco salda con los otros los títulos u operaciones a su favor y en su contra.

cambio de divisa (*foreign exchange*) Servicio ofrecido por un banco o casa de cambio que permite comprar o vender divisa extranjera a cambio de divisa nacional.

cambio de la organización (*organizational change*) Variación en la estructura y estilo de una empresa para responder a un cambio de la estrategia o a un cambio en los escenarios previstos.

cambio estructural (*structural change*) Variación importante en la organización económica o social de un mercado, que se produce lentamente y es irreversible, aunque sí modificable en el tiempo. Por ejemplo, el crecimiento del sector servicios y la caída del sector primario, o la mayor formación e incorporación al trabajo fuera de casa de la mujer que se está produciendo en los países más desarrollados.

cambio tecnológico (*technological change*) Introducción de nuevos métodos de producción que aumentan la productividad reduciendo los gastos y permitiendo una capacidad de beneficio más alta a la empresa.

cambios de intervención (*intervention exchange rates*) Tipos de cambio en las cotizaciones de las divisas, establecidas por el banco central para definir el límite de variación de los mismos en un día determinado. El banco central se compromete a comprar todas las divisas que le ofrezcan al precio de intervención de compra, y a vender todas las que le demanden al cambio de intervención de venta. En muchos casos se fijan cambios de intervención sólo para una divisa (el dólar), estableciéndose los de los demás en relación con ella.

cambios flotantes (*floating exchange rates*) Tipos de cambio de las divisas en una situación de libre cambio. El cambio sube y baja de acuerdo con la oferta y la demanda. Equivale a cambios libres.

cambista (*foreign exchange dealer*) Persona que se ocupa de la compraventa de divisas y seguros de cambio. En una institución financiera, el cambista trabaja dentro del departamento de arbitrajes, adscrito a la división internacional o a la de tesorería.

campaña de publicidad (*advertising campaign*) Conjunto de acciones que se realizan en un periodo de tiempo para transmitir un mensaje a un público objetivo con unos medios y presupuesto determinados. Puede estar dividida en varias oleadas. Suele ir acompañada de una promoción de ventas para facilitar la entrada a nuevos establecimientos y la compra por el consumidor.

canal de comercialización (*distribution channel*) Conjunto de empresas que llevan el producto del fabricante al consumidor. Puede ser más o menos largo, dependiendo del producto, e incluso el mismo fabricante puede utilizar diversos tipos de intermediarios. Incluye normalmente al mayorista y detallista, pero puede ir directo o incluir también al importador, comisionista, distribuidor, distribuidor físico, delegación o sucursal propia, y autoservicio mayorista.

canal de distribución (*distribution channel*) Cada uno de los tipos de redes que hacen llegar un determinado bien del productor al consumidor final. Por ejemplo, venta ambulante, venta por catálogo o supermercados.

cancelación (*cancellation; redemption*) En general, anulación de una obligación cuando, por haber sido satisfecha, queda extinguida.

cancelar (*cancel*) Detener una actividad en curso. En muchas aplicaciones informáticas, la tecla ESC (escape) lleva a cabo esta acción.

candidato (*candidate*) Persona que es considerada para ocupar un puesto. La selección se suele basar en el historial académico y profesional, en entrevistas personales y, en algunos casos, pruebas psicotécnicas.

canibalismo (*cannibalism*) Desarrollo de un bien a costa de otro de iguales características. Puede ser de piezas o productos. En el canibalismo de piezas se utiliza parte de un equipo para reparar otro ante la dificultad de obtener repuestos adecuados. Hay canibalismo de producto cuando dentro de la gama del mismo fabricante un nuevo producto hace descender las ventas de otro.

canibalización (*cannibalization*) Desarrollo de una marca a costa de la publicidad de otra. Cuando el presupuesto de una marca es demasiado bajo o el mensaje es muy parecido al de una marca ya establecida, el consumidor se queda con el recuerdo o la impresión de que ha visto publicidad de la marca arraigada.

capacidad de crédito (*credit capacity*) Límite cuantitativo de crédito de una persona o empresa, o nivel de endeudamiento que puede soportar considerando su patrimonio e ingresos periódicos.

capacidad de utilidad (*earning power*) Posibilidad de que un negocio gane más o menos dinero en el futuro. Además de la rentabilidad específica hay que considerar el apalancamiento operativo y financiero y las previsiones del sector y de la economía en general.

capacidad productiva (*productive capacity*) Volumen de producción que puede alcanzar una empresa utilizando todos los medios a su disposición, o una línea o máquina a pleno rendimiento, deduciendo las paradas de mantenimiento y posibles averías.

capataz (*foreman, overseer*) Persona bajo cuyo gobierno y vigilancia se encuentra un cierto número de trabajadores.

capital de trabajo; capital circulante (*working capital*) Exceso del activo circulante sobre el pasivo circulante que sirve para asegurar el pago normal a proveedores y acreedores al ir convirtiendo en efectivo los saldos de clientes y existencias. Equivale a un exceso de fondos permanentes sobre los activos fijos. En el sector de distribución suele ser negativo por el cobro al contado y la fuerte competencia entre proveedores.

capital fijo (*fixed assets*) Equivale a activo fijo. Se aplica el término a aquellas sociedades de inversión de valores de capital social fijo, reflejándose las variaciones de las cotizaciones de los valores de su cartera en la cotización o valor bursátil de la sociedad.

capital recuperado (*return of capital*) Disponibilidades generadas por un proyecto o derivadas de una venta que quedan libres para ser invertidas en otras actividades.

capital social (*capital stock*) Capital aportado por los accionistas para constituir el patrimonio social que les otorgan sus derechos sociales. Tanto su ampliación como su reducción deben cumplir ciertos requisitos formales de publicidad para garantía de los posibles acreedores. La suma de los valores nominales de las acciones que en cada momento tiene emitidas una sociedad es el capital social emitido. Desde el momento de la suscripción el accionista se obliga a su desembolso total cuando la sociedad exija el pago de los dividendos pasivos y se convierte en capital social suscrito. Una vez satisfecha la aportación en metálico o en especie se convierte en capital social desembolsado. En Estados Unidos puede no existir valor

nominal o ser meramente simbólico, por lo que equivaldría al capital efectivamente desembolsado.

capital suscrito (*subscribed capital*) Cifra de capital que se han comprometido a desembolsar los accionistas. Generalmente coincide con el capital escriturado.

capital-riesgo (*venture capital*) Inversión en el capital de una nueva sociedad que en su misma naturaleza (de reciente creación o con un gran componente de investigación), y en contraposición a inversiones financieras tradicionales, puede ser considerada como actividad de alto riesgo. La rentabilidad esperada es también muy superior, para compensar un determinado porcentaje de fracasos. En Estados Unidos la plusvalía se suele materializar al sacar a bolsa la sociedad. Las empresas especializadas prefieren calificarse de capital-inversión.

capitalismo (*capitalism*) Doctrina basada en la propiedad privada de los factores de producción, que considera que el sistema de libertad de mercado y precios es el más eficiente para lograr la óptima asignación de recursos en una economía.

capitalización (*capitalization*) Suma de los fondos propios y el pasivo exigible a largo plazo de la empresa. También, conversión de una renta periódica como un alquiler o una renta vitalicia en un capital equivalente, utilizando el tipo de interés que se quiere conseguir.

capitalización bursátil (*market capitalization*) Valor de una sociedad resultante de multiplicar el número de acciones en circulación por su cotización en bolsa.

capitalización total (*total capitalization*) Estructura de capital de una empresa, incluyendo la deuda a largo plazo y las formas de recursos propios. También se utiliza el término para indicar el valor de la sociedad resultante de multiplicar las acciones emitidas por el último valor de cotización.

capitalizar (*capitalize*) Calcular el valor de pagos futuros en un determinado momento utilizando una cierta tasa de interés. En general, aprovecharse de un cambio o de una circunstancia en beneficio propio.

captación de fondos; capitalizar (*funding*) Obtención de recursos para financiar un proyecto, refinanciar una deuda o dotar un fondo.

carga (*load*) En medición de rendimientos, porcentaje de uso de un sistema frente a su capacidad máxima.

carga (*load*) En transportes, conjunto de mercancías que se introducen en un camión para su transporte. Cuando se trata de buques se emplea preferentemente cargamento y en el caso de aviones se usan indistintamente carga y cargamento.

carga aérea (*air cargo*) Mercancía transportada por aire en vuelo regular o fletado, en aviones dedicados (sólo de carga) o compartidos con pasajeros (mixtos).

cargamento (*cargo*) Conjunto de mercancías que se introducen en una embarcación o avión para su transporte.

cargo; débito (*debit*) En contabilidad, cualquier anotación o entrada en el Debe o lado izquierdo de una cuenta.

cargo por servicio (*service charge*) Cantidad añadida a una cuenta por concepto de los servicios prestados al cliente en un hotel, restaurante, etc. Suele ser un porcentaje de entre el 12 y el 15% y a veces ya viene incluido en el precio que se indica al cliente. Adicionalmente se puede pagar una propina, dependiendo de la costumbre del país y de si el servicio ha sido excepcional.

cargo rotatorio (*rotating office*) Aquel que es desempeñado por diferentes personas de forma sucesiva atendiendo a un orden previamente fijado.

caro (*expensive*) Se dice de un bien o servicio cuyo costo es superior a su valor. Se suele confundir con artículos de alto precio que, si son de una excelente calidad, en realidad pueden ser baratos.

carta de acuse de recibo (*letter of acknowledgment*) Carta en la que se acredita que se ha recibido algo sin necesariamente estar de acuerdo con su contenido.

carta de cobertura provisional (*insurance cover letter*) Documento emitido por la compañía aseguradora concediendo cobertura con carácter provisional mientras se emite la póliza o contrato definitivo.

carta de confirmación (*offer letter*) Oferta escrita y formal de una empresa para ocupar un puesto de trabajo en el que se especifica el puesto, sus responsabilidades,

dependencias y las condiciones económicas.

carta de crédito (*letter of credit; L/C*) Documento por el que una institución financiera garantiza que si se cumplen ciertas estipulaciones consignadas en él, aceptará órdenes de cobro contra un cliente determinado. Se utiliza en operaciones internacionales, asegurando al exportador el cobro si la mercancía llega a destino en las condiciones prefijadas. Normalmente va de banco emisor a banco pagador en favor de un tercero, el importador, en quien aquél confía.

carta de crédito confirmada (*confirmed letter of credit*) Carta de crédito en la que el banco pagador se hace responsable subsidiario del banco emisor.

carta de crédito irrevocable (*irrevocable letter of credit*) Carta de crédito que no puede ser cancelada sin el consentimiento de la parte que recibiría el dinero, usualmente el exportador. Es el tipo más utilizado, estando en muchas ocasiones también confirmada.

carta de garantía (*guarantee letter*) Documento, generalmente emitido por un banco, que garantiza una determinada obligación, por ejemplo, el pago del precio de ejercicio en una opción de compra.

carta de intención (*letter of intent*) Documento en el que el firmante declara su intención firme de actuar en una determinada forma si suceden ciertas circunstancias. Aunque no es una promesa, se suele requerir como compromiso moral en negociaciones complejas o con información confidencial.

carta de porte aéreo (*air waybill*) Documento de transporte de una carga por avión que incluye la identificación del remitente, receptor y transportista, instrucciones de envío, reclamaciones y pagos, limitaciones de responsabilidad, descripción de la mercancía y especificación de los conceptos de costos e impuestos y de la cantidad por pagar.

carta de presentación (*cover letter*) Carta que se envía con otros documentos relacionándolos y explicando para qué se envían. Equivale a carta de introducción.

carta de recomendación (*letter of introduction*) Carta en la que una persona presenta a otra en términos elogiosos para favorecer el establecimiento de relaciones laborales o mercantiles.

carta de sostén (*comfort letter*) Carta emitida para proporcionar cierta confianza o seguridad aunque no obliga legalmente a quien la firma más que a lo que se desprende literalmente del texto.

carta de venta (*sales letter*) Carta dirigida a clientes potenciales para persuadirles de que compren un producto o asistan a una presentación.

cartas modelo (*form letters*) En procesadores de textos, plantillas previamente escritas sobre las que se crean los nuevos documentos y, en general, formulario que sirve como orientación para escribir una carta.

cartel (*poster*) En publicidad, papel impreso o escrito a mano que contiene textos, dibujos y/o precios con fines publicitarios o decorativos.

cártel (*cartel*) Acuerdo entre empresas jurídicamente independientes del mismo sector para reducir la mutua competencia, regulando los precios y la producción.

cartera de pedidos (*orderbook*) Conjunto de órdenes de compra en firme pendientes de servir que tiene un fabricante.

cartera de pedidos atrasados (*backlog*) Relación de pedidos pendientes o en curso de fabricación en una empresa o taller, que ya se deberían haber producido.

catálogo (*catalog*) En mercadotecnia, lista impresa de productos que se ofrecen a la venta y que recoge sus características. Suele llevar fotografías o ilustraciones y condiciones generales de venta. Si va dirigido directamente al consumidor, lleva precios, aunque en venta al por mayor o industrial normalmente la lista de precios va separada.

categoría fiscal (*tax bracket*) Nivel dentro de la escala de bases gravables en el que se encuadra un determinado contribuyente.

cazatalentos (*head-hunter*) Persona u organización dedicada a identificar, seleccionar y convencer a directivos para que se incorporen a la empresa que los ha contratado.

célula (*cell*) En informática, traducción literal del inglés, poco usada, para cada una de las celdillas o casillas de una hoja de cálculo.

censor (*watchdog*) Individuo encargado de velar por la observancia de los estatutos, reglamentos y acuerdos.

centralizar (*centralize*) Asignar el control o transferir una operación que se realizaba en las filiales o en sucursales periféricas a la matriz o a la sede central. En general, permite menos adaptación a entornos específicos pero favorece el control y la rapidez en los cambios globales.

centro comercial (*shopping center*) Conjunto de tiendas al por menor concentradas en una zona proyectada a propósito, donde los clientes pueden comprar todo tipo de bienes. Suelen contar con uno o dos establecimientos locomotores que aseguran la afluencia del público, por ejemplo una tienda bien conocida de productos alimenticios o de ropa.

centro de costo (*cost center*) Unidad de una organización a la que se calculan e imputan costos y gastos para efectos de control presupuestario. Opera con un presupuesto anual de costos que tiene que lograr. No tiene ingresos, por lo que carece de beneficios. Es útil en departamentos de apoyo, donde es difícil o no merece la pena calcular un precio de cesión.

centro de procesamiento de datos; CPD (*data-processing center; DPC*) Unidad que engloba la dirección, programación y explotación de un sistema informático. Es típico de la informática centralizada, por contraste con la informática distribuida que se basa en pequeñas computadoras autónomas comunicadas entre sí.

centro de servicio al cliente (*customer service center*) Oficina que informa al usuario, resuelve dudas y recoge quejas.

centro de utilidad (*profit center*) Departamento, división u otra unidad orgánica de la empresa para la que se computan ingresos, costos y gastos generales, y se obtiene una utilidad. Cada centro de este tipo opera con un presupuesto anual de ingreso y gasto, y con un análisis de desviaciones como medio de control de gestión.

centro distribuidor (*distribution center*) Organización que reparte mercancías a sus propios establecimientos o a tiendas ajenas de forma periódica (máximo semanal), ofreciendo un servicio completo de asistencia. Permite reducir la necesidad de almacenaje en cada establecimiento y facilita el envío de los pedidos por parte de los proveedores.

certificado de calidad (*quality certificate*) Garantía que da la empresa que vende el producto, asegurando que el mismo reúne las condiciones por las que se caracteriza. Suele ir acompañado de una garantía para el caso de que el producto resultase defectuoso antes de un plazo determinado, comprometiéndose la empresa entonces a su reposición o al arreglo gratuito. El certificado de calidad va unido a la existencia de un control de calidad en la empresa.

certificado de depósito; CD (*certificate of deposit*) Certificado emitido por un banco de un depósito en el mismo realizado por un cliente a un plazo determinado.

certificado de depósito negociable (*negotiable certificate of deposit*) Certificado de depósito que puede ser transmitido mediante simple endoso.

cese (*termination*) Acción y efecto de dejar de desempeñar algún empleo o cargo. Puede darse por propia voluntad del empleado (dimisión) o por decisión de la organización (despido).

cese del consejo (*board dismissal*) Cese o dimisión de todos o la mayoría de los consejeros de una sociedad que se produce al ser adquirida por otra.

cesta de monedas (*currency basket*) Conjunto de divisas que, ponderadas de una manera paticular, sirven para determinar el valor de una moneda, de un índice económico o de un precio (petróleo, etc.). Las cestas de monedas cada vez se utilizan más en las relaciones económicas internacionales, para obviar los efectos negativos que las variaciones bruscas de una determinada cotización pueden producir en las cosas en ella referenciadas.

chantaje (*blackmail*) Presión mediante amenazas que se ejerce sobre alguien para obligarlo a obrar de determinada forma, o para obtener dinero u otro provecho.

cheque certificado (*certified check*) Cheque cuyo cobro está garantizado por la entidad bancaria en la que está situada la cuenta corriente. El banco, en el instante de certificar el cheque, carga su importe en la cuenta del cliente.

cheque de caja (*cashier's check*) Cheque de la propia institución financiera y no de uno de sus cuentahabientes. Tiene la seguridad de la propia institución.

cheque de caja; giro (*cashier's check*) Cheque emitido por un banco contra sus propios fondos. Es una promesa de pago del banco nominativa o al portador. Una persona puede comprar un cheque bancario con dinero en efectivo o mediante cargo en su propia cuenta. El banco usualmente cobra una comisión por este servicio.

cheque de viajero (*traveler's check*) Título de promesa de pago emitido por un intermediario financiero y vendido a un tenedor que puede traspasarlo a un tercero. El cheque de viajero está garantizado contra su pérdida o robo. El primer tenedor lo firma al recibirlo y debe firmarlo de nuevo al traspasarlo, lo que evita su uso fraudulento. La institución emisora cobra una comisión, pero sobre todo gana con la flotación (el tiempo que transcurre entre su emisión y cobro).

cheque devuelto (*bounced check*) Cheque devuelto por la institución financiera depositaria de la cuenta corriente, por falta de fondos en la cuenta del cliente que lo giró.

cheque en blanco (*blank check*) Cheque que se firma sin designar la cantidad, para que lo complete posteriormente el tenedor.

cheque sin fondos; cheque en descubierto (*bad check*) Cheque girado sin que exista cobertura suficiente de fondos en la cuenta corriente de quien lo expide.

chequera; talonario (*checkbook*) Libreta de cheques en blanco emitida por una institución financiera de depósito. En cada cheque figura el número de la cuenta corriente de la persona o entidad que va a utilizarlos como medio de pago.

choque cultural (*culture shock*) Sentimiento de confusión, incertidumbre e incluso ansiedad que se puede experimentar al llegar a un ambiente desconocido, especialmente un país extranjero, hasta lograr entender las diferentes costumbres, normas de comportamiento social y valores compartidos que dominan en ese ambiente. El choque se minimiza con un mejor conocimiento previo y el desarrollo de una mayor capacidad de adaptación.

ciclo de desarrollo (*development cycle*) En informática, secuencia de actividades en el desarrollo de un nuevo programa. Las fases principales son: análisis, diseño, programación, comprobación e implementación.

ciclo de facturación (*billing cycle*) Periodo en el que se van acumulando las notas de remisión de envío de mercancía o servicios para unificarlos en una sola factura. Su objetivo es reducir el costo administrativo al simplificar las operaciones. El periodo habitual es un mes aunque en el norte de Europa suelen ser ciclos de 10 a 15 días. Cuando hay muchos clientes con consumos bajos, el periodo puede ser de dos meses. En este caso, se hacen dos grupos de clientes para repartir el trabajo y la entrada de ingresos, por ejemplo, en las compañías de teléfonos y eléctricas.

ciclo de vida de un producto; CVP (*product life-cycle; PLC*) Se suele dividir la vida de un producto en cuatro fases: introducción, crecimiento, madurez y declive. Las ventas crecen en las tres primeras fases y bajan en la última, de forma similar a los beneficios, aunque se admite que en la introducción hay pérdidas.

ciclos económicos (*business cycles*) Variaciones periódicas de los índices generales macroeconómicos como crecimiento, inflación y empleo por encima y por debajo de la línea de tendencia a largo plazo de un país. Cuando es un ciclo a la baja se denomina recesión, y cuando es al alza, expansión.

cierre (*close*) Finalización temporal o definitiva de actividades. Puede referirse a una cuenta (se calcula el balance y se salda), al ejercicio económico (se realiza inventario y se calculan los resultados), a un establecimiento (horario), a la bolsa (cotización en el momento de cerrar), a un periódico (no se admiten nuevos originales), etcétera.

cierre de ejercicio (*year-end closing*) Apuntes contables realizados al final del ejercicio destinados a cerrar los libros de contabilidad efectuando los últimos asientos del año (amortizaciones, provisiones, saneamientos, etcétera).

cierre patronal (*lockout*) Acción por la que una empresa interrumpe su actividad temporal y voluntariamente con ánimo de presionar a sus empleados, a los que les impide trabajar. Es lo opuesto a la huelga.

cifra de negocios (*revenues*) Ventas o ingresos totales.

circulación (*circulation*) Promedio de ejemplares de una revista que son distribuidos (suscripciones más ventas al menudeo y muestras gratuitas). Multiplicada por el número de lectores por ejemplar, daría el lectorado del medio. También se puede calcular por la tirada menos los ejemplares no distribuidos o devueltos por los puntos de venta.

círculo de calidad (*quality circle*) Grupo reducido de obreros o empleados que trabajan en la misma sección y se reúnen periódicamente para proponer mejoras y crear nuevos procesos. Una vez que la dirección acepta una sugerencia, se encargan de llevarla a la práctica y de comprobar que logra los resultados previstos. Empezó en Japón y es una muestra de estilo de dirección participativo.

cita (*appointment*) Acuerdo para encontrarse con otra persona en un lugar y momento prefijados.

clases pasivas (*pensioners*) Denominación oficial que incluye a las personas jubiladas o retiradas, a los inválidos, y a los huérfanos o cónyuges supervivientes que disfrutan de algún haber pasivo o pensión.

clasificación (*classification*) Ordenación de una materia o cosas con base en unos criterios determinados.

cláusula (*clause*) Disposición especial de un documento que establece, limita, modifica o aclara el contenido general.

cláusula antiabsorción (*anti-takeover provision*) Cláusula en los estatutos de una empresa con la finalidad de evitar una absorción por parte de empresas agresivas.

cláusula compromisoria (*arbitration clause*) Estipulación según la cual las partes se obligan a someter sus diferencias al juicio de los árbitros o mediadores.

cláusula de la nación más favorecida (*most-favored nation clause*) Acuerdo por el que una nación concede a otra la importación de un producto con las mismas ventajas que las que haya concedido al país más favorecido.

cláusula de reserva de dominio (*retention of title clause*) Cláusula de privilegio, utilizada en la venta a plazo, que permite al vendedor reservarse el dominio del bien vendido hasta el pago del último plazo siendo el comprador responsable, como poseedor, de los riesgos relativos al bien.

cláusula del padrino (*grandfather clause*) Cláusula en un reglamento que exceptúa a una persona o empresa de cumplir ese reglamento.

cláusula sobre buque (*ex-ship clause, free on board; FOB*) Equivale a venta FOB.

cláusula sobre muelle (*ex-quay clause, free alongside ship; sale; FAS*) Equivale a venta FAS.

cliente (*client; customer*) Persona que regularmente utiliza los servicios de un profesional o empresa, o que acostumbra a comprar en un mismo establecimiento. Por extensión, cualquier persona que compra o usa los servicios de un establecimiento o empresa, o que contrata con un profesional, aunque sea ocasionalmente y sin carácter regular.

clientela (*clientele*) Conjunto de consumidores o compradores de los productos o servicios de una empresa, especialmente de los que muestran cierta fidelidad y regularidad de uso.

clima laboral (*working environment*) Ambiente de trabajo que perciben los miembros de una organización. Se ve afectado por el éxito en ventas y los resultados de la empresa, la seguridad en el empleo, las oportunidades de formación y promoción, el espíritu de trabajo en equipo y de comunicación que haya y la forma de tomar decisiones y resolver conflictos de la alta dirección y de los mandos intermedios.

cobertura comercial (*trade coverage*) Porcentaje que representan las exportaciones sobre las importaciones.

cobertura de intereses (*interest charges coverage*) Término que indica cuántas veces el flujo de caja generado por una empresa es superior a las cargas financieras a pagar por la misma en un periodo determinado.

cobertura de mercado (*market coverage*) Porcentaje de los clientes visitados por una fuerza de ventas sobre el total de clientes potenciales. El porcentaje que compra es la distribución numérica.

cobertura publicitaria (*advertising coverage*) Porcentaje del público objetivo expuesto a una determinada campaña publicitaria. A veces se aplica también al número absoluto o porcentaje del público objetivo alcanzado dentro de una determinada audiencia.

cobrador (*collector*) Persona que se ocupa del cobro de recibos, cuotas y otras formas de pago.

cobro (*collection [of payment]*) Ingreso o recibo de dinero o medios de pago (transferencia, cheque, letra de cambio), en compensación de una venta o servicio ejecutado.

cociente (*ratio*) Resultado de comparar dos cantidades dividiéndolas para saber cuántas veces es una mayor que la otra.

cociente de liquidez (*current ratio*) Cociente del activo circulante y el pasivo circulante. Indica la capacidad de generar liquidez a corto plazo en comparación con los vencimientos. Es la expresión del capital circulante en número de veces.

código de área (*area code*) Dígitos que identifican el área telefónica a la que se quiere llamar y van después del código del país y antes del número local. Si se llama desde el propio país no hace falta usar el código del país pero sí un dígito o dos para tener acceso a la red nacional de teléfonos.

código de barras (*bar code*) Representación gráfica formada por barras paralelas de diferente grosor que permiten la lectura óptica automática. Normalmente el código está formado por un número y un dígito de verificación.

código ISBN (*ISBN code*) Código que identifica a las obras impresas. Las iniciales corresponden a International Standard Book Number. El código se completa por un número inicial indicativo del país y un número de control al final. En total tiene 10 dígitos.

código postal (*zip code*) Código que facilita la distribución postal al identificar exactamente el área geográfica a la que va dirigida un envío.

coeficiente de amortización (*depreciation rate*) Cuota a aplicar sobre el costo de adquisición de activo fijo o gasto amortizable para calcular el costo de amortización del ejercicio.

coeficiente de endeudamiento (*debt to capital ratio*) Relación entre la deuda de la empresa y su propio capital. Indica el porcentaje de financiación de la actividad realizado por los acreedores.

coeficiente de liquidez (*liquidity ratio*) En una empresa, relación entre los activos líquidos (caja, depósitos bancarios, cuentas por cobrar, activos financieros a la vista) y el pasivo circulante. En un banco, relación con respecto a los depósitos a la vista y a corto plazo de sus clientes.

coeficiente de solvencia (*solvency ratio*) Relación entre el capital propio y el pasivo total.

coeficientes bancarios obligatorios (*bank reserve ratios*) Coeficientes porcentuales a aplicar sobre los pasivos no bancarios de las instituciones financieras, para garantizar su liquidez, cumplir determinados propósitos de inversión considerados beneficiosos por la autoridad monetaria, o con fines de instrumentación de la política monetaria.

coger el toro por los cuernos (*bite the bullet*) Afrontar con valor una decisión dolorosa que no se debe postergar más.

cogestión (*co-management*) Gestión llevada a cabo por varias personas en conjunto y con el mismo poder. El término cogestión se utiliza en el ámbito de las relaciones laborales para indicar la aspiración del movimiento sindical a participar activamente en la gestión de la empresa. La cogestión se ha institucionalizado en algunos países.

cohecho (*bribery*) Soborno, seducción o corrupción de un funcionario público para que intervenga en favor de intereses particulares de un tercero.

cola de impresión (*printer queue*) Lista de ficheros en espera de impresión. Muchos programas pueden imprimir ficheros en una sesión subordinada, mientras el usuario realiza otras tareas.

colegas (*peer group*) Grupo de referencia que tiene un individuo dentro de una organización. Puede ser por el año de entrada, la función que realiza, el nivel de responsabilidad que tiene o el área geográfica en que trabaja. Aunque exista una competencia interna, sirve para identificar roles y para proveerse de ayuda mutua.

colegio profesional (*professional association*) Asociación de personas que ejercen una misma profesión (abogados, economistas, médicos, etc.), con objeto de defender y potenciar sus intereses profesionales.

colgante (*hanger*) Cartel publicitario impreso por ambas caras y frecuentemente silueteado que se cuelga del techo de los establecimientos para que se mueva con el aire.

colocar (*deposit*) Depositar una cantidad de dinero a un plazo y con una tasa de interés dados en una institución financiera.

columna (*column*) Sección en que se divide la plana de un impreso en sentido vertical. Cada una de las líneas verticales de una tabla o matriz, por ejemplo, en una hoja de cálculo las casillas que están colocadas una encima de otra.

columna (*column*) En prensa, colaboración habitual y homogénea de un articulista en un medio de comunicación impreso.

comandita (*limited partnership*) Sociedad mercantil en la que el papel de una o varias personas es limitado según el capital invertido y que no tiene un papel directo en la administración y operación de la empresa.

comercial (*commercial*) Conjunto de texto, música y efectos especiales que expresan un mensaje publicitario en la radio o la televisión.

comercialización (*commercialization*) Conjunto de actividades dirigidas a facilitar la venta de un producto o servicio ya diseñado. Aunque es un término más limitado que el de mercadotecnia, incluye muchas de sus actividades, como la investigación de mercados, promoción, venta, administración comercial y distribución.

comerciante (*trader*) Persona que ejerce el comercio en nombre propio o a través de representantes.

comercio afiliado (*affiliated shop*) Establecimiento independiente adherido a una cadena voluntaria que le suministra en un gran porcentaje de sus necesidades y le ofrece ciertos servicios de mercadotecnia.

comercio al por mayor (*wholesale trade*) Venta al por mayor, es decir, cuando el cliente es un intermediario que compra para vender y no para consumir.

comercio al por menor (*retail trade*) Venta al por menor, es decir, directamente al usuario final.

comercio de iniciado (*insider trading*) Comercio basado en información privilegiada o confidencial, especialmente operaciones bursátiles relacionadas con una posible OPA. Se puede hacer por los propios ejecutivos o a través de terceros que los usan como informantes. Ilegal y muy castigado en Estados Unidos, es todavía frecuente en otros países.

comercio especializado (*speciality trade*) Establecimiento, normalmente al por menor, con una oferta muy seleccionada y específica de productos. Se caracteriza por una mayor profundidad de surtido, mayor capacidad de asesoramiento e información, y más adaptabilidad a peticiones concretas del cliente.

comercio exterior (*foreign trade*) Relaciones de intercambio de bienes y servicios de un país con el resto del mundo.

comercio independiente (*independent trader*) Establecimiento cuyo propietario no se ha afiliado a ningún grupo. El independiente puede permanecer solitario, sin vincularse a ningún proveedor u organización de apoyo comercial, o puede afiliarse o integrarse en una cadena voluntaria o de franquicia.

comercio interior (*domestic trade*) Comercio entre un comprador y vendedor residentes en el mismo país. Es el opuesto de comercio exterior o internacional.

comisión (*commission*) Conjunto de personas encargadas por una autoridad para trabajar en algún asunto, especialmente con funciones de asesoramiento. Suele tener un alcance más definido y temporal que el comité.

comisión bancaria (*bank fee; bank commission*) Remuneración fija o variable que cobra un banco por la prestación de servicios (como custodia de valores, transferencia y cambio de divisas). Las comisiones suelen ser porcentuales, con una cantidad fija mínima para las operaciones de pequeño volumen.

comisión compartida (*split commission*) Reparto de una comisión entre el intermediario oficial y la persona que ha facilitado esa transacción.

comisión de agencia (*agent fee*) Comisión cobrada por un agente como remuneración de sus servicios.

comisión de colocación (*placement fee*) Comisión que se paga al intermediario financiero en la colocación y venta de títulos-valores.

comisión de custodia (*depository fee; transfer agent fee*) Comisión que cobra una institución financiera por la custodia y administración de valores muebles. El servicio de custodia no suele incluir el asesoramiento financiero, pero sí el cobro de dividendos, primas de asistencia, información sobre ampliaciones, etcétera.

comisión de disponibilidad (*commitment fee*) Comisión que a veces cobra un banco sobre el importe de un crédito no utilizado por el prestatario.

comisión de gestión (*management fee*) Comisión porcentual que se cobra en algunos negocios como compensación del trabajo de dirección, organización y asesoramiento. En los fondos de inversión la comisión de gestión es cargada por la sociedad gestora al fondo como remuneración de sus servicios. En algunos créditos sindicados es cargada por el banco o bancos directores al prestatario.

comisión fija (*flat fee*) Comisión establecida en términos de una cantidad fija, independientemente del volumen de la transacción. La comisión fija es normal en operaciones en que el trabajo requerido no depende del volumen de las mismas.

comisionista (*commission agent*) Empresa que se dedica a vender al por mayor la mercancía de uno o varios fabricantes, actuando por cuenta de éstos, a detallistas y mayoristas. Es similar al distribuidor, pero no compra. Puede estar parcial o totalmente liberado del riesgo de cobro.

comité (*committee*) Conjunto de personas encargadas de la ejecución o gestión de un acto o asunto. Suele ser más ejecutivo, global y permanente que la comisión, y frecuentemente tiene la autoridad delegada del órgano que lo nombró.

comité de activo y pasivo (*asset and liability management committee*) Comité de un banco responsable de coordinar la tesorería y las políticas de captación de activo y pasivo en función de las previsiones de tipos de interés.

comité de empresa (*workers' committee*) Órgano compuesto por los representantes elegidos por los trabajadores de una empresa para defender sus intereses.

comité de huelga (*strike committee*) Órgano que los trabajadores eligen para elaborar la estrategia y decidir las acciones que van a tomar durante una huelga.

comitente (*principal*) Persona que encarga a otra que la sustituya en algún asunto o negocio.

compañía; empresa (*company; enterprise; firm*) Empresa, firma, sociedad o reunión de personas dedicadas a la producción, comercialización, suministro o explotación de bienes y servicios con el fin de obtener un beneficio.

compañía internacional (*international corporation*) Empresa multinacional cuyo capital cotiza en las bolsas de comercio de varios países, por lo que no se puede hablar propiamente de nacionalidad de la empresa. Las oficinas centrales de cada división o tipo de productos pueden estar también diversificadas.

compañía multinacional; empresa multinacional (*multinational corporation*) Equivale a multinacional.

Empresa con sociedades de producción o distribución en diversos países. Aunque la matriz y oficina central están en una determinada nación, toma sus decisiones con una perspectiva global para beneficiarse de las ventajas comparativas de cada país. Se denomina compañía internacional si sus accionistas provienen de varios países.

compañía objetivo (*target company*) Compañía que es elegida para un intento de adquisición.

compendio (*compendium*) Extracto, resumen, síntesis, breve exposición, oral o escrita, de lo más sustancial de una materia ya expuesta.

compensación bancaria (*bank clearing*) Compensación de las deudas y pagos entre instituciones financieras. Existe una cámara de compensación donde se saldan diariamente todas las transacciones interbancarias por cuenta de clientes.

compensación por enfermedad (*sick pay*) Retribución que un trabajador recibe de su empresa y de la seguridad social mientras está temporalmente enfermo y no puede trabajar. El porcentaje de su retribución normal que

recibe y el reparto entre empresa y seguridad social para pagarlo se fija en la legislación de cada país.

compensación por trabajo por turnos (*shift differential*) Retribución adicional que puede pactarse por trabajar por turnos, con lo que ello implica de desajuste de la vida familiar al haber semanas que se trabaja por la tarde o por la noche o en días feriados.

competencia (*competition*) Conjunto de empresas que sirven un mismo mercado o realizan un mismo servicio, intentando obtener a los mismos clientes potenciales.

competencia desleal (*unfair competition*) Estilo o forma de actuación en un mercado contraviniendo las normas legales o consuetudinarias que rigen la competencia entre empresas, por ejemplo, en la calidad de los productos o en su publicidad.

competencia imperfecta (*imperfect competition*) Situación de mercado donde no se cumple alguna o todas las condiciones necesarias para la existencia de competencia perfecta.

competencia monopólica (*monopolistic competition*) Forma de competencia intermedia entre el monopolio y la competencia perfecta. Se trata de un mercado con muchos competidores que ofrecen un producto (como en el caso de la competencia perfecta), pero existen preferencias de los demandantes. Los productos ofrecidos no son iguales en la opinión de los demandantes, de modo que cada productor tiene un monopolio sobre su versión específica del producto (como en el caso de un monopolista). Las preferencias pueden ser la consecuencia de la diferenciación de productos, de la publicidad o de otros factores.

competencia oligopólica (*oligopolistic competition*) Equivale a oligopolio. Situación de mercado en la que existen pocos productores, que generalmente tratan de llegar a acuerdos que mejoren su situación económica a costa del consumidor. Si sólo hay dos oferentes se llama duopolio, y si hay uno, monopolio.

competencia perfecta (*perfect competition*) Forma idealizada de competencia donde existe un gran número de compradores y vendedores, libertad total de establecimiento en el mercado, la información fluye rápidamente en igual cantidad a todos los participantes, y los costos de transacción o de transporte son insignificantes respecto al precio del producto.

competidor (*competitor*) Empresa, individuo o producto de características similares, que trata de cubrir la misma necesidad de un público objetivo igual o relacionado.

competidor dominante (*dominant competitor*) Competidor que tiene la mayor cuota del mercado relevante, o que de alguna forma impone sus condiciones en él.

competitividad (*competitiveness*) Capacidad y disposición para competir. Capacidad o habilidad de un sujeto o grupo económico, como un país, región, red empresarial o sector, de explotar los factores económicos que dependen de él en mejores condiciones que sus rivales (países, sectores de otros países o empresas).

competitivo (*competitive*) Capaz de competir favorablemente, por ejemplo, por precio más bajo, calidad o imagen mejor, etcétera.

componedor (*arbitrator; mediator*) Árbitro, persona que sirve de moderador entre dos partes para evitar enfrentamientos entre ellas o para lograr un acuerdo que satisfaga a ambas.

compra (*purchase*) Lo adquirido a cambio de dinero.

compra a plazos (*installment purchase*) Compra en la que se empieza a disfrutar inmediatamente del bien adquirido, y se va pagando el precio por partes en vencimientos preestablecidos junto con los intereses correspondientes.

compra anticipada (*advance order*) Pedido realizado antes de una fecha límite para aprovechar las condiciones de venta especiales o para asegurar la llegada puntual de la mercancia. Pedir una publicación antes de que salga representa un ejemplo de esto.

compra apalancada por ejecutivos; CAPE (*leveraged management buy-out; LMBO*) Compra por ejecutivos de su propia empresa con un desembolso de dinero fresco mínimo y pagando el resto con créditos garantizados por los activos de la empresa. Estos créditos se venden al público como bonos-basura, y se devuelven con los resultados operativos y la

venta de parte de los activos (asumiendo un mayor valor de las filiales después de la escisión).

compra centralizada (*centralized purchasing*) Concentración de las compras a proveedores por un grupo de unidades empresariales que operan en un área geográfica determinada.

compra comparativa (*comparison shopping*) Forma de comprar de los consumidores poco fieles a las marcas y que van buscando siempre la mejor relación calidad/precio. Dado que a veces es difícil juzgar el valor relativo de ciertos atributos, la variable precio tiende a ser la más importante para estos compradores, aunque puede ser también la seguridad, ausencia de aditivos u otros factores a los que den especial importancia.

compra de medios (*media buying*) Planificación, reserva y compra de los espacios más apropiados para una determinada campaña publicitaria en los medios de comunicación seleccionados. Normalmente es una actividad que realiza la agencia de publicidad o una agencia especializada, bajo la supervisión del anunciante.

compra de segunda mano
(*second-hand purchase*)
Adquisición de un bien a un
usuario o a un intermediario,
en vez de directamente al
fabricante. También se utiliza
el término compra de ocasión.

compra de una empresa
(*acquisition of a company*) Toma
del control de una empresa
por compra de sus acciones
sin que ésta pierda su
personalidad jurídica
independiente, aunque entre
a formar parte del grupo de la
sociedad adquirente. Puede
ser una adquisición hostil o
conquista, una fusión,
etcétera.

compra por ejecutivos; CPE
(*management buy-out; MBO*)
Adquisición de las acciones
de una empresa por sus
directivos o, en general,
trabajadores. Normalmente se
trata de una compra
apalancada ya que se realiza
mediante créditos
garantizados por los bienes
de la propia empresa.

compra por impulso (*impulse
buy*) Compra motivada por la
visión del producto en
condiciones atractivas en un
establecimiento, sin que
hubiera previamente la
voluntad de buscarlo para
comprarlo.

comprador (*buyer*) Persona que
compra.

comprador fantasma (*ghost
shopper*) Comprador ficticio
que comprueba y compara
la calidad del servicio
ofrecido por una compañía
y sus competidores,
presentándose como si fuera
un cliente normal.

comprar a crédito (*buy on credit*)
Adquirir un bien aplazando el
pago a una fecha posterior. En
general este tipo de compra
da lugar a intereses, aunque si
todos los compradores pagan
a plazos (por ejemplo, una
enciclopedia) los intereses se
suman al precio inicial y no
hay descuento por pago al
contado, para dar la
apariencia de que no se
cobran intereses.

compresor (*compressor*) Función
que permite comprimir
ficheros para que ocupen
menos espacio en un CD-
ROM o en un disquete.

compromiso (*commitment*) En
general, obligación contraída
por alguien en virtud de una
promesa o contrato.

computadora; ordenador
(*computer*) Máquina
electrónica que procesa a alta
velocidad información
simplificada. Consta de una
unidad central de proceso

(UCP) y unidades de entrada, memoria y salida. Por extensión, a veces se incluyen unidades periféricas como pantallas, impresoras, discos o escáners.

computadora personal (*personal computer; PC*) Término ambiguo que abarca la mayoría de las computadoras portátiles y las transportables. También llamada microcomputadora, es mayor que las de hogar y menor que las mini. Puede funcionar autónomamente, en red local o como terminal de la computadora principal. El abaratamiento de la máquina con la producción masiva, y la abundancia de programas ya elaborados, la ha popularizado y permitido la entrada de la informática a la mayoría de las actividades. El uso de las siglas inglesas PC se ha generalizado.

computadora portátil (*laptop computer*) Computadora portátil con un peso de entre tres y ocho kilogramos. Cabe en un maletín, y puede ser utilizada en viajes de negocios.

computadora portátil (*portable computer; laptop computer*) Computadora que por su reducido tamaño y peso es fácil de transportar. Suele tener un teclado más limitado de lo normal y una pantalla pequeña, que puede ser plana si es del tipo de cristal líquido. Tiene dos fuentes de alimentación: la de la red normal, y otra de pilas o batería recargable para cuando no se dispone de la red normal.

comunicado (*news release*) Escrito que da una noticia. Se usa frecuentemente para referirse a los escritos dirigidos a los medios de comunicación para su publicación.

concertación (*contracting out*) Regulación de servicios mediante el establecimiento de un contrato en el cual se delega una función pública (o, en su caso, una privada) en una empresa fijando los límites de su actuación así como otras condiciones como precios, normas de calidad y responsabilidades.

concesionario; licenciatario (*licensee*) Titular de una concesión.

concurso (*contest*) Actividad promocional, de motivación de la fuerza de ventas, de elección de proveedores o ejecutores de una obra, donde se selecciona al ganador en función de sus méritos, historial o propuesta presentada. El elemento azar, que puede estar presente, es mínimo comparado con el que se da en el sorteo.

concurso de acreedores (*meeting of creditors*) Reunión de los acreedores de un deudor legalmente reconocido con éste para acordar el calendario y cuantía de los pagos o declarar la insolvencia definitiva.

condición (*condition*) Requisito para lograr algo.

conferencia de prensa (*press conference*) Reunión de informadores convocados por un personaje o institución con el fin de hacer un comunicado y con posterioridad someterse a las preguntas de los periodistas si así lo desean.

confidencialidad (*confidentiality*) Carácter secreto de una información oral o escrita, o de una documentación, que impide su difusión a terceras personas.

configurar (*set up*) Integrar un conjunto de equipos (hardware) y de programas (software) en un sistema y disponer cada componente de modo que trabajen juntos en forma óptima.

confirmación (*confirmation*) Aceptación del cumplimiento de las obligaciones derivadas de una carta de crédito por parte de un banco.

Contestación a un auditor independiente por parte de un deudor o acreedor de que su saldo con la sociedad auditada es correcto.

conflicto de intereses (*conflict of interests*) Situación que se produce cuando el ejercicio simultáneo de dos o más actividades crea la necesidad de satisfacer intereses contrarios por parte de la misma persona.

conglomerado (*conglomerate*) Grupo de empresas que actúan en sectores muy diferentes y que normalmente se ha formado por un proceso rápido de adquisiciones y fusiones.

conocimiento de embarque (*bill of lading*) Documento relativo al contrato de flete, y título-valor, en el que el capitán de un buque reconoce haber recibido a bordo ciertas mercancías para su transporte y adquiere el compromiso de entregarlas al legítimo tenedor del título en el puerto de destino.

conocimiento de marca (*brand awareness*) Porcentaje de la población total o del público objetivo que conoce o recuerda una marca. Se mide por nombramiento espontáneo o por reconocimiento sugerido.

conquista (*takeover*) Compra de una empresa a pesar de la resistencia inicial del consejo y de la dirección. Normalmente se realiza mediante una OPAH y se paga en metálico, en bonos basura y/o en acciones de la adquirente.

consejero (*director*) Miembro del consejo de administración de una sociedad.

consejero alternativo (*alternate director*) Persona que puede acudir a las reuniones del consejo en representación del consejero formalmente elegido.

consejero no ejecutivo (*non-executive director*) Miembro de un consejo de administración que no pertenece al equipo directivo. Si no está ligado a la empresa por ser asesor o ejecutivo es probable que tenga opiniones más objetivas y generalistas y defienda ante todo los intereses de los accionistas. En ciertos países los comités de auditoría y de remuneraciones de los máximos ejecutivos suelen estar formados exclusivamente por consejeros no ejecutivos, mientras que en el comité de nombramientos de altos directivos los consejeros no ejecutivos suelen ser mayoría.

consejo de administración (*board of directors*) Órgano colegiado que dirige la marcha de una empresa supervisando y guiando la actuación de la dirección. Sus componentes son nombrados o ratificados por la Junta General de Accionistas. Los miembros del Consejo son los Consejeros, pudiendo distribuirse entre ellos los cargos de Presidente, Vicepresidente, Secretario y Director General.

consejo de vigilancia (*supervisory board*) Consejo que supervisa la labor del consejo de administración y la dirección de una sociedad.

consignatario (*consignee*) Destinatario a quien se le ha de hacer entrega de las cosas transportadas. Puede ser de buques y de mercancías.

consignatario de buques (*shipping agent*) Empresa dedicada a prestar a los armadores servicios de aprovisionamientos, resoluciones de trámites portuarios, obtención de remolques, etc., en el puerto en el que operan. El agente adelanta dinero en caso de necesidad y realiza pagos a cuenta del armador, a cambio de unos honorarios por sus servicios. Equivale a agente marítimo.

consolidación (*consolidation*) Incorporación de los informes contables (balance de situación y cuenta de resultados) de sociedades vinculadas, cuando existe control de ellas. Se suman las partidas, compensando las cuentas y saldos de las sociedades filiales (ventas de una a otra, créditos entre ellas, etc.), para reflejar la situación patrimonial y de rentabilidad del grupo de empresas hacia el exterior.

consorcio (*consortium*) Conjunto de empresas que se agrupan para llevar a cabo un determinado proyecto.

consorcio bancario; sindicato bancario (*banking syndicate*) Asociación de entidades financieras para una operación concreta, por ejemplo un préstamo o una suscripción de acciones. Dentro del sindicato se distingue entre los gestores líderes, los gestores y los simples afiliados, suscriptores o partícipes.

constitución de sociedad (*incorporation*) Acto de fundación de una sociedad, que generalmente implica ciertos requisitos formales,

como una escritura pública y un registro oficial.

consultor (*consultant*) Persona externa a la empresa y contratada por ésta para dar su parecer sobre aquello en lo que se le ha pedido opinión. Su labor puede abarcar tanto la empresa en conjunto como determinados aspectos de la misma. Mejora el funcionamiento de la empresa, ya sea detectando fallos presentes o presentando planes futuros, y asesora de forma imparcial e independiente.

consultor de dirección (*management consultant*) Asesor experto en apoyar a la dirección de la empresa en la toma de decisiones estratégicas y de reestructuración. Suele formar parte de empresas especializadas que venden servicios de asesoría sobre cómo administrar una empresa, concentrándose en la administración estratégica, organización, mercadotecnia, finanzas o recursos humanos. Se le contrata para planificar e implantar cambios estratégicos importantes, procesos que a menudo requieren la restructuración total de la empresa.

consumidor (*consumer*) En economía, persona demandante y compradora de un determinado bien o servicio. El consumidor es quien con sus decisiones diarias de compra mueve la economía e influencia la asignación de recursos en la economía de libre mercado.

consumidor final (*end-consumer*) Persona que realmente usa o consume el producto. Puede ser distinto del comprador e influir más o menos en su decisión. Por ejemplo, secretaria que usa un procesador de textos comprado por la oficina central, niño que insiste a su madre para que compre una marca particular de juguetes.

consumo privado (*consumer spending*) Consumo total de bienes y servicios en nivel macroeconómico del sector privado de la economía (empresas, consumidores, etcétera).

contabilidad (*accounting*) Rama de la ciencia empresarial que estudia la forma de medir los resultados, los costos y el capital de la empresa.

contabilidad a valor de mercado (*market value accounting*) Contabilidad basada en el valor según el mercado del activo y del pasivo de la empresa, a diferencia de valor basado en principios de contabilidad generalmente aceptados que, por lo regular, tienden a ser más conservadores y a tener en cuenta el valor menor entre el de mercado y el de costo.

contabilidad con inflación (*inflation accounting*) Procedimientos contables para poder reflejar los efectos de la pérdida de poder adquisitivo del dinero en los estados financieros de una compañía.

contabilidad de costos; contabilidad analítica (*cost accounting*) Rama de la contabilidad que tiene por objeto servir de ayuda a la gestión de la empresa, computando adecuadamente los costos y márgenes de sus productos y la rentabilidad de sus negocios.

contabilidad de recursos humanos (*human asset accounting*) Sistema de información que trata de mantener una base de datos del dinero invertido en recursos humanos y su valor acumulado con el propósito de resaltar su posición como el activo verdaderamente más importante de una compañía.

contabilidad del sector público (*public accountancy*) Conjunto de normas que regulan la gestión administrativa del Estado. Establece los principios de funcionamiento de las cuentas, los métodos de control y una adaptación del plan general de contabilidad a las actividades del sector público.

contabilidad financiera; contabilidad general (*financial accounting*) Rama de la contabilidad que se ocupa de medir y evaluar en términos monetarios los bienes, derechos y deudas de la empresa con el objetivo de describir en la forma más real posible su situación patrimonial y de rentabilidad. Está más orientada a la información externa o general que la contabilidad analítica.

contabilidad nacional (*national accounting*) Obtención de datos económicos de un país, por ejemplo el PIB, la renta nacional o el gasto público.

contabilidad por partida doble (*double-entry bookkeeping*) Sistema de anotación contable por el que cada transacción se anota en el Debe de una cuenta y en el Haber de otra. De esta forma la suma del total del Debe es siempre igual a la del Haber, y se facilita el balance de las cuentas. También se llama doble entrada.

contabilidad verde (*green accounting*) Parte de la contabilidad dedicada a reflejar fielmente los riesgos, inversiones y gastos relacionados con el medio ambiente. Debe incluir las inversiones necesarias para poder cumplir con normas ya aprobadas que tengan fecha de entrada en vigor próxima.

contabilizar (*record*) Anotar en un documento contable una operación empresarial. Normalmente se hace siguiendo el principio de por partida doble, de forma que se crea simultáneamente un saldo deudor y otro acreedor por el mismo importe para asegurar que el balance está cuadrado.

contable (*accountant*) Persona que ejerce labores de contabilidad por cuenta propia o ajena. La contabilidad como función depende del director de administración o director de información de la empresa.

contacto (*contact*) Cada vez que una persona percibe un mensaje publicitario.

contador público (*Certified Public Accountant; CPA*) Profesional contable especializado en funciones de auditoría e inspección de libros. Debe aprobar un examen e inscribirse en un colegio profesional para poder ejercer sus funciones.

contingente de exportación (*export quotas*) Límite cuantitativo en valor o en unidades físicas a la exportación de ciertas mercancías impuesto por el país exportador. Es más raro que el contingente o cuota de importación pero tiene sentido para evitar escasez en el mercado interior o estimular al alza de precio de exportación. Ciertos bienes como antigüedades y obras de arte de especial relevancia pueden requerir permiso expreso caso por caso.

contingentes arancelarios (*import quotas*) En derecho comunitario, son aquellas medidas destinadas a establecer una cantidad determinada de algunos productos cuya importación estará sujeta a un pago reducido del arancel común, de tal modo que lo importado por encima de la cantidad fijada deberá pagar el arancel en su totalidad.

contingentes cuantitativos (*quotas*) Cantidad máxima de un producto en volumen o en valor admitida a la importación o exportación.

contraasiento (*reversing entry*) Asiento que rectifica exactamente uno anterior realizado equivocadamente.

contrabando (*smuggling*) Introducción de mercancías sin pagar los derechos de aduana correspondientes y, en general, comercio o producción ilícita de bienes.

contracción (*recession*) Disminución de la actividad económica y en particular de la oferta crediticia por el conjunto del sistema financiero.

contralor (*controller*) Dentro de la dirección financiera o de administración de una empresa, el responsable directo del control del presupuesto, de la supervisión de los principales gastos o inversiones y del uso de la información que proviene de la contabilidad analítica y del sistema de cómputo de la empresa.

contrapartida (*balancing entry, contra item*) Anotación en el Haber que compensa la del Debe y viceversa en un sistema de contabilidad por partida doble.

contraprestación (*consideration*) Pago que efectúa una parte a otra en los contratos onerosos.

contrapropuesta (*counter-offer*) Oferta que se solicita sobre una oferta anterior elevando su cuantía económica o aumentando las prestaciones o condiciones propuestas por la otra parte.

contrarreembolso (*cash on delivery; COD*) Sistema de venta y envío de mercancía en el que el comprador paga al recibirla.

contratación externa; subcontratación (*outsourcing*) Provisión de un servicio o de un componente a través de un tercero ajeno a la empresa. Aporta flexibilidad, menos necesidad de tiempo de dirección y menos inversión y, normalmente, mayor especialización, menor costo y más calidad.

contratista (*contractor*) Persona física o moral que en virtud de un contrato ejecuta una obra material o está encargada de un servicio, con responsabilidad de ejecución.

contrato (*contract*) Acuerdo entre dos o más personas por el cual se obligan a dar, hacer o no hacer alguna cosa. Recae sobre un objeto de interés jurídico, por lo que cualquiera de las partes puede exigir incluso judicialmente su cumplimiento.

contrato a término (*forward contract*) Contrato para realizar una determinada transacción en el futuro.

contrato accesorio (*accessory contract*) Contrato que asegura la ejecución de otro principal, sin el que no puede subsistir.

contrato aleatorio (*aleatory contract*) Contrato cuyo resultado depende de un acontecimiento incierto o que ha de ocurrir en tiempo indeterminado.

contrato atípico (*atypical contract*) Contrato no definido por la ley y, por lo tanto, desprovisto de una normativa específica.

contrato blindado (*reinforced management contract*) Contrato de alta dirección que garantiza al directivo una protección o una indemnización superior a la legal en el caso de que la empresa decida prescindir de sus servicios.

contrato colectivo de trabajo (*collective bargaining agreement*) Acuerdo entre la dirección y los trabajadores de una empresa o sector sobre las condiciones laborales. Suelen intervenir la junta patronal y los sindicatos obreros.

contrato consensual (*consensual contract*) Contrato cuya validez queda determinada por el mero consentimiento de las partes.

contrato de adhesión (*membership contract*) Contrato en el que una de las partes fija las cláusulas de una manera uniforme para todos los que quieran participar en él, limitándose éstos a expresar su consentimiento sin poder variar las condiciones (por ejemplo, el de teléfonos).

contrato de arrendamiento (*lease contract*) Contrato en que una de las partes (el arrendador) cede a la otra (el arrendatario) el uso y goce temporal de una cosa, a cambio del pago de un precio cierto. El arrendamiento puede ser de cosas, de obras o de servicios.

contrato de compraventa (*sale contract*) Contrato por el cual una persona —el vendedor— se obliga a entregar una cosa a otra —el comprador— que se compromete a pagar un precio cierto en dinero o su equivalente.

contrato de costo más honorarios incentivados (*cost-plus-incentive fee contract*) Contrato bajo el sistema de costo más honorarios que además incluye un bono o premio por cumplimiento de plazos, especificaciones o costo total.

contrato de franquicia (*franchise contract*) Contrato por el que dos personas jurídicamente independientes —franquiciador y franquiciado— se obligan mutuamente a seguir una política de comercio asociado, con un nombre y unas condiciones de funcionamiento comunes, así como una colaboración estrecha en formación, publicidad y abastecimiento de productos.

contrato de publicidad (*advertising contract*) Contrato entre el anunciante, o más frecuentemente, entre la agencia de compra de medios que éste haya elegido, y el gestor del medio o soporte, en el que se especifican horarios, emplazamientos, precios y demás condiciones.

contrato de servicios (*service contract*) Contrato de arrendamiento en el que el objeto es la prestación de un servicio definido por sus objetivos o por tiempo.

contrato de sociedad (*partnership contract*) Contrato por el cual dos o más personas se obligan a poner en común dinero, bienes o industria, con ánimo de repartir entre sí las ganancias.

contrato de trabajo (*employment contract*) Contrato entre la empresa y el empleado. Incluye normalmente descripción del trabajo, nombre del cargo o función, categoría laboral, retribución, prestaciones adicionales, horario laboral, vacaciones y duración del empleo o condiciones de rescisión.

contrato formal (*formal contract*) Contrato para cuya perfección y obligatoriedad la ley exige algún requisito especial de forma.

contrato tipo (*standard agreement*) Modelo de contrato que sirve como base para redactar el definitivo, incorporándole los datos de identificación de las partes que intervienen, el objeto y el precio, y las condiciones específicas que acuerden libremente las partes, lo que lo diferencia del contrato de adhesión.

contrato verbal; contrato de palabra (*oral contract*) Contrato no escrito cuya validez se produce por la voluntad expresa de las partes.

contratos abiertos (*open interest*) Total de contratos u opciones que están disponibles en un momento dado.

contribuyente (*taxpayer*) Persona física o moral que paga o debe pagar un tributo. El contribuyente suele coincidir con el sujeto pasivo, pero pueden existir excepciones como en el caso de algunos impuestos indirectos.

control aduanero (*customs examination*) Examen de las mercancías que entran o salen de un país incluyendo el equipaje personal de los pasajeros. Se pretende controlar el tráfico de mercancías prohibidas, ver si las mercancías se corresponden con lo declarado y si están sujetas a aranceles o impuestos o tienen derecho a determinadas desgravaciones.

control de calidad (*quality control*) Normas y operaciones para asegurar que el resultado de un proceso se ajusta a los criterios establecidos. Se realiza esencialmente por el propio operario y su equipo de trabajo. Posteriormente puede pasar por una inspección de calidad.

control de cambios (*foreign exchange regulation*) Reglamentos restrictivos del libre movimiento de capitales. Generalmente los ciudadanos residentes no pueden tener efectivo ni depósitos denominados en moneda extranjera, y deben tener autorización preceptiva para determinadas operaciones en divisas.

control de hecho (*working control*) Control que de facto ejerce sobre una empresa un grupo de inversionistas u otra empresa, pese a no tener más del 50 por ciento de las acciones, al estar el total de las acciones de la empresa muy divididas en pequeños accionistas.

control de la empresa (*corporate control*) Capacidad para tomar decisiones estratégicas en una empresa. Éste es el fin que toda operación de compra o fusión persigue.

control del plan anual (*annual-plan control*) Control presupuestario aplicado a un periodo anual. Los cuatro elementos básicos son: objetivos claros, sistema para medir periódicamente su cumplimiento, sistema para analizar las causas de las desviaciones y procedimientos para tomar las acciones correctivas necesarias.

control presupuestario (*budgetary control*) Sistema de control empresarial basado en el establecimiento de presupuestos anuales operativos para todos los centros de utilidad y de costo de la empresa, comprobando periódicamente cómo se ajusta la marcha real de la sociedad a dichos presupuestos, y analizando las desviaciones producidas con el fin de entender y corregir las causas.

convención (*convention*) Reunión de los miembros de un partido político u otro tipo de asociación para establecer objetivos, elegir representantes, comunicar programas y discutir sobre sus asuntos. Se llama convención de ventas a la reunión de todos los vendedores de una compañía para mostrarles el plan del año, los objetivos, los nuevos productos y, en general, para animarles y reforzar su fidelidad y confianza en la empresa.

convenio (*agreement*) Acuerdo entre dos o más partes sobre una misma cosa, con o sin el propósito de obligarse. Convención o ajuste para facilitar las relaciones.

convenio de acreedores (*creditors' settlement*) Arreglo que hacen los acreedores con el deudor concursal en un concurso de acreedores, con la finalidad de que dichos acreedores puedan recuperar su deuda aunque sea con quita y espera.

convertir (*convert*) Proceso que permite guardar un fichero con un formato diferente, de forma que pueda ser abierto por otro programa distinto del que fue utilizado para crearlo.

cooperativa (*cooperative*) Sociedad que sometiéndose a los principios y disposiciones de la Ley General de Cooperativas realiza, en régimen de empresa en común, cualquier actividad económico-social para la mutua y equitativa ayuda entre sus miembros. Organismo cuyo fin es suministrar ciertos artículos o servicios a sus asociados en condiciones beneficiosas.

copia de respaldo; copia de seguridad (*backup copy*) Copia de la información que se utiliza en caso de que la información original se dañe o se suprima.

copia impresa (*printout, printed copy*) Versión impresa de un documento, hoja de cálculo u otro tipo de información creada en la computadora.

copiar (*copy*) Crear un duplicado de un archivo sin modificar el original.

corporación (*corporation*) Organismo oficial, con domicilio propio, formado por un conjunto de personas que se reúnen para ocuparse de cuestiones profesionales, científicas, económicas, etc., de interés general. Conjunto de personas que buscan la consecución de un fin lícito de interés colectivo. La ley le concede personalidad jurídica propia.

corrección de pruebas (*proof reading*) Revisión de un texto después de su composición tipográfica para asegurar que coincide con el original y eliminar los errores que contenga.

corredor de fletes (*freight broker*) Intermediario independiente en la contratación de fletes entre cargadores y armadores. En las operaciones navales suelen existir dos corredores, uno por parte del armador y otro por parte del fletador. El corredor cierra la operación y la sigue hasta su cumplimiento, cobrando una comisión o corretaje por sus servicios. Existen también corredores especializados en compraventa de buques.

corredor intérprete de buques (*ship broker*) Agente del comercio marítimo, encargado de un modo permanente de realizar y preparar contratos relacionados con el tráfico marítimo. Da fe pública y necesita estar colegiado.

correo (*mailing*) En venta directa, comunicación enviada por correspondencia a una lista de direcciones seleccionada sin petición previa del destinatario. La organización la puede enviar a sus propios clientes, o contratar a una empresa especializada con ficheros clasificados según distintos criterios (geográfico, ocupación, etc.), y con sistemas automatizados de ensobretado, etiquetado de direcciones y acuerdos de franqueo reducido.

correo aéreo (*airmail*) Cartas, tarjetas postales o paquetes que son enviados por avión. El franqueo es mayor y tiene unos límites de peso y tamaño más estrictos que el correo ordinario pero llega antes.

correo basura (*junk mail*) Envío por correo que tiene poca calidad o capacidad de atracción, no está bien dirigido o tiene un diseño muy pobre. Muchas veces es arrojado a la basura sin abrirse. La tasa de respuesta en un envío promocional que no está bien concebido puede ser inferior al uno por mil.

correo certificado (*registered mail*) Servicio postal efectuado con

medidas de seguridad especiales. El destinatario firma al recibir por lo que se tiene seguridad de que el envío ha llegado. Para efectos legales puede no ser una comunicación fehaciente porque no se puede certificar el contenido de la comunicación. Se puede enviar con acuse de recibo, en cuyo caso el remitente recibirá una comunicación del servicio de correos indicando que el envío llegó a su destino.

correo electrónico (*email*) Transmisión de mensajes a través de una red de computadoras conectadas entre sí. Cada corresponsal tiene un nombre en clave (normalmente iniciales de su apellido y nombre) y recibe en su terminal todos los mensajes que quedan almacenados en un fichero para ser leídos cuando desee.

correo ordinario (*surface mail*) Servicio postal efectuado por tierra o mar y sin medidas especiales de seguridad o de reparto. Es el más barato.

correo urgente (*express mail*) Servicio postal repartido más rápidamente que lo habitual una vez que ha llegado al lugar de destino.

corto plazo (*short-term*) Con vencimiento no superior a un año. Es una clasificación subjetiva y depende del sector de actividad. En el caso de la implantación de una medida, se considera a corto plazo cuando sus efectos se empiezan a sentir casi de inmediato y en general desaparecen antes de un año, o sólo tienen una repercusión coyuntural.

costo (*cost*) Precio pagado por algo, por ejemplo por compra de materiales, amortizaciones, compra de suministros o servicios exteriores, pago de intereses, etcétera.

costo de adquisición (*acquisition cost*) Término de mercadeo que se refiere al gasto requerido para atraer un nuevo cliente o suscriptor. Puede incluir gastos de franqueo y teléfono.

costo de almacenaje (*inventory holding cost*) Costo de mantener una referencia en almacén. Incluye el costo financiero, seguros y amortizaciones del local. Es directamente proporcional al tamaño del pedido, y junto con el costo de pedido y de ruptura determina el tamaño de pedido óptimo.

costo de capital (*cost of capital*) Tasa de rendimiento que la empresa debe ganar para poder remunerar los fondos propios y los ajenos. El costo de capital tiene relación con el tipo de interés marginal que la empresa debe pagar por sus fondos ajenos, y con el costo implícito de ampliaciones de capital (dividendo prometido en relación con el dinero aportado por el nuevo accionista). Al analizar una nueva inversión, el valor actual del flujo de caja generado por la misma, descontado del costo de capital, debe ser superior al importe de la inversión.

costo de fabricación; costo de producción (*manufacturing cost*) Costo de producir un bien, que se suele calcular sumando materias primas y bienes de consumo, trabajo directo y los gastos de operación de la fábrica.

costo de las ventas (*cost of goods sold*) Costo de los bienes vendidos. Cuando se han producido por la empresa se suman los costos de materias primas y auxiliares, la mano de obra directa, los gastos de operación y la amortización y, cuando son bienes comprados, se tiene en cuenta el gasto de transporte. Normalmente se calcula comparando el saldo de la cuenta de compras con la diferencia entre el inventario inicial y el final.

costo de operación (*overhead cost*) Todos los costos no relacionados directamente con la producción: costos indirectos de fabricación, gastos generales comerciales y administrativos, gastos financieros, amortización de oficinas, etc. El margen bruto debe ser suficiente para absorber los costos de operación y producir utilidades.

costo de oportunidad (*opportunity cost*) Valor de una alternativa de actuación no elegida. Rentabilidad que un determinado factor de producción podría haber obtenido en otro uso.

costo de pedido (*preparation cost*) Costo fijo por realizar un pedido de materias primas, producto semiterminado o final. Dependiendo de los casos, incluye el costo administrativo (contacto con proveedor y pago), el de transporte (una unidad de carga) y el de poner en marcha una línea de fabricación. Junto con el costo de almacenaje y el de ruptura, determina el tamaño de pedido óptimo.

costo de reposición (*replacement cost*) Costo actual de sustitución de un activo fijo por otro de las mismas características. La contabilidad a valor de reposición puede reflejar mejor la situación de la empresa si sus activos son relativamente antiguos. El valor de reposición suele ser mayor que el valor contable por la inflación, salvo en industrias con curvas de experiencia muy pendientes. Normalmente no se puede utilizar para efectos fiscales.

costo de ruptura (*shortage cost*) Costo por no tener un producto inventariado en existencias. En una línea de producción, puede suponer el tener que pararla. Cuando se trata de existencias comerciales se puede perder la venta. Es un costo no repercutido o un beneficio no percibido.

costo directo (*direct cost*) Costo directamente asociado a la producción, y por tanto proporcional al número de unidades fabricadas.

costo fijo (*fixed cost*) Costo que, dentro de amplios márgenes, no varía con el nivel de producción o de ventas. Es fijo en su total, y variable en su repercusión unitaria.

costo histórico (*historical cost*) Valor de adquisición de un elemento del activo. Para intentar corregir los efectos de la inflación, los costos históricos se actualizan en el proceso de actualización de balances.

costo indirecto (*indirect cost*) Costo no asociado directamente a una actividad. Suele ser un costo fijo.

costo marginal (*marginal cost*) Costo por incrementar la producción en una unidad más. El costo marginal, siempre que haya capacidad de producción disponible, sólo está formado por los costos variables.

costo normalizado; costo estándar (*standard cost*) Costo teórico o técnico de un aspecto concreto de la operación (costo de franqueo, costo de material del producto A). En la contabilidad de costos, los costos normalizados se usan para fijar los presupuestados.

costo original (*original cost*) Conjunto de costos que se tienen en el momento inicial de adquisición de un bien.

costo presupuestado (*budgeted cost*) Costo que se planifica. Es sinónimo de costo objetivo. Sirve para comparar con el costo real y hacer un análisis de desviaciones.

costo total (*total cost*) Suma de los costos fijos y de los costos variables que una empresa o un producto tiene.

costo unitario; costo medio (*unit cost; average cost*) Costo obtenido dividiendo los costos totales entre el número de unidades producidas. Equivale a coste medio.

costo variable (*variable cost*) Costo que es directamente proporcional a la cantidad de productos fabricados o vendidos. Es fijo por unidad y variable en su totalidad.

costos de representación (*agency costs*) Según la doctrina de la representación, costos asumidos por los accionistas de una empresa para asegurar una conducta por parte de la dirección encaminada a satisfacer sus intereses. No confundir con gastos de representación.

costos de transacción (*transaction costs*) Costo de compra o venta de un valor que comprende la comisión del agente y los impuestos directamente relacionados con la operación.

costos enterrados (*sunk costs*) Costos soportados que no se pueden recuperar con la actividad normal de la empresa.

costos no repercutidos (*absorbed costs*) Costos de producción indirectos que no se repercuten a un producto o cliente específico y que son absorbidos como gastos generales.

cotización a plazo (*forward price*) Precio o tipo de cambio de la compraventa de un bien (divisa, activo financiero, materia prima, etc.) con pagos a plazos.

cotizaciones a la Seguridad Social (*Social Security contributions*) Contribuciones de empresas y empleados para la cobertura de necesidades sociales como la atención a los discapacitados, desempleados y jubilados. Se aplica directamente sobre los salarios. A pesar de los derechos que se obtienen a raíz del pago, la cuantía de las prestaciones no tiene por qué guardar una relación proporcional con el salario, ya que estas cotizaciones tienen una naturaleza redistributiva.

creación (*creation*) Actividad de desarrollo de ideas publicitarias. Uno de los cuatro departamentos de una agencia de publicidad, junto con los de producción, cuentas y medios.

creatividad (*creativity*) Imaginación, ingenio, cualidad de la persona que es capaz de pensar y establecer cosas nuevas.

crecimiento económico (*economic growth*) Aumento en términos reales del producto interior bruto y la renta per cápita de un país. El crecimiento económico, el pleno empleo, la mínima inflación, la estabilidad en el tipo de cambio y una adecuada distribución de la renta son los objetivos macroeconómicos generales de la política económica de un país.

credibilidad (*credibility*) Cualidad por la que algo o alguien merece ser creído y se considera verdad o probable lo que dice.

crédito (*credit*) En finanzas, acto jurídico y contrato correspondiente por el que una parte concede a otra el uso temporal de una cierta cantidad de dinero, a cambio de una remuneración de intereses. El crédito se distingue del préstamo, porque en el primero se puede disponer hasta una cierta cantidad o límite, mientras que el segundo es por una cifra concreta y fija.

crédito (*credit standing; creditworthiness*) En el comercio, prestigio, grado de solvencia, trayectoria histórica de buen y puntual cumplimiento de las obligaciones comerciales y financieras.

crédito a la exportación (*export credit*) Crédito concedido para facilitar la exportación, generalmente en condiciones favorables. Existen dos modalidades principales: crédito comprador y crédito vendedor, según el prestatario sea el comprador o el vendedor de la mercancía.

crédito al consumo (*consumer credit*) Crédito personal concedido a las economías familiares y ligado a algún tipo de consumo no hipotecario (compra de un automóvil, electrodomésticos, etcétera).

crédito bancario (*bank credit*) Disposición de fondos que un banco acuerda dar a cambio de unos intereses que se calculan sobre la cifra efectivamente dispuesta. Puede haber además comisiones de estudio y apertura y de no aceptación. Se fija el plazo de devolución y la periodicidad con que se revisará el tipo de interés si éste es variable.

crédito con garantía real (*collateral credit*) Crédito garantizado por bienes inmuebles o activos muebles, cuya posesión es transferida al acreedor en caso de incumplimiento de pago.

crédito de firma; riesgo de firma (*off-balance sheet lending*) Riesgo bancario que no implica la transferencia de dinero en el momento de ser tomado por la institución financiera (bonos, garantías, cartas de crédito, etcétera).

crédito disponible (*credit available*) Cantidad total a crédito que se puede tomar de una institución financiera. Suele estar instrumentado en una cuenta o línea de crédito, y es la diferencia entre el dispuesto y el límite.

crédito dispuesto (*used credit*) Cantidad total del crédito utilizado por el cliente en un momento dado.

crédito documentario (*documentary credit*) Equivale a una carta de crédito. Documento por el que una institución financiera garantiza que, si se cumplen ciertas estipulaciones consignadas en él, aceptará órdenes de cobro contra un cliente determinado. Se utiliza en operaciones internacionales, asegurando al exportador el pago si la mercancía llega a destino en las condiciones prefijadas. Normalmente va de banco emisor a banco pagador en favor de un tercero, el importador, en quien aquél confía.

crédito en descubierto (*overdraft facility*) Crédito, por lo general acordado verbalmente y por una pequeña cantidad y plazo, que el banco concede en la cuenta corriente de un cliente.

crédito fallido (*bad debt*) Saldo por cobrar que se considera definitivamente fallido (imposible de cobrar) y se lleva a la cuenta de resultados como pérdida o como provisión.

crédito personal (*personal loan*) Crédito en el que el deudor responde del pago de intereses y de la devolución del principal con sus bienes, sin existencia de avales ni de garantía adicional alguna.

crédito puente (*bridge financing*) Crédito obtenido como financiación temporal y con la garantía de un cobro futuro de cualquier índole por parte del prestatario (por ejemplo, una empresa sabe que va a recibir una transferencia de capital del exterior dentro de 120 días, y domicilia su cobro en un banco que le adelanta el dinero con un crédito).

crédito rotatorio (*rollover loan*) Línea de préstamo a corto plazo y con tipo de interés variable, fijado para cada periodo de intereses según una fórmula (por ejemplo, 0.5% sobre MIBOR). El prestatario no puede elegir amortizaciones parciales.

crédito transferible (*endorsable credit*) Crédito documentario transmisible por endoso a un tercero.

crédito vencido (*overdue*) Crédito que ha llegado a su vencimiento y debe ser cubierto.

crisis de identidad (*identity crisis*) Situación de una empresa en la que, incluso internamente, no se conocen bien sus objetivos, sus propuestas de productos o servicios y no se tiene una estrategia definida. Suele ir acompañada por una crisis empresarial que afecta a la situación financiera y comercial.

crisis económica (*economic crisis*) Situación prolongada de recesión económica, con sus efectos asociados de desempleo, cierre de empresas, etcétera.

criterio de caja (*cash basis*) Sistema en el que los ingresos y gastos se abonan y cargan respectivamente en los libros contables en el momento en el que se cobran o pagan, sin tener en cuenta el periodo al que se refieren. Puede ser más sencillo de llevar, pero es menos exacto y no suele utilizarse por empresas grandes.

criterios contables; principios contables (*accounting principles*) Conjunto de normas o principios de valoración de activos, devengo de ingresos y gastos, dotación de provisiones y actualización de cifras históricas, recomendadas o exigidas por la profesión contable y/o la administración para que la contabilidad de la empresa refleje su realidad económica subyacente.

cuadrar (*balance*) Hacer coincidir las sumas del Debe y el Haber. Se utiliza también para indicar que han salido bien las cuentas.

cuatro tintas (*four-color*) Indica que la impresión se ha realizado a todo color por combinación de los cuatro colores básicos.

cuenta (*account*) Partida abierta en un libro contable que refleja todas las transacciones de una determinada naturaleza o relacionadas con un sujeto concreto. En publicidad, y generalmente en servicios, se refiere a cada cliente o producto con que trabaja.

cuenta absorbida (*absorbed account*) Cuenta que desaparece mediante su consolidación con otras cuentas de la misma naturaleza.

cuenta bloqueada (*blocked account*) Cuenta corriente o de ahorro cuyo saldo no está disponible para el titular por imperativos legales o por imposición de la entidad financiera, derivada de una situación de riesgo de crédito de la misma con el cliente.

cuenta conjunta (*joint account*) Cuenta bancaria a nombre de dos o más personas. Según las instrucciones de los titulares, el banco permitirá efectuar operaciones independientemente por cada titular (firma solidaria) o exigirá la firma de dos o más titulares (firma mancomunada).

cuenta corriente bancaria (*checking account*) Contrato establecido entre una institución financiera de depósito y un cliente por el que éste sitúa en aquélla cualquier cantidad de dinero y puede disponer de ella en cualquier momento mediante valores o cheques.

cuenta corriente vinculada (*circulation account*) Cuenta corriente bancaria asociada a una cuenta de ahorro, de tal forma que el cliente mantiene un saldo fijo en la cuenta corriente para atender a sus necesidades de liquidez, y el excedente es depositado automáticamente en la cuenta de ahorro donde obtiene un mayor interés.

cuenta de administración de activos (*asset management account*) Cuenta que recoge los activos financieros que un cliente ha depositado en un banco o con un administrador de valores para su manejo. Es donde se contabilizan los activos que se compran y se venden. Junto con la cuenta corriente de dinero, forman el patrimonio total que el administrador controla.

cuenta de ahorros (*savings account*) Contrato de depósito entre una institución financiera y un cliente, por el que éste deposita un dinero a cambio de un interés. El dinero puede retirarse en cualquier momento, pero no se puede girar un cheque contra la cuenta de ahorros. Las imposiciones, intereses y reintegros se anotan en una libreta de ahorros.

cuenta de cargo (*charge account*) Cuenta de un comprador con su proveedor, en la que se van cargando las compras que realiza para liquidarlas al final del periodo.

cuenta de crédito (*credit account*) Cuenta en la que se deposita el crédito y contra la que el cliente puede disponer hasta su límite.

cuenta de explotación (*operating statement*) Recoge el flujo de caja originado por la operación normal de la empresa, principalmente la variación de existencias, y las cuentas de compras y gastos y de ventas e ingresos.

cuenta de gastos de representación (*expense account*) Dinero del que dispone el gerente de ventas o el director de una empresa para atender a los clientes (comidas, espectáculos y gastos similares).

cuenta de pérdidas y ganancias (*profit and loss statement*) Cuenta que recoge los resultados de explotación, resultados extraordinarios y cartera de valores y su asignación a reservas o previsiones, dividendos, impuestos y remanente. Cuando el saldo es positivo, indica utilidad y aparece en el pasivo.

cuenta de proveedores (*trade accounts payable*) En

contabilidad, cuenta que recoge el valor de las obligaciones de pago contraídas por la empresa con los suministradores de mercancías y servicios, y que no van documentadas en letras de cambio.

cuenta de resultados (*income statement*) Suele utilizarse como sinónimo de cuenta de explotación, aunque técnicamente las únicas cuentas de resultados son la de extraordinarios y la de cartera de valores.

cuenta subsidiaria; subcuenta (*subsidiary account*) En un plan contable, división inferior a cuenta que sirve para agrupar y clasificar mejor las entradas.

cuentas consolidadas (*consolidated accounts*) Cuentas que recogen la integración contable de las cuentas correspondientes de dos o más sociedades vinculadas.

cuentas en moneda extranjera (*foreign currency accounts*) Cuentas denominadas en divisas diferentes de la del país.

cuentas por cobrar (*accounts receivable*) Cuenta del activo circulante que recoge los saldos contra deudores o clientes con vencimiento inferior a un año.

cuentas por pagar (*accounts payable*) Cuenta del pasivo circulante que recoge las cantidades que se deben a otras empresas con vencimiento inferior a un año.

cultura de empresa; cultura corporativa (*corporate culture*) Conjunto de valores, normas, tradiciones y creencias de una empresa que se refleja en cada empleado y que se desarrolla durante la vida de la empresa.

culturización (*acculturation*) Adaptación del recién llegado a la cultura de un país o empresa.

cuota (*fee; dues*) Cantidad que se paga por un servicio periódico o por pertenecer a una asociación.

cuota (*quota*) Contingente, techo o límite a una actividad.

cuota (*charge*) Resultado de la aplicación de un tipo o porcentaje sobre un total.

cuota de mercado (*market share*) Porcentaje de las ventas de una marca sobre el total de las ventas que se realizan en un mercado. Se puede hablar de la cuota de una marca o de la de un fabricante. Normalmente se calcula estimando el mercado total y conociendo las ventas de esa marca. La cuota de mercado equivale a multiplicar la distribución ponderada por la participación neta, que en cierta medida señalan la eficacia de la fuerza de ventas y de la mercadotecnia respectivamente.

cuota de mercado relativa (*relative market share*) Resultado de dividir la cuota de mercado entre la del competidor dominante (la mayor cuota de ese mercado), o la del siguiente (si se trata del competidor dominante). Este índice de la posición en el mercado sirve para seleccionar los objetivos en una guerra de precios selectiva y, sobre todo, para indicar la libertad de actuación y los costos relativos que cada competidor tiene.

cuota de ventas (*sales quota*) Objetivos de venta asignados a un vendedor, a una empresa o a una línea de productos. Su cumplimiento viene acompañado de incentivos o premios. Suele ser algo mayor del presupuesto de ventas utilizado para decisiones de inversión y producción.

cupón (*coupon*) En mercadotecnia, impreso que forma parte de una etiqueta, de un anuncio en un periódico o que viene dentro de un envase, con un diseño llamativo imitando un premio o billete. Se llama cupón-descuento al que rebaja el precio de ese artículo, cupón-ahorro o sello al que se colecciona para cambiar por un regalo, y cupón-respuesta al que permite acceder a mayor información y a sorteos o concursos.

curriculum vitae (*curriculum vitae*) Descripción detallada de las actividades académicas o profesionales de una persona. Es más amplio y con fines más generales que un historial.

curva de costos (*cost curve*) Representación gráfica de los costos totales de la empresa divididos en costos fijos y variables, en función de la producción. Se suele incluir en el gráfico el costo medio y el costo marginal.

curva de experiencia (*experience curve*) Representación gráfica de la disminución de los costos de producción de un determinado bien al aumentar la experiencia acumulada. Se considera que, en general, al doblar la producción, se rebaja el costo real en un 15-20% por efecto del aprendizaje interno, introducción de tecnología, mayor capacidad de las máquinas, etcétera.

curva de intereses invertida
(*inverted yield curve*) Situación
en la que el tipo de interés a
corto plazo es superior al de
plazo largo, cuando
normalmente es lo contrario,
ya que, en teoría, el riesgo es
mayor a largo plazo.

curva de Phillips (*Phillips curve*)
Teoría que sostiene la
existencia de una relación
directa entre pleno empleo e
inflación. Esta teoría da lugar
a políticas económicas que
permiten la inflación para
tratar de rebajar el desempleo.
La realidad ha demostrado
que la inflación puede ir
acompañada de un
desempleo importante.

curva de ventas (*sales chart*)
Representación gráfica y
cronológica de las ventas que
sirve para comparar
productos, vendedores,
variaciones sobre las ventas
históricas o desviaciones de
las presupuestadas.

D

daño (*damage*) Menoscabo o disminución que se recibe en la propia persona o en los bienes, como consecuencia de la actuación de otro.

datos (*data*) Información utilizada como base para el razonamiento, la discusión o el cálculo.

de abajo arriba (*bottom-up approach*) Enfoque de administración por el que las iniciativas y la propuesta de decisiones, e incluso la toma de decisiones no estratégicas, se realiza por los niveles inferiores reduciéndose los superiores a verificar que la marcha de la empresa es correcta. Favorece la identificación de los empleados con la empresa y con las decisiones adoptadas por el grupo, las cuales se ponen en práctica con facilidad, con poca inversión y con buenos resultados a corto plazo. Dependiendo de las circunstancias se debe combinar con un enfoque de arriba abajo.

de arriba abajo (*top-down approach*) Enfoque de administración por el que las decisiones se toman por los niveles superiores de la organización y los inferiores se ocupan de llevarlas a la práctica. Puede ser conveniente en situaciones de crisis, de cambio estratégico radical o donde la velocidad de implementación es clave. Dependiendo de las circunstancias se debe combinar con un enfoque de abajo arriba.

de boca en boca (*word of mouth*) Información o rumor que se transmite de forma oral y no organizada. Contribuye decisivamente a la imagen de los productos y marcas.

de primera mano (*first-hand*) Artículo que se ofrece nuevo por el fabricante o distribuidor.

decisiones sobre marca (*brand decisions*) Parte de la mercadotecnia que analiza si un producto se debe vender con marca o a granel, qué tipo de marca (del fabricante o de distribuidor), qué marca concreta y si se introducen pequeños cambios en la utilización de la marca en cuanto a colores, tamaños o adjetivos que la acompañan.

decisor (*decision-maker; decider*) Persona que toma la última decisión sobre un asunto, por ejemplo, la compra de un producto.

declaración de aduanas (*customs declaration*) Manifiesto que realiza el importador o su agente a las autoridades aduaneras especificando el tipo, el valor y la cantidad de la mercancía para que éstas la revisen y apliquen los aranceles correspondientes.

decomiso (*confiscation; seizure*) Confiscación de las mercancías embargadas aplicada como pena al que comercia con artículos prohibidos o de contrabando.

deducción (*deduction*) Rebaja, descuento que se hace de una cantidad.

deducible (*deductible*) Que se puede restar o compensar, por ejemplo, un gasto necesario para efectos fiscales se resta de los ingresos obtenidos.

defectuoso (*faulty*) Con imperfecciones o defectos.

delegado sindical (*union representative*) Representante de un sindicato ante la empresa. Es el jefe o coordinador de la sección sindical dentro de la misma. No es necesariamente miembro del comité de empresa.

demanda (*demand*) En economía, número de unidades de un producto determinado que los consumidores están dispuestos a comprar a cada nivel de precio.

demanda (*lawsuit*) En derecho, medio legal de ejercitar en juicio una o varias acciones para conseguir la reparación del derecho violado. Es la expresión sucinta de los hechos y de los fundamentos de derecho en los que se basa la reclamación judicial del demandante contra el demandado.

demanda agregada (*aggregate demand*) Cantidad total gastada en un país en bienes y servicios en un determinado periodo.

demanda derivada (*derived demand*) Demanda indirecta o demanda de un bien que se genera como consecuencia de la demanda anterior por otro bien, por ejemplo, demanda de repuestos originales creada por la compra de los coches que utilizan esos repuestos.

demanda efectiva (*effective demand*) Cantidad de un bien o servicio que los agentes económicos adquieren a los precios de mercado vigentes. Si la demanda efectiva es inferior a la nocional se produce un racionamiento del consumo.

demanda inelástica (*inelastic demand*) Demanda que no responde a cambios en los precios. El consumidor es indiferente a cambios en los precios del producto y consumirá la misma cantidad.

departamento (*department*) Parte de una organización empresarial que se dedica a una determinada área funcional dentro de una división, como puede ser producción, mercadotecnia o finanzas.

departamento de arbitrajes (*foreign exchange department*) Departamento de un banco encargado de la compraventa de divisas al contado y a plazo. En algunas instituciones depende funcionalmente de la división internacional, y en otras de la división de tesorería.

departamento de control (*compliance department*) En un mercado organizado, el departamento que asegura que las actividades se desarrollan de acuerdo con el reglamento establecido.

departamento de investigación de mercados; departamento de estudios de mercado (*research department*) Unidad que analiza los mercados y trata de prever el comportamiento futuro de las principales variables. Frecuentemente publica sus informes sobre sectores o empresas para orientar a los posibles inversionistas y como servicio a sus clientes y a la comunidad en general. Es propio de grandes instituciones financieras.

depósito aduanero (*customs deposit store*) Local donde se sitúan las mercancías antes de pagar los derechos de importación. Puede estar en zona franca, o simplemente pendiente de despacho de aduanas.

déposito de efectivo (*cash deposit*) Cantidad en metálico depositada en una cuenta corriente o de ahorros por el cliente de una institución financiera.

depreciación (*depreciation*) Con respecto a divisas, disminución del tipo de cambio de una divisa en relación con otra u otras. El término depreciación se suele reservar al deterioro continuado, y la expresión devaluación a una alteración brusca en el tipo de cambio.

depresión (*depression*) Disminución acusada de la actividad económica de un país. Tasa negativa prolongada de crecimiento del PIB y de la renta nacional. La depresión típica genera desempleo, y normalmente deflación. Se conoce el efecto combinado de depresión e inflación como estanflación.

derechos de autor (*author's rights*) Derecho a los frutos de la producción y creación literaria, artística, científica y técnica que tienen sus autores. Los derechos de publicación o edición que tienen los editores se protegen mediante el copyright.

derroche (*waste*) Empleo excesivo o sin una finalidad apropiada de recursos, especialmente de dinero.

desarrollo (*development*) Acrecentar, mejorar un producto, negocio, país, etc., a través del esfuerzo, la investigación y la combinación de los recursos disponibles de forma más eficiente. Se distingue del puro crecimiento por estar mejor organizado y ser más global.

desarrollo de listas (*list building*) En venta directa, selección y desarrollo de listas de nombres y direcciones que pueden tener una respuesta más apropiada a determinados productos o servicios.

desarrollo de nuevos productos (*new product development*) Conjunto de actividades que permiten renovar la cartera de productos de una empresa, a partir de innovaciones tecnológicas, sugerencias de los clientes o aparición de nuevas necesidades. Exige una cooperación estrecha de los departamentos de investigación y desarrollo, producción y mercadotecnia desde el principio y a lo largo de todas las fases: selección de ideas, evaluación técnica y mercadotécnica, desarrollo del producto y del proceso de fabricación, pruebas de mercado y lanzamiento.

desarrollo organizacional (*organizational development; OD*) Conjunto de técnicas dirigidas a mejorar la capacidad de una organización para lograr sus objetivos. Cubren áreas como rapidez en la adaptación a cambios en el entorno, mejorar la identificación de los empleados con los objetivos de la organización, facilitar la comunicación y la toma de decisiones y crear un ambiente laboral positivo.

descarga (*dumping*) Saturación de un mercado, con mercancías a precio inferior al que se practica en el mercado principal o de origen.

descripción del puesto (*job description*) Descripción detallada de los objetivos, responsabilidades y tareas esperadas de un puesto de trabajo. Sirve para propósitos de selección y formación de personal.

descuento; rebaja (*discount; rebate*) Disminución pactada del precio de tarifa o precio de venta al público de una determinada mercancía o servicio.

descuento a los empleados (*employee discount*) Descuento que una compañía puede dar a sus empleados y familiares directos cuando compran productos de la propia empresa.

descuento de cantidad (*order discount*) Deducción sobre la tarifa de precios por razón del volumen de un pedido, independientemente del volumen acumulado de ese

cliente. Toma en consideración los menores costos de servir un pedido mayor (por ejemplo, camión completo). Es sinónimo de descuento por pedido. Junto con el descuento de volumen y el descuento de promoción es uno de los tres descuentos comerciales básicos.

descuento de efecto (*bill discount*) Acto y operación de restar del nominal de unos efectos comerciales o financieros los intereses a pagar. En el descuento los intereses se cobran por anticipado, por lo que el tipo efectivo de interés es superior al tipo nominal.

descuento de facturas (*factoring*) Cesión de la facturación con un factor de descuento por la empresa vendedora a una empresa especializada, facturadora, que asume el control y el riesgo de los cobros. Además de la compra en firme del documento de cobro cuando es sin recurso, incluye el costo de la financiación cuando la venta sea a plazo.

descuento de volumen; descuento por consumo (*volume discount*) Deducción sobre la tarifa de precios por razón del volumen acumulado en un periodo por un cliente, independientemente del

111

tamaño de los pedidos que haya ido realizando. Toma en consideración los menores costos de servir a un cliente mayor.

descuento por pronto pago (*cash discount*) Descuento que hace el proveedor cuando el comprador paga al contado o en menos de 10 días después de la recepción de la mercancía. Suele ser un 2% que compensa el menor riesgo de insolvencia y el adelanto en el cobro.

deseconomías de escala (*diseconomies of scale*) Situación en la que aumenta el costo unitario al aumentar la capacidad de producción. En la mayoría de los procesos industriales, un aumento de capacidad produce una disminución de costos unitarios, al dividirse los costos fijos entre un mayor número de unidades. Sin embargo, en algunos casos se produce el fenómeno opuesto.

desembolso (*disbursement*) Pago en efectivo, por ejemplo, pago por el accionista de un dividendo pasivo.

desempleo (*unemployment*) Situación en la que se encuentra la persona que, estando en edad laboral y buscando activamente empleo, no es capaz de conseguir un puesto de trabajo. El porcentaje de desempleados respecto a la población activa es un índice macroeconómico importante.

desempleo cíclico (*cyclical unemployment*) Desempleo que se produce como consecuencia de las sucesivas fases de depresión y auge que experimenta la economía en sus procesos de ajuste.

desempleo encubierto (*hidden unemployment*) Personas desempleadas que no figuran en las estadísticas oficiales por alguna de las causas siguientes: subempleo (trabajador con calificaciones superiores al puesto que desempeña), incapacidad laboral sin derecho a las prestaciones de la seguridad social, o la falta de búsqueda activa de empleo (por ejemplo, trabajadores estacionales en la época en que no trabajan).

desempleo estacional (*seasonal unemployment*) Desempleo producido principalmente por la estacionalidad de la demanda de trabajo, debido a factores naturales o por costumbres.

desempleo estructural (*structural unemployment*) Desempleo causado por cambios profundos debidos a las variaciones en los gustos de los consumidores, a innovaciones tecnológicas, o a la pérdida de capacidad competitiva de una región o sector. Para superarlo se requieren medidas a largo plazo que cambien la estructura de producción en esa zona.

desempleo forzoso (*forced unemployment*) Carencia de empleo por causas independientes de la voluntad del trabajador.

desempleo friccional (*frictional unemployment*) Desempleo originado por la falta de información y movilidad en los mercados de trabajo. Se produce aunque exista en el sistema una demanda de empleo capaz de absorber la oferta de trabajo. Es compatible, por tanto, con el pleno empleo teórico.

desempleo tecnológico (*technological unemployment*) Desempleo causado por un cambio en los métodos de producción o tecnología utilizada que disminuye el número de trabajadores necesarios para un determinado nivel de oferta.

desequilibrio (*imbalance*) Situación en la que dos fuerzas económicas no se encuentran equilibradas o

compensadas. Por ejemplo, dado un precio oficial regulado de un determinado bien, si la demanda a ese precio excede a la oferta existe desequilibrio, y se producirá escasez en el mercado.

desfalco (*misappropriation*) Apropiación o uso indebido de valores o dinero por personas que tienen la obligación de custodiarlos. Si es realizado por un funcionario público se trata de un delito de malversación de fondos. Si se comete por particulares se tratará de apropiación indebida.

desgobierno (*mismanagement*) Mala administración de una compañía u organización que conduce a no lograr los objetivos, derrochar recursos, desmoralizar a los empleados, perder clientes y, si no se corrige, a la desaparición de la organización.

despacho aduanero (*customs clearance*) Cumplimiento de los trámites y abono de los derechos arancelarios, impuesto de compensación de gravámenes interiores (o IVA), montos compensatorios y demás tasas necesarias para poder disponer de una mercancía.

despedir (*fire*) Finalización por parte de la empresa de su relación laboral con un empleado.

despido (*dismissal*) Acto por el que la empresa da por terminada la relación laboral con un trabajador. Puede ser procedente, improcedente o nulo. En este último caso la empresa tiene que readmitir al trabajador si éste lo exige, mientras que en el improcedente basta con pagar la indemnización fijada.

despido improcedente (*wrongful dismissal*) Terminación de un contrato o relación laboral considerada inadmisible por las autoridades del trabajo, lo que suele resultar en la recontratación o indemnización al trabajador.

despilfarro (*squandering*) Gasto excesivo e innecesario.

desplazamiento (*relocation*) Traslado de una persona de un sitio a otro, por ejemplo, al cambiar de trabajo.

desplazamiento de la curva de demanda (*demand shift*) Movimiento de la curva de la demanda hacia la derecha o hacia la izquierda, como consecuencia de cambios en sus componentes, excluyendo evidentemente el precio del bien considerado.

desprenderse de activos (*asset-stripping*) Operación que realiza un tiburón financiero tras la adquisición de una empresa con el fin de amortizar rápidamente el endeudamiento que ésta ha provocado. Consiste en la venta de los activos más valiosos de la empresa que fue comprada.

desregulación (*deregulation*) Proceso que tiende a favorecer el libre mercado y la competencia entre los posibles proveedores de un servicio por medio de la eliminación de leyes, reglamentaciones administrativas o barreras artificiales que favorecían situaciones de monopolio local. Por ejemplo, en el tráfico aéreo.

destacar (*highlight*) Resaltar un área en la pantalla de una computadora con el fin de modificarla de alguna manera.

destinatario (*addressee; consignee*) Persona a quien va dirigido un documento, una mercancía o correspondencia.

desviación (*deviation; variance*) Diferencia entre el valor real (de ventas, producción, etc.) y el presupuestado u objetivo. La diferencia entre el valor real de un periodo y el valor real de otro periodo histórico comparable se llama variación.

desvío de llamadas; transferencia de llamadas (*call-forwarding*) Envío de llamadas de un número de teléfono a otro mediante un servicio automatizado.

detallista (*retailer*) Comerciante que se dedica a vender mercancías directamente y al por menor al consumidor final. Suele comprar a uno o varios mayoristas, aunque algunos grandes fabricantes lo abastecen directamente o mediante distribuidores.

deuda (*debt*) Obligación de satisfacer, pagar o reintegrar alguna cosa, por lo común dinero. Conjunto de dichas obligaciones que aparecen como fondos ajenos en el balance de una sociedad.

deuda financiera (*financial debt*) Conjunto de créditos recibidos de bancos y otros acreedores como los tenedores de bonos, que responden a operaciones puras de aportación de fondos. No se incluye, por tanto, acreedores comerciales, laborales o fiscales.

deuda preferente (*senior debt*) Deuda que tiene una mayor prioridad que otras en caso de liquidación de una sociedad.

deuda privada (*private debt*) Conjunto de deuda de los individuos y compañías de un país, sin incluir la deuda pública de ayuntamientos, regiones y del propio Estado.

deuda pública (*public debt*) Obligación financiera de un Estado por la que paga interés. Generalmente se origina en una suscripción pública.

deuda sin garantía (*unsecured debt*) Obligación no respaldada por una garantía, pignoración o hipoteca específica.

deudor (*debtor*) Persona física o moral que debe una cantidad determinada de dinero por una obligación financiera o comercial. El deudor en un crédito o préstamo se suele denominar prestatario.

devaluación (*devaluation*) Reducción de la cotización o tasa de cambio de una divisa respecto a otras. El término devaluación se reserva para depreciaciones bruscas, en muchas ocasiones asociadas a decisiones políticas.

devolución (*return*) Entrega al vendedor por el comprador de un bien previamente adquirido por éste, durante el plazo de prueba o debido a defectos importantes en la mercancía. Implica el retorno por el vendedor del precio de la misma al comprador.

devolución (*repayment*) En finanzas, cancelación total o parcial del principal de una deuda.

devolución (*restitution*) Acción de restituir una cosa a la persona que la poseía.

día de paga (*pay day*) Día en que los empleados reciben su paga.

día de pago (*payment date*) Fecha que, cada cierto tiempo, se fija para la cancelación de deudas o préstamos o la satisfacción de prestaciones (por ejemplo, las salariales).

día laborable; día hábil (*business day, working day*) Día en que se ofrecen servicios al público. Suelen ser los comprendidos de lunes a viernes, aunque algunos comercios y servicios funcionan los sábados e incluso los domingos.

día libre (*day off*) Permiso de un día que concede la empresa discrecionalmente y sin reducción de salario.

diario; libro Diario (*journal*) Libro de contabilidad que recoge todas las transacciones económicas y financieras de la empresa día a día. En el sistema de doble entrada, cada asiento debe ir a dos cuentas contables, una en el Debe y otra en el Haber.

dieta (*per diem*) Compensación que la empresa da al trabajador por concepto de gastos necesarios relacionados con el trabajo, pero independientes de éste (comida, hoteles, etc.); van en función del nivel del empleado y si se hacen dentro o fuera del país. La dieta es una cantidad fija al día.

diferenciación de precios (*price differentiation*) Técnica para adecuar las características del producto o servicio (calidad, garantías, entrega mínima, plazo de pago, etc.) a las necesidades y disponibilidades de cada cliente, y especialmente para fijar los precios que optimicen las utilidades de la empresa. La diferencia puede beneficiar al consumidor, ya que le da un conjunto precio/ condiciones más adecuado para él (por ejemplo, en el caso de las tarifas aéreas).

diferenciación de productos (*product differentiation*) Introducción de características complementarias, mejoras de calidad, estilos o imagen de marca que distingan a un producto de otro y permitan esperar una mayor rentabilidad. El consumidor percibe el valor añadido, y además no existe una competencia directa en precio.

diferenciación por marca (*brand differentiation*) Capacidad de una marca de otorgar a los productos que la llevan una imagen única y positiva, especialmente en los atributos clave para el público objetivo de esa marca.

diferencial (*spread*) En sentido amplio, es el margen entre el precio de compra y el precio de venta en una transacción financiera. En los créditos con tipo de interés variable, el diferencial es la prima que se pone sobre el tipo de interés de referencia.

diferencias culturales (*cross-cultural differences*) Variaciones en las creencias, actitudes, costumbres y normas de comportamiento que tienen los ciudadanos de países diferentes o incluso de etnias o clases sociales distintas. Un directivo debe acomodar sus relaciones personales y la comunicación de su empresa a la cultura de su interlocutor para evitar malentendidos y facilitar la comprensión.

diferencias de cambio (*foreign exchange gain or loss*) Pérdidas o ganancias que se producen en operaciones de cambio de divisa extranjera, o al efectuar en la realidad una operación a un tipo de cambio distinto del previsto.

diferido (*deferred*) En contabilidad, calificativo de ingresos o gastos que se van a devengar en el futuro aunque ya se hayan cobrado o pagado. Aparecen en el balance y no en la cuenta de explotación del periodo.

diferido (*postponed*) Trasladada o suspendida su ejecución a un momento posterior.

dificultades financieras (*financial distress*) Situación precaria de la tesorería de una empresa, por ausencia duradera de utilidades, falta de productividad, crecimiento excesivo, mala administración u otras circunstancias análogas.

difusión (*dissemination*) Divulgación de noticias, productos, conocimientos, etc., de forma que lleguen a ser conocidos por un número amplio de personas, normalmente de forma gratuita.

diligencia debida (*due diligence*) En fusiones y adquisiciones, proceso de revisión legal exhaustiva de los documentos de una empresa, normalmente con motivo de una adquisición. Incluye el examen de los títulos de propiedad de inmuebles y marcas y de los libros exigibles legalmente, junto con un análisis pormenorizado de posibles contingencias fiscales, laborales y mercantiles. Suele ir combinada con una auditoría que se centra en la valoración de los activos y pasivos en función de diversos criterios.

dimensión del mercado (*market size*) Tamaño de la demanda satisfecha de un producto.

dimensión óptima (*optimum size*) Tamaño de una unidad (empresa, fábrica o línea de producción) que maximiza la rentabilidad, productividad o bienestar.

dimisión (*resignation*) Renuncia voluntaria a un cargo o empleo.

dinámica de grupo (*group dynamics*) Técnica de sociología que se basa en las relaciones y reacciones de las personas dentro de un grupo. Se usa para mejorar las relaciones del grupo o para solucionar un problema interno o externo al mismo, pero siempre basándose en una estructura grupal.

dinero (*money*) Medio legal liberatorio de pago. Puede estar representado por monedas o billetes. Unidad de medida de las transacciones económicas.

dinero circulante (*cash*) Tesorería de la empresa en circulación derivada de las operaciones diarias de compra y venta.

dinero de curso legal (*legal tender*) Moneda fiduciaria con capacidad legal como medio de pago en un país determinado en una época determinada.

dinero para gastos; caja chica (*petty cash*) Dinero para gastos de pequeña cuantía, como gastos de comida, transporte, etc., que serán reembolsados por la empresa. Pequeño saldo en caja que se tiene para estos fines.

dirección (*management*) Persona o conjunto de personas que administran una organización. Tarea de crear y mantener las condiciones para que el esfuerzo combinado de un grupo de personas asegure el logro de unos objetivos definidos.

dirección; gestión (*management*) Acto de controlar y dirigir una empresa, incluyendo la organización y coordinación de factores productivos, con el objetivo de lograr óptimos resultados. Los equipos de dirección son responsables de los resultados de la empresa ante sus accionistas, empleados y la comunidad en general.

dirección participativa (*participative management*) Estilo de dirección que favorece la participación de los empleados en la toma de decisiones y en la planificación. Este enfoque da prioridad a buenas relaciones humanas dentro de la compañía.

dirección participativa por objetivos; DPPO (*participative management by objective; PMBO*) Similar a la dirección por objetivos (DPO), pero con un mayor énfasis en el proceso democrático o participativo de fijación de objetivos.

dirección por excepción (*management by exception*) Sistema de dirección basado en la administración por objetivos y el control presupuestario que se centra en el control exclusivamente de variables desviadas sin utilizar tiempo de dirección para la revisión de aquellas que van de acuerdo con el presupuesto.

dirección por paseo; dirección por contacto (*management by walking-around; MBWA*) Estilo de dirección que se basa en una política de puertas abiertas y de frecuente contacto físico con empleados, obreros y clientes, visitando fábricas y oficinas.

director (*manager*) Persona que lleva la dirección de una empresa, departamento u organización. Las tareas que realiza se pueden agrupar en: planificación, organización, coordinación y control. Debe cuidar especialmente la fijación de objetivos, el acopio de recursos y las relaciones interpersonales. Es un líder que logra que el equipo trabaje para alcanzar el objetivo común.

director creativo (*creative director*) Persona que dirige el departamento creativo de una agencia de publicidad. Tiene un nivel de responsabilidad similar al del director de servicios al cliente aunque especializado en la supervisión de los directores de arte y redactores creativos. Supervisa también la labor de los especialistas externos contratados para cada campaña, como fotógrafos o diseñadores gráficos.

director de arte (*art director; AD*) En una agencia de publicidad, el responsable del trabajo creativo de tipo visual. Trabaja en equipo con un redactor creativo a las órdenes del director creativo de la agencia. Puede acompañar al responsable de producción y al ejecutivo de la cuenta a ciertos rodajes complicados para asegurar que su idea se hace realidad.

director de departamento (*department manager*) Persona responsable de una unidad especializada funcionalmente (mercadotecnia, sistemas o administración). Está por debajo de la división y por encima de la sección.

director de exportación (*export manager*) Persona responsable de las exportaciones de una empresa que depende directamente del director general. Si dependiera de un director de ventas sería gerente de exportación.

director de producción (*production manager*) Persona responsable de la fabricación en sentido amplio. Cuando engloba logística se suele denominar director de operaciones que a veces incluye también sistemas.

director de recursos humanos (*personnel manager*) Persona que dirige el departamento de recursos humanos de una empresa y se encarga de establecer y seguir las políticas de selección, formación, motivación, permisos y sanciones, ceses, relaciones con sindicatos y, en general, todas las que tienen relación con el personal.

director general de operaciones (*chief operating officer; COO*) Responsable directo de las principales actividades de la empresa, que normalmente incluyen compras, ventas y producción y pueden no incluir finanzas, sistemas y legal.

director general financiero (*chief financial officer; CFO*) Máximo responsable del área de finanzas de una empresa.

directrices (*guidelines*) Normas generales para la ejecución de alguna actividad.

disco (*disk*) En informática, placa circular con material magnético en ambos lados que da vueltas para almacenar y recuperar datos en una o más cabezas que transmiten la información a una computadora. Hay discos blandos y discos duros.

disco blando (*floppy disk*) Disco compuesto de un material magnético y flexible, que gira a aproximadamente 300 r.p.m. dentro de su cubierta. El material se lee a través de un orificio de acceso que hace contacto con la superficie. La capacidad de almacenamiento en un disco blando se mide en miles de octetos (KB).

disco duro (*hard disk*) Disco compuesto de un material rígido y parecido a la cerámica con una capa magnética. Estos discos pueden girar a aproximadamente 3600 r.p.m., y han de mantenerse en un ambiente protegido contra el polvo o el humo. La capacidad de almacenamiento en un disco duro se mide en millones de octetos (MB).

disco duro; unidad de disco duro (*hard disk drive*) Dispositivo de almacenamiento masivo que lee y graba información en un disco magnético rígido, no extraíble, que está protegido de modo permanente en un alojamiento.

discriminación de precios (*price discrimination*) Establecimiento de diferentes precios para un producto igual o similar, que no refleja una diferencia proporcional en costos y trata de adaptarse a la intensidad de demanda de segmentos distintos para maximizar el beneficio. Puede basarse en diferentes tipos de clientes, localidades, periodo del día o del año, o características de acabado o envase del producto.

discriminación laboral (*labor discrimination*) Diferenciación negativa que se realiza contra una persona por factores como sexo, nacionalidad, edad, religión, etnia, afiliación sindical, ideas políticas u otros similares y que le perjudican a la hora de lograr o mantener un empleo.

discriminación por edad (*age discrimination*) Tratamiento desigual a una persona con el pretexto de ser demasiado joven o mayor para un puesto sin que haya razones que lo justifiquen. Aunque suele ser ilegal, es difícil de evitar en un proceso de selección donde haya muchos factores subjetivos a considerar.

discriminación por razón de sexo (*sexual discrimination*) Tratamiento de las personas de una manera diferente según su sexo. Se suele hacer más visible en la selección de personal, los ascensos y la retribución. En muchos países existen leyes para impedirla pero, en la práctica, es muy difícil eliminarla por completo.

discriminación racial (*racial discrimination*) Tratamiento de las personas de una manera diferente según su raza. Se suele hacer visible en la propia selección inicial del personal. La discriminación racial está prohibida por la ley en casi todos los países del mundo pero, en la práctica, es difícil impedirla por completo.

discurso (*speech*) Exposición verbal a una audiencia. Los directores de empresas tienen que cultivar una cierta destreza para hablar en público ya que abundan las ocasiones en que es conveniente hacerlo.

disquete (*floppy disk*) Nombre común del disco blando.

distribución (*distribution*) Acción mediante la que el fabricante entrega el producto, a través de los distintos canales de distribución, al mercado minorista para su venta y consumo final. Cada vez es más frecuente que sean los grandes puntos de venta los que organicen la distribución, o mejor dicho, la provisión de producto a sus plataformas de concentración. El porcentaje de valor añadido controlado por el fabricante de productos de gran consumo es cada día menor.

distribución en exclusiva (*exclusive distribution*) Política por la que se garantiza a ciertos intermediarios la exclusividad en la comercialización de un producto en un área geográfica determinada. Refuerza la imagen de prestigio y permite controlar y formar al intermediario.

distribución física (*physical distribution*) Parte de la logística que trata del flujo físico de productos terminados desde la fábrica al cliente. Dependiendo de la integración con el resto de las actividades de mercadotecnia, puede abarcar: pronósticos de ventas, planificación de la producción, transporte, almacenamiento y distribución, proceso de pedidos y servicio al cliente.

distribución ponderada (*weighted distribution*) Porcentaje de las ventas totales que hacen las tiendas donde está una marca sobre el mercado total de ese producto. Nos indica la penetración real de una marca, ya que tiene en cuenta tanto el número de establecimientos donde está como la importancia de éstos.

distribución secundaria (*secondary distribution*) Venta a inversionistas al por menor de una emisión previamente colocada en grandes paquetes.

distribuidor (*dealer*) Empresa que se dedica a vender al por mayor la mercancía de uno o más fabricantes a detallistas y grandes consumidores. Suele tener la representación exclusiva de los fabricantes en su zona, aunque éstos se pueden reservar el derecho de suministrar directamente a grandes establecimientos. A su vez, se compromete a no vender mercancía de la competencia. Compra en firme, corre con el riesgo de cobro, y se compromete a seguir la política comercial fijada por el fabricante.

diversificación concéntrica (*concentric diversification*) Diversificación en la que el nuevo producto, que tiene sinergias tecnológicas o de mercadotecnia, se dirige a clientes diferentes.

diversificación geográfica (*geographical diversification*) Búsqueda de nuevos mercados para el mismo producto, tecnología o tipo de cliente. Es más una ampliación que una diversificación.

diversificación horizontal (*horizontal diversification*) Diversificación por la que se ofrece a los clientes actuales productos no relacionados con las actividades previas de la empresa.

diversificación vertical (*vertical diversification*) Diversificación de actividades de una empresa que absorbe procesos anteriores o posteriores a los que venía desarrollando. La mayoría de las veces debe hablarse de integración vertical.

dividendo (*dividend*) Porción de las utilidades y reservas de una sociedad repartida a los accionistas en un momento determinado como retribución de su capital. El reparto de dividendos debe ser aprobado por la Junta General ordinaria de la sociedad y declararse en términos monetarios o como porcentaje del valor nominal.

dividendo a cuenta (*interim dividend*) Dividendo repartido a cuenta de las utilidades que se espera obtener en un ejercicio, en función de la marcha económica de la sociedad, y antes de la aprobación formal de distribución de resultados por la Junta General de accionistas. Una vez aprobada ésta, se completa con un dividendo complementario.

dividendo devengado (*accumulated dividend*) Dividendo por cobrar por los tenedores de acciones una vez aprobado su pago y mientras está pendiente de cobro. Se contabiliza por la empresa que lo aprueba como un pasivo hasta su pago efectivo.

dividendo en forma de acciones (*stock dividend*) Dividendo que se paga mediante la emisión de nuevas acciones o la cesión de acciones propias al accionista de forma gratuita.

dividendo ilegal (*illegal dividend*) Dividendo que viola las disposiciones legales o estatutarias de una compañía.

dividendo neto (*net dividend*) Dividendo que percibe el accionista, una vez deducido el impuesto sobre rentas de capital retenido en la fuente. El dividendo neto se obtiene, por tanto, deduciendo del dividendo bruto el impuesto a cuenta.

dividendo pasivo (*capital call*) Reclamación parcial o total por la sociedad a los accionistas del capital pendiente de desembolso.

divisa (*foreign currency*) Moneda extranjera, tanto física como en forma de depósito en una institución financiera.

división (*division*) Parte de una organización empresarial que se dedica a una determinada actividad o gama de productos. Puede constituir una empresa en sí misma, con su red productiva y de comercialización. A su frente está un director general. Varias divisiones forman el grupo de empresas. Una división tiene departamentos especializados por funciones, con unidades de negocio relativamente independientes.

división del trabajo (*division of labor*) Principio de economía que propone que cada país debe dedicarse a aquellas actividades productivas para las que tiene una ventaja comparativa, en función de sus recursos naturales, clima, costo de mano de obra, tecnología, etc. Por extensión, se aplica a unidades microeconómicas.

doble contabilidad (*double set of books*) Llevar de dos conjuntos de libros de contabilidad, con intención de ocultación y fraude fiscal. Unos libros reflejan la verdadera situación económica de la empresa, y los otros los datos que se presentan a la Hacienda Pública.

doble gravamen (*double taxation*) Resultado de gravar el mismo arículo gravable en varias categorías o con dos impuestos dentro de la misma categoría.

documento (*document*)
Instrumento escrito que
ilustra sobre algún hecho.
Tiene gran importancia
jurídica como expresión de
voluntad y de evidencia.
Puede ser: 1) público, que
acredita hechos y
manifestaciones de voluntad
con la autorización o
certificación de notario o
funcionario público
competente; 2) privado,
cuando sólo intervienen las
partes interesadas.

dominio del mercado (*market control*) Posibilidad por parte
de una empresa de controlar
el mercado de un producto
decidiendo su precio y su
disponibilidad.

dominio público (*public domain*)
Conjunto de bienes que no
son susceptibles de propiedad
privada debido a su
naturaleza pública.

dotación (*allowance*) Provisión o
asignación de recursos con un
determinado fin.

dueño (*owner*) Persona que tiene
el dominio de un objeto.

duplicación de audiencia
(*audience duplication*) En
publicidad, medida en que la
cobertura de dos medios de
comunicación se traslapan. Si
se quiere insistir en un
determinado público objetivo
expuesto a los dos medios
puede ser interesante gastar
en ambos, pero si se quiere
obtener una mayor audiencia
habrá que buscar medios que
tengan poca duplicación.

duplicado; copia (*duplicate, copy*)
Segundo documento o escrito
que se expide en idénticos
términos que el primero.

durabilidad (*durability*) Que
puede durar o dura mucho
tiempo, manteniendo sus
características originales.

duración (*duration*) Tiempo que
transcurre entre el comienzo y
el fin de un proceso.

E

ecomercadotecnia (*eco-marketing*) Estrategia de mercadotecnia por la que las empresas se presentan, junto con sus productos o servicios, como beneficiosas para el medio ambiente.

economía (*economics*) Ciencia social que estudia la asignación óptima de unos recursos escasos para satisfacer necesidades humanas. Analiza la producción, distribución y consumo de los bienes.

economía abierta (*open economy*) Sistema económico que favorece el intercambio comercial de bienes y servicios, de capitales y de trabajadores con otros países. De la misma forma que no existe ninguna economía totalmente cerrada, tampoco hay países totalmente abiertos, ni siquiera hablando sólo de intercambio de mercancías.

economía cerrada (*closed economy*) Sistema económico basado en la autarquía, autosuficiente y que prohíbe los intercambios con el exterior.

economía clásica (*classical economics*) Corriente de pensamiento económico encabezada por Adam Smith, David Ricardo, Thomas Malthus and John Stuart Mill que defiende que el interés egoísta de cada individuo y la libre competencia determinan el sistema de precios ideal. Fundada por Adam Smith en 1776 fue la escuela prevalente hasta Keynes aunque con diversas matizaciones. Su teoría macroeconómica se construiría alrededor de la ley de Say. La escuela clásica creía en el libre mercado como el sistema más eficiente de asignación de recursos escasos, atribuyéndole cierto paralelismo con el funcionamiento de la naturaleza. En su origen la escuela clásica contrastó con el mercantilismo, que era fuertemente intervencionista.

economía de libre mercado (*free market economy*) Sistema económico basado en el libre juego de las fuerzas del mercado. A través de la información que da el sistema de precios, los agentes económicos van ajustando su oferta y demanda y tomando decisiones sobre producción, consumo, ahorro e inversión, para optimizar los recursos escasos. La obtención del beneficio indica la eficacia en ese ajuste. El Estado no planifica o dirige la actividad económica, pero crea la seguridad jurídica necesaria para que los particulares actúen libremente.

economía dirigida; economía planificada (*planned economy*) Sistema económico en el que todas las decisiones sobre qué bienes o servicios se deben producir, en qué cantidad y a qué precio, se dejan en manos de la burocracia central. En la práctica puede dar como resultado grandes ineficiencias, escasez de productos básicos y aparición de mercados negros.

economía dual (*dual economy*) Economía dividida en dos sectores muy diferenciados (por ejemplo, países monoproductores de petróleo o café, o países con grandes ingresos por turismo). Las mayores rentas de un sector provocan desajustes en consumo, inversión, etc., e incluso pueden perjudicar el desarrollo del resto del país.

economía mixta (*mixed economy*) Sistema económico donde coexisten principios e instituciones del libre mercado con criterios de dirección central de la economía: planificación, intervención de precios, fijación de costos, cuotas, etc. La economía mixta, al mezclar decisiones y motivaciones políticas con criterios de racionalidad económica, no constituye un sistema económicamente eficiente, pero se ha implantado en muchos países basándose en motivos de equidad y estabilidad.

economía negra; economía sumergida (*black market economy; underground economy*) Conjunto de actividades económicas que escapan del control de las autoridades y de las estadísticas oficiales. Se encuentra fuera de la legalidad fiscal, laboral y de seguridad social. Se presenta especialmente en actividades ilícitas o en el ámbito del trabajador individual o de la empresa familiar. Su crecimiento en los países desarrollados en los últimos años se debe al gran aumento de la presión fiscal y de las cargas sociales, que de cumplirse en algunos sectores llevarían a la quiebra de estas pequeñas empresas.

economía no intervenida; economía de libre comercio (*market economy*) Sistema económico basado en el libre juego de las fuerzas del mercado.

economías (*economies; savings*) Ahorros producidos por una mejor administración en el ámbito doméstico o empresarial.

economías de escala (*economies of scale*) Efecto de disminución del costo unitario en un proceso productivo al aumentar la capacidad y la producción anual del mismo. Las economías de escala se producen por varias razones: menor impacto unitario de los gastos generales, sinergia en compras, distribución y comercialización, efecto de la curva de experiencia, mayor especialización y uso más eficaz de bienes de capital.

economías de gama (*economies of scope*) Efecto de disminución del costo unitario en un proceso productivo al aumentar la gama que se trabaja. Aunque no siempre es así, puede ser más barato producir el bien A y el B juntos que por separado.

economías domésticas (*domestic economies*) Conjunto de familias y personas físicas. Las economías domésticas tienen importancia para efectos de contabilidad nacional, demanda, ahorro, etcétera.

economías externas (*external economies*) Ahorros y ventajas que obtiene una empresa por razón de su localización, por ejemplo, al contar con unas infraestructuras adecuadas, un equipo de trabajo formado y motivado, una estructura de proveedores y clientes completa y una abundante disponibilidad de agua, energía y otros recursos naturales. En general, situación en que la producción o el consumo de un bien por un actor económico produce un aumento de satisfacción a otro sin que éste tenga que compartir el costo.

economista (*economist*) Persona especializada en el estudio de los fenómenos macroeconómicos.

ecuación de canje (*exchange ratio*) Proporción en la que se intercambian las acciones de una empresa absorbida por las de la absorbente. Es el resultado de una negociación sobre el valor respectivo de cada empresa.

editorial (*publishing house*) Empresa dedicada a la edición de libros en papel o formato electrónico. Contacta con autores e imprentas y comercializa los libros que publica directamente o a través de distribuidores mayoristas o exclusivos.

efectivo (*cash*) Numerario, ya sea en forma de billete o de moneda.

efecto precio (*price effect*) Variación en la demanda de un producto como consecuencia de cambios en su precio. Normalmente cuando el precio sube se consume menos y viceversa.

eficacia (*efficacy; effectiveness*) Capacidad y poder para obrar.

eficacia de la publicidad (*advertising effectiveness*) Capacidad de una campaña publicitaria para lograr transmitir un determinado mensaje (se mide con pruebas previas o encuestas posteriores a su difusión), y para conseguir el comportamiento esperado (si se trata de incitar a la compra se mide por las ventas logradas).

eficiencia (*efficiency*) Cualidad de conseguir lo esperado, de hacer bien las cosas y lograr los objetivos marcados.

eficiencia de la publicidad (*advertising efficiency*) Relación entre la eficacia de la publicidad en términos absolutos y el gasto publicitario efectuado. Se mide por el costo por cada mil compradores potenciales alcanzados por los distintos medios analizados, por el recuerdo de los mensajes y por el impacto medido mediante unas respuestas concretas a cada anuncio.

eficiencia económica (*economic efficiency*) Asignación óptima de los recursos escasos para lograr procesos productivos de mínimo costo. Cada factor de producción se utiliza en aquellos procesos donde su utilidad marginal es mayor.

eficiencia marginal del capital (*marginal efficiency of capital*) Rendimiento o utilidad de la última cantidad invertida. Variación porcentual de los beneficios obtenida con la última inversión incremental.

eje publicitario (*advertising theme*) Esencia del mensaje que queremos comunicar para reforzar la posición de la marca. El eje no debe variar,

129

aunque a lo largo del tiempo se lancen anuncios con pequeñas modificaciones en el lema o distintos estilos de realización.

ejecutivo (*executive; manager*) Persona que gestiona, dirige y organiza las actividades de una organización.

ejecutivo de cuentas (*account executive*) Persona responsable de las relaciones totales de una empresa con un determinado cliente o grupo de clientes.

ejercicio económico; ejercicio contable; ejercicio social (*accounting year*) Periodo de doce meses en el que se realizan, para efectos contables y económicos, las actividades de la empresa, se calcula el resultado de operación y se devenga el impuesto. Suele coincidir con el año natural, aunque en algunas actividades (distribución, etc.) no sea así. Se suele emplear simplemente el término ejercicio.

elasticidad (*elasticity*) Efecto inducido en la variación porcentual de una determinada variable económica por variaciones de otra variable. Por ejemplo, la elasticidad de la demanda.

elasticidad de la demanda (*elasticity of demand*) Medida del comportamiento de la demanda en función de las variaciones de precio. Es el coeficiente del cambio porcentual en la cantidad y el cambio porcentual en el precio. La demanda es inelástica si el cambio porcentual en la cantidad es inferior a la variación porcentual del precio (elasticidad menor que uno). La demanda es elástica si el cambio porcentual en la cantidad es mayor que la variación porcentual del precio (elasticidad mayor que uno).

elasticidad de la oferta (*elasticity of supply*) Medida del comportamiento de la oferta en función de las variaciones de precio. Por ejemplo, si el precio sube un 2% y la cantidad ofrecida sube más del 2%, es una oferta elástica; y si sube menos del 2% es inelástica o rígida.

elección al azar (*random sampling*) Selección de una muestra de población de forma que cualquier muestra del mismo tamaño tenía la misma probabilidad de ser elegida. No se sigue ningún método para predeterminar o estratificar la muestra.

empaquetado (*packaging*) Preparación de una mercancía

para ser almacenada o transportada colocándola en cajas o bultos adecuados. Incluye también la preparación de paquetes atractivos que puedan utilizarse en el punto de venta para el mercadeo de los productos.

emplazamiento de un anuncio (*ad position*) Posición donde se coloca un anuncio, ya sea en un medio impreso o en el conjunto de un bloque de radio o televisión. La elección de emplazamiento viene condicionada por las preferencias del público objetivo, la audiencia que se quiere y el presupuesto disponible. Se llama emplazamiento de rigor al que viene forzado por el anunciante (a determinada hora, en la sección de sucesos, etc.) mediante el pago de una prima.

empleado (*employee*) Persona que trabaja a sueldo para una empresa, para un particular, o para el Estado. Suele referirse a personas de categoría media o inferior dentro del negocio, sometidas a la dirección de otra.

empleado cedido (*loaned employee*) Persona que trabaja temporalmente como empleada de una empresa distinta de la que provenía y a la que ya se ha acordado por las tres partes que volverá. Se suele utilizar para la puesta en marcha de una planta de producción o de una aplicación informática.

empleador (*employer*) Persona física o moral, bajo cuyas instrucciones y control lleva a cabo sus tareas el trabajador.

empleados de campo (*field staff*) Empleados que trabajan en contacto personal con los clientes a diferencia del personal de oficina o de producción, por ejemplo, los vendedores o, en una agencia de investigación de mercados, los encuestadores.

empleo (*employment*) Conjunto de la población activa que en un momento determinado forma parte de la masa laboral trabajando activamente, y que por tanto no está desempleada.

emprendedor (*entrepreneur*) Persona que funda una empresa o inicia una actividad, frecuentemente con más ilusión y ambición que recursos materiales. Persona dedicada que busca constantemente nuevos campos de actuación.

emprendedor interno (*intrapreneur*) Emprendedor

que trabaja en una gran empresa con mucha autonomía. La empresa, para evitar que funde su propio negocio, le concede mayor capacidad de decisión, grandes dotaciones de fondos y una participación en las utilidades.

empresa conjunta (*joint venture*) Empresa en la que participan dos o más sociedades, que mantienen su independencia en otros campos, para desarrollar un proyecto o negocio conjunto.

empresa diversificada (*diversified company*) Empresa que cubre muchos mercados con diferentes gamas de productos.

empresa familiar (*family business*) Empresa propiedad de una familia, normalmente con empleados ajenos a la misma, que suele reservarse los puestos de dirección. Es la base del tejido empresarial y en contra de lo que suele creerse tiene una estabilidad en la estrategia y en las personas que llevan la dirección mucho mayor que las empresas no familiares. Si el tamaño es pequeño es más apropiado el término negocio familiar.

empresa global (*global company*) Empresa que produce y comercializa en todo el mundo.

empresa matriz; sociedad matriz (*parent company*) Sociedad tenedora que encabeza un grupo de empresas controlando su propiedad, bien sea directamente o a través de otras filiales. Su capital está repartido entre individuos y empresas que tienen participaciones pequeñas. Puede consolidar en su balance y cuenta de resultados los de sus filiales, indicando los intereses minoritarios si los hay.

empresa mixta (*mixed company*) Empresa cuyo capital es propiedad de la administración pública (o empresas estatales) y de sociedades de capital privado.

empresa municipal (*municipal company*) Empresa cuya propiedad y administración es asumida por un Ayuntamiento, normalmente para explotar un servicio en régimen de monopolio legal bajo una forma jurídica más ágil.

empresa multinacional; EMN (*multinational company*) Compañía con instalaciones de producción o distribución en varios países. Conocida como empresa internacional si los accionistas son originarios de diferentes países. Por lo general se le llama tan sólo multinacional.

empresa privada (*private corporation*) Empresa cuyos accionistas son personas físicas o morales privadas con fines de lucro. Puede estar o no cotizada en bolsa.

empresa pública (*state-owned company*) Empresa cuya propiedad y control son asumidos por el gobierno de un país. Su actividad no se rige exclusivamente por el lucro. Asumen determinados servicios o trabajan en sectores básicos o estratégicos.

empresario; hombre de negocios (*businessman*) Persona física que, profesionalmente y en nombre propio, organiza una empresa.

empresario individual (*sole proprietor*) Persona que realiza una actividad económica por cuenta propia sin personalidad moral independiente de la suya, a pequeña escala y respondiendo solidariamente con todos sus bienes. La empresa individual se da sobre todo en el sector servicios (comercio, bufete, etc.), y en el sector primario (pequeño agricultor).

en línea (*on-line*) En informática, modo de trabajo en el que el usuario trabaja desde su terminal conectado directamente a una computadora central o a un servidor a través de cables o de canales de telecomunicaciones. De este modo, puede entablarse un diálogo interactivo entre la computadora y la terminal y el usuario obtiene respuestas inmediatas a las acciones que realiza: consultas de información, introducción de datos y solicitud de ejecución de programas.

encarecer (*raise the price*) Hacer subir el precio de un producto por encima de lo que hubiera sido su precio de mercado. Este aumento artificial suele producirse por ocultamiento de datos, diseminación de falsa información o por una retirada coyuntural de la oferta.

encarte (*insert*) Anuncio que se inserta en una publicación, impreso por separado y por cuenta del anunciante. Normalmente se realiza sobre papel de mayor gramaje, y consta de cuatro páginas. Puede ir sujeto a la publicación (*bound-in insert*) o suelto entre sus páginas (*loose insert*).

encuesta (*survey*) Procedimiento para obtener información preguntando u observando de forma sistemática y estructurada a un grupo. Cuando la población a estudiar es muy amplia, se selecciona una muestra. La encuesta puede ser por observación, aunque lo más normal es que se realice por contacto en una entrevista.

encuesta de intenciones (*buyer intention survey*) Encuesta realizada para estudiar la aceptación por parte del consumidor de un producto, los motivos de compra o de rechazo, y el precio relativo al que debe ofrecerse.

encuesta piloto (*pilot survey*) Encuesta que se realiza a una muestra muy reducida para detectar las posibles imperfecciones de diseño y poder subsanarlas antes de llevar a cabo la encuesta definitiva.

encuesta por observación (*survey by observation*) Encuesta en que el encuestador capta el comportamiento de la población de acuerdo con unas instrucciones de observación pero sin entrar en contacto. También se utiliza para comprobar que se realizan determinadas acciones (por ejemplo, uso del casco obligatorio o situación del material punto de venta).

encuestado (*respondent*) Persona que contesta a un cuestionario o que se ve sometida a una encuesta, ya sea conscientemente o no. Suele garantizarse su anonimato.

encuestador (*interviewer; pollster*) Persona que realiza el trabajo de campo de una encuesta. Suele tratarse de gente que se dedica esporádicamente a esta actividad. Conviene usar profesionales cuando el grupo a estudiar es de un nivel alto, el cuestionario es complicado o largo, o la observación es compleja.

endeudamiento (*indebtedness*) Pasivo total exigible en forma de créditos o préstamos de instituciones financieras.

endosante (*endorser*) Persona que firma el endoso de un título de crédito a favor de otra.

endosatario (*endorsee*) Persona a cuyo favor se hace el endoso.

endoso (*endorsement*) Transmisión de la propiedad de un título de crédito mediante una declaración escrita y con efectos legales, que suele hacerse al dorso del documento.

enganche (*down payment*) Cantidad que se entrega como primer pago en una compra a plazos.

enriquecimiento del trabajo (*job enrichment*) Acción dirigida a aumentar la satisfacción en el trabajo, consistente en ampliar el número de trabajos que una persona puede desarrollar y el número de tareas de cada puesto de trabajo, para conseguir más flexibilidad y variedad. La introducción de tareas o responsabilidades nuevas es considerada por el empleado como un reconocimiento a su capacidad o como una oportunidad de desarrollo.

entablar negociaciones (*open negotiations*) Comenzar de forma seria e interesada los contactos entre partes con vistas a llegar a un acuerdo mutuamente favorable. Puede requerir una carta de intención.

entidad (*entity*) Asociación de personas, pública o privada, que se dedica a una actividad determinada.

entrar en bolsa (*go public, take public*) Proceso dirigido a que las acciones de una sociedad coticen en bolsa y se puedan comprar y vender libremente. Se requiere la aprobación de la Junta General de accionistas y del órgano de gobierno de la bolsa.

entrega (*delivery*) Resultado de poner formalmente alguna cosa en posesión de otro, que la considera recibida.

entrega a domicilio (*home delivery*) Servicio por el que se lleva el bien comprado o enviado al hogar del adquirente.

entrenador (*trainer*) Persona que prepara a otra en un área, idiomas, deportes o técnicas de venta, por ejemplo. Aunque tiene una parte teórica, se hace hincapié en los aspectos prácticos de esa área. Si el tema es general, el entrenador suele no pertenecer a la propia organización, pero si es muy especializado hay que desarrollar entrenadores internos.

entrenamiento (*training*) Adiestramiento y aprendizaje de un trabajo bajo la supervisión de un experto que enseña y corrige.

entrenamiento en el trabajo (*on-the-job training*) Entrenamiento de un empleado en su propio puesto de trabajo.

entrenamiento fuera del trabajo (*off-the-job training*) Formación práctica de un empleado fuera de su ambiente laboral aunque en situaciones artificiales similares. Suele utilizarse el método del caso y el desempeño de roles para recrear en un centro de entrenamiento las condiciones habituales del trabajo.

entrenamiento para la dirección (*management training*) Desarrollo de las habilidades directivas de los administradores de una compañía mediante la enseñanza y la práctica de los principios de dirección. El entrenamiento se puede dar en el propio trabajo o en situaciones artificiales usando el método del caso.

entrevista (*interview*) Reunión personal, por lo general entre dos personas, en entornos profesionales, ambientales y en los medios de comunicación.

entrevista (*interview*) Reunión, generalmente de dos personas, para intercambiar o dar a conocer una información, opinión o punto de vista.

entrevista de salida (*exit interview*) Entrevista que realiza el departamento de recursos humanos a un empleado que deja la organización, con el ánimo de detectar los problemas que esa persona ha encontrado y que puede exteriorizar mejor una vez que ya ha decidido irse. A veces se llena formalmente un cuestionario.

entrevista de selección (*selection interview*) Entrevista para evaluar el potencial de un candidato con respecto a un puesto de trabajo. Dependiendo de las empresas, suele ser la etapa final después del examen del historial y de las pruebas psicotécnicas. El entrevistador puede ser un psicólogo, el jefe de personal, y/o el futuro jefe directo. La entrevista puede ser individual o en grupo, para evaluar la capacidad de liderazgo e interacción personal.

entrevista en grupo (*group interview*) Entrevista de selección en la que participan varios candidatos, por lo general resolviendo un caso. Sirve para comparar directamente a los candidatos, evaluar sus dotes de liderazgo y determinar su estilo de relaciones interpersonales

entrevista en profundidad (*in-depth interview*) Entrevista en la que el entrevistador deja hablar libremente al entrevistado, sin hacerle preguntas, y le ayuda con relanzamientos adecuados. También se llama entrevista libre, y es lo opuesto a una entrevista dirigida, donde el entrevistador hace preguntas concretas. Es útil en la fase inicial de una investigación.

entrevista estructurada (*structured interview*) Entrevista que sigue paso a paso un guión previamente establecido. El entrevistador hace una serie de preguntas para asegurar que tiene la información necesaria, por ejemplo, si hay varios entrevistadores seleccionando candidatos y se quiere poder comparar las respuestas.

entrevista no estructurada (*unstructured interview*) Entrevista libre o en profundidad que no sigue un cuestionario cerrado. Se utiliza en una fase inicial del estudio para conocer mejor todas las posibles facetas de un tema y para lograr que afloren nuevas ideas.

envío (*shipment*) Acción de enviar algo a un lugar distinto de donde estaba. Se aplica también a la cosa enviada.

envío paletizado (*palletized shipment*) Transporte de mercancías sobre paletas, retornables o no. Facilita la carga y descarga.

envolver para regalo (*gift wrapping*) Utilizar un papel especial de regalo para empaquetar un producto comprado en un punto de venta.

equilibrio presupuestario (*balanced budget*) Búsqueda y obtención de un presupuesto equilibrado de ingresos y gastos.

equipo de trabajo (*work team*) Grupo de personas que realizan coordinadamente una actividad.

equipo físico; hardware (*hardware*) Dispositivos físicos de un sistema informático. Incluye UCP, terminales, placas de memoria, impresoras, unidades de disco, etcétera.

equipo lógico; software (*software*) Conjunto de programas, aplicaciones, sistemas, manuales de mantenimiento y entrenamiento, etc., que aseguran el correcto funcionamiento del equipo físico de un sistema informático.

ergonomía (*ergonomics*) Ciencia que estudia la integración del hombre con las máquinas. Trata de diseñar puestos de trabajo y productos que encajen naturalmente y reduzcan el cansancio y los errores.

error (*bug*) En informática, fallo persistente en un programa o en un dispositivo. En el primer caso se corrige modificando el programa y en el segundo diseñando nuevos circuitos.

escala salarial (*salary scale*) Lista que recoge las retribuciones para cada tipo de trabajo en una compañía. Dentro de un mismo puesto puede haber variaciones en función de la formación o experiencia de la persona. Puede incluir también pronósticos de aumentos.

escalafón (*roster*) Clasificación de los individuos de una organización en varios grupos según su grado, antigüedad, méritos, etc. Se aplica en especial a los funcionarios del Estado.

escalafón por antigüedad (*seniority system*) Sistema por el que los ascensos del personal o los aumentos de salarios se basaban exclusivamente en la antigüedad del empleado en el puesto.

escasez; carestía (*scarcity*) Situación de insuficiencia o cortedad. Aunque normalmente es de oferta, puede ser también de demanda. Esta situación da origen a movimientos de precios, mercancías y factores de producción, tratando de llegar a un equilibrio. Falta importante de bienes, principalmente alimentos y productos básicos durante un largo periodo.

escasez de mano de obra (*labor shortage*) Situación en que la demanda de un determinado tipo de trabajadores excede a la oferta disponible. Suele producirse en industrias con un gran crecimiento, en trabajos penosos o desagradables y/o en áreas geográficas poco atractivas.

escritura de constitución (*articles of incorporation*) Documento en el que los socios manifiestan su voluntad de establecer una sociedad. Su contenido y los requisitos formales que se exigen difieren de un país a otro según los distintos matices del derecho mercantil.

escuela de negocios (*business school*) Centro docente especializado en la enseñanza teórica y práctica de la ciencia de dirigir y administrar negocios o instituciones sin afán de lucro.

espacio publicitario (*advertising space*) Superficie, lugar o tiempo comprado por un anunciante para comunicar su mensaje.

especialista (*specialist*) Persona experta en una determinada materia o actividad.

especificaciones (*specifications*) Explicación detallada y precisa de las características de algún producto, proyecto o propuesta.

espera (*grace period*) Beneficio que se concede al deudor de buena fe, por el cual se le facilita el pago aplazándolo total o parcialmente, sin recurrir a acciones legales. Se puede complementar con una quita.

espiral inflacionaria (*inflationary spiral*) Concatenación de relaciones causa-efecto en la que el aumento de salarios produce incrementos de precios que a su vez originan aumentos ulteriores de salarios.

esquema (*outline, sketch*) Presentación de un asunto atendiendo sólo a sus características más generales e importantes. Croquis, plano simplificado.

estabilidad de precios (*price stability*) Situación coyuntural en la que tanto los precios al consumo como al por mayor se encuentran en una situación estable, sin inflación ni deflación.

estabilización económica (*economic stabilization*) Política económica restrictiva que tiene como fin corregir desequilibrios económicos fundamentales, sobre todo en la balanza de pagos.

establecimiento de objetivos (*goal setting*) Proceso por el que se establecen objetivos personales acordes con los objetivos de la empresa. Para que el empleado esté más motivado debe participar en la fijación de los objetivos y percibirlos como alcanzables.

estado de cuenta (*statement of account*) Informe que resume todos los movimientos de una cuenta durante un periodo corto, por ejemplo, el que manda un banco a su cliente regularmente.

estado financiero (*financial statement*) Documento contable que muestra la situación patrimonial o los resultados de una empresa. Por ejemplo, balance de situación, cuenta de resultados y estado de origen y aplicación de fondos.

estafa (*fraud*) Engaño realizado con ánimo de lucro para producir error en otro, induciéndole a realizar un acto de disposición en perjuicio de sí mismo o de un tercero.

estafar (*defraud; cheat*) Cometer alguno de los delitos que se caracterizan por el lucro como fin y el engaño o abuso de confianza como medio.

estanflación (*stagflation*) Estancamiento económico y desempleo con inflación.

estatutos sociales (*bylaws; incorporation charter*) Conjunto de normas adoptadas en la constitución de la sociedad que regulan, con primacía sobre las disposiciones legales no imperativas, el funcionamiento de la misma. Incluyen el nombre, objeto y domicilio social, duración, normas de funcionamiento interno y de liquidación.

estilo de dirección (*management style*) Forma en la que cada directivo ejerce la autoridad y la capacidad de decisión en relación con sus subordinados. Los estilos de toma de decisión más comunes son el autoritario y el democrático y en cuanto a la orientación de la relación, los que buscan la eficacia en la tarea y los logros a corto plazo y los que tratan de desarrollar a las personas y se preocupan más del cumplimiento de objetivos a plazo medio.

estimación (*estimate*) Valoración que se da a una cosa o situación. Hipótesis, cálculo aproximado sobre algo.

estrategia (*strategy*) Plan, método o política diseñada para conseguir determinados objetivos. Por oposición a táctico, se considera estratégico lo que afecta a objetivos generales o vitales de la empresa, y a largo plazo. Existe una estrategia comercial o de ventas, de comunicación o publicitaria, de distribución, de precios, de marcas, de personal, financiera, de producción y de informática.

estrategia del empujón (*push strategy*) El fabricante confía en su fuerza de ventas para colocar sus productos en las tiendas, incluso cargando el canal con fuertes promociones. Esto beneficia al distribuidor, que obtiene grandes descuentos, y beneficia a corto plazo al fabricante. Se combina parcialmente con la estrategia del tirón, que impulsa la compra por el consumidor.

estrategia del tirón (*pull strategy*) El fabricante confía en su publicidad masiva para conseguir que los consumidores demanden su producto a los distribuidores y éstos se vean obligados a comprarle y ofrecer descuentos a su cargo para ser competitivos con otros distribuidores. Esta práctica puede resultar impopular y el fabricante debe usar también la estrategia del empujón. El fabricante se beneficia a largo plazo de una mejor imagen en el consumidor y de una mayor estabilidad en sus ventas.

estrés (*stress*) Estado de ansiedad, tensión y nerviosismo que padece un individuo originado por una exigencia excesiva, a sí mismo o por otros, en el cumplimiento de una tarea. Al exigirse un rendimiento excesivo la persona corre el riesgo de enfermar.

estructura de la organización (*organization structure*) Sistemas, procedimientos y organización formal que utiliza una empresa para lograr sus objetivos a partir de los recursos disponibles.

estudio de factibilidad (*feasibility study*) Estudio para determinar si es posible y rentable llevar a cabo una idea, y las condiciones o medios para que lo sea.

estudio de mercado (*market research; market study*) Investigación y análisis de la información sobre el mercado actual o potencial de un producto. Se centra en aspectos generales, como tamaño del mercado, tendencia, segmentos, competidores, canales de distribución y necesidades del consumidor.

estudio de motivación (*motivation research*) Investigación y análisis de las razones, deseos y necesidades de los consumidores y de las ayudas o frenos para su actuación. Sirve para conocer y jerarquizar sus motivos y predecir su comportamiento.

etapa de preparación del comprador (*buyer-readiness stage*) Periodo que mide la evolución en la reacción del consumidor ante la existencia de un producto. Va variando desde la completa ignorancia de su existencia hasta la decisión final de compra.

ética (*ethics*) Parte de la filosofía que trata de los principios morales en el comportamiento humano. Conjunto de principios y reglas morales que regulan el comportamiento y las relaciones humanas.

etiqueta (*label*) Pedazo de papel o tela adherido a un producto para permitir su identificación. Suele incluir marca, nombre y domicilio del fabricante, registro sanitario y de industria, lista de ingredientes y aditivos, fecha de caducidad o consumo preferente, fecha de envasado y lote, recomendaciones de uso, peso o volumen que contiene, talla, color, etc. Para facilitar la identificación de la categoría de producto y el recuerdo de marca se buscan diseños y dibujos originales y diferenciadores.

etiquetado informático (*computerized labelling*) Sistema por el cual los productos, en una tienda o en un almacén, son dotados de etiquetas especiales que contienen un código (en forma de barras) que posteriormente puede ser leído por un escáner o un bolígrafo electrónico. El código puede contener datos sobre el producto y su precio. Este sistema permite el control de las existencias de una forma casi inmediata.

evaluación (*rating*) Valoración de una cosa, acción o persona. Se realiza según unos criterios a los cuales debería ajustarse lo evaluado para considerarse aceptable.

evaluación comparada (*benchmark test*) Comparación de los resultados obtenidos por diferentes máquinas o procesos al realizar la misma tarea. Se utiliza con frecuencia en informática para probar equipos de varios proveedores.

evaluación de la confianza del consumidor (*consumer confidence measure*) Instrumento que mide la probabilidad de compra de artículos duraderos y de alto precio. El cliente no comprará cuando su confianza en el futuro de su economía sea cero, y comprará más si la confianza es mayor. Este instrumento toma en cuenta la situación económica del individuo tal y como es percibida por éste en relación con los que le rodean.

evaluación de puestos; valoración de puestos (*job evaluation*) Sistema para determinar la categoría laboral y el nivel salarial basándose en la descomposición del puesto en funciones o tareas y viendo los requisitos, el tiempo y la dificultad que ocasiona su cumplimiento. Se basa en la comparación dentro de la empresa con otras funciones distintas, y con la misma función entre empresas de sectores parecidos.

evaluación de rendimiento; evaluación del desempeño (*performance appraisal*) Calificación del rendimiento profesional de un subordinado que se realiza por el jefe, generalmente de forma periódica y con los fines de tomar decisiones respecto a ascensos o capacitación y asegurar el logro de los objetivos o sugerir maneras de obtenerlos.

evasión de divisas; evasión de capitales (*capital flight*) Salida o falta de entrada de divisas en un país, en contra de las disposiciones de control de cambios.

evasión fiscal (*tax evasion*) Defraudación a la Hacienda Pública a través del ocultamiento de ingresos, simulación o exageración de gastos deducibles o la aplicación de desgravaciones y subvenciones injustificables.

excedente; superávit (*surplus*) Exceso sobre lo que se necesita. Exceso de los ingresos sobre los gastos en determinadas organizaciones.

excedente del consumidor (*consumer surplus*) Diferencia acumulada entre el precio que el consumidor estaba dispuesto a pagar y el que realmente paga. La curva de demanda refleja una utilidad marginal decreciente, por lo que al igualarse en la última unidad con el precio pagado por todas ellas indica un excedente teórico en las primeras unidades.

exclusividad de ventas (*sales exclusivity*) Distribución de los productos de la empresa a través de ciertos intermediarios y con exclusión de otros del mismo ramo. Una empresa, por ejemplo, puede representar en exclusiva un determinado producto en un área geográfica concreta.

exención (*exemption*) Privilegio del que alguien goza y por el cual puede dejar de cumplir una obligación determinada, o de pagar cierta cosa.

exención fiscal (*tax exemption*) Bonificación fiscal a favor del contribuyente, que en efecto cancela una obligación de gravamen bajo ciertas circunstancias contempladas en la ley.

exhibición (*exhibition*) Presentación en público de un producto con ánimo de atraer la atención sobre él. Puede ser en el escaparate, dentro de la tienda en exhibición masiva, o como exhibición móvil que se va montando y desmontando en distintos lugares.

exigible (*liabilities*) Pasivo ajeno constituido por todas las obligaciones de tipo pecuniario que en un momento dado tiene la empresa (créditos bancarios, proveedores, etc.). El exigible incluye las obligaciones específicas, si bien existen obligaciones contingentes (avales, garantías, pagarés descontados pendientes de vencimiento, etc.) que no figuran en el exigible sino en cuentas de orden.

expansión externa (*external growth*) Crecimiento económico de una empresa mediante la adquisición de otras empresas.

expansión interna (*internal growth*) Crecimiento de una empresa que se basa en la propia dinámica de su actividad.

expender (*sell at fixed price*) Despachar al por menor a precios fijos o convencionales.

exposición en piso (*floor display*) Manera de presentar artículos destinados a la venta puestos directamente sobre el piso o sobre una pequeña tarima. Se suele utilizar para acciones promocionales en las que se venden productos en gran cantidad.

exportación (*export*) Venta y salida de bienes de un país hacia otro, a través de la frontera aduanera. El concepto se aplica a mercancías, capitales, mano de obra, etcétera.

exportación directa (*direct exporting*) Exportación en la que la mercancía se manda directamente al cliente extranjero, a diferencia de la indirecta donde se usa un intermediario en el país de origen. Es el método más usual, especialmente cuando el volumen empieza a ser significativo.

exportación indirecta (*indirect exporting*) Exportación realizada a través de un intermediario en el país de origen. Suele ser un primer paso para evitar errores y no desperdiciar recursos mientras el volumen no compensa todavía como para tener un especialista en la propia empresa. La desventaja es que se pierde margen y control sobre los clientes, y no se gana experiencia.

exportaciones invisibles (*invisible exports*) Operación de exportación de servicios intangibles por la que se ingresan divisas.

expositor (*display; showcase*) En mercadotecnia, material de promoción que permite presentar la mercancía en el punto de venta de forma atractiva.

expositor (*exhibitor*) Empresa o persona que exhibe mercancías o servicios en una feria de muestras, comercial o en una exposición.

extensión de la dirección (*span of control*) Número de subordinados que dependen directamente de una persona. En los niveles superiores la complejidad y variedad de las tareas y el tiempo necesario para formar a sustitutos hace recomendable un número de entre siete y 10, en tanto que en los niveles inferiores donde los trabajos son más mecánicos y repetitivos y puede haber turnos, es recomendable estar entre 20 y 30. Si se aplicasen estos números en una organización de cien mil personas sólo se necesitarían cinco niveles. En la práctica las organizaciones suelen ser más verticales, siendo el ejemplo más claro de organización ineficiente la administración de un país con 20 ministros, multitud de asesores y 20 niveles de mando. Las organizaciones militares suelen mantener extensiones de tres para poder generar rápidamente mandos en caso de necesidad.

extensión de marca (*brand extension*) Utilización de una marca para el lanzamiento de productos distintos de los que hasta ese momento cubría. El objetivo es ganar conocimiento de marca y credibilidad para el producto con menos gasto publicitario e ir consolidando el valor de la marca en el mercado.

F

fabricación (*manufacturing*) Proceso y resultado de fabricar. Es el conjunto de acciones que transforman las materias primas y los productos intermedios en mercancías listas para su venta; realizado de forma repetitiva, en gran volumen y con maquinaria y organización específicas. Cuando se produce un objeto de carácter único se debe emplear el término construcción.

fabricación bajo pedido (*manufacturing to order*) Fabricación que se inicia cuando existe el compromiso definitivo con un comprador. Es habitual en productos de gran valor o que tienen características que se deben ajustar a las necesidades específicas de cada comprador.

fabricación para almacén (*manufacturing for stock*) Fabricación en gran escala de acuerdo con una estimación de la demanda y no por ventas concretas. Mientras no se vende, el producto está en el almacén. Es habitual en productos de gran consumo, poco valor y nula diferenciación en función del comprador.

fabricante (*manufacturer*) Empresa que produce mercancías, cuando utiliza maquinaria, sigue procesos repetitivos y tiene un volumen. El proceso de fabricación puede incluir el cambio de la forma o características de las materias primas, su selección, la unión de varios componentes y su empaquetado final. El fabricante vende sus productos directamente desde fábrica, o a través de comisionistas, distribuidores, mayoristas o sus propias oficinas.

facilidades de pago (*easy payment terms*) Condiciones que se ofertan a un cliente o que éste demanda en relación con el pago. Incluyen el plazo o plazos, las garantías, el tipo de documento que soporta la deuda, la existencia o no de intereses, fechas fijas de pago, y cualquier otra condición que se acuerde.

factor de riesgo (*risk factor*) Cualquier contingencia, previsible o no, de carácter económico, político o social, interno o externo, permanente o coyuntural, que pueda poner en peligro el funcionamiento normal de la actividad empresarial.

factura (*bill*) Documento derivado de una operación comercial en el que constan los nombres y direcciones del comprador y del vendedor, su número de identificación fiscal, la fecha de la operación, las cosas compradas y su clase, el precio de compra y, frecuentemente, la fecha de pago si no se hubiera realizado al contado.

factura proforma (*pro forma invoice*) Factura o ejemplar de modelo de factura que se envía si antes de la entrega de las mercancías el vendedor exige el pago o el comprador quiere dar conformidad a las condiciones.

facturación (*billing*) En administración, proceso para el cálculo y confección de las facturas.

facturación desde origen fijo (*basic-point pricing system*) Sistema de facturación en el que el vendedor fija una

ciudad como punto de partida y desde allí cobra gastos de transporte, aunque en algunos casos mande la mercancía desde una fábrica o almacén no situado en esa ciudad.

falta de existencias (*stock-out*) Carencia de un producto que habitualmente está en almacén en el momento de recibir un pedido. El porcentaje de faltas aceptable depende del sector y del cliente, pero no debe ser tan alto que perjudique la imagen de buen servicio, ni tan bajo que sea indicio de un exceso de existencias.

faltante (*shortage*) Lo que falta para llegar a lo que se esperaba o se tenía como normal.

faltantes de consumo (*consumer shortages*) Bienes o servicios que no se ofertan en cantidad suficiente para cubrir la demanda.

fax (*fax*) Abreviatura de facsímil, técnica de transmisión de documentos impresos por línea telefónica.

fecha de caducidad (*expiry date*) Última fecha para consumir un producto o en general para realizar una actividad. Es más estricta que la fecha de consumo preferente, y se utiliza en productos que pueden realmente sufrir alteraciones perjudiciales para la salud.

fecha de cierre (*closing date*) Última fecha para realizar o entregar un trabajo o una actividad, especialmente cuando ésta es regular y continuada. Por ejemplo, en publicaciones.

fecha de consumo preferente (*best before [date]*) Última fecha recomendable para consumir un producto en perfecto estado. Con posterioridad, y en general, se puede consumir con precaución, ya que se utiliza en productos que no sufren alteraciones radicales y súbitas que puedan ser perjudiciales para la salud. Es menos exigente que la fecha de caducidad.

fecha de descuento del dividendo (*ex-dividend date*) Fecha que se tiene en cuenta para descontar de la cotización el valor del dividendo. Una acción concreta puede no haber pagado el dividendo en esa fecha porque no esté depositada en una institución de custodia y no se haya presentado a la sociedad pagadora.

fecha de entrega (*delivery date*) Día en el que una partida de mercancías es o tiene que ser entregada.

fecha de expedición (*date of issue*) Fecha en la que un título es puesto en circulación.

fecha de registro (*date of record*) Fecha que se tiene en cuenta para una cierta acción, por ejemplo, para determinar quién recibe el dividendo.

fecha de salida (*offering date*) Fecha en que el público puede acceder a una nueva emisión.

fecha de vencimiento (*date of maturity*) Fecha en la que un título tiene que ser pagado, por ejemplo, una obligación o una letra de cambio.

fecha límite de venta (*sell-by date*) Última fecha para poder vender un producto. En algunos productos se usa este tipo de fecha, que en la práctica equivale a la fecha de consumo preferente aunque en teoría supondría sólo el límite para tenerlo a la venta.

fecha media de muestreo (*mean audit date*) En investigación de mercados, día central del periodo en el que se ha realizado un muestreo, ya que muchas veces es imposible hacerlo en un solo día. Es importante asegurarse de que no ha habido acontecimientos significativos durante el periodo y tratar de que éste sea lo más corto posible.

fecha tope; fecha límite (*deadline*) Última fecha para realizar una actividad. Aunque es similar a la fecha de cierre, tiene la connotación de actividad esporádica y singular.

fecha valor; día de valor (*value date*) Fecha a partir de la cual se considera contablemente abonada o cargada en una cuenta corriente una determinada cantidad para efectos de calcular los intereses. La diferencia de tiempo que existe entre el momento en que el dinero está a disposición de la institución financiera y el momento en que es abonado al cliente se denomina flotación.

fichero (*file*) Conjunto de registros ordenados que corresponden a un determinado archivo o aplicación. Normalmente se conservan en unidades de almacenamiento masivo (discos, cintas, etc.).

fichero de impresión (*printer file*) Documento o formato de imagen listo para ser enviado a la impresora. Este tipo de fichero se utiliza para preparar documentos cuando no se pueda o no interese una impresión directa en la impresora.

FIFO; primeras entradas, primeras salidas (*FIFO*) Procedimiento de valoración de inventarios en el que el primer producto que entra al almacén es el primero que sale.

filial; subsidiaria (*subsidiary*) Sociedad en la que más del 50% de su capital pertenece a otra sociedad o grupo de empresas. Esta sociedad tenedora tiene el control efectivo y consolida al 100% el balance y la cuenta de pérdidas y ganancias de la filial, reconociendo los intereses minoritarios. Equivale a sociedad filial.

financiación (*financing*) Aportación de dinero para desarrollar un proyecto o empresa. Puede ser como fondos propios con retribución variable en función de los beneficios, o como fondos externos que cobran una retribución fija o interés.

financiación a largo plazo (*long-term financing*) Financiación por fondos propios o por fondos ajenos con vencimiento superior al año o, en algunos países, a tres años.

financiación garantizada por activos circulantes (*current assets financing*) Financiación que se garantiza por activos circulantes específicos, por lo general cuentas por cobrar e inventarios.

financiación mediante cuentas por cobrar (*accounts receivable* *financing*) Financiación a corto plazo obtenida mediante el descuento de letras de cambio giradas a clientes o por la obtención de un crédito garantizado por dichos efectos.

financiación permanente (*permanent financing*) Financiación a largo plazo, normalmente con bonos u obligaciones y con fondos propios.

financiación por fondos propios (*equity financing*) Financiación de una inversión con la emisión de acciones nuevas.

financiación por proyecto (*project financing*) Conjunto de créditos, préstamos, garantías, etc., que se conceden para la financiación de un gran proyecto cuyo volumen es muy superior a los recursos propios tanto del contratista como del comprador. Está garantizado únicamente por el flujo de caja que se espera genere el propio proyecto, y no por avales u otras propiedades.

financiar (*finance*) Procurar los medios financieros necesarios para el desarrollo de una actividad económica continuada o para la ejecución de un proyecto. Los medios pueden ser internos o externos.

financiera (*finance company*) Intermediario financiero especializado en conceder créditos o descontar papel comercial de pequeños clientes (sociedades y particulares), para operaciones generalmente vinculadas al consumo que por su riesgo no son asumidas por los bancos convencionales. Las financieras, por tanto, suelen cargar tipos de interés más altos que la banca.

finanzas (*finance*) Rama de la economía que estudia los mercados de dinero y de capitales, las instituciones y participantes que intervienen en ellos, las políticas de captación de recursos y de distribución de resultados de los agentes económicos, el estudio del valor temporal del dinero, la teoría del interés y el costo de capital.

firma (*signature*) Nombre y rúbrica hechos de puño y letra por el interesado, que se pone al pie de un documento para darle así autenticidad y obligarse a lo allí consignado.

fletamento (*freight*) Contrato en virtud del cual el propietario de un buque o la agencia marítima se obliga a transportar mercancías o personas de un puerto a otro, por un determinado precio.

flete aéreo (*air freight*) Pago por el servicio de transportar mercancía por avión.

flete pagado (*advance freight*) Porte que se paga por adelantado para que el receptor pueda recoger sin cargos la mercancía directamente del transportista.

flexibilidad (*flexibility*) Capacidad de una empresa para acomodarse a ciclos económicos adversos, o a una variación de las ventas. La flexibilidad es tanto mayor cuanto menor sea la estructura de costos fijos.

flota (*fleet*) Conjunto de vehículos utilizables por la empresa para el transporte terrestre, aéreo o marítimo de personas o mercancías.

flotación (*float*) Situación en la que se encuentran las divisas en mercados de cambios amplios y no intervenidos.

fluctuación (*fluctuation*) Diferencia entre el valor en un momento dado de una magnitud que está variando y el valor medio de la misma. Se aplica en especial a los cambios de precio de una cosa en particular en los mercados continuos (divisas, depósitos interbancarios, etcétera).

fluctuación cíclica (*cyclical fluctuation*) Oscilación en los precios y en las ventas de un producto causada por variaciones en el ciclo económico. Los tipos de interés a largo plazo, por ejemplo, fluctúan de determinada forma al pasar del auge a la recesión.

fluctuación estacional (*seasonal fluctuation*) Oscilación en los precios o en las ventas de un producto en un determinado periodo del año. Las fluctuaciones estacionales en los precios se superponen a las fluctuaciones cíclicas y a las tendencias seculares.

flujo de audiencia (*audience flow*) Ganancia o pérdida de seguidores a lo largo de un programa.

flujo de caja (*cash flow*) Tesorería que entra o sale de una sociedad, o asociada a un proyecto de inversión de la misma.

flujo de caja bruto (*gross cash flow*) Suma de las utilidades después de impuestos, las amortizaciones y las previsiones. Se utiliza como indicativo de la capacidad de generar recursos de una sociedad sin considerar aspectos como política de amortización y dividendos, existencia de activos fiscales, etcétera.

flujo de caja libre (*free cash flow*) Flujo de caja bruto que genera una sociedad durante un determinado periodo al que se resta el aumento neto en inversiones de activo fijo y costo de mano de obra. Se utiliza en valoración de empresas, descontado a una determinada tasa de interés y de riesgo, ya que se considera que es el mejor reflejo de lo que un inversionista puede obtener de una empresa.

flujo de clientela (*customer flow*) Número de personas que pasan por delante de un establecimiento (exterior), entran a él (interior) o pasan por una sección particular (sección) en un determinado espacio de tiempo. Su conocimiento sirve para intensificar las acciones durante un determinado periodo.

FOB; franco a bordo (*FOB; free-on-board*) Término compuesto por las siglas de los vocablos ingleses *free on board* (franco a bordo). Es una cláusula que en el comercio marítimo internacional establece para el vendedor las siguientes obligaciones: pagar los gastos de transporte hasta el buque y la carga de las mercancías, así como los riesgos que se presenten hasta que las mercancías sean colocadas a bordo del buque, en la fecha y lugar convenidos con el comprador. También corre a su cargo la obtención de los permisos de exportación, y el pago de derechos.

folleto (*brochure*) Pieza publicitaria compuesta por varias hojas impresas con información sobre productos o sobre la propia empresa, dirigida a un público que se supone interesado. Suele tener gran riqueza fotográfica y de impresión. En general no incluye lista de precios.

fondo de pensiones (*pension fund*) Patrimonio formado por los activos generados por el ahorro acumulado de muchas personas, y cuya finalidad es pagar rentas vitalicias actualizables con la inflación a sus participantes, una vez hayan alcanzado la edad de retiro. El fondo invierte sus recursos en activos de renta fija y renta variable en las proporciones aconsejables para poder hacer frente a sus compromisos futuros. También invierte en activos inmobiliarios.

fondos ajenos (*debt*) Recursos de la empresa que figuran en su pasivo, formados por todas las obligaciones o deudas. Los fondos ajenos se contraponen como fuente de financiación a los fondos propios, y son prioritarios a éstos en la liquidación del patrimonio social.

fondos propios (*stockholders' equity*) Recursos de la empresa que figuran en su pasivo, formados por el capital social, las reservas y los resultados pendientes de aplicación. También figuran los fondos de regularización, procedentes de actualizar los efectos de la inflación sobre el valor de los activos.

formación bruta de capital (*gross capital formation*) Crecimiento sin deducir amortizaciones de la inversión y el capital en un sector concreto de la economía durante un periodo determinado. La formación de capital es necesaria para que existan incrementos de productividad y crecimiento real y sostenido de la actividad económica y el nivel de vida.

formación de equipo; creación de espíritu de equipo (*team building*) Establecimiento de un clima de cooperación que alienta el trabajo en equipo y permite repartir eficientemente el trabajo

entre los miembros de un colectivo. La creación de este ambiente es la tarea primordial del líder del grupo.

formación de personal (*staff training*) Adiestramiento técnico especializado, a cargo de la empresa, del personal incluido en su plantilla, con carácter relativamente constante.

fracaso de la dirección (*managerial failure*) Caída de la situación competitiva y de los resultados de una empresa debida a fallos de la dirección, lo que obliga a su renovación y, a veces, a la venta o liquidación de la sociedad.

franqueo (*postage*) Colocación de los sellos correspondientes al costo de envío en las cartas o documentos.

franquicia (*franchise*) Tienda que comparte un nombre y una imagen comunes con otras y que en conjunto son abastecidas por un centro de compras en nivel nacional y un centro de distribución en nivel regional o mayorista. Cada tienda tiene propietarios y operación independientes.

franquiciado (*franchisee*) Persona que acepta un contrato de franquicia para explotar un negocio con unas condiciones y servicios ya experimentados, y con un nombre y publicidad comunes a otros establecimientos similares pero no competidores por estar en distinta área geográfica. En algunos casos busca la reconversión del negocio tradicional, y en otros, introducirse en una nueva área intentando asegurar su empleo y la rentabilidad de la inversión. Existe un beneficio derivado de la experiencia del franquiciador y del mayor potencial de las acciones comunes.

franquiciador (*franchiser*) Titular de una marca, proveedor de productos o servicios, o poseedor de unas técnicas originales, que concede al franquiciado la posibilidad de explotar un negocio bajo un nombre común y de acuerdo con unas condiciones de funcionamiento iguales a las de otros establecimientos similares dentro de la misma organización. Suele ser una empresa que busca un desarrollo rápido con poca inversión, que considera conveniente que el punto de venta esté atendido personalmente por el propietario, y que quiere diversificar su riesgo y disminuir la incidencia de sus costos fijos.

fraude (*fraud*) Acción ilegal en la que interviene malicia o engaño. Delito que comete el encargado de vigilar la ejecución de trabajos públicos, perjudicando los intereses del Estado mediante acuerdo con la otra parte.

fraude de acreedores (*creditors' fraud*) Acto malicioso realizado por el deudor para eludir el cumplimiento de sus obligaciones mercantiles.

frontal (*shelf-space*) Conjunto de frentes de un artículo en la estantería de una tienda. El tamaño suele ser asignado proporcionalmente a su rentabilidad o a sus ventas, dando prioridad a las marcas del distribuidor.

fuerza de ventas (*sales force*) Conjunto de empleados que se dedican a vender los productos de una empresa mediante el contacto directo con los clientes, y a planificar y organizar la adecuación de productos y clientes en su territorio. Esta segunda parte implica un conocimiento de mercadotecnia y el establecimiento de los objetivos cualitativos y a largo plazo. Son empleados de la empresa en sus niveles de vendedor, supervisor, delegado y jefe o gerente de sucursal o área, y en ello se diferencian de los comisionistas o representantes distribuidores, aunque es normal que una gran parte de sus ingresos dependa de las ventas conseguidas.

funcionario (*civil servant*) Persona que ocupa un cargo público y cuyo salario corre por cuenta del Estado. Está sometido a unos reglamentos laborales especiales y a un sistema de incompatibilidades.

fungibilidad (*fungibility*) Calidad de lo que se consume o agota con el uso. Los bienes fungibles o no duraderos son aquellos que dejan de existir como consecuencia del uso que se hace de ellos, por ejemplo, un libro escolar con páginas recortables.

fusión (*merger*) Unión voluntaria de una o varias empresas para formar una sola sociedad con nueva personalidad jurídica independiente. Si se conserva la personalidad de una de las sociedades fusionadas, se llama fusión por absorción. En la fusión se pueden conseguir beneficios fiscales. El capital social final lo constituye la suma de los capitales de las distintas empresas que se fusionan, más las posibles primas de fusión. La fusión puede ser horizontal (empresas del mismo sector), vertical ascendente (con un proveedor), vertical descendente (con un cliente), o en conglomerado (sin relación).

fusión por absorción (*take-over merger*) Tipo de fusión de empresas en la que una sociedad (la absorbente) conserva su personalidad jurídica, mientras que la otra (la absorbida) aporta en bloque todos sus activos y pasivos, y queda disuelta.

fusiones y adquisiciones; FA (*mergers and acquisitions; MA*) Departamento o empresa cuyo objeto es la prestación de servicios remunerados de intermediación en la compraventa de empresas.

G

gacetilla (*press release*) Noticia corta que envía una organización para su publicación gratuita en los medios de comunicación interesados. Se le llama también nota o comunicado de prensa, aunque suele ir a todos los medios. Es una forma habitual de relaciones públicas para comunicar los datos anuales, nombramientos, inauguraciones y lanzamientos de productos.

galerada (*galley proof*) Prueba de una composición que se saca para corregirla. Se aplica también a la pieza de composición una vez colocada en la galera.

gama de artículos (*product range*) En sentido estricto, es el conjunto de artículos distintos de un mismo producto que se diferencian por color o complementos. La diferenciación por tamaños o tallas da origen a varias referencias de un mismo artículo. En sentido amplio, se utiliza como sinónimo de línea de producto o surtido.

ganancia (*profit; gain*) Utilidad que resulta del trato, del comercio o de otra acción. En contabilidad general, la cuenta de explotación y la de pérdidas y ganancias indican respectivamente el resultado operativo y total del ejercicio económico.

ganancia de capital (*capital gain*) Beneficio obtenido en la venta de un activo por un valor superior a su costo de adquisición. En muchos países las ganancias de capital tributan a un tipo impositivo menor que la renta normal, para estimular la toma de riesgos.

ganga (*bargain*) Cosa apreciable que se adquiere a bajo costo o con poco trabajo.

garante (*guarantor*) Persona que asume la responsabilidad del cumplimiento de un pacto, acuerdo o alianza por parte de otra persona.

garantía (*guaranty; guarantee*) Acción y efecto de afianzar lo estipulado. Cosa o medida que asegura y protege contra algún riesgo o necesidad.

garantía adicional (*collateral*)
Activo o aval que garantiza
una obligación de pago.

garantía bancaria (*bank guarantee*)
Aval o garantía emitida por
una institución financiera en
favor de un cliente de la
misma. La garantía puede
asegurar el cumplimiento
subsidiario de una obligación
pecuniaria, o la indemnización
en caso de incumplimiento por
el cliente de alguna acción
(como aval de licitación o aval
de cumplimiento).

garantía de cambio (*foreign exchange covering*) En los préstamos y
emisiones internacionales de
bonos, garantía ofrecida para
impedir pérdidas debidas a las
fluctuaciones de los tipos de
cambio. Utilizada en
préstamos y emisiones de
bonos internacionales.

garantía real (*real guarantee*)
Entrega de una cosa, mueble
o inmueble, como garantía del
cumplimiento de una
obligación. La hipoteca y los
valores son garantías reales.

gasto (*expense*) Cantidad de
dinero empleada en la
administración de un negocio
que no añade valor a sus
activos. Por ejemplo,
alquileres, salarios, seguros,
publicidad. No son gasto las
compras de materia prima o
de maquinaria.

gasto amortizable (*capitalized expense; deferred charge*)
Desembolso que no se lleva
por completo a la cuenta de
resultados del ejercicio en que
se ha incurrido, sino que se
activa, imputándose como
gasto anualmente aplicando
un coeficiente de
amortización determinado.

gasto deducible (*deductible expense*) Gasto que se puede
deducir de los ingresos de un
sujeto pasivo a la hora de
determinar la base fiscal.

gasto publicitario (*advertising expense*) Cantidad invertida en
publicidad en los medios
durante un periodo específico.
Si bien a menudo se le llama,
incorrectamente, inversión
publicitaria por la idea de que
se trata de un gasto útil que
genera un valor constante, en
realidad sólo es otro gasto que
se repite periódicamente y
debe justificarse con respecto
al logro de ciertos objetivos de
comunicación.

gasto público (*public expenditure*)
Gastos totales del sector
público de un país. Incluye los
gastos de la administración
publica, entidades
autónomas, administraciones
locales, seguridad social y
empresas públicas.

gastos capitalizados (*capitalized expenses*) Gastos que por su naturaleza no aparecen directamente en la cuenta de pérdidas y ganancias, sino en una cuenta de activo del balance, siendo por lo general amortizados en un plazo máximo de cinco años.

gastos de arranque (*start-up expenses*) Gastos asociados a la puesta en marcha de una actividad comercial o industrial (estudios, traspasos, marcas, patentes), y que incluyen el activo como un bien de la empresa. Estos gastos se amortizan en ejercicios posteriores, llevándolos a la cuenta de resultados.

gastos de mantenimiento (*maintenance fee*) En finanzas, gastos anuales para mantener algunos tipos de cuentas corrientes y de corretaje.

gastos de personal (*labor expenses*) Cuenta en la que se incluyen todos los gastos relativos al personal. Se trata de gastos del ejercicio y que, por tanto, se incluyen en la cuenta de pérdidas y ganancias.

gastos de ventas (*sales expenses*) Gastos asociados a la gestión comercial (descuentos, comisiones, publicidad, promoción, etcétera).

gastos extraordinarios (*non-operating expenses*) Gastos

causados por operaciones atípicas o no recurrentes de la empresa.

gastos fijos (*fixed expenses*) Cualquier gasto que no varía con el volumen de producción o de ventas. A veces se emplea como sinónimo de costos fijos.

gastos financieros (*financial expenses*) Gastos de financiación (intereses, comisiones, etc.), tanto de créditos y préstamos, gastos financieros generales, como de descuentos y financiación de clientes, gastos financieros comerciales.

gastos generales (*overhead expenses*) Gastos no asociados a la producción, que reflejan el costo de la estructura que necesita la empresa para funcionar: departamentos administrativos centrales, dirección general, etcétera.

gastos variables (*variable expenses*) Gastos directamente proporcionales al número de unidades fabricadas o vendidas. A veces se usa como sinónimo de costo variable.

genérica mercancía (*commodity*) Materia natural o semielaborada que se comercializa en grandes cantidades, con unos criterios de calidad homogéneos y sin distinción de proveedor o fabricante. Puede consumirse como tal, aunque normalmente sirve de materia prima en un proceso industrial. Por ejemplo, trigo, habas de soja o algodón.

genérico (*generic*) Calificativo utilizado para designar al artículo que puede ser suministrado por varios proveedores sin que el consumidor lo distinga fácilmente, ya sea por venderse a granel sin marca, o por venderse bajo marca blanca o marca del distribuidor.

género (*goods*) Nombre que se emplea para referirse a cualquier mercancía.

gerente de publicidad (*advertising manager*) Responsable directo de la publicidad de una compañía, que puede depender del director de mercadotecnia. Aunque la organización por jefes de producto que coordinan todos los aspectos de un producto incluyendo su publicidad es más usual, determinadas empresas, como los grandes almacenes, a menudo tienen un gerente que coordina la publicidad, dirige el servicio interno cuando lo hay, coordina con las agencias de publicidad y prepara y controla el presupuesto de comunicación.

gerente en entrenamiento (*management trainee*) Persona que está en un proceso de entrenamiento definido con vistas a desempeñar un puesto de dirección intermedio. Se suele utilizar en los casos de recién graduados de estudios empresariales a los que se quiere rotar rápidamente por los diferentes departamentos de una empresa, dándoles una cierta experiencia laboral pero definiendo su puesto, de cara al resto de la organización, como temporal.

gestión de cobros (*collections*) Actividad de los bancos para cobrar los pagarés que sus clientes les entregan en fecha próxima a su vencimiento. Se cobra una comisión y no se devengan intereses porque no se adelanta el importe del pagaré.

gestionar (*manage, pursue*) Realizar diligencias para el logro de un negocio.

gestoría (*agency*) Empresa que brinda servicios administrativos a sus clientes, a cambio del pago de honorarios.

giro postal (*postal draft*) Transferencia de fondos de una población a otra, utilizando las oficinas y enlaces del servicio de Correos.

grado de contacto; GRC (*gross rating point; GRP*) Contacto a un 1% del público objetivo. Si se quiere conseguir 20 contactos a un 80% del público objetivo hay que comprar 1600 GRC. Multiplicando por el costo de cada grado conseguimos el costo total de la campaña.

grado de servicio (*grade of service; GOS*) En general, porcentaje de pedidos que se completan en cantidad y plazo de entrega.

graduación de créditos (*credit ranking*) Clasificación del endeudamiento por vencimientos o por prioridad en caso de insolvencia.

granel (*bulk; in bulk*) Mercancía sin envasar o empaquetar. No tiene orden o talla. También se refiere a mercancía de volumen.

gratuito (*free; free of charge*) No sujeto al pago de precio o contraprestación.

grupo de control (*control group*) Muestra de personas que es parecida a otra que va a ser expuesta realmente a un estímulo y que sirve como elemento de referencia para evaluar las diferencias y compensar el efecto placebo.

grupo de discusión (*focus group*) Grupo de seis a 10 personas que se reúne con un facilitador para intercambiar libremente opiniones sobre un producto. Sirve para detectar a nivel cualitativo ventajas e inconvenientes del producto estudiado frente a la competencia (se hacen grupos de consumidores y de no consumidores), que luego pueden cuantificarse mediante una encuesta. Se utiliza también para una evaluación rápida y poco costosa de la comprensión de una campaña publicitaria.

grupo de empresas (*corporate group*) Conjunto de empresas unidas por lazos de propiedad común. Por lo regular existe una sociedad matriz que directamente o a través de otras filiales es propietaria de más del 50% del capital del resto de las empresas. También se aplica cuando hay uno o varios accionistas individuales propietarios de distintas compañías, siempre que las dirijan de forma coordinada.

grupo desfavorecido (*disadvantaged group*) Grupo de población que no goza de las mismas oportunidades para acceder al mercado laboral que la media de los ciudadanos. Para solventar este problema se requieren subsidios que favorezcan una verdadera igualdad de oportunidades.

guerra de precios (*price war*) Situación de un mercado en el que la competencia entre las empresas se realiza principalmente bajando los precios de venta. Por lo general el precio cubre el costo variable y el fijo, y proporciona un beneficio normal. En determinadas circunstancias (por ejemplo, caída de la demanda, entrada de un competidor, deseo de alguno de los establecidos de aumentar su cuota de mercado, etc.), el conjunto de los competidores del mercado se ve obligado a vender sin ese beneficio normal, o incluso sin cubrir todos sus costos fijos.

guerra de precios selectiva (*selective price war*) Situación de un mercado en el que el competidor atacante escoge como objetivos de su guerra de precios las áreas donde su cuota de mercado relativa es menor. Selecciona el tipo de producto, envase, cliente o zona geográfica donde es relativamente débil, y por tanto tiene menos qué perder si se generaliza la guerra de precios.

guía comercial (*trade directory*) Guía que contiene clasificados convenientemente los nombres e indicaciones relativos a las empresas de un sector o localidad. Suelen estar ordenadas según actividades.

guía; padrinazgo (*mentoring*) Sistema de formación y de guía de la carrera profesional por el que cada recién incorporado a una empresa es asignado a un mentor o padrino, de más experiencia y categoría profesional, que le sirve de guía y de apoyo.

H

Haber (*credit side*) Parte derecha de las hojas de contabilidad en el sistema de doble entrada. Incluye todos los abonos contables. Cada cuenta tiene un Debe y un Haber.

habilidad interactiva (*interactive skills*) Destreza en las relaciones personales para lograr cooperar con los demás miembros de un grupo y asegurar que éste funcione bien. Determinadas técnicas, como la dinámica de grupos o el desempeño de roles, desarrollan la sensibilidad social de las personas y les entrenan para aumentar su capacidad de interrelacionarse con eficacia.

hiperenlace (*hyperlink*) Referencia establecida entre dos términos o entradas de un documento en formato hipertexto.

historial (*resume*) Breve descripción en una página de los objetivos profesionales, experiencia académica y laboral, datos personales, aficiones y actividades extracurriculares, que acompaña a una solicitud de empleo. Equivale a un curriculum vitae resumido.

hoja de cálculo (*spreadsheet*) Estructura de organización de datos e instrucciones operativas en una matriz de filas y columnas. Las celdas de esta matriz pueden contener datos numéricos, texto, fórmulas lógicas, aritméticas y estadísticas con referencias a otras celdas. Por extensión, el término se aplica a los programas informáticos especializados en la administración de archivos y documentos que se organizan conforme a esta estructura. Los programas de hojas de cálculo avanzados actúan además como administradores de bases de datos, analizadores de hipótesis y generadores de gráficos automáticos. Es un término más utilizado que hoja electrónica con el mismo significado.

hoja de costos (*cost sheet*) Informe o extracto que incluye todos los costos cargados a un trabajo, serie de producción o unidad. Generalmente se clasifican en costos de materiales, servicios adquiridos del exterior, mano de obra directa, gastos de energía, amortización y gastos generales.

hoja de paga (*pay-slip*) Nómina o documento en el que se detallan los conceptos por los que se paga al trabajador, las retenciones de impuestos y las contribuciones a la seguridad social que realiza.

hoja de recuento (*count sheet*) Hoja en la que aparecen ordenadas las mercancías que deben incluirse en un inventario, la cual se verifica con el inventario actual después de realizar un recuento físico.

hombre de paja (*front man*) Traducción literal del francés, sinónimo de testaferro o persona interpuesta en la realización de un negocio.

honorario (*fee*) Retribución de los profesionales independientes. Puede ser fija (iguala) o variable, en función de la importancia de cada caso.

honorario de localización (*finder's fee*) Honorarios que cobra un intermediario en una operación de compraventa por identificar y promover el interés de la otra parte, aunque no sea el intermediario principal o no participe directamente en la negociación final.

hora de apertura (*opening time*) Hora a la que un establecimiento abre sus puertas al público, o permite que se realicen operaciones en un mercado.

hora de cierre (*closing time*) Hora a la que un establecimiento o un mercado finaliza sus operaciones y no permite la entrada a nuevos clientes.

hora estimada de llegada (*estimated time of arrival; ETA*) Hora y minuto en la que se espera que un medio de transporte llegue a su destino.

hora estimada de salida (*estimated time of departure; ETD*) Hora y minuto en la que se espera que un medio de transporte salga de su lugar de origen. Hay que estar preparado con una antelación que depende de dicho medio, de la compañía utilizada y del número de pasajeros a transportar.

hora punta (*rush hour*) En general, periodo de máximo tránsito que suele coincidir con la apertura y cierre de los colegios, comercios y oficinas.

En mercadotecnia, hora de máximo consumo (audiencia de un medio de comunicación o clientes en un establecimiento comercial).

hora-hombre (*man-hour*) Unidad de medida equivalente al trabajo de un hombre normal durante una hora. Se utiliza en presupuestos de actividad, especialmente cuando hay empleados de tiempo parcial, y para medir la productividad de un conjunto variable de personas.

horario comercial (*business hours*) Tiempo durante el cual un establecimiento está abierto al público.

horario flexible (*flexible working hours*) Horario de trabajo en el que el empleado elige la hora de entrada y salida dentro de unos límites razonables para asegurar que durante la mayor parte del día todos los empleados estén en su puesto de trabajo. Dependiendo del sistema debe comunicar previamente o no el horario elegido y puede compensar las horas no trabajadas durante el mismo día, la misma semana o el mismo mes.

horario laboral (*working day*) Tiempo de inicio, desarrollo y finalización de la jornada laboral. Su determinación es una de las facultades del empresario.

horas de presencia flexibles (*flexible time*) Tiempo en un programa de trabajo flexible durante el cual los empleados no tienen necesariamente que estar en sus puestos de trabajo.

horas de presencia obligatoria (*core time*) En un horario flexible de trabajo, el periodo en el que todos los empleados deben estar en su puesto de trabajo para facilitar la comunicación. Sobre el horario normal suele ser una hora después de la entrada y una hora antes de la salida.

horas extra (*overtime*) Tiempo de trabajo en exceso de la jornada ordinaria legal o aprobada en contrato colectivo. El trabajo en horas extra está limitado, salvo que se trate de prevenir o reparar siniestros u otros daños extraordinarios.

horas pico (*peak-hours*) Periodo diario de máxima demanda, por ejemplo, en el consumo de electricidad o de teléfono. Se puede emplear también horas-punta, especialmente si se está hablando de tránsito.

horas valle (*off-peak times*) Periodo diario de mínima demanda.

horizonte temporal (*time horizon*) Periodo de tiempo utilizado para un análisis o una planificación.

hueco de mercado (*market gap*) Necesidad de un mercado que no está cubierta satisfactoriamente. Permite la entrada de una empresa con un producto, forma de distribución o precio competitivo y original. Es un nicho de mercado no explotado al máximo.

huelga (*strike*) Derecho reconocido por el ordenamiento jurídico a los trabajadores, y que consiste en una alteración o suspensión de la actividad laboral como medio de presión para lograr mejoras en las condiciones de trabajo.

huelga general (*general strike*) Huelga organizada por la mayoría de los sindicatos y que afecta a todos los trabajadores. Su propósito es presionar al gobierno y a las organizaciones empresariales.

I

icono (*icon*) Representación visual dotada de un contenido simbólico. En las interfaces gráficas de usuario, es una imagen en miniatura que identifica a una aplicación o un documento, o representa una ventana de trabajo reducida.

ID; investigación y desarrollo (*R&D; research & development*) Conjunto de actividades dirigidas a mejorar e innovar los productos y procesos de una empresa desde el punto de vista tecnológico, y no desde el comercial. Es más investigación aplicada que básica.

identidad corporativa (*corporate identity*) Imagen global de una empresa construida por la opinión pública con el conjunto de información recibida o recopilada.

iguala (*retainer*) Cantidad periódica que se conviene como honorarios por un trabajo de asesoramiento cuando sea necesario, en lugar de usar un porcentaje o cobrar por informes específicos.

imagen de marca (*brand image*) Conjunto de cualidades que evoca una determinada marca para la mayoría de los individuos. Si la imagen es fuerte (no necesariamente quiere decir positiva), las creencias o sentimientos que la marca produce serán comunes y consistentes entre los individuos de una cierta población. Las imágenes pueden ser buenas o malas en función del resto de variables de mercadotecnia, por ejemplo, una imagen tradicional puede ser positiva para un reloj y negativa para otro.

imagen del producto (*product image*) Imagen de un producto en sí mismo, aunque muchas veces se ve fuertemente influenciada por la imagen de marca.

imitación (*knock-off*) Uso ilegal de una marca, producto o diseño diferente del original, pero tan parecido que el consumidor lo asocia con el original. No es lo mismo que falsificar. En general, reproducción voluntaria de una cosa a semejanza de otra.

impagado (*unpaid*) Recibo o factura vencida y no pagada.

importación (*imports*) Compra y entrada de bienes en un país procedentes de otro, a través de la frontera aduanera. El concepto se aplica a las mercancías, capitales, mano de obra, inflación, etcétera.

importaciones invisibles (*invisible imports*) Operación invisible en la que salen divisas.

importador (*importer*) Persona física o moral dedicada a traer bienes o servicios de otro país para el mercado nacional.

importe (*amount*) Cuantía de una venta, crédito, deuda o saldo. Es la cantidad total de dinero de una operación.

imprenta (*printer*) Empresa especializada en la reproducción de libros, folletos o documentos sobre papel.

impreso (*printed matter*) En comunicaciones, libro, folleto u hoja compuesto mediante un procedimiento de imprenta.

impresora (*printer*) Dispositivo que produce una copia en papel de los resultados de la operación de una computadora. Hay varios tipos de impresora: térmica, electrostática, matricial, de banda, o láser. Una impresora de línea imprime una línea a la vez, y normalmente puede imprimir en ambas direcciones. Una impresora de carácter imprime sólo un carácter a la vez, como las máquinas de escribir tradicionales, y es más lenta que la impresora de línea. Las impresoras pueden ser alimentadas por hojas de papel separadas o por un rollo de papel continuo.

imprevisión (*lack of foresight*) Falta de previsión, inadvertencia, irreflexión.

imprimir pantalla (*print screen*) Obtener una imagen de una pantalla de computadora y almacenarla en un fichero del disco o imprimirla directamente. La tecla para imprimir es Impr Pant y para almacenar, dependiendo de la aplicación, puede ser una combinación de teclas tipo Ctrl + Impr Pant.

imprudencia temeraria (*gross negligence*) Ejecución de un hecho con omisión de toda prudencia, y que produce un mal que puede constituir delito o falta según el resultado: si media malicia, constituye un delito castigable con pena de prisión menor, y cuando se trata de simple imprudencia o negligencia, se castiga con una multa.

impuesto (*tax*) Ingreso público creado por ley y de cumplimiento obligatorio por parte de los sujetos pasivos contemplados por la misma, siempre que surja una obligación tributaria originada por un determinado hecho imponible.

impuesto al consumo (*consumption tax*) Impuesto que grava el consumo: impuesto sobre el valor añadido, impuesto sobre ventas, impuesto de lujo, canon de uso eléctrico, impuestos especiales en los monopolios fiscales, etc. Los impuestos al consumo son impuestos indirectos.

impuesto de compensación de gravámenes interiores (*equalization tax*) Derecho o tarifa aduanera que trata de compensar todos los impuestos indirectos en cascada que han sufrido los productos domésticos, gravando los productos importados para que estén en igualdad de condiciones.

impuesto de rentas de capital (*tax on capital income*) Tributo proporcional a cuenta, deducible en la fuente, que grava los rendimientos del capital mobiliario (dividendos, intereses).

impuesto en la fuente (*tax at source*) Impuesto que se recauda en el momento de producirse el hecho imponible. En sus efectos equivale a retención en origen.

impuesto encubierto (*hidden tax*) Impuesto que no aparece visible, pero que tiene un impacto en el precio pagado por el consumidor final. En sentido general, también se habla de la inflación y la depreciación monetaria como de un impuesto encubierto.

impuesto progresivo (*progressive tax*) Tributo cuyo tipo impositivo crece con la base imponible. Se produce un efecto parecido con una franquicia inicial o con deducciones generales.

impuesto proporcional (*proportional tax*) Tributo con tipo impositivo constante.

impuesto regresivo (*regressive tax*) Impuesto cuyo tipo impositivo disminuye al aumentar la base imponible. Grava proporcionalmente más a las rentas más bajas. Lo contrario de impuesto progresivo.

impuesto sobre donaciones (*gift tax*) Impuesto que se paga al regalar un bien a otra persona.

Tiene como objetivo, aparte del recaudatorio en sí mismo, controlar el funcionamiento de otros impuestos como el de herencias.

impuesto sobre el valor añadido; IVA (*value added tax; VAT*) Impuesto que grava solamente el valor añadido creado en cada fase del proceso productivo. Ocasiona más trabajo que un impuesto sobre la venta al consumidor final pero favorece el control de los impuestos y crea un adelanto de fondos a la Hacienda pública por lo que ésta lo suele preferir.

impuesto sobre la renta (*income tax*) Impuesto anual sobre los ingresos de una persona (sobre la renta de las personas físicas) o de una empresa (de sociedades).

impuesto sobre la renta de las personas físicas; IRPF (*personal income tax*) Impuesto directo que grava la renta de las personas físicas, cualquiera que sea su procedencia (trabajo personal, rendimientos del capital mobiliario, incrementos patrimoniales, etc.). El contribuyente en este caso es la unidad familiar, y se tienen en cuenta sus características (número de hijos, etc.) en la determinación de la deuda tributaria.

impuesto sobre las ganancias de capital (*capital gains tax*) Impuesto con tipo especial, más reducido que el general, que grava las plusvalías y ganancias de capital en algunos países. Su objetivo es motivar la toma de riesgos.

impuesto sobre utilidades de sociedades (*corporate income tax*) Impuesto proporcional que grava las utilidades de las sociedades.

impuesto sobre ventas (*sales tax*) Impuesto que se calcula sobre la venta al consumidor final. Normalmente la mayoría de bienes está sujeta a dicho impuesto. Las excepciones pueden incluir los alimentos y algunos bienes culturales. Cuando se aplica a ciertas clases de bienes como son los cigarros o la gasolina, se llama impuesto especial.

imputación de costos (*cost allocation*) Asignación analítica de costos a productos, a fases del proceso productivo, a departamentos de una empresa, a compañías filiales, etc. Una correcta imputación de costos es uno de los objetivos de la contabilidad analítica.

incentivo (*incentive*) Estímulo que mueve o excita a desear o hacer una cosa. En política de personal se llama incentivos a los pagos pecuniarios ligados al rendimiento.

incentivo colectivo (*group incentive payment*) Pago de una retribución variable que depende del rendimiento del conjunto del grupo. Se reparte a partes iguales o en proporciones preestablecidas. Se utiliza para fomentar la cohesión del grupo y la mutua motivación.

inconvertible (*non-convertible*) Divisa o moneda que no se cotiza en el mercado internacional de cambios. La existencia de controles de cambios hace que divisas extremadamente convertibles no puedan ser transferidas con libertad de y hacia el exterior por las personas residentes.

incumplimiento de contrato (*breach of contract*) Situación antijurídica que se produce cuando cualquiera de las partes contratantes incumple de forma culposa las obligaciones derivadas del contrato.

indemnización por daños y perjuicios (*damages indemnity*) Resarcimiento económico del menoscabo producido al perjudicado. Comprende no sólo el valor de la pérdida sufrida, sino también el valor de la ganancia dejada de obtener por el acreedor.

indemnización por despido (*severance pay*) Compensación que recibe un trabajador como consecuencia de un despido improcedente.

indemnizar (*indemnify*) Acción de reparar los daños y perjuicios causados por la falta de cumplimiento de una obligación, por una actuación culposa de carácter civil, o por un delito o falta. Normalmente la reparación tiene carácter pecuniario.

independiente (*self-employed person*) Trabajador por cuenta propia, es decir, sin vínculo de dependencia laboral en su actividad profesional. En ciertos países está sujeto a un régimen de seguridad social y de impuestos específico.

índice de desarrollo de marca (*brand development index*) Relación que compara el porcentaje de ventas de una marca en un área geográfica con respecto al porcentaje de población que esa área representa. Si es mayor que uno significa que la marca está posicionada en esa área mejor que en la media del mercado.

índice de mercado (*market index*) Valor que muestra la

variación en los precios de los activos de un mercado debidamente ponderados.

índice de precios al consumidor; IPC (*consumer price index; CPI*) Índice ponderado de acuerdo con el consumo que una unidad familiar media realiza, y que mide el nivel general de precios de ese consumo medio en un momento dado en relación con un periodo anterior. El índice de precios al consumidor es la medida más comúnmente utilizada para cuantificar la inflación.

índice de precios al por mayor (*wholesale price index*) Índice ponderado de bienes y servicios al por mayor. Da una idea de la inflación de costos de producción.

índice de rentabilidad (*profitability index*) Índice de la rentabilidad de una inversión, como relación entre los futuros flujos de caja actualizados y el valor de la propia inversión. El índice más utilizado es la tasa de rentabilidad interna (TRI).

índice económico (*economic index*) Número, cociente, tasa de crecimiento, etc., que expresa un concepto o relación de carácter económico con fines predictivos o explicativos.

índice ponderado por precios (*price-weighted index*) Índice en el que la ponderación de los valores que lo componen se sopesan por sus precios y no por el volumen de cotización u otro criterio.

indiferencia (*indifference*) Estado de ánimo del sujeto que no manifiesta una inclinación positiva o negativa hacia otra persona o cosa.

industrialización (*industrialization*) Proceso de creación de industrias y aumento del tejido productivo de una nación. La industrialización nace del desarrollo mecánico y tecnológico de la producción en el siglo XIX. Con posterioridad se ha realizado en forma muy desigual en las distintas áreas del mundo.

ineficiencias del mercado (*market failures*) Imperfecciones del sistema de mercado que impide la eficiente asignación de los recursos.

inflación (*inflation*) Elevación general del índice de precios, y por tanto disminución del poder adquisitivo del dinero. En un proceso inflacionario no crecen en la misma proporción todos los precios ni todas las rentas, por lo que existen personas y sectores beneficiados a costa de otros.

inflación de costos (*cost-push inflation*) Inflación causada por la elevación en el costo de uno o más factores de producción (materias primas, mano de obra, etc.), que repercute en los precios de los productos finales.

inflación de demanda (*demand-pull inflation*) Inflación generada por excesivo crecimiento de la demanda agregada, estando la economía en pleno empleo. Al haber ocupación total de los factores de producción, un crecimiento fuerte de la demanda se traduce en alza de precios. En esta situación la política económica debe ser: fomentar un aumento de la productividad, reducir el gasto público y practicar una política monetaria restrictiva.

inflación galopante (*galloping inflation*) Situación que se produce cuando la masa monetaria en circulación crece tan rápidamente que pierde gran parte de su valor. En estas condiciones, quien posee o gana dinero líquido intenta deshacerse de él para comprar bienes reales u otras monedas empeorando así la situación. Se suele considerar como galopante tasas de entre el 50% y el 500% anual, mientras que la hiperinflación

superaría esos ritmos de crecimiento de los precios.

inflación subyacente (*underlying inflation*) Comportamiento del índice de precios al consumidor (I.P.C.) excluyendo del mismo los factores que en menor cuantía dependen de la evolución de los costos internos de la economía. Se calcula separando del índice general los precios de las materias primas energéticas importadas y los productos internos no elaborados.

información privilegiada (*inside information*) Información confidencial de que disponen personas por su posición en la empresa o en actividades relacionadas con la misma, sin que sea accesible al público en general. Esta información puede reportar ventajas económicas sustanciales a los iniciados que la poseen.

informe (*report*) En general, dictamen verbal o escrito de un técnico o experto.

informe comercial (*commercial report*) Información sobre una empresa preparada por un banco o una agencia especializada para conocer su seriedad y solvencia, a petición de alguien que quiere establecer relaciones comerciales con ella. Incluye datos sobre estatutos, composición de comités sociales, ventas, balance y cuenta de resultados cuando es posible, opinión de bancos, clientes y proveedores, relación de deudores, activos físicos y una impresión subjetiva sobre su evolución.

informe de auditoría (*audit report*) Documento que contiene la opinión del auditor sobre la fidelidad y exactitud de las cuentas examinadas. Normalmente va dirigido a los accionistas y a los miembros del consejo de administración si se trata de las cuentas anuales, o a quien le haya hecho el encargo, si se trata de una auditoría específica, por ejemplo, antes de una adquisición.

ingresos (*revenue*) Entradas de dinero en la empresa, procedentes de la venta de los bienes o servicios representativos de su operación normal. En sentido amplio se consideran también ingresos los procedentes de rendimientos de la cartera de valores y depósitos a plazo (ingresos financieros), y los ingresos accesorios a la explotación o atípicos.

ingresos brutos (*gross income*) Ingresos totales de un individuo antes de descontar los impuestos y una vez sumados los impuestos a cuenta que se le hubieran podido retener. A veces se aplica también a las empresas para designar la cifra de facturación sin deducir descuentos e impuestos sobre las ventas y especiales.

ingresos extraordinarios (*non-operating income*) Ingresos causados por operaciones distintas a las típicas de la empresa o no recurrentes, por ejemplo, la plusvalía procedente de la venta de un activo fijo.

ingresos financieros (*financial income; financial revenue*) Ingresos de la empresa procedentes de rendimiento de la cartera de valores y de colocaciones de capital en instrumentos de renta fija: depósitos, cuentas de ahorro, activos financieros, etcétera.

ingresos fiscales (*tax revenue*) Conjunto de ingresos de un gobierno provenientes de tasas e impuestos.

ingresos por operaciones (*operating revenue*) Ingresos de la empresa procedentes de su actividad normal de explotación. Se distinguen por tanto de los resultados extraordinarios, rendimientos de la cartera de valores, ingresos financieros (en empresas no dedicadas específicamente a esta actividad), etcétera.

iniciado (*insider*) Persona que tiene una información privilegiada porque todavía no se ha divulgado y puede afectar significativamente al precio de un activo. Muchos países han legislado para evitar el lucro personal o a favor de terceros derivado de usar esta información.

innovación (*innovation*) En mercadotecnia, desarrollo de un producto, proceso o servicio en forma distinta de la existente.

insolvencia (*insolvency*) Imposibilidad del deudor de satisfacer sus deudas y obligaciones por falta de recursos. La insolvencia puede ser definitiva, por ser el pasivo superior al activo (quiebra) y provisional, motivada por defecto de liquidez (suspensión de pagos).

inspección de calidad (*quality inspection*) Examen de la calidad de un producto efectuado por personal independiente de los que lo han fabricado. Puede ser otro departamento de la empresa, el comprador o un tercero especializado que actúa como árbitro.

instrumento negociable (*negotiable instrument*) Medio de pago que puede ser fácilmente transmitido a un tercero mediante endoso o con su simple entrega, por ejemplo, un cheque o un pagaré.

intención de compra (*purchase intention*) Fase previa a la decisión de compra en la que todavía no se han sopesado los distintos factores que intervendrán en la decisión final, pero en la que ya se siente el impulso de satisfacer una necesidad de una determinada forma. La medición del porcentaje de población que está en esta fase, y de la fuerza de su intención, permite adoptar medidas de mercadotecnia. En productos de consumo no duradero se utiliza también la intención de prueba y la intención de repetición de compra.

intensivo en capital (*capital-intensive*) Sector o empresa que utiliza una alta proporción de capital, con una fuerte inversión en mecanización y tecnología y pocos recursos humanos.

intensivo en mano de obra (*labor-intensive*) Sector o

empresa que utiliza una alta proporción de recursos humanos y poca inversión en mecanización y tecnología.

intercambio (*exchange*) Transferencia de bienes entre dos personas de forma recíproca y simultánea. Puede tratarse de dinero, divisas, ideas, publicaciones, servicios y, en general, de cualquier bien. Conviene utilizar sin embargo términos más específicos para esta actividad, como trueque, permuta o compraventa.

interés (*interest*) Remuneración que se paga o se recibe por el uso temporal del dinero. Consta de dos componentes: una compensación que cubre la depreciación del dinero por efecto de la inflación, y una tasa de rentabilidad real que compensa el riesgo de insolvencia y la pérdida de liquidez.

interés compuesto (*compound interest*) Forma de calcular el interés en la que en cada periodo de cálculo el interés se acumula al capital, sirviendo esta cifra de base para calcular los intereses en el siguiente periodo (anatocismo). El interés efectivo para el acreedor es tanto mayor cuanto más frecuentemente se haga el cálculo. Así, un interés compuesto diariamente es mayor que uno compuesto trimestralmente.

interés devengado (*accrued interest*) Interés que se ha acumulado desde el último pago de intereses.

interés moratorio (*overdue interest*) Recargo sobre el tipo de interés pactado, durante el tiempo que un crédito u obligación financiera se encuentra en mora.

interés real (*real interest*) Interés expresado en términos reales, es decir, descontada la tasa de inflación. Recoge los factores de riesgo y compensación por el uso del dinero.

interés simple (*simple interest*) Interés calculado sólo sobre el principal, sin tener en cuenta los posibles intereses ya devengados.

intereses moratorios (*overdue interests*) Resultado de aplicar el tipo de interés moratorio al principal en función del número de días de atraso. El gobierno también carga intereses moratorios sobre las deudas fiscales no ingresadas en el plazo determinado al efecto.

intermediación (*intermediation*) En general, labor de acercamiento que realiza un experto en conciliar los intereses complementarios de dos terceros, a cambio de unos honorarios, o de un beneficio comercial si también toma posiciones por cuenta propia (cierra una operación sin tener contrapartida en ese momento). En el ámbito financiero, actividad de los bancos de tomar depósitos de los ahorradores para darlos en préstamos a los inversionistas.

intermediario (*broker*) Agente que sirve de enlace entre las partes en operaciones de compraventa para facilitar la fijación de un precio. Es un agente corredor que no toma posiciones por cuenta propia.

intermediario financiero (*financial intermediary*) Empresa cuya actividad mercantil consiste en transformar plazos y cantidades en activos financieros o en mediar en la toma de riesgos. Algunos intermediarios pueden tomar depósitos (bancos, cajas de ahorro, sociedades mediadoras), y otros son simplemente tipos especiales de distribuidores (sociedad de inversión, compañías de seguro de vida, etcétera).

Internet (*Internet*) Red global que conecta computadoras en todo el mundo a través de las líneas telefónicas. No se trata de una red formal y organizada, sino más bien de una conexión entre una gran variedad de sistemas informáticos mediante un protocolo común (TCP/IP). Inicialmente, la Red fue utilizada sobre todo en el mundo académico y se usa por parte de empresas y particulares para buscar información, hacer negocios y enviar todo tipo de mensajes. Los ingresos que se generan por transacciones ya son superiores a los derivados de suscripción o consumo de tiempo conectado.

interventor (*controller*) Persona que en una empresa o en un organismo público supervisa que todas las operaciones realizadas se efectúen correctamente, de acuerdo con las leyes y las normas internas. Suele ser responsable del departamento de auditoría interna.

intruso informático (*hacker*) Persona que accede sin autorización a un sistema informático. Puede simplemente curiosear, o modificar la información introduciendo datos falsos, virus o mensajes llamativos.

invalidez permanente (*permanent disability*) Incapacidad laboral de carácter fijo.

invalidez temporal (*temporary disability*) Incapacidad laboral que se espera subsanar en un plazo.

invendible (*unsaleable*) Producto que no puede venderse, debido generalmente a problemas de calidad o nuevas disposiciones legales.

invendido (*unsold*) Producto que no ha sido vendido al término de un periodo. Se aplica generalmente a productos afectados por cambio de moda, catálogo, fin de temporada, obsolescencia tecnológica o lanzamiento de un producto mejor.

inventario (*inventory*) Cantidad de cada producto existente en un momento dado, y lista ordenada en la que se detalla. Cuando se trata de una persona física se usa la expresión inventario de bienes y cuando es moral, inventario de activos. El inventario físico es el recuento real, y el contable la cifra que aparece en los libros una vez cerradas las operaciones a una fecha. Aunque al final del ejercicio se haga inventario total, es normal realizar inventarios parciales de forma periódica y rotatoria entre las diferentes secciones a plazos inferiores.

inventario final (*closing inventory*) Inventario de existencias con el que termina el periodo. Equivale al inventario inicial del periodo posterior, ya que una vez realizado el recuento físico y correctamente valoradas las existencias, se lleva a la cuenta de explotación del periodo que se cierra la diferencia entre el inventario contable que se arrastraba y el final.

inventario físico (*physical inventory*) Inventario de existencias realizado comprobando *in situ* y mediante recuento personal las cantidades disponibles de cada producto. Se suelen organizar equipos de dos personas que van revisando las existencias. Al final se comparan los datos de dos equipos y los teóricos y se comprueban las desviaciones.

inventario inicial (*opening inventory*) Inventario de existencias con el que comienza el periodo. Equivale al inventario final del periodo anterior. Sumando las compras y restando las ventas se llega al inventario final teórico o contable que se comparará con el real.

inventario permanente (*perpetual inventory*) Sistema contable por el que se mantiene constantemente actualizado el inventario, al registrar tanto las entradas como las salidas. Ello no evita que el inventario contable sea distinto del físico o real, por errores o hurtos. Es el opuesto al inventario intermitente, en el que no se registran las salidas, que se calculan al final del ejercicio conociendo las compras y la diferencia entre los inventarios inicial y final.

inversión en activo fijo (*capital expenditure*) Desembolso de dinero para la adquisición o compra de activo material, como edificios o maquinaria y, más raramente, de activo inmaterial, como marcas.

inversión en renta fija (*fixed-income investment*) Inversión en activos financieros que producen interés como bonos y obligaciones. Su valor depende fundamentalmente de la evolución del tipo de interés.

inversión extranjera directa (*foreign direct investment*) Compra por capitales exteriores a un país de activos concretos, como sociedades o inmuebles.

inversión inicial (*seed money*) Contribución inicial para empezar una nueva empresa. Puede hacerse por los propios fundadores o por inversionistas de capital-riesgo.

inversiones extranjeras (*foreign investments*) Inversiones realizadas por residentes en el exterior.

investigación aplicada (*applied research*) Conjunto de trabajos dirigidos a poner en práctica, mediante proyectos concretos, los avances científicos conseguidos en la investigación básica.

investigación de medios (*media research*) Recopilación y análisis de la información sobre las características y costos de los medios de comunicación, con la finalidad de hacer una buena planificación y compra de medios.

investigación de mercado (*market research*) Recopilación y análisis de la información sobre las características de un mercado real o potencial, con especial énfasis en los siguientes datos: volumen total; evolución; cuotas de mercado en compras y ventas de competidores; rotación; distribución numérica y ponderada, y participación neta de cada marca; canales de distribución, con sus formas de servicio, pago, tarifas y escala de condiciones; puntos fuertes y débiles de los competidores; barreras de entrada y salida, y división en segmentos. El departamento de mercadotecnia utiliza sus propios recursos, como por ejemplo las informaciones de la fuerza de ventas, estadísticas del sector y del gobierno, o contrata a consultores especializados. Complementa a la investigación del consumidor.

investigación del consumidor (*consumer research*) Recopilación y análisis de la información sobre las características de los consumidores en relación con una necesidad o producto. Se estudian los hábitos de compra y consumo, recuerdo y conocimiento de marca, productos asociados, variaciones estacionales, necesidades realmente satisfechas e intención de compra. En su vertiente cualitativa se utilizan entrevistas en profundidad y grupos de discusión, y en su vertiente cuantitativa encuestas y panel de consumidores. Complementa a la investigación de mercados.

investigación mercadotécnica (*marketing research*) Métodos para el estudio y la predicción del comportamiento de los mercados y de los consumidores.

ir de tienda en tienda (*shop around*) Dirigirse a diversas tiendas para comparar precios y calidades de un determinado producto antes de realizar la compra. Suelen ser productos de compra poco frecuente y de precio elevado.

ítem (*item*) En mercadotecnia, cada uno de los puntos de un cuestionario, generalmente abordado en una pregunta.

itinerario (*itinerary*) Recorrido fijado aleatoriamente que debe seguir el encuestador para garantizar la elección al azar de los encuestados. Se parte de uno o varios puntos (por barrios), y se determinan calles, casas y edificios de departamentos que debe visitar. En el caso de vendedores se suele utilizar el término ruta.

J

jefe (*head*) Dirigente o cabeza superior de una organización.

jefe de fila (*lead manager*) Institución financiera que asume el papel de principal en la organización de un crédito sindicado o en la emisión de acciones y obligaciones. El jefe de fila se compromete a un volumen de colocación o toma un riesgo mayor que el de los participantes normales, lleva la relación con el emisor y tiene un diferencial o cobra una comisión mayor por ello. También se usa la expresión banco director.

jefe de ventas (*sales manager*) Persona que supervisa a los vendedores y comisionistas que tiene una empresa en una región. Es el primer responsable de preparar y conseguir el presupuesto de ventas.

jornada de trabajo (*working hours*) Tiempo de duración del trabajo diario del personal.

jubilación (*retirement*) Interrupción definitiva de la vida laboral por razones de edad o imposibilidad física. Se empieza a considerar más un derecho que una obligación.

jubilado; retirado; pensionista (*pensioner*) Persona que después de su jubilación recibe una pensión. Forma parte de las clases pasivas.

junta asesora (*advisory board*) Órgano consultor a un órgano ejecutivo que es el que toma la decisión definitiva. Por ejemplo, grupo de detallistas franquiciados que se reúnen para dar consejos a su franquiciador sobre los productos que tiene que lanzar, promocionar y anunciar.

junta de ventas; conferencia de ventas (*sales conference*) Reunión del departamento de ventas de una empresa en la que se habla de los resultados obtenidos y de los objetivos futuros.

justificante (*receipt*) Documento que prueba que se ha efectuado la entrega de un bien o dinero.

justiprecio (*fair price; appraised value*) Tasación equitativa de una cosa, teniendo en cuenta los gastos y los intereses.

justo a tiempo (*just in time; JIT*) Sistema de producción y administración de inventarios que minimiza éstos al planificar exactamente las necesidades y lograr un excepcional nivel de servicio por los proveedores. Éstos pueden llegar a entregar varias veces al día basándose, a su vez, en el mismo sistema, ya que si sirvieran desde un almacén central no habría grandes ahorros financieros. La mercancía llega en el momento y al sitio precisos donde va a ser utilizada.

K

kilogramo (*kilogram*) Unidad de masa y peso en el sistema métrico decimal equivalente a 1,000 gramos y a 2.205 libras. La tonelada contiene 1,000 kilogramos. Habitualmente se usa la abreviatura kilo.

L

laguna legal (*legal loophole*) Situación no contemplada o regulada por la ley. Cuando el vacío legal se produce en obligaciones muy específicas, por ejemplo, en el pago de impuestos, se crea un hueco fiscal que permite pagar legalmente menos impuestos.

lanzamiento (*launch*) En mercadotecnia, momento en el que un nuevo producto es presentado a los clientes directos y al consumidor final. Suele basarse en una campaña publicitaria una vez que se ha conseguido una cierta distribución. Es importante el proceso de venta interno, a la propia organización, para poder superar los problemas iniciales y lograr el pleno apoyo de todo el personal.

lanzamiento progresivo (*rollout marketing*) Técnica de lanzamiento de un producto nuevo, utilizada sobre todo en Estados Unidos, que consiste en lanzar un producto en una parte del mercado nacional para posteriormente cubrir la demanda del resto del país. Se utiliza en mercados muy grandes y complejos y cuando los competidores tampoco podrían adelantarse y hacer un lanzamiento nacional.

largo plazo (*long-term*) Periodo considerado por el análisis económico como suficiente para que puedan producirse cambios totales en la estructura productiva de la empresa. Las diferencias entre corto, mediano y largo plazo, en lo que respecta al tiempo que incluye cada uno, depende del tipo de análisis económico que se pretenda efectuar. Se suele considerar corto menos de un año y largo más de cinco años.

lectorado (*readership*) Número de lectores por término medio de una publicación. Es el producto del tiraje medio distribuido y del número medio de lectores por ejemplar. Sirve para calcular el costo por impacto de un anuncio.

lema (*slogan*) Frase breve, fácilmente recordable, que aparece al final de un mensaje publicitario y resume su contenido.

lenguaje corporal (*body language*) Forma de comunicación no verbal, a veces inconsciente, basada en gestos, posición del cuerpo y distancia entre los interlocutores.

lenguaje de creación de hipertexto (*HTML; HyperText Mark-up Language*) Lenguaje de descripción de páginas usado en la World Wide Web de Internet. Define el formato de las pantallas, incluyendo texto, gráficos y referencias a otras páginas. Estas referencias cruzadas se realizan con el sistema de hipertexto, de forma que al pulsar el ratón en una palabra resaltada, se muestra otra pantalla relacionada en la que se puede ampliar la información.

letra aceptada (*accepted bill*) Letra de cambio en la que el librador reconoce su conformidad con el importe y vencimiento de su deuda mediante la expresión acepto, o simplemente con su firma.

letra avalada (*guaranteed bill*) Letra de cambio respaldada por un tercero, por lo general un banco, en caso de que el librador no pague al vencimiento.

letra de cambio (*draft; bill*) Título-valor que el librado presenta al librador para su aceptación, basada en una deuda comercial o financiera.

ley de la demanda (*law of demand*) Ley económica que afirma que la cantidad demandada de un bien es inversamente proporcional a su precio. A mayor precio, menor demanda y viceversa.

ley de la oferta (*law of supply*) Ley económica que afirma que la cantidad ofrecida de un bien es directamente proporcional a su precio. A mayor precio, mayor oferta y viceversa. En ciertos casos puede haber oferta regresiva, por ejemplo, un agricultor que vende asustado ante el temor de una baja de precios mayor o el trabajador que al llegar a un cierto nivel decide trabajar menos.

ley de la oferta y la demanda (*law of supply and demand*) Ley económica que afirma que el precio de un determinado bien se obtiene por interacción de la oferta y la demanda.

leyes de Parkinson (*Parkinson's laws*) Parkinson escribió su primer aforismo en 1958: "el trabajo se extiende hasta llenar el tiempo disponible". En 1960 desarrolló su segunda ley: "los gastos aumentan hasta consumir los ingresos".

libelo (*libel*) Escrito, por lo general anónimo, en el que se difama a alguien.

liberalización de los intercambios (*trade liberalization*) Proceso tendiente a establecer un mayor grado de libertad en el comercio internacional, eliminando de forma progresiva las restricciones existentes.

libertad de prensa (*freedom of press*) Derecho de los medios de comunicación a publicar informaciones y expresar opiniones que excluye la prohibición de publicar o la censura previa.

libre cambio (*free exchange*) Término que se aplica a la situación de un país cuya divisa puede ser libremente convertida a otras monedas.

libre convertibilidad (*free convertibility*) Divisa que puede ser libremente convertida, existiendo siempre contrapartida, en los mercados de cambio internacionales.

libro de actas (*book of minutes*) Libro oficial de comercio donde se recogen, por orden sucesivo, todas las actas de la Junta General y del consejo de administración de una sociedad. Cada acta debe ser extendida y firmada por el secretario, con el visto bueno del presidente.

libro de caja (*cash book*) Libro auxiliar de contabilidad, utilizado para registrar todas las salidas y entradas en la caja de efectivo de la empresa. Consta de fecha, concepto y cantidad.

libro Mayor (*ledger*) Libro de contabilidad donde aparecen, en hojas individuales, todas las cuentas del balance y cuenta de resultados de la sociedad, de tal forma que se conoce el balance de cada cuenta.

licencia (*leave of absence*) Interrupción del desempeño de un cargo o empleo con posibilidad de reincorporación.

licencia de exportación (*export licence*) Autorización administrativa expedida a solicitud del interesado para que pueda exportar determinadas mercancías traspasando los territorios aduaneros. Algunos países exigen licencias de exportación sólo para bienes estratégicos, antigüedades o a partir de cierta cantidad.

licencia de importación (*import licence*) Autorización

administrativa expedida a solicitud del interesado, para que pueda importar un determinado bien en unas condiciones de peso, calidad y precio concretas, y transferir al exterior las divisas necesarias para su pago. La licencia de importación existe en todos los países con control de cambios. Suele exigirse que la licencia se domicilie en una institución financiera.

licencia de obras (*building licence*) Permiso municipal necesario para la iniciación de obras o modificaciones arquitectónicas en un inmueble urbano.

licencia de transporte (*transport licence*) Facultad o permiso concedido para realizar un traslado de mercancías o personas, previo cumplimiento de los requisitos exigidos por la legislación vigente.

licenciador (*licenser*) Persona u organización que concede una licencia.

licenciar (*licensing*) Conceder el derecho de usar un determinado procedimiento de fabricación o de comercialización, normalmente patentado, en un área geográfica, a cambio de unos honorarios de licencia o unas regalías. Como

contrapartida puede requerir un esfuerzo importante para la transmisión y el control de los conocimientos necesarios, ya que los intereses del licenciatario no siempre coinciden con los del licenciador.

licitar (*bid*) Pujar en una subasta o concurso, normalmente ofreciendo un precio por el objeto en venta o presentando una propuesta para realizar una determinada obra de acuerdo con unas condiciones de calidad, plazo y económicas.

líder (*leader*) Dirigente de un grupo, o producto que encabeza y domina el mercado.

líder de opinión (*opinion leader*) Persona a la que se le reconoce mayor experiencia o conocimientos en un campo específico, se le pide información o consejo, y que, por tanto, influye en la decisión. El proceso de comunicación o difusión de una idea suele tener dos fases: la del emisor al líder de opinión, por medios de comunicación especializados, y del líder a su grupo por contacto personal. Aunque en general coinciden con los líderes sociales en cada nivel, el jefe natural puede ser seguidor en ciertas ocasiones (por ejemplo, mecánico que da consejo a su jefe sobre el coche que éste va a comprar).

líder del mercado (*market leader*) Empresa o marca que tiene la mayor cuota de mercado de un determinado producto o servicio. Normalmente tiene el mayor reconocimiento de marca y en muchos casos el precio y la calidad más altos.

liderazgo (*leadership*) Capacidad de líder o ejercicio de sus cualidades. Implica un esfuerzo que se efectúa para influir en el comportamiento de los demás, o para cambiarlo con el fin de alcanzar objetivos organizacionales, individuales o personales.

liderazgo de costos (*cost leadership*) Estrategia centrada en alcanzar y mantener una estructura de costos más eficiente que la de sus competidores para poder ganar cuota de mercado y asegurar la rentabilidad a largo plazo. Otras compañías buscan un liderazgo tecnológico tratando de diseñar productos con más prestaciones; o mercadotécnico con una mejor comunicación o marcas fuertes y mejor distribuidas.

LIFO; últimas entradas, primeras salidas (*LIFO*) Procedimiento de valoración de inventarios que supone que los productos últimos que entran en el almacén son los primeros que salen, y por tanto su costo es el que se lleva a la cuenta de explotación. En tiempos inflacionarios, el procedimiento LIFO supone unos almacenes infravalorados, produciendo menos beneficios de explotación que otros procedimientos como el FIFO (first in, first out), aunque más que el NIFO (next in, first out).

límite de admisión; numerus clausus (*quota system*) Sistema de admisión en una universidad o grupo por el cual no se puede superar una cantidad de personas prefijada.

límite de crédito (*credit limit*) Importe máximo de riesgo que un comerciante o un banco concede a un cliente.

línea de crédito (*credit line*) Límite de concesión de crédito autorizado por una institución financiera a un determinado cliente. El cliente puede disponer de cualquier cantidad dentro del límite de la línea, por el plazo que desee, durante su periodo de vigencia.

línea de producto (*product line*) Conjunto homogéneo de productos que cubren unas necesidades similares y que se ofrecen al consumidor bajo una misma marca y con comunicación relacionada. Si la línea es completa y regular se llama abanico. Cada producto puede agrupar varios artículos, y éstos varias referencias, lo que se denomina gama de artículos.

liquidez (*liquidity*) Situación de exceso de tesorería, tanto en una empresa como en la totalidad del sistema financiero. Dinero en efectivo, en depósitos bancarios disponibles a la vista, o en activos financieros que se pueden vender al instante en un mercado organizado y que pueden ser considerados sustitutivos de dinero.

lista de correo (*mailing list*) Lista de nombres y direcciones convenientemente segmentados y clasificados que se mantiene preparada para cuando haya que enviar una circular o un correo promocional. Para envíos masivos se puede comprar o alquilar una lista con las características del público objetivo.

lista-control (*checklist*) Lista de preguntas o temas por verificar, que sirve para controlar una actividad evitando omisiones. Puede ir acompañada de valoraciones y ponderaciones para llegar a una puntuación global.

llamada en espera (*call-waiting*) Servicio de telefonía que consiste en avisar al abonado que está hablando de que tiene otra llamada esperando para ser atendida.

llave en mano (*turnkey*) Forma de contratación en la que el suministrador de una instalación o planta completa se compromete a construirla totalmente, incluyendo su puesta en marcha. Esta forma de contrato suele ser utilizada cuando el comprador no tiene mucha experiencia en la contratación externa de diversas fases del proyecto.

llevar a pérdidas y ganancias (*write-off*) Ajustar a valor cero una cuenta contable como reconocimiento de la pérdida total del valor de un activo, ya sea un inmueble, el saldo de un cliente, etc. Cuando la pérdida no es total se sanea el activo reduciendo parcialmente el valor contable.

llevar la contabilidad (*bookkeeping*) Mantenimiento actualizado de los libros de contabilidad de una sociedad.

logística (*logistics*) Conjunto de actividades y técnicas relacionadas con el flujo físico de materiales. Abarca el suministro de materias primas, la producción, el almacenamiento, el transporte a almacenes regionales y la distribución y evaluación de residuos. Se trata de optimizar los costos, la seguridad, la calidad y la puntualidad, trabajando coordinadamente con el resto de departamentos de la empresa.

logotipo (*logo; logotype*) Símbolo distintivo que utiliza habitualmente una empresa o marca para identificarse. Por lo general es el nombre en un tipo particular de letra, acompañado o no de un pequeño dibujo. Como término abreviado se usa logo, ya que logotipo era originalmente el bloque ya fundido que se entregaba a la imprenta para asegurar la fidelidad en la reproducción.

lote (*lot*) Cantidad de material que es comprado, producido o vendido como una unidad en un momento dado. El lote puede estar compuesto de elementos iguales (producción de una máquina en una hora), semejantes (lote de libros que se pone a la venta), o diferentes (lote promocional formado por dos productos distintos).

lucro (*gain*) Ganancia o provecho que se obtiene de una cosa.

lucro cesante (*loss of profits*) Cantidad de dinero que se deja de ganar por no haber llegado a producirse la prestación prometida. Es adicional al daño emergente. El lucro cesante suele ser objeto de una cláusula especial en algunos contratos de obras, y puede ser asegurado.

lucha por el control (*battle for control*) Enfrentamiento entre una empresa que quiere comprar otra y la dirección de la misma. También se usa esta expresión refiriéndose a la lucha por el poder dentro de la dirección de una empresa, o a la disputa entre dos empresas por la adquisición de una tercera.

lugar de entrega (*place of delivery*) Lugar establecido para la entrega de la cosa vendida. Si es en el domicilio del comprador suele ser en régimen F.O.B., mientras que si se trata del domicilio del vendedor lo más normal es que sea C.I.F.

M

madurez del mercado (*market maturity*) Tercera fase del ciclo de vida de un producto o mercado, que se caracteriza por ventas y utilidades estables. La mayoría de los productos están en esta fase. Las actividades de mercadotecnia más usuales son: resegmentación, reposición de marca, intento de aumento de consumo por cliente, mejora de la calidad o de la presentación, introducción en canales de distribución más masivos, y ataque o defensa en la guerra de precios.

mala fe (*bad faith*) Dolo, actuación intencionadamente maliciosa por la que se lesiona un derecho ajeno o no se cumple un deber propio.

malgastar (*waste*) Utilizar el dinero y, en general, los recursos sin provecho razonable.

malversación (*embezzlement*) Delito consistente en la inversión o aplicación de caudales públicos a usos distintos de aquellos a los que están destinados.

mandatario (*agent*) Persona o compañía que, en un contrato consensual de mandato, acepta del mandante el encargo de gestionar o administrar uno o más negocios, o representarle personalmente.

mandato (*mandate*) En el negocio bancario, encargo firme de una institución pública o privada para que un banco realice una operación concreta: colocación de una emisión de bonos, venta de una filial, realización de un crédito sindicado, etcétera.

mandos intermedios (*middle management*) Trabajadores con cierto grado de cualificación, autoridad y poder. Generalmente son empleados con responsabilidad plena de ejecución, pero no de fijación de objetivos ni de organización.

mandos primarios (*first-line management*) Nivel más bajo de mandos intermedios que supervisa directamente el trabajo de los empleados, como capataz, jefe de turno o jefe de línea.

mano de obra (*work force*) Conjunto de trabajadores que forman parte de una plantilla.

marca (*brand; trademark*) Signo distintivo de un producto de la industria, del comercio o del trabajo, que lo diferencia de otros productos similares.

marca del fabricante (*brand name; maker's name*) Marca de un artículo que es propiedad del fabricante. Esto le compromete a mantener la calidad, y le permite rentabilizar el gasto de investigación, lanzamiento y publicidad del producto.

marca registrada (*registered trademark*) Marca comercial que ha sido debidamente inscrita en el Registro Público, garantizándose así a su propietario el derecho de la utilización en exclusiva y la oposición al intento de registro de marcas similares. El registro está dividido en clases correspondientes a distintos sectores de actividad, y cubre sólo el ámbito de jurisdicción de un país, aunque se puede pedir su extensión o inscripción en otros.

marcar (*mark*) En mercadotecnia, colocar el precio de venta (y otras indicaciones como talla o sección) en un artículo.

marcar (*mark*) En política comercial, determinar el precio de venta de un artículo, por ejemplo, aplicando un margen sobre el precio de costo.

margen (*margin*) Diferencia entre el precio de venta y el de costo. Si sólo se consideran los costos variables acumulados, se llama margen de absorción. Si se deducen amortizaciones, es margen neto (aunque en realidad habría que deducir también los impuestos), y si no se deducen, será margen bruto. Si se consideran sólo los costos de producción se llama margen industrial, y si entran todos los costos, margen comercial, que es equivalente a margen neto. Puede ser un porcentaje (normalmente sobre el precio de venta), o una diferencia en valores absolutos.

margen bruto (*gross margin*) Diferencia entre los ingresos y los costos de producción, sin incluir los gastos de la estructura administrativa y comercial ni los gastos financieros. Cuando se trata de una empresa comercializadora, es la diferencia entre los ingresos por ventas y el costo de las mercancías vendidas.

margen de contribución (*contribution margin*) Diferencia entre los ingresos y los costos variables de una serie de producción o producto determinado. Es la cantidad que queda para absorber los costos fijos y los gastos generales, y para remunerar los fondos propios de la empresa.

margen de error (*margin of error*) Cantidad relativa que se puede expresar como un porcentaje, y que se estima o se calcula tomando en cuenta todas las posibles causas de errores para establecer un rango de posibles valores alrededor del valor principal. Éste se ha conseguido como resultado de un cálculo estadístico o de un experimento científico.

margen neto (*net margin*) Diferencia entre los ingresos y todos los costos necesarios para lograrlos, incluyendo amortizaciones e impuestos. En el comercio suele indicar el margen bruto menos los gastos de venta directos.

marginal (*marginal*) Situado en el límite o en el margen. Como calificativo de precio o costo, es el de una unidad más añadida a las ya tenidas en cuenta. Como calificativo de empresa o producto, implica escasa importancia o en el límite de la rentabilidad.

marginar (*mark-up*) Fijar los márgenes por referencia, familia, sección, etc., para lograr un margen bruto medio adecuado, al mismo tiempo que la competitividad necesaria en cada caso. Los precios de venta se marcan aplicando esos márgenes al precio de costo, con la excepción de artículos gancho o redondeo por cambio de magnitud, por ejemplo, 99 en vez de 102.

masa de acreedores (*body of creditors*) Conjunto de acreedores de una empresa que concurren en la suspensión de pagos o en la quiebra.

masa monetaria (*money supply*) Contabilidad total de dinero en circulación incluyendo los depósitos en cuenta corriente o de ahorro a la vista, además del efectivo en manos del público.

masa salarial (*payroll*) Equivale a nómina total y es un término utilizado en negociaciones laborales para recalcar que engloba todo tipo de retribución y de todos los trabajadores.

material punto de venta; MPV
(*point of sale material*)
Comunicación que mantiene
el mensaje del fabricante en el
momento en que el
consumidor realiza la compra.
Puede venir en formas muy
distintas: carteles, colgantes,
adhesivos, expositores,
canciones.

matriz; sociedad matriz (*parent
company*) Sociedad tenedora
que encabeza un grupo de
empresas controlando su
propiedad, bien directamente
o a través de otras filiales. Su
capital está repartido entre
individuos y empresas que
tienen participaciones
pequeñas. Puede consolidar
en su balance y cuenta de
resultados los de sus filiales,
indicando los intereses
minoritarios si los hay.

mayorista; almacenista
(*wholesaler*) Empresa que se
dedica a vender al por mayor
mercancías a detallistas y
grandes consumidores.
Compra a muchos
fabricantes, y aunque varía
por sectores, puede tener de
2,000 a 100,000 referencias.
Normalmente visita al
detallista una vez por semana
y no tiene la exclusiva de la
mayoría de las mercancías
que vende. Tiene libertad
para vender al precio que

quiera, aunque suele cooperar
con la política comercial del
fabricante.

media (*mean*) Valor medio. Puede
ser aritmética, geométrica,
armónica o cuadrática.

mediación (*mediation*) Acción y
efecto de mediar o de
interponerse entre dos o más
partes que contienden o riñen.

mediador (*mediator*) Es el llamado
a dirimir una discordia entre
dos árbitros o dos peritos.

medio de pago (*means of payment*)
Dinero, moneda o activo
financiero dotado de poder
liberador de deudas y
obligaciones.

medio publicitario (*advertising
medium*) Cualquier medio o
soporte capaz de llevar un
mensaje publicitario. Aunque
la mayoría de los mensajes
utilizan los medios de
comunicación (prensa,
televisión, radio), existen
otros muchos medios (por
ejemplo, vallas, folletos,
cabinas telefónicas y material
punto de venta).

medios de comunicación (*media*)
Conjunto de medios
materiales y humanos que
sirven para la distribución de
noticias y de información
(prensa, radio, televisión,
etcétera).

medios masivos (*mass media*)
Medios de comunicación que
llegan a grandes audiencias
como la televisión, la radio y
revistas. En general no
permiten buenas
segmentaciones de los
mensajes, pero garantizan una
gran cobertura y eficacia para
mensajes simples o de
productos de gran consumo.

mejora continuada (*kaizen*)
Método desarrollado por el
japonés Masaaki Imai para
aumentar la flexibilidad de las
organizaciones y el desarrollo
de la creatividad personal y así
reducir los costos y mejorar la
calidad. Las siete áreas donde
se suele mejorar más son:
transportes, inventarios,
movimientos, procesos y
exceso de producción,
unidades defectuosas y
tiempo de maquinaria.

membrete (*letterhead*) Nombre o
título de una persona, oficina
o empresa, estampado en la
parte superior de su
papelería.

memorándum (*memorandum*)
Informe breve sobre una
materia que debe ser tenido
en cuenta antes de tomar una
decisión o realizar una
acción.

memoria (*memory*) Unidad donde
la información puede ser
almacenada y posteriormente
recuperada.

memoria anual (*annual report*)
Informe que incluye los
estados financieros
contables de la empresa:
balance general al final del
ejercicio fiscal, cuenta
anual de pérdidas y
ganancias, reparto de
utilidades y notas
explicativas. La memoria
suele incluir también una
carta del presidente
explicando la marcha de la
sociedad, la composición del
consejo de administración, y
el informe de los accionistas
censores de cuentas. En
muchas ocasiones incluye
también la opinión de los
auditores externos.

memorial (*tombstone*) Anuncio de
una operación financiera
importante (préstamo
sindicado, emisión de
obligaciones, compraventa o
fusión de empresas) que se
publica para efectos
informativos en la prensa
económica. Tienen un diseño
característico, en forma de
lápida, que resalta el nombre
de las partes y el del
intermediario, que lo utiliza
como publicidad y suele
sufragar su costo.
Frecuentemente se enmarca o
se inserta en bloques de

plástico como motivo ornamental.

mercadeo (*marketing*) Término usado en algunos países hispanoamericanos como equivalente a mercadotecnia.

mercadeo (*merchandising*) Parte de la mercadotecnia especializada en la explotación de puntos de venta. Se ocupa de la exteriorización e interiorización, manejo de existencias y líneas de productos, exhibición, promociones, entrega de muestras y supervisión de materiales publicitarios.

mercadería (*merchandise*) Término usado para referirse a cualquier bien sujeto a negociación o venta.

mercado (*market*) Lugar en el que se ofrecen productos a la venta, normalmente con una periodicidad fijada. Existen en él unas reglas, basadas sobre todo en la costumbre, para regular las negociaciones. El desarrollo de las comunicaciones permite que exista un mercado sin necesidad de coincidencia física. Demanda actual o potencial de un producto o conjunto de productos relacionados. El tamaño del mercado depende del número de personas que tienen necesidad del producto,

recursos suficientes, y disposición para intercambiar sus recursos por ese producto a determinados precios.

mercado cautivo (*captive market*) Situación monopolista de mercado en la que el comprador no puede rechazar el producto ofertado (por ejemplo, venta de un bien intermedio a una sociedad filial).

mercado de oferta (*seller's market*) Mercado en el que los oferentes están en una situación de ventaja porque la demanda supera a la oferta.

mercado de prueba (*test market*) Área geográfica en la que se lanza un nuevo producto para estimar su éxito. Se suelen escoger varias ciudades representativas del conjunto del mercado y se someten a distintos planes de mercadotecnia (por ejemplo, niveles de publicidad, muestras gratuitas, oferta de introducción o cupones en otro producto). Se calcula el grado de conocimiento de marca, de prueba de producto y de compra repetida. Aunque es efectivo, retrasa el lanzamiento, alerta a la competencia y es difícil interpretar sus resultados.

mercado de subastas (*auction market*) Mercado público y organizado en el que la negociación es transparente y universal y se adjudica el bien al mejor postor. La única variable considerada es el precio, porque el bien es homogéneo o suficientemente conocido por todos los compradores potenciales.

mercado eficiente (*efficient market*) Mercado en el que los precios, en cualquier instante, reflejan toda la información pública existente en ese momento sobre sus productos. La eficiencia se mide según el nivel de información y la rapidez del proceso de ajuste.

mercado encajonado (*locked market*) Mercado muy competitivo en el que se ofertan precios de compra y venta de un activo prácticamente similares.

mercado estrecho (*thin market*) Mercado con muy pocas transacciones y/o de pequeño volumen por lo que la liquidez de los valores es reducida.

mercado financiero (*financial market*) Conjunto de operadores financieros y reglas de funcionamiento que utilizan para realizar la contratación de los diversos activos financieros, fundamentalmente dinero,

renta fija y renta variable, tanto en la moneda del país como en la de otros países.

mercado intervenido (*controlled market*) Estructura de mercado donde las autoridades económicas intervienen en gran medida en el proceso de fijación de precios y de asignación de recursos, controlando la oferta o la demanda, regulando los precios o marcando cuotas de producción.

mercado libre (*free market*) Estructura de mercado en la que la asignación de recursos y la fijación de precios se deja a las fuerzas de la oferta y la demanda. Un mercado libre es homogéneo, transparente, y ningún comprador o vendedor ostenta una situación de poder.

mercado negro (*black market*) Comercio clandestino de mercancías. Se produce cuando existe racionamiento, prohibición de consumo o control de precios. El precio se fija por la ley de la oferta y la demanda, siendo superior al legalmente fijado. Ejemplos típicos son las divisas (cuando hay restricciones) y la droga.

mercado potencial (*potential market*) Demanda posible de un bien o servicio, es decir, personas que tienen una necesidad que puede ser satisfecha por ese bien o servicio (mercado teórico) y que tienen los recursos para satisfacerla de esa forma. Incluye el mercado actual, de una empresa particular o de sus competidores, más el aumento posible ya sea por mejor conocimiento del producto o la necesidad, o por aumento del poder adquisitivo, del número de consumidores o del consumo per cápita.

mercado primario (*primary market*) Mercado de emisión de títulos-valores (ampliaciones de capital y emisiones de renta fija).

mercadotecnia (*marketing*) Ciencia que estudia al consumidor, identifica sus necesidades y busca su satisfacción creando oportunidades de negocio. Su objeto es aumentar la satisfacción del consumidor al mismo tiempo que el valor de la empresa, y no aumentar el consumo de un determinado producto. Engloba una serie de técnicas agrupadas en diversas áreas: investigación de mercados y de consumidor, innovación de productos y procesos, estudio de posición, publicidad, relaciones públicas, promoción de ventas, distribución, y planificación y

control. Más que como otro departamento de una empresa, se debe ver a la mercadotecnia como el enfoque para organizar las relaciones entre los departamentos y de la empresa con el consumidor. En algunos países de Hispanoamérica se usan también los términos mercadeo y marketing.

mercadotecnia concentrada (*concentrated marketing*) Mercadotecnia que se centra en un segmento dentro del mercado total, tratando de lograr una gran penetración en él y creando una imagen de especialista. Aunque menos flexible y de mayor riesgo a largo plazo, puede ser una estrategia recomendable si no se disponen de grandes recursos, si los que se tienen son especialmente adecuados para ese segmento o si ahí existe menos competencia.

mercadotecnia diferenciada (*differentiated marketing*) Mercadotecnia que utiliza diferentes combinaciones de precio, producto, promoción, publicidad y canal de distribución para cada uno de los segmentos a los que se dirige.

mercadotecnia global (*global marketing*) Consideración de

197

que el mercado de un producto es el mundo entero y que las motivaciones y características del consumidor mundial son suficientemente similares como para hacer una propuesta poco diferenciada por país. Localmente se pueden usar marcas, envases o campañas algo distintas pero el enfoque es el mismo.

mercadotecnia indiferenciada (*undifferentiated marketing*) Mercadotecnia que aplica el mismo tratamiento de precio, producto, promoción, publicidad y canal de distribución a todos los clientes, ya que no considera que existan segmentos tan diferentes como para justificar un distinto enfoque mercadotécnico.

mercadotecnia industrial (*industrial marketing*) Mercadotecnia especializada en la venta empresa a empresa de productos industriales donde las especificaciones técnicas, la confiabilidad y seguridad del abastecimiento justo a tiempo y del control de calidad y unas relaciones personales fluidas de los distintos niveles de la empresa que entran en contacto cobran más importancia.

mercadotecnia social (*social marketing*) Mercadotecnia encaminada a desarrollar acciones que tengan repercusión en la sociedad en su conjunto. Los encargados de hacer mercadotecnia social se ven afectados por el impacto de un tipo de competencia que la mercadotecnia comercial no suele atender: la competencia amistosa de otras organizaciones sociales que luchan por la misma causa. Estos competidores pueden ayudar de múltiples formas a quienes realizan la mercadotecnia social, pero también pueden crear esfuerzos fragmentados, problemas de base y otras dificultades.

mercancía (*goods*) Cualquier producto destinado al consumo sobre el que se pueda ostentar la propiedad, sea individual o colectiva. Es, por tanto, algo capaz de satisfacer una necesidad humana y de ser vendido y comprado. Es equivalente a bien de consumo.

mercancía en cubierta (*deck cargo*) Carga que se lleva sobre la cubierta de un buque en vez de en la bodega. Al verse más afectada por las condiciones climáticas tiene un flete menor y una prima de seguro mayor.

mercancías en tránsito (*transit goods*) Mercancías que entran temporalmente en un territorio con el fin de ser reexpedidas, en general sin transformación, por lo que están sujetas a un régimen arancelario especial.

mercantil (*mercantile*) Perteneciente o relativo al comercio.

mesa redonda (*round-table*) Grupo de personas, sin preeminencias jerárquicas, que se reúnen para llevar a cabo una discusión pública acerca de una determinada materia. Es frecuente la presencia de un moderador y se inicia con una exposición por cada una de los ponentes.

meta (*goal*) Fin u objetivo al que se dirigen las acciones o deseos de una persona.

metálico (*cash*) Dinero en efectivo, ya sean monedas o billetes.

método de muestreo (*sampling method*) Modo de seleccionar una muestra. Los métodos de muestreo más importantes son el muestreo aleatorio con reemplazamiento, sin reemplazamiento, el muestreo estratificado y el sistemático.

método de tanteo (*trial and error method*) Procedimiento que se utiliza para buscar una solución mediante sucesivos intentos con soluciones cada vez más aproximadas.

miembro (*member*) Individuo que forma parte de una comunidad o asociación.

mina de oro (*cash-cow*) Expresión coloquial para calificar un negocio muy rentable que genera además gran liquidez.

minorista (*retailer*) Sinónimo de detallista, término que es más utilizado, excepto cuando el producto no se distribuye a través de establecimientos abiertos al público.

minusvalía (*capital loss*) Pérdida que resulta de la venta de un activo a un precio inferior a su costo. Para efectos de impuestos, el costo es el valor neto que figura en los libros de contabilidad: costo histórico, deducidas las amortizaciones efectuadas.

misión comercial (*trade mission*) Grupo que visita otros países para aumentar el grado de conocimiento y de intercambio de productos, sea para comprar o para vender. Normalmente cuenta con respaldo institucional, aunque está compuesto por personas del sector público y del privado.

misión de la empresa (*mission statement*) Breve descripción del propósito de una empresa que sirve para comunicar a los empleados y a los agentes externos con los que se relaciona, sus objetivos y los factores a los que da más importancia. Adquirió popularidad a finales de los años 1980 y tiene poco valor si está muy indefinida. El interés mayor reside en el proceso de elaboración interno que sirve para centrar las expectativas e identificar qué se quiere destacar y potenciar.

moneda (*currency*) Divisa de un país. En general, cualquier tipo de dinero (monedas, billetes) que se puede usar como medio de pago en un país.

montaje (*set-up*) En mercadeo, organización final de un establecimiento antes de la apertura.

mostrador (*counter*) Expositor o tablero alargado que se sitúa en los establecimientos para presentar el producto y facilitar el despacho al cliente por el dependiente.

movilidad laboral (*job mobility*) Disposición a cambiar de trabajo. La movilidad laboral es lateral (distinta función), ascendente o descendente (según el nivel jerárquico) o interempresa (cambio de empresa, o incluso de sector). Cuando se combina con movilidad social horizontal se está dispuesto a cambiar también de lugar de residencia.

muestreo (*sampling*) Acción de elegir una muestra después de fijado el proceso de selección. El muestreo puede ser probabilístico o no probabilístico, y puede ser fijo o secuencial.

multimalla mundial; telaraña (WWW) (*WWW; World Wide Web*) Parte de la red Internet que ofrece el acceso a la información con un aspecto e interfaz de usuario parecido a los entornos gráficos de sistemas operativos como Windows, OS/2 o MacOS. Es una de las partes más populares de la red Internet, gracias a su atractivo visual y su facilidad de uso. Está basada en el HTML para describir el formato de las pantallas y el HTTP como protocolo de transmisión. Las siglas en inglés de World Wide Web (telaraña mundial) y por las que es más comúnmente conocida son WWW.

multitarea (*multitasking*)
Capacidad de algunos sistemas operativos de ejecutar varias aplicaciones simultáneamente.

N

negociación (*negotiation*)
Discusión formal entre partes
para tratar de llegar a un
acuerdo o arreglo ventajoso
para todos.

negociación colectiva (*collective
bargaining*) Negociación de
las condiciones laborales de
un conjunto de trabajadores
por sus representantes
sindicales con carácter global.
Puede ser con una sola
empresa o todo un sector.

negociador (*negotiator*) Persona
especializada en el logro de
acuerdos ventajosos para una
organización en su trato con
terceros.

negociar (*negotiate*) Realizar
operaciones comerciales con
ánimo de lucro.

negocio (*business*) Lo que es objeto
o materia de una ocupación
lucrativa o de interés. Cuando
es regular y tiene un cierto
volumen y organización, se
llama también empresa.
Sociedad es una empresa con
forma jurídica.

negocio conjunto (*joint venture*)
Actividad empresarial
acometida de forma conjunta
por dos o más empresas
independientes, que se
reparten los beneficios o
pérdidas en una proporción
determinada. Generalmente
cada parte es especialista en
algo, y el fruto de actuar en
conjunto es superior al de
hacerlo por separado (por
ejemplo, aportación de
tecnología y de red
comercial). Ahora es
frecuente formar una
nueva persona moral que
acometa esa actividad, en
cuyo caso se denomina
empresa conjunta.

negocio de campaña (*seasonal
business*) Compras y ventas
que se realizan
exclusivamente en una época
del año. Suelen estar
relacionadas con cosechas
agrícolas o con el clima o
costumbres de cada estación.
Es frecuente que el ejercicio
económico no coincida con el
año natural.

negocio en marcha (*going
concern*) Negocio que está
funcionando con utilidades

adecuadas, sin que se aprecie ningún peligro especial.

negocio familiar (*mom and pop business*) Negocio familiar pequeño manejado por un matrimonio sin apenas empleados externos. Suele consistir en una tienda, o una pequeña agencia de servicios.

negocio principal (*core business*) Se llama así a la actividad básica de una empresa. En los conglomerados o grupos de empresas puede darse una pluralidad de negocios principales.

neto (*net*) Cantidad exacta después de descuentos o diferencias. Por ejemplo, precio neto es el precio a pagar, y utilidad neta es el bruto deducidos los impuestos.

nicho de mercado (*market niche*) Parte de un mercado suficientemente diferenciada del resto. La diferencia puede venir de la relación calidad-precio, características del producto, del cliente, del canal de distribución, de servicios paralelos o zona geográfica. El nicho tiene que ser lo suficientemente grande y con potencial de crecimiento bastante como para permitir una especialización rentable sin que atraiga, o por lo menos dificulte la entrada, de competidores mayores. Cuando el nicho no está satisfactoriamente cubierto hay un hueco de mercado.

NIFO (*NIFO*) Sistema de valoración de existencias que asigna a las unidades que salen el valor de reposición (próxima unidad a comprar). Aumenta el valor de costo de las mercancías y disminuye la utilidad contable, incluso más que el LIFO si hay inflación.

nombre comercial (*trade name*) Denominación con la que se da a conocer al público y se diferencia un establecimiento o empresa. No tiene por qué coincidir con la razón social.

nombre del cargo (*job title*) Denominación oficial del cargo que una persona desempeña en una organización. Suele ser descriptivo de la función y/o del área geográfica que cubre.

nómina (*payroll*) Conjunto de retribuciones pagadas por todos los conceptos a cada uno y a la totalidad de los trabajadores de una empresa. También se usa el término masa salarial.

normación; normalización (*standardization*) Tipificación, ajuste a un tipo, modelo o norma. Adaptación de un producto o sistema a lo que se considera normal.

normas de auditoría; normas de auditoría generalmente aceptadas (*auditing standards; generally accepted auditing standards*) Principios y reglas que deben seguirse en una auditoría interna o externa para que el informe sea válido. Se califican de "generalmente aceptadas" y no obligatorias oficialmente.

nota de abono (*credit memo*) Documento por el que se reconoce el abono de una cantidad (por ejemplo, por un descuento o por devolución de mercancía). Es más habitual que nota de crédito.

nota de cargo (*debit memo*) Documento por el que se pone en conocimiento del deudor el haber realizado un cargo en su cuenta. Se utiliza cuando no es apropiado emitir una factura (por ejemplo, traspaso de un gasto, adeudo de un interés). Es más habitual que nota de débito.

nota de remisión; albarán (*delivery note*) Nota de entrega que firma la persona que recibe una mercancía como reconocimiento de que ha recibido una determinada cantidad de artículos de una cierta calidad. Sirve como soporte para la factura y normalmente no incluye el precio o las condiciones de pago.

nota de remisión de envío; albarán de preparación (*packing list*) Lista de productos con las cantidades que son enviadas de cada uno que va dentro de la caja y sirve para facilitar el control de la salida y de la recepción de la mercancía.

notario (*notary public*) Funcionario público con autorización para dar fe de los contratos, testamentos y otros actos jurídicos conforme a las leyes. En los países anglosajones suele ser cualquier abogado.

notas a los estados financieros (*notes to financial statements*) Información complementaria a los estados financieros que permite conocer a fondo las políticas contables, los detalles de ciertas cuentas y los hechos extraordinarios.

numerario (*cash*) Dinero líquido o en efectivo. En sentido amplio también se consideran numerario los depósitos en cuenta corriente bancaria, o en activos financieros a la vista y con suficiente liquidez.

número de identificación personal; NIP (*personal identification number; PIN*) Código numérico que permite al usuario de un sistema acceder a él.

número de pedido (*order number*) Referencia que identifica una orden de servicio o de fabricación y que facilita la comunicación entre vendedores y compradorees, la facturación y el control administrativo general.

números rojos (*in the red*) Tener pérdidas o saldo negativo. Antiguamente se utilizaba tinta roja en estos casos para facilitar el control.

O

objetivo (*objective*) Meta de una empresa u organización. Sirve para coordinar, motivar y evaluar la actuación.

objetivo (*budgeted*) Como adjetivo, sinónimo de presupuestado.

objetivo estratégico (*strategic goal*) Meta de gran importancia para la compañía en su conjunto que sirve para definir la estrategia y fijar objetivos a más corto plazo o que afectan a aspectos concretos de la empresa. Se considera vital para la supervivencia o el desarrollo de la compañía y se define en el plan estratégico.

objetivo publicitario (*advertising goal*) Dentro de un plan de mercadotecnia y unas metas generales de comunicación, es la finalidad concreta de una campaña publicitaria, incluyendo lo que se quiere que el público recuerde y realice. Es parte esencial de la estrategia publicitaria, y sirve de orientación para saber si una propuesta de mensaje la cubre.

obligación principal (*primary liability*) Obligación de la persona de pagar una deuda. El emisor de un pagaré, el librado de una letra de cambio, o el aceptante de una letra de cambio aceptada son los obligados principales.

obra en curso (*work in process*) Activo circulante en fase de fabricación o montaje. En empresas que construyen activos fijos para terceros, puede suponer un porcentaje importante de sus activos y generar resultados falsos si no se contabilizan adecuadamente los certificados de obra correspondientes a cada fase. En el caso de productos se suelen calificar de semiterminados.

obsequio de empresa (*business gift*) Regalo que la empresa hace con fines promocionales o de relaciones públicas. Puede ser no deducible.

obsolescencia (*obsolescence*) Desplazamiento de una tecnología o producto por otro innovador que realiza la misma función con mayor eficacia.

ocasión (*bargain*) Producto que se ofrece barato en un saldo o rebaja. En bienes duraderos suele coincidir con productos de segunda mano, también llamados seminuevos o de ocasión.

ocultación (*concealment*) Acto de esconder información, bienes o rentas para eludir el pago de los impuestos, evitar una reivindicación, defraudar a los acreedores o engañar a una compañía de seguros.

ocupación (*occupation*) Empleo o trabajo regular que realiza una persona para ganarse la vida.

oferta (*offer*) Proposición de un negocio o iniciativa para la formalización de un contrato. Se entiende como firme o fija si no se expresa lo contrario y mientras no se retire.

oferta (*supply*) En economía, cantidades de un bien que se ofrecerían en un mercado y en un momento determinados, a un precio o conjunto de precios. En teoría, la oferta y la demanda se encuentran en un precio de equilibrio. Si el precio fuera superior, la oferta aumentaría y la demanda bajaría, y al no haber equilibrio en las cantidades se volvería al precio de equilibrio.

oferta apalancada (*leveraged bid*) Oferta de compra de una empresa que se lleva a cabo recurriendo en gran medida a recursos externos. Suele usarse como garantía los activos de la empresa cuya adquisición se pretende, con el fin de venderlos posteriormente para amortizar el préstamo.

oferta condicionada (*conditional bid*) Oferta que se realiza para la adquisición de una empresa poniendo como condición la adquisición de un porcentaje mínimo de las acciones de dicha empresa y otros requisitos análogos.

oferta contestada (*contested bid*) Oferta de compra de una empresa que es rechazada por la dirección o los accionistas.

oferta de adquisición amistosa (*friendly bid*) Oferta que realiza una compañía para hacerse amistosamente con el control de otra empresa, y que ha sido previamente pactada con su gerencia.

oferta de buena fe (*bona fide bid*) Oferta que se presenta para la adquisición de una empresa, previamente pactada o no, que se considera puede interesar al accionista. Generalmente se exige que las medidas que se tomen para hacer frente a ésta sean aprobadas en junta general de accionistas.

oferta efectiva (*effective supply*) Cantidad de un bien o servicio que los agentes económicos suministran a los precios vigentes en el mercado. Si es inferior a la oferta nocional se produce un racionamiento de la oferta.

oferta monetaria (*money supply*) Cantidad de dinero, bajo la forma de cualquier medio de pago monetario y crediticio, en circulación en un sistema económico en un momento dado.

oferta no condicionada (*unconditional bid*) Oferta de compra en que la empresa oferente no requiere un número específico de acciones.

oferta no contestada (*uncontested bid*) Oferta de adquisición de una empresa que a pesar de no estar previamente pactada es aceptada por la dirección y por los accionistas.

oferta nocional (*notional supply*) Cantidad de un bien o servicio que los agentes económicos están dispuestos a suministrar a los precios de mercado vigentes. Si es superior a la oferta efectiva se produce un racionamiento de la oferta.

oferta parcial (*partial bid*) Oferta que sólo persigue un porcentaje determinado de los derechos de voto en una empresa. Debido a la diversidad de las leyes acerca de esta materia, en cada país el porcentaje mínimo y máximo es distinto.

oferta pública de adquisición; OPA (*takeover bid*) Oferta de compra de acciones, pública e indiscriminada, con ánimo de adquirir una participación mayoritaria en una sociedad. El precio suele ser superior al del mercado, para favorecer la aceptación, que debe realizarse en un plazo fijado. Es normal que haya una cantidad máxima de acciones a comprar y la OPA puede estar condicionada a obtener una determinada participación.

oferta pública de adquisición hostil; OPAH (*hostile takeover bid*) OPA que realiza un accionista minoritario o un extraño a la sociedad sin el conocimiento o aceptación previos de la gerencia. En sociedades donde el consejo o la dirección controlan un porcentaje del capital relativamente pequeño, es posible que los accionistas minoritarios se inclinen a vender ante un precio atrayente. El propósito es obtener el control de la sociedad.

oferta pública de venta (OPV); oferta pública de enajenación (OPE) (*public offering*) Oferta de venta de acciones pública y generalmente indiscriminada, con ánimo de enajenar una participación significativa en una sociedad. Se utiliza especialmente por el Estado para privatizar empresas públicas. Puede cederse la mayoría o no. Es frecuente la fijación de cuotas, por ejemplo, para empleados, inversionistas extranjeros y nacionales, inversionistas institucionales y particulares. Puede ser por subasta o por aceptación de un precio, en cuyo caso suele haber prorrateo, o fijación de un límite por inversionista.

oferta pública inicial; OPI (*initial public offering; IPO*) Oferta de acciones al público antes de empezar a cotizar en bolsa o después de un periodo de suspensión. A diferencia de la colocación privada hay unos requisitos de información y de reparto objetivo por prorrateo o subasta.

oficina (*office*) Lugar donde trabajan empleados en sentido estricto, es decir, directivos y administrativos.

oficina central (*home office*) Oficina desde la que se dirige una organización. Puede no ser la más numerosa, pero es donde trabaja la dirección y desde donde se imparten las políticas e instrucciones. Suele coincidir con el domicilio social, aunque en organizaciones muy grandes normalmente está en la capital del país o en la ciudad con mejores comunicaciones. En Estados Unidos el domicilio social puede estar en estados con legislación favorable (por ejemplo, Delaware).

oficina de correos (*post office*) Oficina abierta al usuario donde se tramitan todos los servicios postales.

oficina de prensa (*press office*) Servicio de información a los medios de comunicación que mantiene una empresa o institución para actuar como portavoz habitual, difundiendo comunicados de prensa y contestando a las preguntas de los informadores.

oficina principal (*main office*) La oficina más importante de una empresa a nivel local. En banca, por ejemplo, la oficina principal de una ciudad coordina a las agencias de esa ciudad o provincia, que actúan como sucursales de ella.

opción (*option*) Derecho de hacer, dejar de hacer, aceptar o no aceptar alguna cosa. Facultad que en un contrato se concede a una de las partes para ejercitar un derecho o acción.

opción-bono (*stock option*) Opción de compra de acciones de su sociedad que recibe un empleado como bono por lograr unos objetivos y para fomentar su permanencia en la empresa. Puede ser transferible o no, y normalmente se pierde al dejar de ser empleado. Su precio de ejercicio suele ser muy favorable y el periodo largo.

operación; explotación (*operation*) Actividad empresarial y su resultado, recogido en la cuenta de explotación o cuenta de resultados.

operación triangular (*trilateral deal*) Contrato de compraventa entre dos países distintos del de residencia del operador. Este operador actúa como un mero intermediario comercial, y la mercancía nunca llega a entrar en el territorio aduanero del país de residencia del mismo.

opinión calificada (*qualified opinion*) Informe de un auditor en el que se señalan ciertas limitaciones a su capacidad de examen de la información (no estar presente en la toma de inventarios, etc.) o su no conformidad con la forma de contabilizar determinados hechos por no estar de acuerdo con los principios de contabilidad generalmente aceptados o por no ser éstos homogéneos con los usados en ejercicios anteriores. Se dice que no es una auditoría limpia o que tiene excepciones.

oportunidad del mercado (*market timing*) Momento más adecuado para realizar una determinada transacción. En una sesión continua el momento más importante suele ser el final o el inicial, aunque dentro de un periodo más largo, por ejemplo, un mes, puede ser aquel en el que coincidan unas circunstancias relevantes.

orden de compra (*purchase order*) Oferta formal, del posible comprador, de adquirir una determinada mercancía en la cantidad, precio y condiciones que se especifican en el documento. El contrato se formaliza con la aceptación del vendedor. En la práctica, es el comprador muy frecuentemente el que acepta unas condiciones generales ofrecidas por el vendedor y envía la orden de compra para facilitar los pedidos de reposición.

orden de entrega (*delivery order*) Instrucción escrita que da el propietario de una mercancía al que se la transporta o guarda en almacén para que la deposite o ponga a disposición del tercero que designa.

orden de inserción (*insertion order*) Petición formal de un anunciante o de su agencia para la publicación de un anuncio en un medio de prensa y en una fecha determinada.

orden de pago (*money order*) Orden irrevocable de transferencia de una cuenta corriente propia a la de otra persona.

orden del día (*order of the day*) Programa de los asuntos que han de ser tratados en una reunión. El orden suele ser: relación de asistentes y justificación de representaciones y ausencias, lectura y aprobación del acta anterior, asuntos a tratar y preguntas y respuestas.

ordenanza (*office assistant*) Empleado subalterno en las oficinas y despachos públicos que se encarga normalmente de hacer cosas administrativas.

organigrama (*organization chart; table of organization*) Representación gráfica y esquemática de la estructura de una compañía. Suele incluir el nombre de los puestos y de las personas que los desempeñan, y las relaciones jerárquicas y/o funcionales entre ellos. Puede ir acompañado de la descripción de los puestos con sus funciones y responsabilidades.

organigrama funcional (*flow chart*) Diagrama de cajas que representa la estructura lógica de un programa informático.

organigrama lineal (*line organization*) Organigrama en que la autoridad está concentrada en el nivel más alto de la organización y cada persona recibe órdenes sólo de su propio jefe y responde de sus tareas únicamente ante él.

organismo (*organization*) Organización de carácter público que engloba a un conjunto de departamentos o divisiones.

organización (*organization*) Conjunto organizado de personas y medios dedicados a la realización de una misma actividad o a la consecución de un mismo fin.

organización por centros de utilidades (*profit center*

organization) Organización basada en el establecimiento de centros de utilidades independientes. La división se hace, por ejemplo, por zonas geográficas o por diferentes grupos de producto. Un centro de utilidades puede ser un solo departamento, un sector o una fábrica, dependiendo del tamaño de la empresa y del grado de independencia. Algunas ventajas son la independencia y los precios garantizados y los resultados se basan en objetivos mutuamente definidos.

orientación al consumidor
(*market-oriented*) Filosofía que preside las actuaciones de las empresas mercadotécnicamente más avanzadas, que continuamente están tratando de captar, o incluso anticipar, las necesidades de los consumidores. Lo contrario son las empresas enfocadas a vender los productos que ellas mismas diseñan o que el desarrollo tecnológico va generando.

orientada a la producción
(*production-oriented*) Compañía que, en vez de estar orientada a satisfacer las necesidades de los consumidores, se centra en lanzar productos que sus técnicos desarrollan porque son más fáciles de producir o se adecuan mejor a su capacidad instalada.

P

pacto de recompra (repo); compromiso de recompra (*repurchase agreement*) Acuerdo por el que el vendedor se compromete a volver a comprar al comprador lo vendido bajo ciertas condiciones. Se utiliza a menudo en la venta temporal de activos financieros.

pagadero a la vista (*payable at sight*) Título que hace exigible la deuda que incorpora en el momento mismo de su presentación por el acreedor al deudor.

pagar (*pay*) Entregar una cantidad de dinero en efectivo, o medio de pago equivalente, para satisfacer una deuda u obligación.

pagaré (*promissory note*) Documento privado por el que una persona se compromete a pagar a otra, o a su orden, una cantidad determinada en una fecha cierta. Los pagarés más usuales son los bancarios, los de empresa y los del Tesoro.

pagaré de empresa (*commercial paper*) Deuda a corto plazo emitida por una sociedad industrial o comercial sin garantía bancaria. Se dirige al público en general en suscripción abierta, y es transmisible. Es utilizada por empresas solventes, con buena calificación de crédito.

pagaré en gestión de cobro (*note receivable for collection*) Pagaré entregado por el beneficiario a un banco para que se ocupe de su cobro justo antes de su vencimiento a cambio de una comisión. No se generan intereses al no adelantar el banco el importe del pagaré.

pagarés por cobrar (*notes receivable*) Letras de cambio o pagarés pendientes de cobro. Los pagarés pueden tener un origen comercial o financiero.

pagarés por pagar (*notes payable*) Letras de cambio y pagarés pendientes de pago. Pueden tener un origen comercial o financiero.

página completa (*full page*) Comunicación publicitaria

que ocupa toda la página de un periódico o revista. Otras medidas habituales son la media, tercio, cuarto y octavo de página. El lector se suele fijar más en las páginas de la derecha o impares.

página de presentación (*home page*) Documento que se presenta en primer lugar cuando se accede a un sitio Web a través de Internet o una red interna corporativa. Por lo general, contiene hiperenlaces de texto o imágenes que permiten acceder desde esta página a los documentos relacionados del sitio.

página impar (*odd page*) En un medio impreso, página de la derecha. Los anuncios colocados en páginas impares tienen mayor facilidad de ser vistos, y por tanto son más caros.

página par (*even page*) Página con numeración par que al estar situada a la izquierda tiene menos atractivo publicitario, con la excepción de la última página.

páginas amarillas; sección amarilla (*yellow pages*) Sección de la guía telefónica donde aparecen clasificados los usuarios por actividad comercial, lo que facilita el contacto con los restaurantes, pequeños

comerciantes y profesionales que allí se anuncian. Además de la versión tradicional en papel se puede consultar por computadora.

pago (*payment*) Cumplimiento efectivo o abono de una obligación o deuda, ya consista ésta en dinero u otros bienes.

pago a cuenta (*payment on account*) Pago que el deudor realiza como satisfacción parcial de una obligación, antes de la liquidación definitiva. Se distingue del pago fraccionado en que la cuantía total por pagar no está fijada.

pago al contado (*cash payment*) Pago que se realiza en el mismo momento o inmediatamente después de la transferencia física del bien.

pago en especie (*payment in kind*) Pago realizado mediante la entrega de un objeto distinto del dinero o signo que lo represente.

pagos contingentes (*contingency payments*) Pagos que sólo se producen si se da una cierta circunstancia, por ejemplo, en una OPA. Gratificación que una empresa compradora da a la dirección de otra empresa para vencer su resistencia a la operación.

país de destino (*country of destination*) Nación a la que va a llegar una mercancía o pasajero.

país de origen (*country of departure*) Nación de la que va a salir una mercancía o pasajero.

país de procedencia (*country of origin*) País donde se ha producido un bien, aunque por efectos del transporte llegue a un país a través de otro distinto del original. Se identifica por la frase "fabricado en" o "hecho en".

paleta (*pallet*) Base sobre la que se colocan mercancías para facilitar su transporte y almacenaje. Está construida normalmente en madera, y tiene unos huecos en los que se meten las uñas de las carretillas transportadoras y elevadoras.

paletizar (*palletize*) Colocar de forma ordenada sobre una paleta las cajas o mercancías que vaya a soportar. Las filas se van disponiendo alternativamente de distinta forma, para asegurar una buena sujeción. A veces se refuerza la unión con cola, con una cincha metálica en la parte superior, o envolviendo el conjunto de la paleta con una lámina de plástico. La disposición en columna disminuye la estabilidad, pero mejora la resistencia de las cajas.

palo y zanahoria (*carrot and stick*) Táctica de mostrar a la vez el posible premio y el castigo, premio que a veces cuando se está a punto de conseguir es dilatado en el tiempo o exige nuevos esfuerzos.

pan (*bread and butter*) Ganarse el pan con algo indica coloquialmente que es el negocio principal de esa empresa o persona, y del que depende esencialmente su éxito. En un hotel, por ejemplo, es el alquiler de habitaciones, aunque el restaurante pueda contribuir a mejorar su rentabilidad.

pancarta (*banner*) Cartelón de tela, papel, cartón u otros materiales ligeros que, sostenido adecuadamente en una o varias pértigas, se exhibe en reuniones públicas con lemas, expresiones de deseos colectivos o peticiones.

pánel (*panel*) Conjunto de expertos en un tema que son consultados, o que intercambian puntos de vista, por parte de un público interesado.

papel comercial (*trade bills*) Efecto comercial o letra de cambio que tiene su origen en una transacción comercial, lo que le diferencia del pagaré de empresa. Es librado por el vendedor, y el comprador puede haberlo aceptado o no.

papeleo (*red tape*) Conjunto de impresos y procedimientos que hay que seguir para obtener algo en una organización. Suele ir acompañado del calificativo burocrático y es sinónimo de trámites excesivos y lentos.

paquete de acciones (*shareholding*) Participación accionarial en una sociedad que detenta un determinado propietario.

paquete de acciones de control (*control stock*) Cantidad de acciones de una empresa que se requiere para poder tomar sus decisiones.

paquete de negociación (*negotiation package*) Obligaciones y derechos que de forma conjunta se ofertan o se acuerdan en una negociación, de manera que no se puedan aceptar sólo algunos y que la variación en uno puede afectar a los anteriores, aunque ya estuviesen acordados provisionalmente.

paraíso fiscal (*tax haven*) País o región con leyes fiscales muy favorables para el establecimiento de la residencia legal de personas físicas o morales que quieren pagar menos impuestos, aunque frecuentemente el ámbito real de sus operaciones esté centrado en otros países.

parte (*report*) Documento breve que con carácter periódico informa de los resultados y novedades de una sección (por ejemplo, parte de producción).

parte a dividendos (*payout ratio*) Porcentaje del beneficio repartible que se dedica a dividendos. El resto se destina a reservas voluntarias.

participación de control (*controlling interest*) Bloque de acciones que asegura la capacidad de dirigir una sociedad.

participación económica (*financial participation*) Porcentaje que sobre los beneficios o dividendos de una empresa o negocio tiene un socio.

participación política (*voting rights participation*) Porcentaje que sobre los votos totales que se pueden emitir en una sociedad tiene un socio. Normalmente cada acción tiene derecho a un voto por lo que la participación política y económica coinciden. Difieren cuando hay acciones sin derecho de voto (por ejemplo, las preferentes), acciones con voto múltiple (en otros países) o participación piramidal (el socio tiene acciones a través de una interpuesta donde no es propietario de todo el capital).

pasivo (*liability side*) Parte del balance de situación de una empresa que refleja sus deudas con terceros (proveedores, acreedores bancarios, etc.), y sus fondos propios (capital y reservas). Se representa a la derecha o debajo del activo.

pasivo (*liabilities*) Cualquier deuda real o contingente que tiene una empresa o individuo con terceros.

pasivo circulante (*current liabilities*) Parte del pasivo que vence antes de un año. Incluye proveedores, Hacienda Pública, Seguridad Social y acreedores bancarios o varios a corto plazo. Salvo en empresas de distribución, debe ser inferior al activo circulante para facilitar el funcionamiento normal de la empresa.

pasivo no circulante (*non-current liability*) Elemento del pasivo que tiene el vencimiento con fecha posterior al año en curso. Normalmente es una deuda financiera, ya que las comerciales suelen ser a corto plazo.

pasivos computables (*affected liabilities*) Partidas del pasivo de una institución financiera de depósito usados para calcular su coeficiente de caja y de inversión.

patente (*patent*) Documento que garantiza el disfrute de la propiedad industrial de un invento (objeto, proceso o aplicación) al beneficiario que lo registra, concediéndole determinados derechos por un periodo.

patrocinador (*sponsor*) Persona que patrocina una actividad.

patrocinar (*sponsor*) Sufragar parcial o totalmente los gastos de una actividad o programa. Dentro de un programa de relaciones públicas, el patrocinador subsidia competencias deportivas, trabajos de investigación o acontecimientos culturales para difundir su imagen y contribuir al bienestar social.

patrón (*boss*) Dueño de un pequeño negocio o dirigente de un grupo informal. En grupos más formales se usan los términos jefe o director.

patronato (*board of trustees*) Conjunto de personas que aconsejan y supervisan las actividades de una universidad, fundación o instituto, para asegurar que cumplen los fines establecidos.

penetración del mercado (*market penetration*) Estrategia de crecimiento con los productos y en los mercados actuales mediante una política de mercadología más agresiva (por ejemplo, baja de precios y aumento de publicidad). Otras estrategias son el desarrollo de nuevos mercados (introducción), de nuevos productos (lanzamiento), o ambas combinadas en una estrategia de diversificación.

pensión (*pension*) Cantidad fija, normalmente mensual, que se cobra en reconocimiento a los servicios prestados, hechos extraordinarios o como ayuda en determinados casos (viudez, incapacidad). Es frecuente que se actualice en un porcentaje fijado por las autoridades, o automáticamente según el índice del costo de vida.

pensión de jubilación (*retirement pension*) Pensión que comienza a percibir al dejar de trabajar una persona que ha llegado a cierta edad con determinados años de

servicios. Si no ha cumplido los 65, la pensión de jubilación anticipada es menor.

pensionista (*pensioner*) Persona que recibe una pensión y que no pertenece a la fuerza de trabajo.

per cápita (*per capita*) Por individuo. Es el resultado de dividir un agregado entre la población total (por ejemplo, renta per cápita).

pérdida (*loss*) Déficit en la cuenta de resultados por ser los ingresos inferiores a los gastos, incluidas amortizaciones y provisiones. En general, es el saldo negativo de un negocio u operación.

pérdida a largo plazo (*long-term loss*) Pérdida anticipada a largo plazo, lo contrario de utilidad a largo plazo.

pérdida desconocida (*shrinkage*) Diferencia en existencias no justificada que se debe principalmente al hurto por clientes, empleados o proveedores, al deterioro de mercancía no contabilizado como tal y a errores en el marcaje de precios.

pérdidas fiscales (a futuro) (*tax loss carry-forward*) Pérdidas que se pueden utilizar para compensar las utilidades futuras evitando el pago de impuestos sobre utilidades. Dependiendo de los países las pueden utilizar sólo las sociedades o también los individuos, y para compensar todo tipo de ingresos o sólo los provenientes de plusvalías. En ciertos casos pueden compensar utilidades pasadas dando origen a una devolución del impuesto.

pérdidas fiscales (a pasado) (*tax loss carry-back*) Pérdidas fiscales que sirven para compensar utilidades obtenidas en los últimos ejercicios, dando lugar así a un crédito contra la Hacienda Pública. En algunos países no existen, ya que sólo se pueden compensar las utilidades futuras, no las pasadas.

perfil de una compañía (*company profile*) Conjunto de los datos (por ejemplo, nombre, número de empleados, cifra de ventas, resultados y fondos propios, misión, breve historia, tipo de accionistas, gama de productos y principales actividades) que sirven de introducción, describen una compañía y permiten compararla con otra por un cliente, proveedor o empleado potencial.

perfil del consumidor (*consumer profile*) Conjunto de características demográficas, sociales y de mentalidad que distinguen a los consumidores de una marca, clientes de un establecimiento o usuarios de un servicio. El perfil se obtiene mediante la investigación del consumidor, y sirve para definir al público objetivo.

perfil del puesto (*job profile*) Descripción de las características ideales requeridas para desempeñar un puesto. Se especifican la educación, experiencia, aptitudes especiales, actividades extracurriculares y liderazgo del candidato, y se resumen las condiciones del puesto de trabajo. Facilita el proceso de selección, al mejorar el diálogo entre el candidato, el departamento de personal y el futuro jefe.

periodificación (*accruing*) Asignación de un gasto o ingreso al periodo contable al cual se refiere, o en el que se devengaría si no se siguiese un criterio de caja.

periodo de gracia; periodo de carencia (*grace period*) Tiempo durante el cual no hay que empezar a devolver el principal de un crédito. En créditos blandos puede existir un periodo inicial en el que no se devenguen intereses.

periodo de maduración; PME
(*maturity period*) Número de días que por término medio permanecen las existencias en la empresa. Se calcula dividiendo los niveles de existencias entre la cifra de ventas neta, y multiplicando por 365 días. Se intenta disminuir planificando entregas de proveedores, cambios en las líneas de producción y servicios a clientes.

periodo de maduración original
(*original maturity*) Periodo entre el momento de emisión de unas obligaciones y la última amortización prevista, es decir, la vida prevista para esa emisión.

periodo de recuperación (*payback period*) Periodo necesario para que los flujos de caja libres de un proyecto compensen la inversión inicial. Se puede calcular descontando los flujos esperados al tipo de interés que la empresa exige para autorizar sus proyectos, aunque muchas veces se consideran los flujos sin descontar.

periodo de tenencia (*holding period*) Tiempo durante el cual se posee como inversión un activo o instrumento financiero. Se usa para calcular la rentabilidad anual

o como exigencia para ciertos estímulos fiscales.

periodo del crédito (*rollover period*) Cada uno de los periodos de un crédito con tipo de interés variable en el que se fija un nuevo tipo. El prestatario tiene opción generalmente a elegir la duración del periodo a su tipo correspondiente o a no disponer de él. Una vez fijado el periodo y el tipo tiene que disponer del total del crédito durante ese periodo. Al acabarlo vuelve a elegir plazo, hasta llegar al vencimiento final.

periodo medio de cobro; PMC
(*average collection time*) Número de días que por término medio financia la empresa a sus clientes. Se calcula dividiendo el saldo de la cuenta de clientes más el de las cuentas por cobrar (o la de orden de efectos descontados pendientes de vencimiento) entre la cifra de ventas neta, y multiplicando por 365 días. La rotación se calcularía dividiendo la cifra de ventas entre el saldo de clientes y efectos. A veces se usa sólo el saldo de clientes.

periodo medio de pago; PMP
(*average payment period*) Número de días que por

término medio financian los proveedores a una empresa. Se calcula dividiendo el saldo de la cuenta de proveedores entre la cifra de ventas neta, y multiplicando por 365 días. Si el valor añadido es muy alto, a veces se usa la cifra de ventas a precio de costo, aunque no es lo habitual ya que se prefiere comparar con el periodo medio de cobro y de maduración.

peritaje (*expert appraisal*) Trabajo, análisis o estudio realizado por un perito.

perito contable (*certified public accountant; CPA*) Experto en contabilidad que cumple los requisitos de su colegio profesional para poder emitir informes contables.

permeabilidad de un mercado (*market permeability*) Posibilidad de influencia que algunos factores, como la publicidad o la promoción, pueden tener sobre un mercado concreto. Un mercado es tanto más permeable cuanto más influenciable sea.

permiso (*permit*) Licencia o consentimiento para hacer o decir una cosa.

permiso de trabajo (*work permit*) Autorización administrativa a un extranjero para que trabaje durante un cierto periodo en un país. Con ello se controla la inmigración.

permiso por enfermedad (*sick leave*) Días que un trabajador puede estar legalmente de baja recibiendo su compensación por enfermedad de su empresa y de la seguridad social. El número exacto depende del médico que debe certificar la baja y el alta, mientras que el porcentaje de su retribución normal que va a recibir se fija por la legislación de cada país.

permiso por maternidad (*maternity leave*) Permiso retribuido entre la empresa y el sistema de seguridad social que se concede a la mujer que ha tenido un hijo. El periodo depende de la legislación de cada país y va desde ocho semanas hasta doce meses, pudiendo ser sustituida la madre por el padre en la fase final.

permiso por paternidad (*paternity leave*) Permiso retribuido entre la empresa y el sistema de seguridad social que se concede al padre, en el caso de que acuerden que la madre sea sustituida por él para poder así reincorporarse rápidamente a su trabajo. No puede empezar hasta pasado el periodo mínimo de pura recuperación física de la madre. Aunque contemplado por las legislaciones de muchos países desarrollados, todavía se utiliza poco en la práctica, a pesar de que su proliferación disminuiría mucho la discriminación sexual. En algunos países pueden coincidir el padre y la madre durante un periodo corto.

perpetuo (*perpetual*) Lo que permanece durante toda la vida, ya sea el desempeño de un puesto o una renta.

persona clave (*key person*) Persona muy importante para una organización o departamento porque su experiencia, conocimientos, dotes de liderazgo, contactos con clientes o grupos de referencia importantes son difícilmente sustituibles.

persona física (*individual*) Individuo del género humano, susceptible de ser sujeto de derechos y obligaciones.

persona moral (*legal entity*) Compañía, asociación o fundación de interés público y reconocida por la ley. También lo es toda asociación de interés particular, ya sea civil o mercantil, a la que la ley concede personalidad propia independiente de la de sus asociados. Puede adquirir y poseer toda clase de bienes, contraer obligaciones, y ejercitar acciones civiles o criminales conforme a sus normas constitutivas.

personal (*staff*) Conjunto de personas que trabajan en una empresa, fábrica u organismo. El término inglés se refiere más a empleados, aunque a veces abarca también a los obreros.

peso bruto (*gross weight*) Peso total, incluida la tara. En el caso de productos envasados incluye el envase.

peso neto (*net weight*) Peso bruto deducida la tara y en su caso el envase. El peso neto escurrido se calcula separando el peso del líquido de conservación.

pie de imprenta (*imprint*) Denominación del editor y del impresor, lugar y año de la impresión, que suele ponerse al principio de las publicaciones en la página de créditos.

piratería (*piracy*) Copia ilegal de programas informáticos o de productos con marca de renombre.

placa personal (*name badge*) Tarjeta o insignia en la que se destaca el nombre de una persona, y a veces la organización a la que pertenece, y que se utiliza para facilitar la identificación en una reunión o en una feria.

plagio (*plagiarism*) Copia ilegal de escritos o trabajos ajenos, incluyéndolos como propios en una publicación original.

plan (*plan*) Conjunto de acciones organizadas y proyectadas para lograr los resultados esperados. Es la descripción pormenorizada de una estrategia de ejecución en la que se relacionan fines, medios, ejecutores y fechas de cumplimiento.

plan de incentivos (*incentive scheme*) Conjunto de retribuciones que una compañía fija en favor de sus altos directivos. La tendencia es hacer depender cada vez más los ingresos totales de los directivos de las utilidades de la empresa y de la apreciación de sus acciones.

plan de mercadotecnia (*marketing plan*) Plan que resume la actividad del departamento de mercadotecnia de una empresa o de un grupo de productos, incluyendo objetivos de venta, beneficios y comunicación y concretando las acciones y el presupuesto a desarrollar de lanzamiento o retirada de productos, publicidad, promoción, precios y distribución.

plan de negocios (*business plan*) Resumen detallado de los objetivos de una nueva actividad y de los medios y resultados previstos. Se utiliza en las grandes empresas para la aprobación de nuevos presupuestos, y es básico para los inversionistas de capital-riesgo que apoyan la creación de empresas. Debe incluir: descripción del producto o servicio a ofrecer, mercado potencial y cuota prevista, análisis del consumidor, plan de producción con énfasis en nuevas tecnologías, plan de mercadotecnia, balances y cuentas de resultados provisionales para varios años, necesidades financieras y forma de cubrirlas, y plan de salida a bolsa si fuera pertinente.

plan de participación en el capital de los empleados (*employee stock ownership plan; ESOP*) Sistema para favorecer la participación de los empleados en el capital social de la empresa.

plan de pensiones (*pension plan*) Conjunto de normas que fija las reglas de funcionamiento y determina los derechos y obligaciones de las personas a cuyo favor se constituye un fondo de pensiones, incluyendo la dotación inicial y el sistema de aportaciones de la empresa y del beneficiario.

plan de publicidad (*advertising plan*) Expresión escrita de los objetivos publicitarios y de los medios a utilizar. Aunque debe formar parte de un plan de comunicación global, por su importancia suele ser un plan independiente. Puede incluir la estrategia, los objetivos publicitarios, la personalidad y el recuerdo de marca deseados, el público objetivo, el contenido del mensaje y el plan de medios. Equivale a plan de campaña aunque a veces puede haber varias campañas dentro del mismo año presupuestario.

plan de ventas (*sales plan*) Parte fundamental de la planificación de una empresa que incluye las cantidades de productos a vender por zonas, clientes y periodos. Incluye los precios y márgenes previstos y los costos de las acciones comerciales que se van a adoptar, como promociones y publicidad. Tiene en cuenta variaciones en la fuerza de ventas, lanzamiento y retirada de productos, y variaciones estacionales. Suele incluir objetivos de distribución numérica y ponderada, y participación neta. Es el resultado de un trabajo de equipo que tiene en cuenta los datos históricos, las acciones de la competencia, la evolución del mercado total y por segmentos, conseguidos por una investigación permanente del mercado y del consumidor. Como parte de la planificación debe plasmar la estrategia elegida. El plan incluye también los procedimientos de control, análisis de desviaciones, selección de medidas correctoras y prevención de riesgos potenciales.

plan general (*master plan*) Documento que contiene todos los planos, reglamentos y determinaciones necesarios para definir el desarrollo urbanístico de la ciudad.

planes de contingencia (*contingency plans*) Planes especiales, complementarios de los planes regulares, que intentan tener prevista la respuesta a posibles acontecimientos que afecten la marcha de la empresa.

planificación (*planning*) Actividad organizada de fijación de objetivos, determinación de estrategias, y puesta en marcha de los medios materiales y personales necesarios para conseguir dichos fines.

planificación de la organización (*organization planning*) Proceso sistemático para analizar, establecer, controlar y corregir la estructura y estilo de una empresa para asegurar que logre sus objetivos con un uso eficiente de recursos.

planificación de medios (*media planning*) Proceso para elegir los medios publicitarios que difundirán un determinado mensaje. Los factores más importantes son: características del público objetivo, necesidades de cobertura y frecuencia en función del mensaje, presupuesto de gasto disponible, y utilización de medios por la competencia. La planificación es la fase intermedia entre la investigación y la compra de medios, y tiene como resultado el plan de medios.

planificación de plantillas (*manpower planning*) Análisis de las necesidades de personal actuales y futuras de una organización y determinación de las medidas a tomar para adecuar los recursos existentes.

planificación económica (*economic planning*) Organización deliberada, y sustitutoria del mercado, de la actividad económica por las autoridades públicas mediante técnicas de previsión y programación. La planificación puede ser total, indicando un programa obligatorio de bienes y servicios a producir, con fijación de cantidades y precios, o puede ser indicativa, mostrando líneas y programas de actuación.

planificar (*plan*) Acción de preparación de un programa de actuación en el que se fijan las variables económicas y los objetivos, estableciendo los recursos financieros necesarios y su procedencia y determinando los objetivos concretos para el periodo de referencia.

planta (*plant*) Instalación industrial. Es sinónimo de fábrica o factoría, aunque se suele usar para denominar a cada unidad principal de un gran centro industrial, y para instalaciones con poco personal y fuertes inversiones en maquinaria y laboratorios.

planta (*shop floor*) Espacio físico donde se realizan las tareas productivas de una factoría. El término español no se puede utilizar para denominar al conjunto de obreros que trabajan allí.

planta de ensamble; planta de montaje (*assembly plant*) Fábrica diseñada para ensamblar componentes que llegan ya preparados y armar el producto final, normalmente mediante una línea de ensamble más o menos robotizada.

plantilla de personal (*headcount; workforce*) Conjunto de empleados de una empresa o centro. Suele estar clasificada por secciones, categorías y antigüedad. Comprende sólo a los empleados fijos, aunque para efectos de cálculo de productividad se incluyen fijos, discontinuos, eventuales y a tiempo parcial.

plazo (*installment*) Cada uno de los pagos regulares y parciales de una obligación. Es típico de la venta a plazo, pero se utiliza también, por ejemplo, para las amortizaciones parciales de un préstamo.

pleno empleo (*full employment*) Nivel de desempleo mínimo, con equilibrio de la oferta y la demanda de trabajo. En sentido estricto, nivel de empleo que garantiza el crecimiento de la economía y la estabilidad de los precios.

Se considera sobre pleno empleo (over-full employment) cuando los puestos sin cubrir exceden a los desempleados. Aun en este caso siempre habrá cierto desempleo friccional.

plusvalía (*capital gain*) Beneficio que se realiza al vender un activo a un precio superior al de su adquisición. La plusvalía real se calcula deduciendo el efecto de la inflación.

plusvalía teórica (*unrealized capital gain*) Plusvalía latente calculada en función del precio de mercado, pero sin haber realizado la venta.

PNB (*GNP*) Siglas de producto nacional bruto.

poder; delegación (*proxy*) Autorización escrita en un documento ad-hoc para que una persona actúe como apoderada de otra para un determinado acontecimiento, por ejemplo, para votar en una junta general de accionistas.

poder adquisitivo (*purchasing power*) Capacidad de compra de bienes y servicios en unidades físicas con una cantidad de dinero. El poder adquisitivo disminuye al aumentar la inflación y el costo de la vida.

poder de mercado (*market power*) Capacidad de un sujeto, o de un grupo de vendedores o compradores, para influir sobre el precio de un bien o servicio existente en un mercado. La absoluta ausencia de poder de mercado constituye una condición necesaria para la existencia de competencia perfecta.

poder de negociación (*bargaining power*) Capacidad o fortaleza de una empresa o de un individuo para lograr sus objetivos y obtener concesiones de la otra parte. Depende en gran medida de factores objetivos pero también de la percepción que se cree en la otra parte y de la capacidad de ilusionar con objetivos compartidos.

poder notarial (*power of attorney*) Escritura pública por la que una persona física o moral concede a otra la facultad de actuar en su nombre y por su cuenta.

política (*policy*) Plan de actuación diseñado por la dirección de una empresa, que es adaptado por los ejecutivos a las situaciones específicas. El término se aplica especialmente a criterios generales de comportamiento, aunque incluye también la planificación estratégica y operativa.

política de empresa (*business policy*) Rama de las ciencias empresariales que estudia la fijación de objetivos y metas, de estrategias y tácticas.

por adelantado (*in advance*) Pago de una mercancía antes de su entrega. Cumplimiento de una obligación antes de que sea cumplida la contraprestación.

porcentaje a dividendo (*dividend payout ratio*) Parte del beneficio distribuible que se destina al pago de dividendos y no a reservas voluntarias.

portavoz (*spokesperson*) Persona con autoridad suficiente para hablar en nombre de un grupo. Los gobiernos y las grandes empresas tienen un portavoz que es el encargado de transmitir las noticias a los medios de comunicación y contestar sus preguntas.

porte (*freight*) Cantidad que se paga por llevar o transportar una cosa de un lugar a otro. Equivale a costo de transporte, y se denomina flete cuando es marítimo. Los portes pueden ser pagados o por cobrar, según los pague el que los manda o el que los recibe.

porte por cobrar (*freight collect*) Porte que ha de hacerse efectivo por el receptor o consignatario, una vez realizado el transporte y recibida la mercancía.

porte pagado (*freight prepaid*) Porte que se paga antes de realizar el transporte. Dependiendo del acuerdo, puede ser repercutible sobre el consignatario.

posdatar (*postdate*) Fechar un cheque o documento con posterioridad al día en que realmente se hace, con el ánimo de que produzca efectos a partir de esa fecha posterior.

posición; posicionamiento (*positioning*) En mercadotecnia, conjunto de características que debe tener un producto, y su comunicación en función de sus ventajas diferenciales respecto a la competencia y de las percepciones y expectativas del público objetivo. Se utilizan técnicas sofisticadas para su determinación, como el análisis factorial y el análisis en racimo.

posición de marca (*brand positioning*) Concepto o imagen que una marca intenta dar con el fin de adecuarse a la demanda del consumidor y del mercado. Se llevan a cabo campañas para grabar esa imagen en la mente de los consumidores.

potencial de un área de mercado (*market area potential*) Evaluación de las posibilidades de venta en un área específica que se puede definir por zona geográfica o por segmentos de compradores.

precio (*price*) Valor o cantidad de dinero que se asocia con un bien. El precio va siempre ligado a la idea de intercambio, a lo que el mercado puede ofrecer por él.

precio al por mayor (*wholesale price*) Precio de venta al detallista o a grandes consumidores. Del precio de tarifa se deducen los descuentos que se practiquen.

precio al por menor (*retail price*) Precio de venta al consumidor. Suele ser precio neto final, ya que apenas hay descuentos.

precio de compra (*purchase price*) Precio que se paga al vendedor al comprar algo.

precio de contado (*cash price*) Cantidad pagada en el momento preciso de una transacción. Se usa dinero en efectivo.

precio de cotización (*quoted price*) Precio al que se ha realizado la última transacción en un mercado organizado.

precio de introducción (*introductory price*) Precio que se fija para un nuevo mercado en el que se quiere introducir

228

un producto previamente lanzado en otras zonas. Suele ser ligeramente inferior, para favorecer las primeras compras, aunque también se puede seguir una estrategia de desnatado.

precio de lanzamiento (*launch price*) Precio que se fija para un nuevo producto. Si se trata de un nuevo mercado se llama precio de introducción. Si va combinado con un nuevo diseño del envase, etiqueta, de la formulación del producto o de la comunicación, se llama precio de relanzamiento.

precio de mercado (*market price*) Precio en el que se igualan la oferta y la demanda. Último precio practicado, al que se puede vender o comprar.

precio de oferta (*discount price*) Precio reducido durante una época por promoción. Es menos agresivo que el precio de liquidación o de saldo. Sinónimo de precio con descuento o precio rebajado.

precio de saldo (*sale price*) Precio muy reducido en venta de saldos, para terminar con las existencias de un producto por fin de temporada.

precio de tarifa (*list price*) Precio fijado públicamente en la tarifa de un proveedor, y del cual se deducirán los descuentos que se acuerden.

precio de venta (*selling price*) Precio al que se vende un producto. El precio de venta solicitado en primer lugar, o precio pedido, puede ser rebajado posteriormente. Puede coincidir con el de tarifa.

precio neto (*net price*) Precio sobre el que no se aceptan descuentos. En la práctica se utiliza para el precio final, después de deducir todos los descuentos del precio de tarifa o catálogo.

precio ofrecido (*bid price*) Precio ofrecido por una persona que desea comprar algo. En caso de que no sea aceptado, puede elevarse.

precio pedido (*ask price*) Precio que solicita el que quiere vender. En caso de no ser aceptado puede rebajarlo posteriormente.

precio/beneficio; PB (*price-earnings ratio; PER*) Cociente entre el precio de mercado de una acción y el beneficio neto (a veces el dividendo más derechos) por acción del año anterior. Por extensión, relación entre el valor de un activo y los beneficios que se espera obtener de él. Un PB superior indica mayor confianza o seguridad en el valor, o la esperanza de mayores beneficios en el futuro. El inverso del PB es una tasa de rentabilidad; por ejemplo, un PB de 8 equivale al 12.5 por 100.

precios competitivos (*competitive prices*) Precio bajo o muy interesante que permite rivalizar con la competencia.

preferencia de marca (*brand preference*) Inclinación de un consumidor hacia cierta marca en vez de a sus competidores. Es un objetivo muy importante en una campaña de publicidad y es la condición indispensable para una primera compra, aunque la fidelidad a la marca es imprescindible para repetir la compra.

premio (*premium*) Aumento de valor en una cotización a plazo. Diferencia de precio entre un artículo líder y su competencia. La mercancía que se vende con premio, es decir, a un precio superior, tiene mayor calidad y/o imagen.

prescriptor (*gatekeeper*) En mercadotecnia, persona que en un determinado entorno y tipo de producto es buscada por los demás para que les recomiende o aconseje en su decisión de compra. Es un líder de opinión que acompaña o interviene en el proceso de selección y compra de un consumidor.

presentación (*presentation*) Ceremonia en la que se da a conocer un nuevo producto y, en general, exposición por primera vez a un auditorio de una idea o informe con medios audiovisuales.

presidente (*chairman; president*) Cargo y persona que dirige las reuniones de un consejo o junta, siguiendo el orden del día establecido. Es la cabeza visible de la sociedad, y cuando es ejecutivo es el máximo responsable ante el consejo de administración de la marcha de la empresa. A veces puede existir el cargo de presidente honorario, que se crea para reconocer especialmente a una persona. En Estados Unidos, el término president es más ejecutivo y de menor nivel que el de chairman. El máximo ejecutivo utiliza el título de CEO.

presidente ejecutivo (*Chief Executive Officer; CEO*) Presidente de un consejo de administración que asume adicionalmente las funciones de consejero delegado o director general.

prestaciones; pagos en especie
(*fringe benefits*) Retribución a
un directivo que no es en
metálico, por ejemplo, coches,
seguros, cuotas de
asociaciones, vacaciones
pagadas o programas de
formación especiales.

préstamo (*loan*) Contrato por
el que una de las partes
entrega a la otra dinero u otra
cosa fungible, con la
condición de devolver otro
tanto de la misma especie
y calidad. Admite el pacto
expreso de pagar intereses, en
cuyo caso se devengarán
sobre el principal concedido.

préstamo comercial (*commercial
loan*) Préstamo a corto plazo
para financiar las necesidades
de activo circulante.

presupuesto (*budget*) Resumen
sistemático de las previsiones,
en principio obligatorias, de
los gastos proyectados y de las
estimaciones de los ingresos
previstos para cubrir dichos
gastos. Se preparan en
periodos regulares, que
coinciden normalmente con
los años naturales, y permiten
planificar a corto plazo,
marcar objetivos y controlar la
administración al calcular las
desviaciones entre los
resultados reales y los
presupuestados.

presupuesto de publicidad
(*advertising budget*) Cantidad
destinada a gasto publicitario
para unas determinadas
marcas y periodos. Se
determina en función de los
objetivos publicitarios y de
comunicación a conseguir, de
las disponibilidades de la
empresa, del gasto histórico y
de la estimación de gastos de
la competencia.

presupuesto de tesorería (*cash
budget*) Plan o presupuesto
que refleja los cobros y pagos
de un periodo y la posición
inicial y final. Suele venir
desglosado en periodos
pequeños que, dependiendo
de la magnitud de la tesorería,
pueden llegar a ser días.
Refleja los movimientos por
operaciones mercantiles, sin
considerar todavía las
decisiones financieras que se
recogerán en el presupuesto
financiero.

presupuesto equilibrado
(*balanced budget*) Presupuesto
en el que los ingresos igualan
a los gastos. Si los ingresos
son mayores hay superávit, y
en caso contrario hay déficit.

presupuesto excedentario
(*surplus budget*) Presupuesto
en el que los ingresos son
mayores que los gastos.

**previsión de ventas; pronóstico
de ventas** (*sales forecast*)

Estimación de las ventas que una empresa piensa poder realizar durante un cierto periodo. Se basa en los resultados de las ventas de periodos anteriores, en las condiciones de mercado previstas y en las acciones de mercadotecnia por realizar.

principal (*principal*) Cantidad nominal prestada inicialmente que debe ser devuelta por el prestatario al vencimiento del contrato de préstamo. Sobre ella se calculan los intereses aplicando el tipo correspondiente.

principio del devengo (*accrual basis*) Para determinar la cuenta de resultados de una sociedad en un periodo concreto se deben considerar los ingresos y gastos realmente producidos en ese periodo, con independencia de cuándo se cobren o paguen. El criterio alternativo sería el principio de caja, es decir, cuando efectivamente se hayan cobrado o pagado.

principio del multiplicador (*multiplier principle*) Relación interactiva entre la renta global y un aumento inicial en la inversión o las exportaciones. El resultado final es el efecto inicial multiplicado por un determinado coeficiente.

principio del precio de costo (*principle of cost price*) Principio contable que obliga a las empresas a contabilizar sus bienes y derechos al precio de adquisición o producción. De acuerdo con los principios contables generalmente aceptados, si el precio de mercado o de realización del bien es inferior se debe usar el precio inferior por prudencia.

procesamiento de datos; PD (*data processing; DP*) Tratamiento por computadora de una información para que se pueda utilizar o almacenar. Incluye la captura de datos, las operaciones ejecutadas de acuerdo con unas reglas lógicas, y la salida de la información elaborada.

producción en masa (*mass production*) Producción de grandes cantidades de algo, normalmente con maquinaria especializada y gran división del trabajo. El producto es indiferenciado o con muy pequeñas variaciones (color, envase o accesorios, etc.). Es lo opuesto a producción limitada, y puede ser en serie o no. Se utiliza para artículos de bajo costo y sin grandes necesidades de diseño o personalización.

productividad (*productivity*)
Relación entre la cantidad producida de un bien y los medios económicos empleados para ello. En general suele aludir a la utilización del factor trabajo. En nivel macroeconómico la productividad es el cociente entre el PIB en términos reales y el número total de horas trabajadas en el país en un año. Es indispensable que crezca la productividad de una nación para que el PIB y la renta disponible puedan crecer de forma estable y duradera.

producto (*product*) Cualquier objeto o servicio que es percibido como capaz de satisfacer una necesidad. Es el resultado de un esfuerzo creador, y se ofrece al consumidor bajo unas determinadas características. Es equivalente al término bien. Hay productos o bienes libres y económicos, que a su vez se dividen en consumo e inversión. Los productos de consumo se clasifican por familias, artículos y referencias.

producto final (*final product*)
Producto que ha pasado por todas las fases de producción y controles de calidad y está preparado para ser enviado al cliente.

producto interno bruto; PIB
(*gross domestic product; GDP*)
Valor total de los bienes y servicios producidos en un país en un periodo (normalmente un año), deduciendo lo consumido en la producción, es decir, valor total final. El criterio básico es el de territorialidad, por lo que a diferencia del PNB incluye lo producido por extranjeros en el país y no incluye lo producido por nacionales fuera del país.

producto nacional bruto; PNB
(*gross national product; GNP*)
Valor total de los bienes y servicios producidos por los residentes o nacionales de un país en un periodo (normalmente un año), deduciendo lo consumido en la producción, es decir, consolidado. Incluye el consumo, la inversión, la variación en existencias y el valor de las exportaciones deducidas las importaciones. Se puede medir a precios constantes, a precios de mercado o a costo de los factores. El criterio básico es el de nacionalidad, por lo que a diferencia del PIB se incluye lo producido por nacionales fuera del país y se deduce lo producido por extranjeros dentro del país.

producto nacional neto; PNN
(*net national product; NNP*)
Producto nacional bruto
deducidas las amortizaciones.
Normalmente se estima a los
precios de mercado. Si es al
costo de los factores, es decir,
restando los impuestos
indirectos, equivale a Renta
Nacional.

profesión (*profession*) Empleo,
función u oficio que una
persona tiene y ejerce con
derecho a retribución.

profesional (*professional*) Persona
que ejerce su profesión,
especialmente cuando lo hace
con relevante capacidad y
aplicación.

proforma (*pro-forma*) Modelo o
ejemplo que puede servir
como definitivo. Por ejemplo,
una factura proforma se envía
cuando el proveedor exige el
pago antes de enviar la
mercancía, y un informe de
auditoría proforma nos indica
cómo sería el informe
definitivo si se encuentra
correcto lo que en ese
momento todavía no es
conocido.

programa (*schedule*) Plan
ordenado de actividades en
el que se incluye el momento
en que se espera que éstas
tengan lugar.

programa piloto (*pilot program*)
Programa de corta duración
con una cobertura limitada
que precede a modo de
ensayo al definitivo y que
detecta las posibles fallas de
diseño e indica los resultados
y la eficacia probable del
mismo.

programador (*programmer*)
Persona que prepara, prueba
y mantiene la lógica de
computadora. Investiga el
problema del usuario, lo
analiza para descomponerlo
en secuencias lógicas, y
finalmente realiza el
programa con la ayuda de
lenguajes de cuarta
generación (más simples y
amplios), o con los lenguajes
convencionales como
FORTRAN y COBOL.

promoción de ventas (*sales
promotion*) Parte de la
mercadotecnia que abarca
las medidas comerciales
(cabeceras, exposiciones,
descuentos, etc.) que impulsan
la introducción y venta de un
producto. Es esporádica y
tiene objetivos inmediatos, a
diferencia de la comunicación
publicitaria. Corresponde a
una estrategia del empujón.

propiedad intelectual (*copyright*)
Propiedad especial que da
derecho al autor de una obra
literaria, científica o artística a
explotarla y disponer de ella a
su voluntad.

propietario (*owner*) Sujeto del derecho de propiedad. Puede ser único o plural, en cuyo caso nos encontraremos ante una comunidad que se regula por normas especiales.

prórroga del presupuesto (*budget extension*) Mantenimiento en vigor del presupuesto del año anterior debido a la falta de aprobación del presupuesto para el año en curso.

prospección (*prospecting*) Exploración de posibilidades futuras basada en indicios presentes.

prospección; pronóstico (*forecasting*) Conjunto de técnicas para elaborar hipótesis, previsiones y escenarios sobre los que se basa la planificación estratégica y macroeconómica.

prospecto (*prospectus*) Impreso de tamaño reducido que especifica las características de un producto o servicio.

protección al consumidor (*consumer protection*) Movimiento de los consumidores orientado a la defensa y salvaguarda de su salud y seguridad, evitando los abusos y fraudes de los productores de bienes de consumo.

prototipo (*prototype*) Modelo original sobre el que se realizan las pruebas finales antes de pasar a la fabricación en serie.

proveedor (*supplier*) Persona o entidad que provee o abastece de todo lo necesario a una empresa, compañía, etcétera.

provisión de clientes dudosos (*bad debts reserve*) Provisión contable que se lleva como gasto a la cuenta de resultados de un ejercicio, figurando como cuenta de pasivo, para indicar los posibles clientes de dudoso cobro. Una vez que se confirma que un cliente es fallido se adeuda la cuenta de provisión de clientes dudosos y se acredita la cuenta de clientes.

proyección (*projection*) Expectativas que se mantienen sobre una determinada variable o un conjunto de ellas para el futuro teniendo en cuenta la experiencia inmediata.

proyecto (*project*) Acción preparatoria de una obra o actividad que incluye la elaboración de una memoria con los objetivos, necesidades por considerar, calendario, descripciones técnicas, presupuesto y, en general, cualquier factor a tener en cuenta antes de proceder con la actividad en cuestión.

prueba (*test*) Ensayo o experiencia para confirmar o no la veracidad de una hipótesis.

prueba ácida (*quick asset ratio*) Media contable que da una idea de la solvencia y liquidez de la empresa. Se obtiene dividiendo la suma de tesorería, clientes e inversiones financieras temporales, entre el pasivo exigible.

prueba alfa (*alpha test*) Prueba de un nuevo programa en la casa que lo produce, para comprobar su funcionalidad.

prueba beta (*beta test*) Primera prueba de un nuevo programa fuera de la casa que lo produce, para demostrar su operatividad.

prueba de aptitud (*aptitude test*) Conjunto de pruebas que tratan de medir la capacidad de una persona para desarrollar un trabajo. Normalmente consta de pruebas de personalidad, inteligencia general y habilidades o conocimientos concretos relacionados con ese trabajo.

prueba de mercado (*market test*) Acción organizada científicamente con el objeto de estimar el éxito de un producto y su plan de mercadotecnia. Incluye oleadas de muestras, tiendas simuladas, estudios de mercado y encuestas. La inversión en la prueba depende del presupuesto de investigación, presión del calendario, riesgo del lanzamiento, y gasto o inversión en el propio producto y su lanzamiento.

prueba de personalidad (*personality test*) Tipo de prueba psicológica utilizada para conocer la personalidad de un candidato y decidir si se ajusta a los requisitos del puesto. Si se define que un vendedor tiene que ser extrovertido, capaz de automotivarse y de superar los rechazos y con un buen equilibrio entre el desarrollo de relaciones personales y el logro de metas concretas, hay que buscar personas que tengan esas cualidades. Para ser cajero es probable que sea más importante la honradez, la atención al detalle y la capacidad para desarrollar un trabajo rutinario sin desmotivarse.

psicología de las organizaciones (*organizational psychology*) Rama de la psicología especializada en los problemas de las organizaciones, como selección y orientación de personal, estudios del clima empresarial y establecimiento de programas de capacitación y motivación.

psicólogo industrial; psicólogo empresarial (*occupational psychologist*) Psicólogo especializado en la aplicación a las empresas y a las organizaciones en general, de técnicas dirigidas a seleccionar, motivar y formar al personal. Además contribuye a analizar la satisfacción en el trabajo y a proponer cambios de contenido o de procedimientos para realizar un trabajo.

publicidad (*advertising*) Actividad de mercadotecnia dirigida a comunicar un mensaje a un determinado público, por parte de una entidad que aparece como tal o que es fácilmente reconocible. El mensaje es en esencia informativo y motivador, y se utiliza cualquier medio de comunicación.

publicidad al consumidor (*consumer advertising*) Comunicación directa a los individuos y familias en contraste con la publicidad especializada o industrial. Se utilizan soportes de gran audiencia como la televisión, la radio, revistas, vallas o mobiliario urbano.

publicidad anzuelo (*hook advertisement*) Anuncio que tiene como objetivo llamar la atención del consumidor distribuyendo una muestra o prometiendo un regalo.

publicidad blanca (*publicity*) Forma impersonal de estimular la demanda o de influir en la opinión o actitud de un grupo hacia la empresa a través de una comunicación en medios masivos que no paga la empresa u organización que se beneficia de ella. A veces esta información no es del todo controlable, especialmente en cuanto al momento de su aparición.

publicidad comparativa (*comparative advertising*) Publicidad en la que se realzan las ventajas de una marca citando y dando los datos de otras marcas.

publicidad correctiva (*corrective advertising*) Comunicación que tiene como propósito principal corregir un mensaje anterior que no era verdadero o que daba lugar a confusión. Puede emitirse a iniciativa propia o por exigencia de un competidor o una asociación de consumidores.

publicidad de imagen (*image advertising*) Publicidad dirigida a crear una imagen de elegancia, calidad excelente, seguridad u otros atributos similares para un producto o empresa (en este caso también se puede llamar publicidad institucional). Intenta crear sentimientos positivos más que incidir en aspectos concretos o racionales.

publicidad de intriga (*teaser advertising*) Forma de comunicación en la que se ofrecen mensajes incompletos que van cobrando pleno sentido en oleadas sucesivas, para llamar más la atención y despertar la curiosidad. Como contrapartida al mayor interés se necesita una inversión elevada, al tener que repetir las exposiciones para que penetre la marca.

publicidad directa (*direct mail advertising*) Mensaje que va directamente a personas identificadas con anterioridad, por lo general por correo. El medio permite una mayor personalización y una mayor amplitud del mensaje.

publicidad en punto de venta; PPV (*point of sale advertising*) Publicidad realizada en el punto de venta utilizando materiales específicos.

publicidad encubierta (*hidden publicity*) Inclusión en una comunicación de imágenes o menciones orales o escritas de marcas o productos pero sin que sea obvio para el público que se trata de publicidad. El público ve o escucha conscientemente el mensaje y lo encuentra más o menos justificado dentro del contexto. No debe confundirse con remitidos de prensa ni con la publicidad subliminal, y forma parte de las relaciones públicas.

publicidad exterior (*outdoor advertising*) Publicidad en medios que alcanzan al público fuera de su hogar. Los medios estáticos incluyen bardas en la ciudad y carreteras, cabinas telefónicas y paradas de autobuses, y los medios móviles incluyen taxis, autobuses y metro.

publicidad genérica (*generic advertising*) Publicidad de una categoría de productos o servicios (por ejemplo, seguros de vida) sin que aparezcan marcas. Es pagada por las empresas de un sector, que a menudo reciben un subsidio.

publicidad informativa (*informative advertising*) Publicidad que transmite información básica sobre un producto. Se utiliza habitualmente en la etapa de lanzamiento del producto para aclarar y asentar la demanda inicial, por ejemplo, para diferenciar la telefonía móvil analógica y digital.

publicidad institucional (*institutional advertising*) Publicidad basada en desarrollar la imagen y el prestigio asociados a una entidad, sin hacer hincapié en los productos y marcas. Su público objetivo suele ser la administración, inversionistas, proveedores, empleados y grandes clientes. Cuando se utilizan medios de comunicación masivos revela un objetivo comercial, aunque sea indirecto.

publicidad institucional; publicidad corporativa (*corporate advertising*) Comunicación dirigida a mejorar la imagen de la propia compañía, aumentando el grado de conocimiento o su reputación, más que promoviendo productos concretos.

publicidad subliminal (*subliminal advertising*) Mensajes que son captados por el público inconscientemente, sin que se le advierta en forma alguna de su emisión. Para ello se utilizan técnicas especiales, por ejemplo, la inclusión de un fotograma con imágenes sugerentes del producto entre los 24 fotogramas por segundo que se necesitan en una proyección cinematográfica. Es un tipo de publicidad que está absolutamente prohibido en todos los países.

publicitario (*publicist*) Persona que trabaja en una agencia de publicidad. Relacionado con la publicidad.

público objetivo (*target group*) Sector concreto de la población al que va destinado un producto o un mensaje publicitario. Se puede distinguir entre prescriptor, comprador y consumidor del producto. El público objetivo se define por características demográficas, geográficas, socioeconómicas, y de estilo de vida.

publirreportaje (*publicity*) Mensaje publicitario amplio con gran contenido informativo. En televisión se exigen dos minutos. En revistas suele intervenir un miembro de la redacción, e incluso puede aparecer como un reportaje de la propia revista.

puesta en marcha; puesta en servicio (*start-up*) Comienzo de las operaciones, o actividades desarrolladas para dicho fin. Se aplica sobre todo a instalaciones industriales para indicar el inicio de sus operaciones.

puesto (*position*) Función o posición que ocupa una persona en una organización.

puesto de trabajo (*workstation*) Espacio físico donde un obrero realiza su trabajo, especialmente en una línea de ensamble.

puesto sin futuro (*dead-end job*) Trabajo que no ofrece oportunidades de promoción, mayor responsabilidad o aumento salarial.

punta de tesorería (*cash surplus*) Exceso de liquidez temporal de una empresa que se coloca día a día o a corto plazo para hacerlo rentable.

punto de equilibrio; punto muerto; punto crítico (*break-even point*) Cantidad de producción o de ventas a la que se igualan los ingresos con todos los costos asociados a su fabricación y distribución. Dado que en cualquier proceso existen costos fijos y costos variables, el punto de equilibrio se obtiene dividiendo los costos fijos de la empresa entre el margen medio unitario de contribución.

punto de referencia (*benchmark*) Valor que sirve para efectuar comparaciones o fijar objetivos.

punto de saturación (*saturation point*) Nivel en el que la demanda de un bien o servicio está plenamente satisfecha por lo que el crecimiento de las ventas se limita a reposiciones y a cubrir el posible crecimiento de la población.

punto de venta (*point of sale; POS*) Establecimiento, o cada división del mismo, que vende una determinada categoría de productos.

puntualidad (*punctuality*) Capacidad de realizar una acción a su debido tiempo, especialmente al llegar a una cita o cumplir un plazo de entrega. La cultura de cada país da un margen de tolerancia en función del tipo de cita, la importancia de los interlocutores, el sitio en que se ha quedado, e incluso puede darse el caso de que sea una falta de educación llegar justo a la hora señalada.

Q

quebrado (*bankrupt*)
Comerciante que se encuentra en el estado legal de quiebra, declarado por el juez como consecuencia del sobreseimiento en el pago de sus obligaciones mercantiles.

quebranto de moneda (*cash loss*)
Margen o compensación a los cajeros por las posibles pérdidas que se les cargarían al encontrar diferencias en el saldo de caja.

queja (*complaint*) Reclamación ante la autoridad o persona competente para que enmiende o corrija un agravio o perjuicio. Recurso que se interpone cuando el juez niega la admisión del recurso de apelación o cualquier otro que proceda de acuerdo con la ley. Comunicación de un consumidor que, sin llegar a reclamación, expone su insatisfacción con el producto o servicio comprado.

quiebra (*bankruptcy*) Estado legal que hace perder al empresario la disposición y administración de sus bienes, restringe su capacidad y le inhabilita para el ejercicio del comercio en tanto no sea rehabilitado. Es una institución jurídica procesal, formada por un conjunto de normas y actos dirigidos a la liquidación del patrimonio del quebrado y a su reparto entre los acreedores, como consecuencia de su incapacidad para hacer frente a las deudas contraídas en el ejercicio de sus actividades mercantiles.

quórum (*quorum*) Número de miembros de un consejo, cámara, reunión o cuerpo deliberante que ha de encontrarse presente para que los acuerdos adoptados tengan validez.

R

rango de precios (*price range*) Diferencia entre el precio mínimo y máximo de un bien durante un periodo, por ejemplo, una sesión de cotización.

razón social (*firm name*) Nombre oficial de una sociedad en el Registro Mercantil. Se utiliza en todo tipo de documentos, aunque el público suele utilizar el nombre comercial.

rebajar (*markdown*) Reducir el precio de venta al público de una mercancía sobre el original con motivo de una oferta especial, fin de temporada o liquidación de saldos.

recesión (*recession*) Reducción temporal en la actividad y clima económicos. Es menos profunda y grave que la depresión.

recibo (*receipt*) Justificante de la entrega de una cosa. Documento en el que un acreedor reconoce expresamente haber recibido del deudor dinero u otra cosa con efecto de pago o cumplimiento de una obligación.

recibo de entrega (*dock receipt*) Documento emitido por el encargado de recepción en un almacén para certificar la entrega de una mercancía. Es más habitual poner un sello en la copia de la nota de remisión de entrega que se queda el transportista. Normalmente no se comprueba a fondo el contenido de los bultos entregados, por lo que el sello indica que está pendiente de comprobación y que sólo se acepta el número de bultos y su aspecto exterior.

reclamación del cliente (*customer complaint*) Queja o expresión de descontento que se recibe de forma oral o escrita de un cliente y que se trata por el empleado afectado o por el servicio al cliente.

recolocación (*outplacement*) Servicio que ayuda a encontrar un nuevo empleo a directivos que lo acaban de perder. A veces es pagado por la empresa que reduce la plantilla para minimizar el trauma del despido. Ayudan a definir los objetivos y puntos fuertes del directivo, le entrenan para preparar su historial y superar las entrevistas de selección y colaboran en la obtención de empresas objetivo y contactos. A diferencia de los cazatalentos intentan que sea el directivo el que encuentre el mejor empleo posible.

recomendación (*recommendation*) Consejo, advertencia o sugerencia que se da a una persona, por ejemplo, sobre la personalidad de un candidato a un puesto de trabajo o sobre el precio y forma de vender un producto.

reconocimiento de marca (*brand recognition*) Consideración por el público objetivo de que conoce o recuerda una marca, diferenciándola de otras parecidas. Se mide por el recuerdo ayudado, espontáneo y sugerido.

recorte de prensa (*press clipping*) Parte de una publicación que se conserva y difunde por ser de interés. El departamento de relaciones públicas mantiene un fichero de recortes de prensa que afectan a la empresa, y a veces favorece su divulgación y utilización por otros medios de comunicación.

recorte del presupuesto (*budget cut*) Reducción de la disponibilidad de dinero para una determinada actividad. Tanto en la administración pública como en las empresas se intenta reducir el presupuesto total de gastos disminuyendo las actividades que se consideran menos necesarias.

recursos ajenos (*liabilities*) Recursos de la empresa que figuran en el pasivo de su balance, formados por todas la obligaciones o deudas con terceros. Los fondos ajenos complementan como fuente de financiamiento a los fondos propios, y son prioritarios a éstos en la liquidación del patrimonio social.

red (*network*) En general, personas o medios que se comunican y trabajan coordinadamente.

Red (*Net*) Nombre coloquial de la red Internet que cubre tanto la telaraña (WWW) como el resto de computadoras conectadas que usan otros protocolos distintos del HTML y HTTP.

red de ventas (*sales network*) Conjunto de personas y

medios que utiliza una empresa para la venta de sus productos. Además de la fuerza de ventas formada por vendedores y delegados, puede incluir comisionistas y distribuidores.

redención (*redemption*) En mercadotecnia, entrega de vales-descuento o cupones para comprar un producto u obtener un regalo. Los cupones se consiguen en otros productos o por correo, aunque en Estados Unidos es más frecuente por el periódico. El fabricante reembolsa al detallista el descuento más un premio por su colaboración. Hay empresas especializadas que controlan todo el proceso de canje. El porcentaje de redención permite medir la eficacia de la promoción.

rédito (*interest*) Renta, utilidad o beneficio renovable que proporciona la inversión de un capital.

reembolso (*reimbursement*) Devolución o pago del principal de una emisión de títulos de renta fija o de una deuda.

reestructuración de activos (*asset restructuring*) Procedimiento que emplea una empresa en riesgo de ser absorbida por otra para defenderse. Consiste generalmente en la compra de activos que aunque innecesarios puedan originar problemas con las leyes de libre competencia para la empresa agresora, y la venta de activos en los que ésta estuviera interesada.

reestructuración de la deuda (*debt restructuring*) Cambio en las condiciones pactadas de un crédito o préstamo de forma favorable para el deudor, debido a la imposibilidad financiera y patrimonial de éste para cumplir sus compromisos, o porque éste aprovecha la coyuntura del mercado. La reestructuración suele incluir aplazamiento de pagos, moratoria, reducción del tipo de interés, establecimiento de periodos de gracia o cambio de interés variable a fijo.

reestructuración del pasivo (*liability restructuring*) Reorganización del exigible de una empresa para bajar su costo o aumentar el periodo de devolución. Puede incluir la captación de fondos propios para disminuir las necesidades de créditos.

reexportación (*re-export*) Exportación de mercancías previamente importadas de manera temporal sin pago de derechos aduaneros, después de ser sometidas a una cierta elaboración.

referencia (*reference*) Letras y/o números que sirven para identificar una carta o documento, facilitando el archivo y el seguimiento de los asuntos.

referencia (*reference*) En general, información sobre una persona o empresa que se obtiene de otra o de un documento, y que sirve para comprobar datos, conceder un nivel de riesgo o de crédito y formar o defender una opinión, por ejemplo, para la contratación de esa persona.

referencia comercial (*trade reference*) Opinión escrita o verbal de un proveedor sobre la seriedad y garantía de uno de sus clientes, o viceversa, que se utiliza para confeccionar un informe comercial o directamente por otro posible proveedor.

referencias bancarias (*bank references*) Opiniones calificadas dadas por una institución financiera sobre la solvencia de un cliente concreto. Las referencias se dan a petición del interesado, o de un tercero que está pensando iniciar relaciones económicas con dicho cliente.

refinanciación; refinanciamiento (*refinancing*) Sustitución de un crédito o préstamo por uno nuevo a su vencimiento. La refinanciación se puede hacer para aprovechar condiciones mejores del mercado, o porque el prestatario no puede hacer frente a la amortización.

refinanciar (*refinance*) Conseguir fondos externos para sustituir un préstamo anterior. Se utiliza para extender el vencimiento o para rebajar el tipo de interés.

refrendar (*countersigning*) Firmar un documento después de que lo haya hecho y autorizado otra persona, para corroborar su validez.

regalía (*royalty*) Cantidad que ha de pagarse por el uso de una propiedad industrial, patente, marca, etc., registrada a nombre de otro. Suele ser una cantidad proporcional, definida porcentualmente o por unidad producida o vendida. En algunos casos se paga una cantidad fija inicial.

regateo (*bargaining*) Debate entre el comprador y el vendedor sobre el precio de una cosa puesta en venta.

regreso (*return*) Referido a una letra de cambio, es la posibilidad que tiene el portador de una letra protestada de obtener su pago por cualquiera de los demás obligados cambiarios (librador, aceptante, endosantes o avalistas).

reimportación (*re-import*) Importación de un bien previamente exportado, por falta de pago o por no haber sido vendido.

reingeniería de procesos empresariales (*business process re-engineering*) Proceso de análisis e implantación de sistemas más simplificados y baratos, a la vez que se gana en calidad de la información y rapidez en su obtención. Se basa en el estudio desde el principio de los procesos necesarios y en la introducción de sistemas informáticos.

relaciones públicas (*public relations; PR*) Técnicas de mercadotecnia que llevan un mensaje al destinatario sin que éste sea totalmente consciente de estarlo recibiendo. Los públicos más usuales son: clientes, personal, accionistas e inversionistas, administración local y nacional, y líderes de opinión. Los métodos más utilizados son los artículos y reportajes en prensa, conferencias, seminarios, publicaciones especializadas, patrocinio de actividades, viajes y convivencias. El objeto de este esfuerzo es mantener una imagen positiva y crear una corriente de comprensión y aceptación de una persona, organización o idea.

remanente (*carryover*) Saldo final de una cuenta, o restos de mercancía no vendida. Se aplica a veces como sinónimo de beneficio, y también como el resto del saldo de pérdidas y ganancias no distribuido que queda para el siguiente ejercicio.

remesa directa (*drop shipment*) Sistema de preparación de pedidos, empaquetado y transporte por el que un mayorista contra sus propias existencias y por cuenta de un tercero envía al cliente final lo que éste ha solicitado al tercero, por ejemplo, una empresa que vende a través de Internet. Es diferente del caso en que el tercero envía los paquetes ya preparados y agrupados y simplemente busca un transportista que los reparta uno por uno.

remodelación (*restructuring*) Reestructuración, adaptación a las nuevas circunstancias.

remuneración (*remuneration*) Lo que se da o sirve para pagar los emolumentos o el salario de los trabajadores.

rendimiento (*return*) Producto o utilidad que proporciona una cosa.

rendimiento bruto (*gross return*) Beneficio que se obtiene después de considerar todos los gastos que se han soportado, excepto los impuestos.

rendimiento neto (*net return*) Beneficio que se obtiene después de restar al rendimiento bruto los impuestos que se deberán pagar.

rendimiento nominal (*nominal yield*) Rendimiento anual de un activo expresado en porcentaje sobre el importe de su costo y sin deducir ningún tipo de costos de mantenimiento. No se tiene en cuenta tampoco el periodo efectivo en que se ha mantenido lo que haría variar el rendimiento efectivo o real.

rendimiento sostenible (*sustainable yield*) Cantidad de recursos renovables que se pueden capturar sin alterar el equilibrio natural, por ejemplo, en la pesca.

rendimientos decrecientes (*law of diminishing returns*) Ley económica que dice que, dada una cierta combinación de factores de producción (tierra, capital y trabajo) para producir un determinado bien, a partir de un punto óptimo un aumento en la cantidad de cualquiera de los factores, manteniendo las demás constantes, generará un incremento porcentual menor de producto final.

renta (*income; earnings*) En general, utilidad o beneficio que rinde periódicamente una cosa, o lo que de ella se cobra.

renta discrecional (*discretionary income*) Parte de la renta que puede ser utilizada libremente por el individuo en sus decisiones de ahorro y consumo. Excluye por tanto los impuestos.

renta disponible (*disposable income*) Cifra macroeconomica que se obtiene sumando impuestos directos, transferencias y pagos de interes.

renta marginal (*marginal income*) Última unidad de renta ganada por el individuo.

renta ordinaria (*ordinary income*) Renta de una persona física o moral no procedente de plusvalías o ganancias de capital. Incluye, por tanto, los rendimientos de trabajo personal, rentas de capital mobiliario e inmobiliario, actividades profesionales, empresariales y artísticas, etcétera.

renta per cápita (*per capita income*) Cifra que se obtiene como cociente entre la renta nacional de un país y su población total. Da una idea del nivel de vida de un país.

renta personal disponible (*disposable personal income*) Cantidad de renta de que disponen los consumidores para gastos o ahorro.

rentabilidad (*profitability*) Obtención de beneficios o resultados en una inversión o actividad económica.

rentabilidad ajustada a valores en riesgo (*risk adjusted return on capital; RAROC*) Método para distribuir eficientemente una cartera de inversiones entre activos que tienen rentabilidad, liquidez y riesgo muy diferentes.

rentabilidad por dividendo (*dividend yield*) Relación entre el dividendo anual percibido por un accionista y el precio de mercado de la acción que lo ha producido. Se puede considerar el precio medio, el del día del cálculo o el del final de ejercicio.

rentabilidad sin riesgo (*risk-free return*) Rentabilidad que ofrecen las obligaciones que se consideran sin riesgo, por ejemplo, las del gobierno de Estados Unidos. Cualquier otro prestatario debe ofrecer más interés.

rentabilidad sobre activos; retorno sobre activos (*return on assets; ROA*) Relación entre beneficios netos y activos totales. Representa la rentabilidad de la empresa respecto al activo invertido, ya esté financiado con fondos propios o ajenos.

rentable (*profitable; cost-effective*) Cualidad de ser beneficioso cuando se compara con los costos o inversiones necesarios para obtenerlo.

reorganización (*reorganization*) Adaptación de la organización existente a las nuevas circunstancias.

reparto de mercado (*market sharing*) Acuerdo entre varias empresas que ofrecen un mismo producto, y que en condiciones normales competirían en un mismo mercado, para dividirse geográficamente o por canal de distribución un determinado mercado. En algunas ocasiones se fija el precio, acordándose cuotas cuantitativas.

reparto de utilidades; participación de utilidades (*profit-sharing*) Sistema por el que los empleados de una empresa reciben un porcentaje de las utilidades de la misma, además de sus salarios. De antemano se fija el método para calcular el porcentaje, que puede no ser fijo, y para asignar a cada empleado su parte. Es frecuente que estas cantidades se reinviertan de forma conjunta, y sólo se disponga de ellas al dejar la empresa.

repercutir (*endorse*) Deber o facultad de trasladar un gravamen de la persona obligada a otra persona (llamada contribuyente de hecho) en el curso de una operación comercial. Transmisión del pago de un impuesto a otra persona.

representación (*representation*) Acción y efecto de sustituir a una persona actuando en su nombre. Tiene especial relevancia en el campo del derecho.

representación de papeles; juego de roles (*role playing*) Método de aprendizaje en grupo en el que los participantes desempeñan diversos papeles para comprender mejor los problemas que se pueden dar y las diferentes soluciones que cada participante ofrece. Por ejemplo, una persona hace de vendedor y otra de cliente y se entrenan en desarrollar los argumentos de venta y en contestar a las posibles objeciones.

representante (*representative*) Persona que representa a otra, ya sea física o jmoral. Persona física o moral que, con carácter permanente, realiza operaciones de compraventa por cuenta y en interés ajeno, recibiendo a cambio una retribución.

representante de ventas (*sales representative*) Vendedor o delegado de ventas que cubre un área geográfica.

requerimiento (*compliance request*) Requerimiento que se hace a una persona en relación con un mandamiento o providencia que deben ser cumplidos. El requerimiento de pago es un requerimiento formal dirigido a un deudor para que cumpla su obligación.

requisitos del puesto (*job requisites*) Enumeración de las características personales (formación, años de experiencia, habilidades o aptitudes especiales, etc.) requeridas para cubrir un puesto de trabajo según su descripción.

resarcir (*indemnify*) Indemnizar y reparar un daño, perjuicio o agravio.

rescatar (*turnaround*) Recuperar la rentabilidad de una empresa que se encontraba en situación desesperada. Este proceso suele incluir el aumento de los fondos propios, la refinanciación de la deuda bancaria y con proveedores, la venta o cierre de negocios marginales y la concentración de la producción en los segmentos más rentables, lo que a veces acarrea la disminución de la plantilla. Como sustantivo se usa rescate.

rescindir (*rescind*) Anular o cancelar un contrato.

reserva (*reservation*) Derecho que se solicita y consigue para usar a su debido tiempo algo que en un futuro puede no estar disponible, por ejemplo, un asiento en un vuelo o en el teatro, una habitación de hotel o una mesa en un restaurante.

reserva (*reserve*) Cuenta contable del pasivo formada por beneficios no distribuidos o por incorporación de cuentas de regularización de balances. Las reservas forman parte de los fondos propios de la empresa.

resguardo (*receipt*) Documento en el que se manifiesta que se ha efectuado la entrega de un bien o de dinero.

resolución (*termination*) Acción de dejar sin efecto un contrato válidamente celebrado. Se diferencia de la rescisión en que ésta es subsidiaria y se basa en la existencia del perjuicio de una de las partes.

responsabilidad limitada (*limited liability*) Obligación de resarcir los daños y perjuicios causados en una cuantía previamente determinada, más allá de la cual desaparece dicha obligación.

resultados (*results*) Cifra que se obtiene deduciendo de los ingresos de una organización en un periodo determinado todos los gastos, incluyendo amortizaciones, provisiones, minusvalías, etc. El resultado, si es positivo, se llama superávit outilidad, y si es negativo déficit o pérdida.

resumen (*briefing*) Conjunto de instrucciones breves, escritas u orales, que se dan a los que van a realizar un trabajo. Se suele dar en una reunión informativa que se centra en los objetivos por cumplir.

resumen (*summary*) Reducción de un texto o discurso a términos breves y sencillos, considerando tan sólo lo esencial.

retención (*withholding*) Conservación de parte de una

cantidad que se debe pagar para garantizar el cumplimiento de alguna obligación o para facilitar el cobro de un impuesto.

retención en origen (*withholding tax*) Parte de una renta o ingreso que queda retenida por el que la paga para ser ingresada directamente en Hacienda. El contribuyente, al hacer su declaración, suele deducir lo ya retenido.

retiro; reintegro (*withdrawal*) Cantidad retirada de una cuenta corriente o de ahorro por un cliente de una institución financiera.

retorno; descuento por volumen (*rebate*) Descuento especial por volumen que se paga al final del año. Favorece la concentración de proveedores y clientes. Suele ser por encaje, con una escala que asigna determinados porcentajes para cada volumen total o crecimiento sobre el año anterior. A veces es por escalera, de forma que se va calculando el descuento que corresponde a cada volumen. Si el descuento medio es el mismo, con el cálculo por escalera el descuento marginal en los últimos tramos es superior.

retorno de la inversión (*return on investment; ROI*) Tasa de rentabilidad porcentual que se obtiene en un negocio o proyecto con respecto al capital total invertido en el mismo. El retorno se puede calcular con las utilidades después o antes de impuestos.

retorno neto (*net yield*) Rentabilidad de un activo deducidos los gastos necesarios para su compra y mantenimiento. Normalmente no se han deducido los impuestos que gravarán esa rentabilidad, a pesar de que el calificativo de neto pudiera hacer pensar lo contrario. El retorno o rendimiento nominal sería el obtenido sin deducir gastos.

retribución (*remuneration*) Recompensa o pago por la ejecución de una obra o la prestación de un servicio.

retroactividad (*retroactivity*) Capacidad que tiene una decisión o un hecho actual de surtir efecto respecto a situaciones pasadas.

retroproyector (*overhead projector*) Proyector que permite mostrar en una pantalla transparencias durante una presentación. Facilita al conferenciante seguir un orden y a los oyentes captar por los oídos y por los ojos a la vez. Es fácilmente transportable.

revelación (*disclosure*) Obligación o deber de informar a las partes interesadas de algo que para ellas es relevante si tienen derecho a conocerlo, por ejemplo, una enfermedad mortal al contratar un seguro de vida, una participación accionaria en la empresa que se está ofreciendo como proveedor, un cambio en el sistema de valoración de inventarios, etcétera.

reventa (*resale*) Nueva venta de lo que se ha comprado al poco tiempo de haberlo adquirido, generalmente a un precio superior.

revisión salarial (*salary review*) Examen periódico de las retribuciones de cada persona en función de su desarrollo personal, de la marcha de la empresa y de la variación del costo de la vida. Puede estar formalizada en un documento que detalla los logros y fracasos y recomienda acciones para mejorar los puntos débiles y que culmina en una entrevista de evaluación. Hay empresas que hacen la revisión en el aniversario de la incorporación de cada empleado y otras que utilizan una fecha común para todos los empleados.

revista especializada (*trade magazine*) Revista cuyo público objetivo pertenece a un sector o comparte un interés específico, a diferencia de las revistas de gran consumo o de interés general. Es el canal óptimo para llegar a ese público con mensajes técnicos y para realizar venta de empresa a empresa o venta industrial.

riesgo (*risk*) Incertidumbre sobre algo que puede suceder, y variabilidad de los resultados. Generalmente se aplica para expresar la idea de pérdida, pero en teoría indica incertidumbre en cuanto a la obtención de un determinado resultado. Persona o cosa asegurada.

riesgo bancario (*credit exposure*) Cantidad total que una institución financiera tiene en un momento determinado expuesta con un cliente. El riesgo es la suma de los préstamos, créditos, descubiertos en cuenta corriente, avales y garantías, créditos documentarios, etcétera.

riesgo crediticio (*credit risk*) Posibilidad de que el prestatario o el emisor de unas obligaciones no haga frente a los pagos a los que se ha comprometido a sus vencimientos.

riesgo de insolvencia (*bad debt risk*) Riesgo que tiene el tenedor de un activo financiero de renta fija de no cobrar el total de intereses o principal.

riesgo de interés (*interest rate risk*) Riesgo de pérdida en una posición derivado de una evolución desfavorable de los tipos de interés.

riesgo de mercado (*market risk*) Riesgo de pérdida en los recursos propios de una entidad producido por la volatilidad de los precios en los mercados financieros. Según su origen se puede subdividir en riesgo de interés y riesgo de divisas o de cambio. Se suele medir haciendo una estimación de las pérdidas que se producirían en distintas hipótesis de movimientos adversos en los mercados.

rotación de activos (*asset turnover*) Cifra que se obtiene dividiendo las ventas anuales de la empresa por los activos totales de la misma. Da una idea de hasta qué punto se moviliza la inversión total de la empresa. A igualdad de margen comercial, la rentabilidad sobre fondos propios será tanto mayor cuanto mayor sea la rotación de activos de la empresa.

rotación de las cuentas por cobrar (*accounts receivable turnover*) Resultado de dividir las ventas anuales en las que se ha concedido plazo de pago entre el saldo medio o final de cuentas por cobrar. Dividiendo 365 entre la rotación obtenemos el periodo medio de cobro de la empresa. A veces se tienen en cuenta todas las ventas sin deducir las que son al contado.

rotación de trabajos (*job rotation*) Método de desarrollo profesional del personal en que los empleados ocupan otro puesto diferente del habitual durante una temporada. El objetivo de la rotación es que los empleados, aprendiendo otro trabajo, mejoren sus conocimientos y que la variedad del trabajo les motive más.

rótulo (*sign*) Distintivo o señal que indica un establecimiento comercial, o cada sección dentro del mismo.

ruptura de contrato (*breach of contract*) Interrupción del funcionamiento normal de un contrato de forma unilateral y sin causa justificada. Se incurre con ello en las penalizaciones previstas en el contrato o en las responsabilidades legalmente establecidas.

ruptura de existencias; falta de existencias (*inventory break*) Carencia de un producto que habitualmente está en almacén en el momento de recibir un pedido. El porcentaje de faltas aceptable depende del sector y del cliente, pero no debe ser tan alto que perjudique la imagen de buen servicio, ni tan bajo que sea indicio de un exceso de existencias.

ruta de venta (*sales route*) Itinerario que debe seguir un vendedor para visitar de forma óptima a sus clientes. Cada ruta se repite a los 7, 14 o 28 días, dependiendo de la importancia de los clientes. Para optimizar una ruta a veces se mantienen clientes marginales que ayudan a disminuir los gastos fijos. La ruta de reparto físico puede coincidir o no con la ruta de venta, en función de los pedidos conseguidos.

S

saber hacer (*know-how*) Conjunto de conocimientos especializados y técnicas prácticas que permiten desarrollar un proceso eficazmente y de forma diferenciada a la de la media del mercado.

salario (*wage*) Conjunto de percepciones económicas que reciben los trabajadores por la prestación profesional de los servicios laborales por cuenta ajena. Aunque es un término general, se aplica más a los obreros que a los directivos. Puede ser por horas trabajadas, por día (jornal) o por producto fabricado (salario a destajo).

salario mínimo (*minimum salary*) Retribución mínima que por ley debe recibir cualquier trabajador, independientemente de su empleo o profesión. Se fija por día y por mes.

saldo (*balance*) En contabilidad, cantidad neta resultante de compensar el Debe con el Haber de una cuenta. Puede ser positivo o negativo.

saldo acreedor (*credit balance*) Saldo que figura en el Haber de una cuenta contable, cuenta corriente o de crédito.

saldo de apertura (*opening balance*) Saldo inicial de una cuenta contable de balance del Libro Mayor.

saldo de cierre (*closing balance*) Saldo o cifra final obtenida como compensación de las diferentes partidas del Debe y del Haber de una cuenta al finalizar un periodo contable.

saldo deudor (*debit balance*) Saldo que figura en el Debe de una cuenta contable, cuenta corriente o de crédito.

salida (*output*) Producción de una máquina, fábrica o en general de un proceso.

salida (*output*) En una tabla de entradas y salidas, cantidad o valor de los bienes que pasan de un sector a otro o a la demanda final.

salir a bolsa (*going public*) Proceso por el que las acciones de una compañía empiezan a cotizarse en una bolsa de valores después de cumplir los requisitos de información que marquen las normas de esa bolsa.

salir de bolsa (*take private*) Proceso dirigido a que las acciones de una sociedad dejen de cotizar en bolsa. Empieza a ser muy frecuente en países avanzados para evitar tener que dar demasiada información, poder asumir inversiones con resultados a medio plazo, o por haber sido comprada la sociedad por otra o por sus propios directivos.

salvapantallas (*screensaver*) Programa informático diseñado para variar la imagen que aparece en el monitor, evitando así que éste se deteriore.

satisfacción en el trabajo (*job satisfaction*) Sentimiento positivo que obtiene un empleado del desempeño de su trabajo, del logro de sus objetivos, del contenido del trabajo, del ambiente y de las relaciones que mantiene con otros miembros de la organización y de las condiciones físicas en que lo desarrolla.

saturación (*saturation*) Grado máximo en la utilización de un factor o en la cobertura de un mercado. Traspasar ese nivel implica conseguir

resultados negativos (por ejemplo, el exceso de publicidad que provoca un rechazo, o el exceso de distribución de un producto que hace decaer el interés de los establecimientos por tenerlo a la venta).

secretaria(o) (*secretary*) Persona que colabora con un directivo o un grupo de ellos en tareas administrativas y de administración (correspondencia, archivo, plan de trabajo y agenda), y en su enlace con el mundo exterior y otros departamentos de la empresa, teniendo capacidad delegada para tomar ciertas decisiones y representarle.

secretaria(o) de dirección (*executive secretary*) Secretaria(o) con una calificación académica, idiomas y experiencia superiores. Además de trabajar con la alta dirección normalmente asume funciones que no son estrictamente de secretaria, como la organización de actos y reuniones.

sede (*headquarters*) Local donde tiene su domicilio una entidad. Este término se aplica tanto al domicilio social como a la oficina central.

seguimiento (*follow-up*) Actividad posterior al

lanzamiento o realización de una nueva acción. Por ejemplo, el seguimiento de una visita de venta puede consistir en una carta de agradecimiento, el envío de un plan de actividades, o una llamada recordatoria. En español, este término suele implicar una supervisión de las actividades que se ha previsto realizar, más que el conjunto de dichas actividades.

según está (*as it is*) Producto que se vende tal y como lo ve el cliente, sin dar ninguna garantía de que funcione bien y sin que lo pueda devolver. Se practica en ventas por liquidación o rebajas especiales.

seminario (*seminar*) Reunión con fines educativos o de investigación.

servicio al cliente (*customer service*) Departamento que se relaciona directamente con el cliente respondiendo a sus preguntas y resolviendo sus reclamaciones. Debe asegurar que el cliente obtiene una respuesta satisfactoria y se refuerce su fidelidad, a la vez que transmite internamente el problema detectado para resolverlo.

servidor de correo (*mail server*) Computadora dedicada a la recepción, almacenamiento y envío de mensajes entre los usuarios de un sistema de correo electrónico. Por extensión, aplicación especializada en el manejo de dichos mensajes.

simplificar (*downsize*) Reducir el tamaño y complejidad de una organización sin perder capacidad de actuación, por ejemplo, pasando de sistemas de grandes y minicomputadoras a redes de área local con computadoras personales. Es sinónimo en este sentido de adelgazar, término que a veces se emplea por tener mayor fuerza visual.

siniestro (*damage, loss*) Infortunio, desgracia o avería grave que sufren las personas o los bienes, generalmente a causa de fenómenos naturales. En seguros se emplea para designar el hecho que hace nacer la obligación del asegurador.

soborno (*bribe*) Acción ilegal y resultado de corromper a un funcionario o a un directivo mediante la entrega de dinero, regalos materiales u otro tipo de favores con el fin de conseguir un trato preferente, favorecer el otorgamiento de un contrato o la realización de una venta.

sobregiro (*overdraft*) Cantidad girada contra una cuenta corriente, que excede de los fondos previamente depositados en ella.

sobretasa (*surcharge*) Cantidad pagada además del importe normal.

sobrevalorado (*overvalued*) Cualquier bien que tiene un precio superior a su valor real.

sobrevendido (*oversold*) Situación de haber vendido por encima de las necesidades reales o, tratándose de un mercado, exceso de oferta sobre la demanda.

socializar; trabajar en red (*networking*) Búsqueda deliberada de contactos a través de amigos, asociaciones y reuniones informales como fiestas, conferencias, visitas organizadas, etc. con el propósito de generar ideas, negocios o capacidad de influencia en otros.

sociedad (*corporation*) Entidad colectiva con personalidad jurídica propia, instituida mediante contrato, que reúne a varias personas que se obligan a poner en común valores, bienes o industrias con fines de lucro. Las sociedades pueden ser civiles o mercantiles, y estas últimas colectivas, comanditarias, de responsabilidad limitada y anónimas.

sociedad apalancada (*leveraged company*) Sociedad que tiene un fuerte endeudamiento en relación con sus fondos propios.

sociedad civil (*private partnership*) Sociedad formada según las normas jurídico-civiles y que no tiene por objeto la consecución de fines mercantiles.

sociedad colectiva (*general partnership*) Sociedad mercantil en la que los socios responden personal, ilimitada y solidariamente por la compañia y se comprometen a participar en la proporción establecida en el disfrute de derechos y en el cumplimiento de obligaciones.

sociedad de responsabilidad limitada (*limited liability company*) Sociedad mercantil, formada por un número reducido de socios, cuyo capital se encuentra dividido en participaciones iguales, acumulables e indivisibles, y que bajo el principio de la responsabilidad limitada de los socios a la cuantía de su aportación, se dedica a la realización de actividades de tipo mercantil.

sociedad tenedora (*holding company*) Sociedad anónima cuyo objeto social principal es la tenencia de participaciones accionarias en otras sociedades con el fin primordial de controlar su dirección. Actúa como el principal socio activo, a diferencia de la sociedad de cartera. Para ello debe poseer más del 50% del capital de una o varias sociedades. Se considera sociedad matriz si no depende de ninguna otra.

socio (*partner*) Persona que, en asociación con otra u otras, constituye una sociedad mercantil con fines de lucro, participando en las pérdidas y beneficios. En general, el término español se aplica al componente de cualquier sociedad, ya sea civil o mercantil, aunque en las anónimas se suele usar el término accionista.

socio (*member*) Miembro de una asociación sin ánimo de lucro.

socio comanditario (*limited liability partner*) Socio de una sociedad comanditaria cuya responsabilidad se limita al capital que aporte o se obligue a aportar al fondo común.

socio fundador (*founding partner*) Persona que con otras se encarga de llevar a cabo los trámites de constitución de una sociedad de la que será miembro. En la sociedad anónima, por ejemplo, son socios fundadores las personas que otorgan la escritura social y asumen la totalidad de las acciones. Pueden tener ciertos derechos especiales en el reparto de los resultados, bajo la forma de bonos de fundador.

socio pasivo; socio dormido (*silent partner*) En una sociedad o en una empresa conjunta, el socio que sólo aporta capital y no participa activamente en la administración. Actúa como un socio simplemente financiero.

solicitante (*applicant*) Persona que se ofrece para un puesto de trabajo o pide su admisión en una universidad u organización. El aspirante envía su historial y una solicitud, y si se le considera un candidato potencial, entra en el proceso de selección que normalmente culmina con una entrevista.

solicitud (*application*) Entrega de la información exigida para acceder a un proceso de selección incluyendo la manifestación de querer ser admitido en, por ejemplo, una empresa o una universidad.

solvencia (*solvency*) Capacidad de pagar las deudas a su vencimiento. Se mide por la relación entre activo y pasivo circulante, por ejemplo, con la prueba ácida. Su opuesto es la insolvencia.

soporte técnico (*technical support*) Asistencia técnica a los usuarios por parte del fabricante. Puede ser soporte telefónico, con visita personal o con envío del equipo a la fábrica para ser reparado allí.

subcontrato (*subcontract*) Contrato celebrado con una tercera persona en cumplimiento de todas o alguna de las obligaciones asumidas en un primer contrato. Se utiliza especialmente en construcción y prestación de servicios.

subcultura (*sub-culture*) Valores, creencias y estilo de vida que mantiene un cierto grupo de personas que a su vez se enmarca en un grupo mayor. Dentro de una empresa que comparte una determinada cultura, un departamento especializado, especialmente orgulloso de su aportación a la compañía o que se siente marginado. A veces los miembros desarrollan características comunes y diferentes de las de los demás departamentos.

subordinado (*subordinate*) Persona que depende de otra. El jefe tiene poder para dirigir el trabajo del subordinado dentro de los procedimientos formales o informales de la compañía pero debe usar principalmente su autoridad y su mayor experiencia o formación para ganarse la confianza y motivar a sus empleados.

sucursal (*branch*) Oficina subsidiaria situada generalmente en una ciudad o país distinto del de la oficina o domicilio principal. De ella, a su vez, pueden depender agencias situadas en los diferentes barrios de una ciudad.

sueldo (*salary*) Retribución de un empleado. Viene fijada por mes o por año, y es independiente de las horas efectivamente trabajadas o de la cantidad de producto fabricado. El término salario es más general y con un matiz de remuneración del trabajo manual, justo al revés que en inglés.

supervisor (*supervisor*) Persona encargada de vigilar el correcto funcionamiento de un grupo reducido de personas. En general se utiliza para trabajos mecánicos o repetitivos de empleados, y no para obreros (capataz).

suspensión temporal de empleo (*lay-off*) Cese del trabajo, durante un periodo previamente definido, normalmente debido a escasez de demanda.

T

tarifa aduanera (*tariff*) Precio que ha de hacerse efectivo para poder trasladar una mercancía de un país a otro. Las tarifas aduaneras se incluyen en las denominadas tablas arancelarias.

tarifa de precios (*price list*) Documento en el que el vendedor señala los precios de sus productos (incluso sugiriendo precios al por menor), y los descuentos y condiciones de entrega y de pago.

tarifa publicitaria (*advertising rates*) Precio oficial del espacio que los medios publicitarios ofrecen a sus clientes. Suelen ofrecer descuentos significativos sobre el precio oficial.

tarjeta de crédito (*credit card*) Tarjeta de material plástico emitida por un banco o una institución especializada a nombre de una persona, que podrá utilizarla para efectuar compras y realizar pagos a crédito o al contado al finalizar el mes dentro de unos límites de riesgo prefijados. La entidad emisora carga al comerciante un porcentaje por este servicio, y en algunos casos una cuota fija anual al tenedor. Tiene una banda magnética para dificultar el fraude y facilitar su uso.

tarjeta de presentación (*business card*) Cartulina pequeña en la que aparece el nombre y cargo del individuo, el nombre de la empresa a la que pertenece, su dirección, teléfono y fax. Cada vez es más frecuente incluir la dirección de correo electrónico (e-mail). A veces incluye el número de teléfono particular. Si la tarjeta es general y válida para cualquier miembro de la empresa, suele indicar el tipo de productos ofrecidos por la compañía.

tasa de cambio; tipo de cambio (*exchange rate*) Precio de una divisa medida en unidades de otra. Esta tasa fluctúa en función del diferencial entre los tipos de interés de dos países (corto plazo) y las tasas de inflación (largo plazo).

tasa de descuento (*discount rate*) Tipo de interés que se utiliza para descontar al momento actual flujos de caja futuros.

tasa de desempleo (*unemployment rate*) Porcentaje de la población activa que no tiene empleo. Algunos autores diferencian la tasa de desempleo, al excluir en ésta a los desempleados que no están buscando activamente empleo. También se puede considerar o no dentro de este porcentaje a aquellas personas que todavía no han tenido su primer trabajo.

tasa de inflación (*inflation rate*) Ritmo de variación del índice de costo de la vida o general de precios. Suele medirse mensualmente dando el resultado para los últimos doce meses y para el periodo transcurrido desde el 1o de enero de ese año, en ambos casos comparando con los datos del año anterior.

tasa de llamadas (*call rate*) En mercadotecnia, número de personas con las que un televendedor entra en contacto durante un periodo dado.

tasa de rentabilidad interna; TRI (*internal rate of return; IRR*) Tasa de descuento que iguala los flujos de caja positivos y negativos que se generan en un proyecto de inversión. Si se descuentan los flujos de caja producidos por una inversión al momento actual a la tasa de rentabilidad interna y se deduce el flujo negativo inicial, se obtiene una cantidad nula. La TRI de una inversión debe ser superior al costo de capital para que el proyecto sea interesante. Parte de la hipótesis de que los fondos generados a lo largo del proyecto se pueden reinvertir a la misma tasa.

tasa de retorno; tasa de rentabilidad (*rate of return*) Tasa de porcentaje que se obtiene al dividir la utilidad real o esperada en una inversión entre su costo.

teclas de función (*function keys*) Teclas F1-F12 de un teclado ampliado que ejecutan comandos especiales del programa activo.

telecomunicaciones (*telecommunications*) Ciencia relativa a los dispositivos y técnicas empleados para la transmisión de signos, señales, escritura, imágenes, sonido o datos de cualquier tipo por cable, radio, satélite u otro medio electromagnético. Uso de las líneas telefónicas para la transmisión de datos entre computadoras y terminales.

teleconferencia (*conference call*)
Llamada telefónica que
permite conectar más de dos
líneas a la vez, lo que ahorra
llamadas y reuniones.

teletrabajo (*telecommuting*)
Trabajo realizado desde el
propio hogar (sin necesidad
de desplazarse al centro de
trabajo habitual de la
empresa) gracias a la
tecnología moderna de
informática y
comunicaciones.

teoría de juegos (*game theory*)
Teoría y modelos de
simulación estratégica
consistentes en que el
resultado o rendimiento
obtenido en una tarea no
depende sólo del actor, sino
también de la actividad que
ejerza la otra parte. Es muy
útil para simular
negociaciones complejas o
situaciones competitivas, por
ejemplo, licitaciones.

tesorería (*cash balances; liquidity*)
Liquidez, disponibilidad de
medios líquidos en la caja de
una empresa o entidad de
crédito.

tesorero (*treasurer*) Responsable
del manejo de la liquidez de
una institución y de la
negociación para la
disponibilidad de fondos
propios y ajenos. Suele

depender del director
financiero de la empresa.

tienda departamental; almacén
(*department store*)
Establecimiento abierto al
público que ofrece un gran
surtido de productos y
servicios, organizado en
diferentes plantas y secciones
que venden cada una un tipo
concreto de mercancías. Se
encuentra situado en medio
de la ciudad, con muy buenas
comunicaciones. Sus puntos
fuertes son surtido y servicio.

tipo básico (*base rate*) Interés que
los bancos toman como base
para la determinación del tipo
de interés aplicable a cada
uno de los clientes.

tipo de depreciación (*depreciation
rate*) Tasa utilizada para
calcular la amortización
correspondiente a un periodo.
Ejemplos incluyen el sistema
lineal, el sistema de la suma
de los dígitos de los años y de
porcentaje fijo sobre el neto.

tipo de descuento (*discount rate*)
Tasa porcentual que se utiliza
para descontar o calcular el
valor actual de una serie de
flujos de caja.

tipo de interés (*interest rate*) Costo
del uso del dinero en un
crédito, préstamo u otra
obligación financiera.
Generalmente se fija en forma

de una tasa porcentual anual, aunque en países con alta inflación puede ser mensual o diaria. El tipo de interés puede ser simple o compuesto, real o nominal, de descuento o efectivo, fijo o variable.

tipo de interés preferencial (*prime rate*) Tipo de interés que los bancos cobran a sus mejores clientes. Es, por tanto, la tasa mínima de costo del crédito en un banco, pues se aplica a los clientes de menor riesgo. El tipo preferencial suele servir de referencia para fijar el tipo de interés con un determinado cliente (por ejemplo, un 1% por encima del tipo preferencial).

tipo de referencia (*base rate*) Tipo de interés que sirve como base para calcular el tipo de interés a utilizar en cada momento. Sobre ese tipo se aplica una prima en función del riesgo del prestatario. Uno de los más utilizados es el LIBOR.

tipo empresarial (*business-like*) Calificativo que engloba las características propias y positivas de un empresario: pragmático, cuidadoso, eficiente, profesional, con sentido común y habilidad para las relaciones interpersonales, que asume responsabilidad, toma su

trabajo en serio, es emprendedor, autónomo y calcula los riesgos.

tirada; tiraje (*print run*) Número total de ejemplares o copias de una publicación u objeto (medallas, sellos, etcétera).

titular (*principal*) Persona que desempeña habitualmente un cierto puesto, por ejemplo, el de miembro de un consejo de administración, aunque con ciertos requisitos. Puede ser sustituido en su ausencia.

toma de control (*buyout*) Compra de un porcentaje de las acciones de una empresa que es suficiente para poder dirigir sus operaciones. En grandes sociedades no es necesario que sea mayoritario al estar muy diluida la propiedad del resto de las acciones.

toma de decisiones (*decision-making*) Proceso básico y frecuente en el mundo empresarial mediante el cual se eligen las medidas a adoptar para el logro de unos objetivos más o menos conscientes y explícitos.

tormenta de ideas (*brainstorming*) Procedimiento de trabajo en equipo para la búsqueda de ideas o soluciones. Los participantes sólo pueden exponer ideas o variaciones sobre ideas presentadas por otros compañeros, pero sin criticarlas ni desecharlas, lo que es objeto de otra reunión posterior. En un ambiente libre de críticas, y con interacción entre participantes que conocen bien el problema, es más fácil llegar a una solución original.

TR; tasa de rentabilidad; retorno (*rate of return*) Tipo porcentual que se obtiene dividiendo los beneficios que se han obtenido o se esperan recibir de una inversión entre el importe de la misma.

trabajador (*worker*) Persona que percibe un sueldo a cambio de su actividad en la empresa.

trabajador temporal (*temporary worker*) Trabajador contratado provisionalmente para sustituir a alguien o para cubrir un periodo de aumento de actividad no cíclico (temporero). A veces se utilizan los contratos temporales para no hacer fijos a los trabajadores.

trabajo compartido (*job-sharing*) Práctica de dividir un empleo de tiempo completo entre dos personas que trabajan a tiempo parcial para facilitar la incorporación de la mujer con hijos al mercado laboral o para disminuir el desempleo.

trabajo de tiempo parcial (*part-time work*) Empleo en el que el trabajador se obliga a prestar su actividad, durante un determinado número de horas o días, normalmente inferior a los dos tercios del tiempo habitual de trabajo. Se utiliza sobre todo en establecimientos abiertos al público durante muchas horas o en negocios con actividad pico durante ciertas horas.

trabajo en equipo (*teamwork*) Espíritu positivo de colaboración que favorece el logro de objetivos y resultados por un grupo de personas. Trabajando como grupo se consigue un mejor resultado que trabajando cada uno individualmente. Se busca conseguir un objetivo común por encima del logro de las metas individuales y para alcanzarlo se divide el trabajo entre los miembros y se establece un sistema de coordinación. Permite aprovechar los conocimientos diferentes de todos los miembros del grupo.

trabajo por turnos (*shift-work*) Trabajo en el que se mantiene el funcionamiento ininterrumpido de la línea de producción, sustituyéndose los empleados cada ocho horas. La rotación entre los turnos de día, tarde y noche se regula por contrato colectivo.

tramitación (*procedure*) Conjunto de pasos o trámites que es necesario seguir hasta lograr la resolución de un asunto.

trámite (*step*) Cada una de las diligencias que hay que efectuar en un negocio o en un procedimiento judicial hasta el momento de su finalización.

transacción (*transaction*) En general, cualquier trato o negocio comercial.

transferencia bancaria (*bank transfer*) Orden de abono en la cuenta del receptor en otro banco y de cargo en la cuenta del que da la orden que se tramita, nacional o internacionalmente (SWIFT), por los bancos involucrados. Dentro del mismo banco se llama traspaso, aunque el beneficiario sea distinto del ordenante.

transferencia de datos (*data transfer*) Acción de mover información a otra posición dentro de la computadora, o entre la computadora y un sistema o dispositivo externo.

transferencia de tecnología (*technology transfer*) Proceso de transmisión de conocimientos y/o experiencias de un equipo humano a otro. Incluye métodos y aspectos protegidos por la propiedad intelectual e industrial, y otros que no lo están. La transferencia de tecnología es actualmente un requisito en las ventas y suministros de grandes equipos a países del Tercer Mundo.

transferencia electrónica de fondos; TEF (*electronic funds transfer; EFT*) Transferencia de dinero o medios de pago a través de líneas informáticas, sin necesidad de movimiento físico de efectivo ni de cheques u otros documentos. Simplifica y abarata el costo de la operación bancaria.

transporte (*transport*) Traslado de personas o mercancías de un lugar a otro, normalmente a cambio de una remuneración llamada porte.

traspaso (*transfer*) En contabilidad, adeudo o cargo de una determinada cantidad en una cuenta contable y abono de la misma cantidad en otra cuenta.

trastienda (*back-office*) Conjunto de recursos humanos y materiales que dan soporte a las actividades que están en contacto con el público. Por ejemplo, en un banco serían los empleados de administración y sistemas.

trazado (*layout*) Distribución en una superficie o exposición sucinta de lo que se va a explicar en una presentación. Por ejemplo, en una publicación, el diseño de una página con la reserva de espacio para titular, texto e ilustraciones. Puede presentarse como preliminar o provisional o ya como definitivo.

tutorial (*tutorial*) En informática, introducción en forma de libro o programa que ayuda al usuario a aprender un nuevo programa, dispositivo o procedimiento. Suele dividirse en varias lecciones que explican paso a paso cada una de las funciones.

U

última línea (*bottom line*)
Coloquialmente, el resultado
final o la conclusión de algo.
En una cuenta de pérdidas y
ganancias la última línea
muestra la utilidad o pérdida
neta.

**umbral de rentabilidad; punto
de equilibrio** (*profitability
threshold*) Volumen de negocio
que permite cubrir los gastos
fijos y a partir del cual se
generan utilidades. Se calcula
dividiendo la suma total de
gastos fijos (estructura y fijos
de producción y
comercialización) entre la
diferencia que se obtiene entre
el precio medio de venta y el
costo variable medio,
ponderando los diferentes
productos vendidos.

unidad (*unit*) Nivel inferior en
una organización empresarial
con cierta autonomía y
propósito definido. A su
frente está un gestor.
Normalmente existen muchas
unidades comparables entre
sí, como es el caso de
supermercados o agencias
bancarias.

unidad de negocio (*business unit*)
Cada parte de una
organización empresarial que
cuenta con su propia
estrategia, dirección y
presupuesto. Dentro de una
sociedad puede haber varias
unidades, o una unidad
puede abarcar varias
sociedades.

uso de suelo habitacional
(*occupancy permit*) Permiso de
la autoridad para ocupar una
vivienda.

usuario (*user*) El que utiliza por
lo general un servicio. El que
tiene derecho de usar una
cosa ajena con cierta
limitación (derecho de uso).

usuario final (*end-user*) Persona o
entidad que consume el
producto y que puede ser
distinta de la que lo prescribe
y de la que lo compra.

utilidad (*utility*) Satisfacción de
necesidades que se obtiene por
la utilización de un bien.
Determina el valor de un bien y
el interés en su uso y disfrute.

utilidad; ganancia (*profit*)
Resultado de deducir de los

ingresos de la empresa en un determinado periodo todos los costos y gastos devengados durante el mismo, si es positivo. Si el saldo es negativo, hay pérdida.

utilidad antes de impuestos (*profit before tax*) Beneficio obtenido deduciendo todos los gastos del ejercicio con excepción de los impuestos.

utilidad bruta; utilidad de explotación (*gross profit*) Beneficio obtenido deduciendo de las ventas los gastos de explotación.

utilidad marginal (*marginal utility*) Utilidad o satisfacción que el consumidor obtiene de la última unidad consumida. La teoría económica dice que la utilidad marginal es siempre decreciente. El consumidor llega hasta la unidad en que se iguala el precio de mercado con la utilidad marginal que obtiene. La utilidad que ha obtenido en las anteriores, al pagar menos de lo que estaba dispuesto a pagar, constituye el excedente del consumidor.

utilidad por acción (*earnings per share; EPS*) Cifra obtenida dividiendo, en un año financiero particular, las utilidades de una compañía después de impuestos entre el número total de acciones en circulación. Se usa como un medio para calcular el valor de la acción, multiplicándola por un PB apropiado.

utilidad sobre ventas (*return on sales*) Porcentaje que representan los beneficios netos sobre las ventas netas durante un periodo.

utilidades diarias en riesgo (*daily earnings at risk; DEAR*) Estimación de la pérdida de valor que se puede producir en una posición en un periodo de un día, bajo unos supuestos de comportamiento adverso en los mercados. Equivale al valor en riesgo diario.

utilidades no distribuidas; utilidades retenidas (*retained earnings*) Ganancias que se mantienen en la empresa como reserva legal o voluntaria y no se reparten como dividendos. Pueden ser distribuidas en ejercicios posteriores.

V

vaca (*cash-cow*) En una matriz de crecimiento-cuota, el negocio líder o dominante en un segmento con crecimiento bajo. Debe generar recursos, en exceso de los que necesita para mantener su cuota de mercado, para invertir en otros negocios del grupo.

vacaciones (*vacation*) Derecho del trabajador, derivado de la relación laboral, y cuya duración varía según el país y sus leyes.

vacante (*vacancy*) Puesto de trabajo no cubierto.

vale-descuento (*coupon*) Dibujo, generalmente en forma de billete, impreso en la envoltura de un producto o en la publicidad, que permite comprar esa unidad o la siguiente a precio reducido. A veces sirve para otro producto de la misma empresa.

valor (*value*) Utilidad de un bien que permite recibir en equivalencia una determinada cantidad de dinero. Es algo subjetivo, que sólo se cuantifica en el preciso momento de la compraventa.

valor actual (*present value*) Resultado de descontar una o más cantidades futuras al presente, utilizando una determinada tasa de descuento. La tasa de descuento refleja el valor temporal del dinero y el elemento riesgo que existe siempre en un flujo de caja previsto en el futuro. Si los flujos están en términos nominales, la tasa de descuento incluirá además una hipótesis de inflación prevista.

valor actualizado neto; VAN (*net present value; NPV*) Valor actualizado al momento presente mediante un adecuado tipo de interés de todos los cobros o/y pagos futuros que se espera generar en una actividad.

valor añadido (*value added*) Incremento de precio obtenido en cada fase del proceso productivo. El valor añadido se obtiene deduciendo del precio del producto terminado los costos de todos los materiales o servicios adquiridos del exterior que se han necesitado.

valor de mercado; valor corriente (*market value*) Valor que obtendría en el mercado un determinado bien en circunstancias normales. No se tiene en cuenta la posible urgencia o necesidad del comprador o vendedor, y se supone que existe una información perfecta.

valor de reposición (*replacement value*) Costo actual de reemplazar un activo fijo por otro de las mismas características. Una contabilidad con valores de reposición o con revalorizaciones refleja mejor la situación de la empresa. El valor de reposición suele ser mayor que el valor contable por la inflación actual, salvo en industrias con curvas de experiencia muy pendientes.

valor declarado (*declared value*) En aduanas, precio que los interesados declaran como el correspondiente a un bien para el pago de los impuestos. En correos, precio estimado de un bien que se envía y del que responde el servicio de correos en caso de pérdida.

valor en aduana (*customs value*) Valor de un bien para efectos de aplicar el arancel aduanero de importación. Suele ser el que aparece en la factura salvo que sea sospechosamente bajo.

valor en libros; valor contable (*book value*) Valor de una empresa o de un activo de ella según se desprende de los libros de contabilidad. Se trata del valor histórico regularizado, deducidas las amortizaciones y el pasivo exigible. El valor contable de una empresa no coincide ni con el valor en liquidación, ni con el valor de mercado.

valor en liquidación (*liquidation value*) Valor de los activos cuando se venden de forma independiente y rápida. En el caso de liquidación de una empresa se supone que no interesa que continúe su marcha normal. Es inferior al valor en funcionamiento, al perder el fondo de comercio e incurrir en costos de cierre extraordinarios.

valor intrínseco (*intrinsic value*) En general, valor real que se estima debe tener un bien en un mercado estable, que puede no coincidir con el del mercado en ese momento.

valor justo de mercado (*fair market value*) Precio al que dos partes independientes estarían teóricamente dispuestas a realizar una transacción.

valor líquido (*net value*) Valor resultante de deducir al precio los costos de operación. Equivale a neto y se contrapone a bruto.

valoración de activos (*asset valuation*) Criterio de contabilización de activos. Estimación pericial del valor de un activo.

valorar (*value*) Evaluar, dar precio a un bien.

vencimiento (*due date*) Fecha de pago de una obligación financiera.

vendedor (*salesperson*) Persona que vende o intenta vender. El vendedor profesional tiene una formación técnica, y suele poseer una personalidad adecuada para vencer las dificultades. Normalmente recibe una comisión por unidad vendida o por cumplimiento de objetivos. El conjunto de los vendedores forma la fuerza de ventas.

vender (*sell*) Traspasar la propiedad de una mercancía a cambio de un precio acordado. Incluye la oferta, presentación y negociación de ese traspaso.

venta (*sale*) Acción y contrato de transferencia de un bien a cambio de un precio fijado. Conjunto de acciones que el vendedor ejecuta para convencer al comprador.

venta a crédito (*credit sale*) Venta en la que el pago se realiza después de la transferencia física del bien. El plazo normal de pago depende del sector de actividad y de la relación de fuerza entre fabricantes y distribuidores. Los plazos más habituales son los de treinta, cuarenta y cinco, sesenta y noventa días. Un caso particular de la venta a crédito lo constituye la venta a plazos.

venta a granel (*bulk sale*) Venta de un producto sin envasar, aunque sea en pequeñas cantidades. También, venta de un producto en volumen.

venta a plazos (*installment sale*) Venta a crédito en la que se fijan pagos fraccionados a intervalos de tiempo regulares. Normalmente son plazos mensuales o trimestrales.

venta a precio impuesto (*fixed-price sale*) Venta en la que el precio al consumidor, y normalmente el precio y margen de los distribuidores, viene fijado por el fabricante o el gobierno (precios regulados o controlados). Permite incluir el precio en el envase y en la publicidad. Está prohibida en algunos sectores y países.

venta a profesionales (*trade sale*) Venta restringida a intermediarios de un determinado sector por lo que se suelen conceder descuentos especiales.

venta a prueba (*approval sale*) Venta que permite al comprador pagar el producto una vez que lo ha utilizado y que está satisfecho.

venta al contado (*cash sale*) Venta en la que el pago se realiza al mismo tiempo o inmediatamente después de la transferencia física del bien. El descuento habitual por pronto pago es del 2%, si se paga antes de diez días.

venta al por mayor (*wholesale sale*) Venta a detallistas o grandes consumidores por cajas completas. Es la que practica el mayorista, que compra al fabricante o importador en grandes cantidades.

venta al por menor; venta al detalle (*retail sale*) Venta al consumidor final en unidades pequeñas. Es la que practica el detallista, que compra al mayorista cajas completas.

venta CF (costo y flete) (*cost and freight sale; CF*) Regla internacional elaborada por la Cámara Internacional de Comercio según la cual el vendedor queda obligado a embarcar la mercancía y a pagar el flete hasta el puerto de destino. El seguro debe contratarlo y pagarlo el comprador.

venta CIF (costo, seguro y flete) (*cost, insurance and freight sale; CIF*) Regla internacional elaborada por la Cámara Internacional de Comercio según la cual el vendedor se obliga a contratar el transportista, pagar el flete y la descarga en destino, contratar a su costa el seguro y proveer las mercancías de acuerdo con el contrato de venta. Asimismo son obligaciones del vendedor obtener a su costa la licencia de exportación, realizar todas las operaciones relacionadas con la carga del buque, pagar los derechos y tasas de la mercancía hasta su embarque, y soportar los riesgos de la mercancía hasta que la borda del buque haya pasado en el puerto de desembarque.

venta con canje (*trade-in sale*) Venta en la que se acepta como parte del precio de un producto nuevo un producto similar antiguo, sea o no de la misma marca y esté o no en funcionamiento.

venta con pacto de recompra (*repurchase agreement sale*) Equivale a una venta temporal de activos sin que se fije desde el principio el día de recompra. El comprador tiene derecho de vender el activo (por ejemplo, un pagaré) al vendedor cuando quiera, aunque éste no puede exigirle la venta. El precio (en este caso el tipo de interés) puede estar fijado o ser el del momento.

venta con puenteo (*backdoor selling*) Venta directa al ejecutivo principal pasando por alto la burocracia o los canales normales. Puede ser más rápida y eficaz pero hay que procurar que esos niveles que han sido marginados y van a tener que tomar las decisiones de reposición día a día no se pongan en contra.

venta condicional (*conditional sale*) Venta con facturación que puede anularse en determinadas condiciones, habitualmente cuando el comprador no ha podido vender la mercancía. Presenta semejanzas con la venta en depósito.

venta contra reembolso (*cash on delivery sale*) Venta en la que el comprador envía una tarjeta de pedido firmada, y paga al servicio de correos cuando recibe la mercancía. Tiene un plazo para reclamar y devolver la mercancía si no está conforme.

venta de descuento (*discount sale*) Venta permanente de artículos normales con un margen reducido. Aunque se trata en ocasiones de artículos de inferior calidad, o de marcas menos conocidas, es frecuente sin embargo que se trate del mismo artículo que se trabaja, con un descuento mayor. Se realiza en establecimientos especiales, que ofrecen menos servicios, están peor decorados, y se encuentran más alejados del centro. Es diferente de la venta de rebajas.

venta de saldos; venta por fin de temporada (*end-of-season sale*) Equivale a venta por fin de temporada, aunque puede incluir restos de varias temporadas o artículos sueltos.

venta directa (*direct marketing*) Venta en la que la empresa contacta directamente con el cliente sin usar puntos de venta o intermediarios. Los clientes potenciales son localizados a través de otros clientes, por teléfono, campañas de correo, cupones de pedido en revistas especializadas o en prensa y mediante venta puerta a puerta. Es relativamente fácil medir el impacto de cada campaña y de cada vendedor.

venta empresa a empresa (*business-to-business marketing*) Venta de bienes o servicios en los que el cliente final es otra empresa. El peso de las diferentes herramientas de la mercadotecnia cambia ya que, por ejemplo, las relaciones personales y la venta en sí misma son más importantes y complejas y la publicidad se basa más en revistas especializadas.

venta en consignación; venta en depósito (*consignment sale; sale or return selling*) Venta en la que el fabricante o depositante envía la mercancía al distribuidor o depositario para que éste la vaya vendiendo. La mercancía continúa siendo propiedad del depositante, y se vende y se factura sólo cuando el depositario la ha vendido o cuando no aparece en los recuentos periódicos de existencias que se realizan.

venta en firme (*firm sale*) Venta que no puede anularse o modificarse, salvo en casos de fuerza mayor.

venta en frío (*cold canvass*) Técnica de venta a domicilio por la que se visita a los clientes potenciales sin haberles avisado antes por teléfono o correo.

venta en promoción (*promotional sale*) Es similar a la venta de rebajas, pero se centra en pocos productos y secciones. Su objetivo es introducir nuevos artículos y aumentar el tráfico en el establecimiento. El descuento temporal atrae y acelera la decisión de compra.

venta en subasta (*sale by auction*) Venta en la que varios compradores compiten entre sí para la adjudicación de un producto o servicio, que será obtenido por la oferta mejor si cubre el precio mínimo de salida. Puede efectuarse en sobre cerrado o de viva voz, en cuyo caso los compradores van conociendo las ofertas.

venta estacional (*seasonal sale*) Venta que oscila en función de la época del año. Las empresas completan su gama de productos con otros típicos de otras estaciones, tratan de fomentar el consumo de su producto durante todo el año, o trabajan sólo durante unos meses.

venta FAS (*free alongside ship sale; FAS*) Regla internacional elaborada por la Cámara Internacional de Comercio, en la que se especifica que el vendedor entrega y el comprador adquiere la mercancía cuando éste se sitúa sobre el muelle. A partir de ese instante el comprador corre con todos los gastos.

venta FOB (franco a bordo) (*free on board sale; FOB*) Regla internacional elaborada por la Cámara Internacional de Comercio según la cual el vendedor carga con todos los gastos hasta que las mercancías sean colocadas a bordo del buque, en la fecha y lugar convenidos con el comprador. No incluye los gastos de transporte ni el seguro de las mercancías, que corren a cargo del comprador.

venta interna (*internal marketing*) Proceso para lograr la identificación de los empleados con los objetivos y productos de la empresa. Para que el lanzamiento de un nuevo producto tenga éxito es vital que todos los empleados crean en lo que se va a hacer y estén motivados para darle el apoyo adicional que pueda necesitar.

venta personal (*personal selling*) Venta en la que el vendedor entra en contacto directo con el cliente. Se suele utilizar en venta industrial o cuando el producto es caro o difícil de entender o de usar.

venta por catálogo; VPC (*catalog selling*) Venta en la que el comprador se basa para su selección en un catálogo en el que vienen fotografías de los productos, descripciones completas y precios. El catálogo se envía por correo a los antiguos clientes o se compra en quioscos. El pedido se hace por correo, por teléfono o en las oficinas que mantienen las empresas de VPC, y la mercancía se suele recibir por correo, agencia de transporte o se recoge en la misma oficina.

venta por correo (*mail-order selling*) Venta en la que el posible comprador recibe en su domicilio, o a través de la prensa, una comunicación escrita que le invita a comprar un producto o servicio. Suele efectuarse por empresas especializadas, y las direcciones se consiguen al azar, por compras anteriores, por ser miembro de algunos clubes o colegios profesionales, o a través de la central de tarjetas de crédito.

El pedido se envía y se recibe por correo, frecuentemente contra reembolso.

venta por liquidación (*liquidation sale*) Tipo de venta de rebajas en la que se intenta vender las últimas existencias antes del cierre, cambio o traspaso del negocio.

venta por teléfono (*telephone selling*) Venta que se inicia y frecuentemente se cierra mediante contacto telefónico. Normalmente se contrata a empresas especializadas que tienen personal formado en este tipo de venta y se hacen campañas de uno o dos meses.

venta puerta a puerta (*door-to-door selling*) Venta en un hogar o establecimiento sin conocer ni preseleccionar a los visitados. Se efectúa zona por zona, llamando a todos los hogares. Se asemeja a la venta a domicilio, pero en ésta hay una petición de oferta y por tanto se conoce algo al posible comprador.

venta técnica (*technical selling*) Venta industrial en la que el producto tiene una gran complejidad técnica, por lo que se requieren vendedores con formación elevada y capaces de crear y mantener unas relaciones personales estrechas con el cliente.

También es importante tener un buen servicio de asistencia técnica y de mantenimiento.

ventaja absoluta (*absolute advantage*) Posición de una empresa o país que le permite producir un bien o servicio con menos consumo de recursos que otros países.

ventaja comparativa; ventaja competitiva (*comparative advantage; competitive advantage*) Situación o circunstancia que da preferencia competitiva a un país o a una empresa en una actividad económica concreta. La ventaja puede venir motivada por una tecnología superior, por un menor costo de un determinado factor de producción, un acceso privilegiado a un mercado, un mayor reconocimiento de marca, etcétera.

ventaja relativa (*relative advantage*) Posición de una empresa o país para la producción de un determinado bien o servicio por la que, a pesar de consumir más recursos que un tercero, es decir, no tener ventaja absoluta, le interesa producir ese bien para posteriormente intercambiarlo ya que, si produjera otro bien, ambos países o empresas necesitarían más recursos para la misma producción total.

ventas (*sales revenues*) Conjunto de las unidades de productos vendidas durante un período. Se suelen excluir los impuestos y descuentos en factura, aunque no las devoluciones y descuentos por pronto pago. En empresas financieras e intermediarios, la cifra de ventas más real es el conjunto de comisiones recibidas.

ventas netas (*net sales*) Ventas facturadas una vez deducido el importe de los impuestos (IVA e impuestos especiales, por ejemplo sobre tabacos), de los descuentos, devoluciones y pago de envíos a los clientes.

verificador gramatical (*grammar check*) Opción de algunos procesadores de texto para encontrar ciertos errores gramaticales en el documento.

verificador ortográfico (*spell check*) Función de una aplicación que comprueba si las palabras en un documento están escritas correctamente. Suele incluirse en procesadores de textos, pero también puede estar disponible en bases de datos u hojas de cálculo.

vía (*procedure*) Procedimiento para hacer o conseguir alguna cosa.

viabilidad (*viability*) Capacidad o posibilidad de progreso de una empresa o proyecto, de forma que se asegure su rentabilidad a largo plazo.

viaje de trabajo (*business trip*) Viaje pagado por la empresa y que tiene como principal objetivo una actividad laboral. Habitualmente se pagan los gastos justificados por facturas dentro de unos niveles definidos en la normativa de viajes, aunque en niveles inferiores o en puestos que requieren muchos viajes es frecuente que se establezcan viáticos por día, con independencia del gasto real efectuado, para compensar adicionalmente al empleado.

vicepresidente (*vice-president*) Cargo y persona que sustituye al presidente en ausencia de éste.

vida económica (*economic life*) Tiempo durante el cual se prevé que una máquina o proyecto va a ser rentable.

vida esperada (*expected life*) Duración promedio de una maquinaria en el momento de su instalación.

vida física; vida técnica (*physical life*) Duración prevista del funcionamiento de una máquina con el adecuado mantenimiento.

vida útil (*useful life*) Tiempo durante el cual se prevé que una máquina o proyecto va a ser rentable. En sentido estricto, tiempo durante el cual se estima que no va a estar disponible una alternativa más rentable.

videoconferencia (*videoconference*) Conversación mantenida a través de una línea telefónica que transmite voz e imágenes entre varias personas situadas en dos o más puntos distintos.

visita en frío (*cold call*) Visita a domicilio que realiza un vendedor sin contacto previo, ni siquiera telefónico.

vitrina (*display case*) Mueble protegido por un cristal y en el que se exponen productos. El consumidor puede tomar el producto expuesto (por ejemplo, congelados), avisar a un dependiente para que se lo dé, o acudir al establecimiento que se indica (por ejemplo, si la vitrina está en un aeropuerto). Se utiliza el término escaparate cuando la exposición está situada en la fachada de un establecimiento.

volante (*handout*) Hoja que se reparte en una reunión de mucha gente. Si tiene un doblez se llama díptico, y si tiene dos, es decir hay tres cuerpos por cada lado, se llama tríptico. Si tiene varias páginas es un folleto o un informe, dependiendo de si es predominantemente comercial o formativo.

volumen (*volume*) En general, capacidad, tamaño y cantidad total.

votación a mano alzada (*show of hands*) Toma de decisión basada en el recuento de las personas que están a favor o en contra de una propuesta, resultando vencedor el grupo más numeroso.

votación estatutaria (*statutory voting*) Votación de acuerdo con los estatutos de una sociedad que suelen otorgar un voto a cada acción normal en las que se divide el capital social. Puede haber acciones sin voto, acciones preferentes sin voto, acciones de fundador con voto reforzado y, en algunos estatutos de sociedades estadunidenses, la posibilidad de voto múltiple para el consejo, lo que facilita la representación de las minorías.

voto (*vote*) Manifestación de una persona sobre la decisión de un asunto o la elección de candidatos propuestos.

voto de censura (*vote of censure*) Manifestación de desacuerdo sobre la gestión de una persona. Se emplea habitualmente para referirse al voto que emplean las cámaras o sociedades cuando no le tienen confianza al gobierno o junta directiva.

voto nominativo (*named vote*) Sistema de votación por el que queda registrado el sentido del voto de cada persona.

voto por poder (*vote by proxy*) Ejercer el derecho de voto a través de otra persona a quien se le da un poder o instrucciones específicas. Normalmente, en una sociedad se delega en el presidente del consejo, aunque las tarjetas de delegación permiten señalar si el voto para cada punto del orden del día debe ser afirmativo, negativo o abstención. En caso de no señalar nada se supone que el voto es afirmativo.

voz (*right to speak*) Facultad de expresar la opinión sobre una cosa en nombre propio o de otro, lo cual no implica, a no ser que se posea voto, que haya de ser tenida en cuenta para la decisión final.

Z

zona de libre comercio (*free trade zone*) Territorio en el que, como consecuencia de un acuerdo entre los países que lo integran, existe libertad de comercio respecto de los productos industriales y agrícolas. El objeto de la zona de libre comercio es el de promover la mejora de las condiciones de vida y empleo, el crecimiento de la productividad, y la estabilidad financiera de los países contratantes. Es menos amplio que área de libre cambio.

zona de venta (*sales region*) Territorio que cubre un vendedor o un conjunto de vendedores con base en una sucursal o centro de distribución regional. Dentro de cada zona se establecen diferentes rutas. La división de un país en zonas se hace por motivos geográficos, historia de la propia empresa, tipo de clientes y de distribución, y a veces para hacerla coincidir con los criterios de empresas de investigación de mercados.

zona franca (*duty-free zone*) Área y locales que, aun estando situados dentro del territorio nacional, se consideran como territorio extranjero para efectos de aduanas. Las mercancías que se depositan en ella no pagan impuestos de entrada, y pueden reexpedirse sin problemas.

A

abort (of a process) (*abortar [un proceso]*) To unexpectedly terminate. May be carried out as part of a process when the required results cannot be obtained, by an operating system or by an operator.

absenteeism (*ausentismo*) Justified or non-justified absence from work without an employee's superior being previously aware. Companies normally have an absenteeism rate of 2%-4%.

absolute advantage (*ventaja absoluta*) Country that has a total benefit in the production of a good or service if it can produce that good with fewer resources than other countries can.

absorbed account (*cuenta absorbida*) Account that disappears through consolidation with other accounts of the same type.

absorbed costs (*costos no repercutidos*) Indirect production costs that are not charged to the customer and are absorbed as general expenses.

absorption costing (*absorción de costos*) Calculation of unit cost, including variable and semi-variable costs as well as the effect on fixed, indirect or overhead costs, according to justified criteria. An activity or sale absorbs fixed expenses when the sales price exceeds variable cost and contributes the difference to cover a company's fixed expenses.

abuse (*abuso*) Use of a right by clearly exceeding the normal limits associated with the exercising of such right, in detriment of a third party. In public administration, unjust or excess use of the power granted to a civil servant.

abuse of dominant position (*abuso de posición dominante*) Illegal advantage obtained by a company resulting from its control of the market through, for example, inflated prices or discriminatory conditions. Detrimental to free competition.

abusive (*abusivo*) Unjustified dealing with a person or group of persons under the terms of a contract or agreement, resulting from the misuse of negotiating power.

accelerated depreciation (*amortización acelerada*) Depreciation of an asset at a faster rate than normal. In some cases (for example, data processing equipment) depreciation is possible over shorter periods than usual. The most common methods are to apply a fixed percentage to the remaining depreciable value, and the sum-of-the-year's-digits depreciation method. For tax purposes, and as incentive for investment, the authorities may authorize accelerated depreciation for goods purchased at a particular time and place.

accelerator theory (*teoría de acelerador*) Theory according to which, the demand for production goods varies at a greater rate than the demand for final products, in such a way that a variation in the growth of production goods causes a variation in final product growth. Together with the multiplier effect and the prophecy theory, it explains economic cycle and crisis phenomena.

acceptance (*aceptación*) The act of voluntarily receiving something offered or entrusted. Acceptance always implies consent.

accepted bill (*letra aceptada*) Bill of exchange in which the drawer acknowledges liability to pay the specified amount on the due date and signs as proof of acceptance.

accepting office (*aceptante*) Company that accepts a reinsurance policy from another direct insurance or reinsurance company, known as the ceding office. The accepting company may, in turn, transfer part of the risk to another company called retroceding office.

access (*acceso*) Entry to premises, an organization or system.

access (*acceso*) In information systems, recording or recovery of data from a disk or any other peripheral equipment.

accession (*accesión*) Form of acquiring ownership based on the principle that ownership embodies all natural or artificial accessories belonging to the principal asset.

accessory (*accesorio*) Spare part required in order for a machine to be used for a specific purpose. If sold separately, the price is generally higher than it would be as part of the main equipment.

accessory contract (*contrato accesorio*) Contract that ensures compliance with another principal contract, without which it could not exist.

account (*cuenta*) Entry in accounting books that reflect all transactions of a certain type or related to a certain subject. In advertising, and generally in services, each of the clients or products with which one works.

account executive (*ejecutivo de cuentas*) Individual responsible for the overall relationship that exists between a company and a client or group of clients. Especially in the service sector.

account manager (*gestor de cuenta*) Person having the capacity to act who is in charge of all company relations with a particular client.

accountant (*contable*) Person that performs accounting duties as an employee or on a freelance basis. The accounting function is normally supervised by the Head of Administration or Information Systems (in the United States called CIO, Chief Information Officer).

accounting (*contabilidad*) Branch of business science that studies how to measure company results, costs and equity. Basic support for internal as well as external investment decision making that requires certain criteria and procedures that ensure correct calculation and accrual of products, rights and obligations.

accounting entry (*apunte*) The act of registering a financial transaction in the accounting records of a company. The transaction is shown in the journal and later posted to the general ledger and inventory account and balance sheet. Equivalent to book entry.

accounting principles (*criterios contables; principios contables*) A group of norms or principles relating to asset valuation, earned income and expenses, assignment of provisions and updating of historical figures, as recommended or required by the accounting profession and/or public authorities, so that company accounts reflect the underlying economic reality in the most exact manner possible.

accounting year (*año social*) Duration of a company's financial year that, in exceptional circumstances, may be less than 12 months. Normally coincides with the calendar year, except for agricultural companies (seasonal) and premises open to the public (due to stocktaking and end of season problems).

accounting year (*ejercicio económico; ejercicio contable; ejercicio social*) Twelve month period in which, for economic and accounting purposes, company activities are divided, operating results calculated and company tax accrued.

accounts payable (*cuentas por pagar*) Current liabilities account that details balances due to other companies with due dates of less than a year.

accounts receivable (*cuentas por cobrar*) Current assets account that details balances outstanding from debtors or clients with a due date of less than a year.

accounts receivable financing (*financiación mediante cuentas por cobrar*) Short term financing obtained by discounting bills of exchange issued by clients or credit guaranteed by similar effects.

accounts receivable turnover (*rotación de las cuentas por cobrar*) Result of dividing annual sales in which a deferred payment period has been granted by the average or final balance of accounts receivable. Dividing 365 into the turnover gives the average length of time the company takes to collect. Sometimes all sales are included in the calculation, without deducting cash sales.

accreditation (*acreditación*) Procedure observed by an organization for the purpose of ensuring that a person or institution is capable of accomplishing their assigned mission.

accrual basis (*principio del devengo*) In order to calculate a company's results over a given period, real income and expenses produced during that period should be taken into account, irrespective of when they are actually charged or paid. The alternative criteria would be the cash principle, that is, when income or expenses are actually charged or paid.

accrued interest (*interés devengado*) Interest that has accumulated since the last interest payment.

accruing (*periodificación*) Assigning of an expense or income to the relevant accounting year.

288

acculturation (*culturización*) Adaptation to the culture of a country or company by a new arrival.

accumulated dividend (*dividendo devengado*) Dividend owed to shareholders after being approved and until actual payment is made. Accounted for as a liability until payment is effected.

accusation (*acusación*) Formal demand against a person or group of persons believed to have committed a legally punishable act. Must be presented before a Court of Law.

acknowledgment (*acuse de recibo*) Printed form that acts as proof of receipt of certified mail, documents or notifications.

acquisition cost (*costo de adquisición*) In marketing, the cost necessary for attracting a new customer or subscriber, such as postage expenses or telephone calls.

acquisition of a company (*compra de una empresa*) Taking control of a company by purchasing its shares without causing the company to lose its legal entity, even though it is incorporated into the acquiring company. May be a hostile takeover or merger.

acronym (*acrónimo*) Word formed by the initials of other words, such as: NATO, UN, etc.

action (*acción*) In law, an act by virtue of which a crime or offense is committed and punishable.

action (*acción*) In general, the right to something, expressed by a person being legally entitled to exercise such right.

action (*acción*) In foreign exchange law, the authority derived from a bill of exchange that enables payment to be ordered by a Court of Law. May be direct or regressive. The action is direct when filed against the acceptor or any guarantor of such, and regressive when filed against any other person with the commitment to pay.

activity learning (*aprender actuando*) Training method using situations that require active participation such as team work, projects and group discussions, instead of passive participation such as lectures or conferences. It is also called active learning.

actual to date (*a fecha fija*) When the due date of a debt, contract or obligation is fixed as of commencement.

actuarial analysis (*análisis actuarial*) Study carried out in the insurance sector requiring charts and financial systems and probability statistics as well as risk factors, etc.

actuary (*actuario*) Specialist in the application of probability calculus, statistics and financial mathematics to risk and insurance analysis in order to calculate premiums, reserves and provisions.

ad position (*emplazamiento de un anuncio*) Position where an advertisement is placed, whether it be in printed form or within radio or television space. The positioning of the announcement or advertisement depends upon the public or market that is targeted and the budget that is available.

ad valorem (*ad valorem*) Latin term meaning "reference to value". In customs legislation, the term is used when tariffs are charged according to value and not quantity.

ad valorem (*al valor*) Latin term meaning "reference to value". In customs legislation, the term is used when tariffs are charged according to value and not quantity. It is especially used for taxes when the taxable base is the value of the merchandise, and not its physical quantity or number of units.

adapter (*adaptador*) Mechanism that enables a system to be connected and function with another.

addressee; consignee (*destinatario*) Person to whom merchandise or correspondence is destined.

adherence (*adhesión*) Formal declaration in which a party expresses its willingness to comply with the obligations resulting from an agreement in which it did not take part.

administration (*administración*) Handling of affairs and a person's own interests or those of another. Unlike management, the term administration has a legal context.

administrative act (*acto administrativo*) Voluntary act, by virtue of which administrative bodies carry out their functions by creating, modifying or canceling rights or obligations.

administrator (*administrador*) In a company, a person that carries out managerial and representative functions. Refers to the mandate received from company shareholders, as well as compliance with the law, company statutes or agreements reached at General Shareholder meetings.

administrator (*administrador*) In general, a person that handles, takes custody and becomes responsible for another person's interests.

admission (*admisión*) Act of receiving or entering. A period of time normally applies, during which the act may be revoked in the event that hidden defects are discovered. In certain cases, a synonym of acceptance.

advance (*anticipo; provisión de fondos*) Money paid up front to a professional and set against the final bill that is presented upon completion of a service. Funds paid ahead of time by the drawer of a bill of exchange to the drawee.

advance (*anticipo*) Partial payment of an amount before it is due, on account. Amount received by an employee and later deducted from his/her salary. Amount paid to a supplier to ensure a large order and to guarantee that the supplier is able to acquire the necessary materials.

advance freight (*flete pagado*) Freight paid in advance so that the receiver gets the goods straight from the carrier without charge.

advance order (*compra anticipada*) Purchase order made before a deadline so as to benefit from special conditions or to insure that the goods arrive on time. For example, ordering a publication before it is printed.

advertisement (*anuncio*) Announcement paid for by an advertiser for the purpose of transmitting a message to a target market using any form of media.

advertising (*publicidad*) Marketing activity aimed at communicating a message to a specific audience or public. The message is essentially informative and motivating and any means of communication can be used.

advertising agency (*agencia de publicidad*) Company that provides advisory services relating to publicity, defines communication strategy, creates messages, generally supervising placement and contracting media exposure. Normally comprised of two main departments, graphic arts which is responsible for creative work and accounts, which maintains contacts and supervises projects. May also include specialists in market research, production, and media planning. The agency charges its clients a fee ranging from 12% and 15% of the cost of advertising, or a fixed amount.

advertising break (*bloque publicitario*) Set of advertising spots emitted during an interval or between two programs. The spots are contracted for breaks at regular intervals (for example, every half hour), and placed randomly within the break, except for the first spot for which a premium is paid.

advertising budget (*presupuesto de publicidad*) Quantity destined to cover advertising costs for specific brands and periods. Set in accordance with publicity and communication objectives, with amounts at the company's disposal, historic costs and with estimates of the competitions' expenses.

advertising campaign (*campaña de publicidad*) Group of activities performed over a given time to transmit a message to a target public within a certain budget. May be broken down into several waves and is normally accompanied by sales promotions designed to attract customers.

advertising contract (*contrato de publicidad*) Contract between an advertiser, and more often the advertising agency contracted, and a media entity, in which all conditions are specified.

advertising coverage (*cobertura publicitaria*) Percentage of the target public exposed to a particular advertising campaign. At times it is also applied to the absolute number or percentage of the target public within a particular audience that is reached.

advertising effectiveness (*eficacia de la publicidad*) Capacity of a publicity campaign to transmit a particular message, (measured by tests and surveys held before and after dissemination), and to achieve expected behavior (if the idea is to provoke buying it can be measured by the number of sales achieved).

advertising efficiency (*eficiencia de la publicidad*) Ratio between the effect of publicity in absolute terms and the amount spent. It is measured by analyzing the cost of reaching a thousand potential buyers through each medium, by message recall and by the impact created which is gauged by specific replies to each advertisement.

advertising expense (*gasto publicitario*) Amount spent on media advertising over a specific period. Although it is often referred to, incorrectly, as advertising investment in allusion to the idea of being a useful expense that produces constant value, in reality it is just another expense periodically repeated and which should be justified in relation to the fulfillment of certain communication objectives.

advertising goal (*objetivo publicitario*) In marketing and general communications, a specific end result sought by an advertising campaign resulting in public awareness and actions. Essential part of advertising strategy that serves as a guide for intended messages.

advertising manager (*gerente de publicidad*) Person directly in charge of company advertising that reports to the Marketing Manager. Although many companies employ product managers to take charge of all matters relating to a particular product, including advertising, large companies such as department stores often have advertising managers that coordinate advertising agency activities, control internal departments and prepare and supervise budgets.

advertising medium (*medio publicitario*) Any means or medium capable of conveying an advertising message.

Although the majority of messages appear on the media (press, television, radio), other forms also exist (for example, billboards, telephone boxes, point of sale material, etc.)

advertising plan (*plan de publicidad*) Written expression of publicity objectives and means to be used. Although it should form part of an overall communication plan it is usually separate due to its importance. Among other matters it looks at strategy, advertising objectives, desired brand recognition, the public to be targeted, message content and the medium to be used.

advertising rates (*tarifa publicitaria*) Official price of the space that the media propose to customers. Discounts on these rates may be very high.

advertising space (*espacio publicitario*) The surface, time or place bought by an advertiser to communicate its message.

advertising theme (*eje publicitario*) Essence of a message that one wishes to communicate to reinforce a brand position. The theme should not vary, although in the long term advertisements can be launched with small changes in technique or style.

adviser (*asesor*) Person who gives independent counsel or explains specific issues within his field of knowledge and experience.

advisory board (*junta asesora*) Advisory organ to an executive organ which takes the final decision. For example, a group of franchised retailers meet to advise their franchiser on what products to launch, promote and advertise.

affected liabilities (*pasivos computables*) Liabilities of a financial banking institution used to calculate its cash and investment ratios.

affidavit (*afidávit*) Written declaration signed before a public official intended to serve as public testimony.

affiliate, member (*afiliado*) Person or entity belonging to an association. Used mainly to describe those that belong to a political party or union. When referring to companies, sporting organizations and, in general, when the member is able to benefit from tangible and immediate advantages, the term partner is used.

affiliated shop (*comercio afiliado*) Independent establishment belonging to a voluntary chain that supplies the majority of needs and certain marketing services.

age discrimination (*discriminación por edad*) Treating of a person differently, under the pretext that they are too young or too old for a particular job without a valid reason. Although illegal, often difficult to avoid in a selection process where several subjective factors are considered.

agency (*gestoría*) Firm that manages and carries out administrative services for clients, in exchange for a professional fee.

agency (*agencia*) Independent company belonging to the services sector that acts as an agent. Companies that operate in specific sectors such as advertising, travel, transport or customs are traditionally called agencies.

agency costs (*costos de representación*) Those costs which the shareholders of a company assume to ensure management conduct aimed at satisfying their interests.

agenda (*agenda*) Scheduled program or ordered list of events to be addressed at a meeting.

agent (*agente*) In general, a person representing another by virtue of authorization or power of attorney.

agent (*mandatario*) Person or company that, by means of contract, accepts the responsibility of carrying out or managing one or more operations or personal representation.

agent fee (*comisión de agencia*) Commission charged by an agent for services rendered.

aggregate demand (*demanda agregada*) Total national spend on goods and services during a particular period.

aging schedule (*antigüedad de cuentas*) Accounts Receivable schedule based on time passed since due date. Used to control collections and estimate possible bad debts.

agreement (*acuerdo*) In law, a written or verbal contract between two or more parties that express their consent to assume certain rights and obligations with a mutual objective.

agreement (*acuerdo*) Coincidence or sufficient similarity between two opinions, facts or events that leads to the same conclusion.

agreement (*convenio*) Agreement between two or more parties on a single topic, with or without the intention to assume obligations. Convention or agreement designed to improve relations.

air cargo (*carga aérea*) Goods transported by air on regular or chartered flights, special (cargo) aircraft or passenger (mixed) lines.

air freight (*flete aéreo*) Payment for the service of carrying goods by air.

air waybill (*carta de porte aéreo*) Air Cargo document that provides details on the sender, receiver and transport company as well as freighting instructions, claims and payments, limited liability, description of the goods and charges, duties and the amount payable.

airmail (*correo aéreo*) Letters, postcards and parcels sent by airplane. The postage rates charged are higher for airmail than for surface mail, and there are stricter limits on weight and size but the service is faster. Used when delivery is urgent.

aleatory contract (*contrato aleatorio*) Contract by virtue of which the end result depends upon an uncertain event or one that must occur within a given period of time.

alpha test (*prueba alfa*) In-house trial of a new program in order to check its functionality.

alternate director (*consejero alternativo*) Person that may attend board meetings on behalf of the officially appointed chief executive officer.

allocation (*asignación*) Distribution of resources or objectives between different projects, products or departments within an organization.

allocution (*alocución*) Brief speech given by a superior to subordinates to promote or clarify a particular point.

allowance (*dotación*) Provision or assignation of resources with a particular objective.

allowance (*bonificación*) Price reduction concession or increase in amount to charge. A special interest rate is the return at the end of the financial year.

amount (*importe*) Quantity of a sale, credit, debt or balance. It is the total quantity of money of an operation.

analysis (*análisis*) Separation and distinction of the parts of a total unit for the purpose of identifying its components and elements.

analyst (*analista*) Expert in a particular field of activity that makes recommendations.

animation (*animación*) In marketing, a set of activities designed to promote the image of a commercial outlet or shopping center. Its objective is to increase the flow of target buyers as well as increase business. In addition to decoration and music, competitions and sales promotions are also organized.

annual (*anual*) Repeated each year, or one year duration.

annual installment (*anualidad*) In relation to loans, a fixed annual reimbursement. Initially the percentage charged as interest is greater than principal amortization which increases in time, whereas interest decreases as the principal amount is paid off.

annual meeting (*asamblea anual*) Ordinary meeting of shareholders that takes place once a year so that the governing body can advise on results, seek approval of accounts and management procedures and to elect officers to the board of directors. The terms Annual General Meeting or General Shareholders Meeting are sometimes used.

annual report (*memoria anual*) Report including a company's financial accounting statements: balance sheet at the end of the financial year, annual profit and loss, dividends, explanatory notes, etc. Also often includes a letter from the Chairman outlining company progress, a list of the board members and an auditor's report. Frequently includes an external auditor's report.

annual-plan control (*control del plan anual*) Budget control over an annual period. The four basic elements are: clear targets, a system to periodically evaluate performance, deviations analysis system and procedures for corrective action.

annuity (*anualidad*) Fixed amount paid or received each year over a given period of time or lifetime that originates from an obligation, insurance policy, donation or usufruct.

anti-takeover provision (*cláusula antiabsorción*) Clause included in the statutes of a company with the objective of avoiding a take over by aggressive companies.

anticipation (*anticipación*) Capacity to be a step ahead of market trends and demands.

antichresis (*anticresis*) A creditor's right to perceive the benefits of a fixed asset belonging to his/ her debtor, subsequently reducing interest and, eventually, the principal amount owed.

antitrust (*antimonopolio*) Special legislation in defense of free competition intended to avoid situations of dominant market positions. Especially strict in the United States and European Economic Community, where any suspected collusion, market sharing or monopoly is brought before a tribunal.

antivirus (*antivirus*) Program designed to detect and eliminate a virus in an information system.

append (*agregar*) To add data to an existing structure.

applicant (*solicitante*) Person that requests a position or membership to an organization or university.

application (*solicitud*) Delivery of information required to gain access to a selection process, including a statement expressing desire to be admitted to, for example, a company, association or university.

applied research (*investigación aplicada*) Set of tasks directed towards putting scientific advances obtained through basic research into practice by means of specific projects.

appointment (*cita*) Arrangement to meet with another person at a predetermined place and time.

appreciation (*apreciación*) Increase in value of an asset, such as shares, bonds, goods, currency or buildings. Acknowledged in accounting practice by means of revaluation, although use of these terms in common language can lead to confusion.

apprentice (*aprendiz*) Person who works for another in order to learn a craft or profession. There are low salary contracts in existence aimed at introducing young people with the necessary skills into the job market.

approval sale (*venta a prueba*) Sale which allows the buyer to pay for the product once he has used it and is satisfied.

aptitude test (*prueba de aptitud*) Set of trials that measure a persons capacity to carry out a job. Normally it consists of a test relating to personality, general intelligence and skills or specific knowledge that can be applied to the line of work.

arbitrage (*arbitraje*) Financial term describing the act of simultaneously buying and selling the same product, currency or financial instrument in two separate markets, with the aim of making a profit by taking advantage of inefficiencies in the market.

arbitrager (*arbitrajista*) Person who takes advantage of market inefficiencies by carrying out no-risk transactions that yield a small profit. The arbitrager helps to create an efficient market with this work.

arbitration (*arbitraje*) Legal term describing a process whereby two parties agree to abide by a decision taken by a third party, called the arbitrator, regarding a legal issue. Arbitration is generally voluntary and avoids having to resort to legal bodies thereby helping to conclude the matter quickly.

arbitration clause (*cláusula compromisoria*) Clause stipulating that parties are obliged to submit their differences to arbitration or friendly mediation.

arbitrator; mediator (*componedor*) Intermediary, person that serves as a mediator between two parties to avoid confrontations between them, in order to reach a mutually acceptable agreement.

archive (*archivo*) A place where private or public documents are saved or stored.

area (*área*) Computer term for a zone in the memory that is assigned to store data that has been read from a support system or that is being written into it.

area code (*código de área*) Digits identifying a local telephone area that come between the international access code and the subscribers number. If calling a number within the same country the international access code is not required, but the area code is needed to gain access to the national telephone network.

art director; AD (*director de arte*) Person in charge of the visual creative work in an advertising agency, working together with the copywriter.

articles of incorporation (*escritura de constitución*) Document in which partners express their will to incorporate a company. Content and formal requisites may vary from one country to another according to mercantile law.

as it is (*según está*) Product sold to the customer as he sees it with no guarantee that it works and no chance of a refund. It is done in special or clearance sales.

ask price (*precio pedido*) Price requested by a person wishing to sell something. In the event that it is not accepted it may subsequently be reduced.

assembly plant (*planta de ensamble; planta de montaje*) Factory designed for the purpose of assembling ready made components thereby producing a finished product.

asset (*activo*) In general, any good or right belonging to a company or person, especially if it implies a material value that can be used as a form of payment.

asset and liability management committee (*comité de activo y pasivo*) Bank committee in charge of cash management coordination and asset and liability acquisition, based on interest rate forecasts.

asset management account (*cuenta de administración de activos*) Account detailing financial assets that a client has placed with a bank or asset manager. Assets bought and sold are accounted for and together with a cash account these make up the assets that the fund manager will handle.

asset restructuring (*reestructuración de activos*)

Process used by a company in danger of being taken over by another in order to defend itself. This generally consists in the purchase of assets that, although unnecessary, may cause problems with the laws of free competition for the aggressor company, and the sale of assets that might be of interest to the aggressor.

asset side (*activo*) In accounting, the side of a company balance sheet that includes the goods or rights possessed. Shown on the left or above the liabilities side.

asset turnover (*rotación de activos*) Figure obtained by dividing the total sales of a company by its assets. It gives an idea of the extent to which the company's investments are working. Like a commercial margin, the greater the asset turnover of a company, the greater the profitability of its funds.

asset valuation (*valoración de activos*) Asset accounting criteria for arriving at an expert estimate of the value of an asset.

asset-stripping (*desprenderse de activos*) Operation carried out by a financial raider following the acquisition of a company with the object of quickly amortizing the debt that this has produced. It consists in the sale of the most valuable assets in the company that has been purchased.

assistant (*adjunto*) Person whose work supports and complements that of another, without line authority except when specifically granted.

assistant (*asistente*) Person who collaborates closely with a director within an organization preparing presentations and reports and arranging meetings. Normally requiring a high level of education, the post is useful for gaining quick knowledge about the company, its operations, directors and principal external contacts, before passing onto an intermediate managerial position where real management experience can be gained.

assistant (*agregado*) In general, an employee assigned to a department of which he/she is not in charge.

association (*asociación*) Group of people ruled by the will of the majority of its members and whose aim is to satisfy their mutual, non-profit interests.

assorted product (*artículo surtido*) Article which encompasses in one single unit a small quantity of different referenced articles.

attaché (*agregado*) In public administration, an official assigned .to an embassy, in charge of specialized matters (military, trade, cultural attaché, etc.).

attitude (*actitud*) A person's stable state of mind in relation to a product or message. Depends on rational evaluation, emotions and tendency to act accordingly. For example, if a person believes that German cars are manufactured with advanced technology at a fair price, he/she will be inclined towards German cars. Stable state of mind and therefore difficult to change that enables coherent behavior in relation to similar stimuli.

atypical contract (*contrato atípico*) Non-legally defined contract and therefore lacking relevant legal provisions.

auction market (*mercado de subastas*) Public exchange at which negotiating is open to all participators and goods are awarded to the highest bidder. The only variable is price, given that the goods offered are sufficiently similar or well known.

audience (*audiencia*) Total population exposed to a message in a given advertising medium. The useful audience is the portion of the audience that belongs to the target group. Not to be confused with coverage.

audience analysis (*análisis de audiencia*) Research on the number of individual receivers of different forms of media over a given time, including information on demographic, social-economic factors and lifestyles.

audience duplication (*duplicación de audiencia*) In advertising, extent to which coverage of two media outlets overlaps. If the aim is to reach a particular public exposed to both media outlets it may be worthwhile spending on both. However, if the objective is to obtain greater audience, media outlets with little duplication will have to be sought out.

audience flow (*flujo de audiencia*) Gain or loss of audience during a program.

audit (*auditoría*) Official review of accounting books to check the preciseness of entries, accounting principles, and the accrual concept used. The aim is to ensure that all economic transactions have been registered and that the financial status, presented in accordance with GAAP (Generally Accepted Accounting Principles), truly reflects the company's situation. The audit can be partial or full, internal or external.

audit report (*informe de auditoría*) Document that expresses the opinion of an auditor with regard to the faithfulness and accuracy of the accounts examined. It is normally directed at the shareholders and the management board if relating to annual accounts, or in the case of a specific audit, such as before an acquisition, to those that ordered it.

auditing (*auditoría*) Checking and inspection of accounts. Auditors' profession or activity.

auditing standards; generally accepted auditing standards (*normas de auditoría; normas de auditoría generalmente aceptadas*) Principles and rules that must be observed in internal or external audits, in order for reports to be considered valid. Standards that are "generally accepted" and not officially compulsory.

austerity (*austeridad*) Economic policy of a company or in general that consists in a maximum reduction of expenses.

author's rights (*derechos de autor*) Rights of a person to the fruits of their literary, artistic, scientific or technical creations. An editor's publishing or editing rights are protected by means of copyright.

authorization (*autorización*) License or consent form that permits a person to carry out an act that would otherwise be forbidden.

automatic teller machine (ATM) (*cajero automático*) Machine with mechanical and electronic elements that permits bank clients to perform automatic operations at any time. Functions include: deposits, cash withdrawals, balance information, buying and selling of securities, etc. Clients have a card with a secret code, to avoid fraudulent use.

average collection time (*periodo medio de cobro; PMC*) Average number of days during which a company finances its clients, calculated by dividing the balance of client's accounts plus accounts payable (or discounted unexpired accounts) between net sales and multiplying by 365 days.

average payment period (*periodo medio de pago; PMP*) Average number of days during which suppliers finance a company, calculated by dividing the balance of supplier's accounts by net sales and multiplying by 365 days.

B

back-office (*trastienda*) Group of human resources and materials that support those activities that are in contact with the public. For instance, in a bank it would be the administration and systems people.

backdating (*antedatar*) To record a previous date or fix a date from which a specific action is to take effect.

backdoor selling (*venta con puenteo*) Direct sale to a chief executive without complying with standard procedure or normal purchasing channels. Faster and often more effective, unless middle management becomes antagonistic.

backlog (*cartera de pedidos atrasados*) List of pending orders in a company or factory that should already have been filled.

backup copy (*copia de respaldo; copia de seguridad*) Duplicate copy of the information that is used in the event of loss or damage occasioned to the original copy.

bad check (*cheque sin fondos; cheque en descubierto*) Check drawn without having sufficient funds in the drawer's current account to cover the amount.

bad debt (*crédito fallido*) Outstanding balance considered to be uncollectable, recorded in accounts as a loss or a provision.

bad debt risk (*riesgo de insolvencia*) Risk that the holder of a fixed income financial asset will not collect all of the interest or the principal due.

bad debts reserve (*provisión de clientes dudosos*) Accounting provision included in results as a liability indicating those clients from whom collection is in doubt. Once non-collection from a client has been confirmed, the provision account is debited and the client account credited.

bad faith (*mala fe*) Intentional malicious action that infringes another's rights or results in non-fulfillment of an obligation.

bail (*afianzamiento*) Act of depositing a bond in order to ensure compliance with an obligation.

balance (*saldo*) In accounting, the net result of compensating debits and credits in an account. The final amount may be positive or negative.

balance (*cuadrar*) Action of making credits and debits coincide. An indication that the accounts are correct.

balance of goods and services (*balanza de bienes y servicios*) Sum of a country's balance of trade and the incoming and outgoing payments for services (tourism, technical assistance, etc.) with other countries.

balance of payments on capital account (*balanza de capitales*) Part of the balance of payments that includes short and long term movements of capital both into and out of the country (foreign investment, credits, etc.)

balance of payments on current account (*balanza de pagos por cuenta corriente*) Part of the balance of payments that includes exchange of merchandise, purchase and sales of services and private

transfer of funds (remittance of emigrants, etc.).

balance sheet (*balance de situación*) Accounting report that reflects the financial position of a company on a particular day. The term balance comes from the double entry accounting system in which assets are always equal to the sum of liabilities plus net worth.

balanced budget (*equilibrio presupuestario*) Equilibrium of income and expenses.

balanced budget (*presupuesto equilibrado*) Budget in which earnings equal expenses. If final earnings are greater then there is a surplus and if it is the opposite then there is a deficit.

balancing entry, contra item (*contrapartida*) Credit entry used to offset a debit amount and vice versa, in a double entry bookkeeping system.

bank (*banco*) Financial institution that acts as an intermediary between people with a surplus of cash to deposit or loan, and those in need of finance. It accepts deposits from some clients and loans money to others, adjusting amounts, periods of time, risks and prices. In the United States, the banking sector is divided into the private, commercial banking sector, the federal or state sector, the official bank, savings banks, and savings and loan associations.

bank clearing (*compensación bancaria*) Compensation of debts and payments between financial institutions. A clearing house exists which balances all interbank customer transactions on a daily basis.

bank credit (*crédito bancario*) Funds that a bank agrees to make available in exchange for interest calculated on the amount effectively released. In addition there may be commission payable for studying and opening the contract and for credit not taken up. The repayment date is fixed and regular intervals are agreed for reviewing the interest rates if these are variable.

bank fee, bank commission (*comisión bancaria*) Fixed or variable fee charged by a bank for its services (custody of valuables, transfers, foreign exchange, etc.). Normally expressed as a percentage, with a minimum charge for minor operations.

bank guarantee (*garantía bancaria*) Bond or guarantee issued by a financial institution in favor of a client. The guarantee may ensure the subsidiary fulfillment of a pecuniary obligation or compensation in the event of the client's failure to meet the terms of any action (bid bond, performance bond, etc.).

bank references (*referencias bancarias*) Qualified opinions given by a financial institution concerning the solvency of a specific client. The references are given at the request of the client in question or of another party that is thinking of starting economic relations with said client.

bank reserve ratios (*coeficientes bancarios obligatorios*) Percentage coefficients to apply to non-banking liabilities of financial institutions to guarantee their liquidity, comply with certain investment aims considered beneficial by monetary authorities or for implementation of monetary policy.

bank reserves (*activo de caja*) Amount belonging to a financial entity available on call in current accounts held with a central bank, as well as special deposits for cash reserve ratio coverage.

bank transfer (*transferencia bancaria*) Order to credit the account of someone in a different bank and charge the corresponding amount to the account of the person who gives the order, the order being transmitted either nationally or internationally between the two banks involved.

banker (*banquero*) Person who works within the banking system. Generally, this term is employed to describe those people who occupy high positions in the bank (consultant, director general, etc.) or who are connected in a substantial way to the ownership of the bank.

banker's acceptance (*aceptación bancaria*) Bank credit facility enabling the discounting of bills of exchange issued by a client and accepted by the bank itself.

banking industry (*banca*) Financial deposits intermediary sector. Banks transform terms of risk, taking deposits from some clients and loaning them to others.

banking syndicate (*consorcio bancario; sindicato bancario*) Association of financial entities for the purpose of carrying out a specific operation, for example, a loan or a share subscription. The syndicate includes executive management, management and mere members, subscribers or participants.

bankrupt (*quebrado*) Individual or company legally declared by a judge to be in a state of bankruptcy as a result of discontinued payment of mercantile obligations.

bankruptcy (*bancarrota*) Synonym for suspension of payments (or withdrawal from transaction) occasioned by the trader, due to lack of solvency. In bankruptcy the insolvency is definitive, while suspension of payments is temporary.

bankruptcy (*quiebra*) Legal state by which a businessman loses administrative control over his goods, has his capacity to operate restricted and is declared unable to continue with his business until such time as he is reinstated. It is a judicial process made up by a set of norms and acts directed towards liquidating assets and distributing them amongst the creditors as a consequence of the bankrupt person or entity being unable to cover debts contracted while carrying out their business activities.

banner (*pancarta*) Sign made of cloth, paper, cardboard or other lightweight materials that is hung at public meetings and used to publicize a slogan, collective message or demand.

bar code (*código de barras*) Graphic representation formed by parallel bars of a different width that can be read by automatic scanners. Normally the code is accompanied by a verification number and digit. The most widely used code in Europe is EAN.

bargain (*ocasión*) Product that is offered for a low price at a sale. When referring to durable goods, the term often means second hand.

bargain (*ganga*) Appreciable item bought at a low price or with little work.

bargaining power (*poder de negociación*) The capacity and strength of a person or group to reach certain objectives and/or obtain concessions when negotiating with another party.

bargaining (*regateo*) Debate between the buyer and the seller about the price of something put on sale.

barometer (*barómetro financiero*) Indicator chosen to estimate the tendency of a market. Market and economic data for forecasting of larger trends.

base rate (*tipo básico*) Interest rate that banks use as a basis for determining the rate of interest that they will apply to each of their clients.

base rate (*tipo de referencia*) Rate that serves as a basis to calculate the interest rate to be used at each moment. A premium is applied to this rate in accordance with the risk that a borrower presents.

basic-point pricing system (*facturación desde origen fijo*) Invoicing system in which the seller designates a given city as a departure point and from there charges all transport costs, even if the factory or warehouse is in a different location.

battle for control (*lucha por el control*) Confrontation between a company that wishes to purchase another and the management of the latter. Expression also used to refer to the battle for power within a company board of directors or the dispute between two companies that wish to purchase another.

bear hug (*abrazo del oso*) Harassment by a company that intends to buy another company, by means of ultimatums to the management of the firm pursued.

bearer share (*acción al portador*) A share that does specify the owner's name and may be transferred hand to hand without any record taking place in company records. Proof of ownership is by mere possession.

benchmark (*punto de referencia*) Value which is used to carry out comparisons or to fix objectives.

benchmark test (*evaluación comparada*) Comparison of results obtained by different machines or processes carrying out the same task, frequently used in information technology to test equipment from various suppliers.

beneficiary (*beneficiario*) Individual or company that, in accordance with the insurance contract, will receive compensation from the insurance company, in the event of a misfortune covered by the policy. It is possible that a relationship may exist between the beneficiary and the insured party or between the beneficiary and the insurance holder.

best before (date) (*fecha de consumo preferente*) Final date recommended for consumption of a product in a perfect state. After such date, the product can generally be consumed with precaution, given that the recommendation is only made for products that do not change radically and therefore pose a health risk. Less demanding than expiry date.

beta test (*prueba beta*) First trial of a new program outside the place where it was produced in order to demonstrate its operating potential.

biannual (*bianual*) Twice a year. Synonym of semester. Not to be confused with what occurs every two years or biennial.

bid (*licitar*) To offer a price for an object sold at an auction.

bid price (*precio ofrecido*) Price offered by an individual that wishes to buy something. In the case that it is not accepted it may subsequently be raised.

biennial (*bienal*) Something that occurs every two years or lasts for two years. Not to be confused with biannual.

bill (*factura*) Document resulting from a commercial operation, showing the names and addresses of the buyer and seller, tax registration codes, date of the operation, the items purchased, purchase price and frequently the date of payment if not made in cash.

bill discount (*descuento de efecto*) Act of subtracting interest charges from the nominal amount of a bill of exchange. Interest is charged in advance and the rate is therefore greater than the nominal rate.

bill of lading (*conocimiento de embarque*) Document relating to a shipping contract and security by which the captain of a vessel acknowledges having received goods on board for transport and thereby acquires the obligation to deliver them to the legitimate bearer of the document at the final destination.

billing (*facturación*) In administration, process of calculating and preparing invoices.

billing cycle (*ciclo de facturación*) Period during which delivery notes and invoices accumulate in order that they can all be included in a single invoice. The object is to reduce costs through simplification. The normal period is one month, although in Northern Europe the cycles tend to be between 10 and 15 days. When there are lots of clients that consume little, the period can be as long as two months and when this happens the tendency is for two groups of clients to be formed to spread the workload and flow of income, for example in electricity and telephone companies.

bimonthly (*bimestral*) Applied to what is repeated every two months or that lasts two months.

binary (*binario*) Basic language of all digital computers, according to which numbers, letters or instructions are represented by combinations of 1 and 0. For example, the number 5 is represented by 0101 and 7 by 0111.

bit (*bito*) Abbreviation of binary digit. It is the smallest unit of information in a computer.

bite the bullet (*coger el toro por los cuernos*) To successfully confront a difficult decision that requires an immediate solution.

black market (*mercado negro*) Clandestine trade, produced when rationing, prohibition or price or consumption controls exist. Prices are determined by the laws of supply and demand, being greater than legally permitted. Typical examples include currency (when restrictions exist) and drugs.

black market economy (*economía negra*) Set of economic

activities that are not controlled by the authorities and do not feature in official statistics. They do not fall within the bounds of fiscal or labor law or social security systems. Especially prevalent in illegal activities, or where people work individually or within a family business. Its growth in developed countries over recent years is due to the large increase in fiscal pressures and social charges which would lead some small firms to bankruptcy if they were to comply with all the requirements.

blackmail (*chantaje*) Pressure by means of threats exercised upon someone to force them to act in a particular manner, or to obtain money or other benefits.

blank check (*cheque en blanco*) Check that is signed without the sum being filled in so that the beneficiary can do this later.

blocked account (*cuenta bloqueada*) Savings or current account the balance of which is unavailable to the owner for legal reasons or reasons imposed by the financial entity concerned as a result of a credit risk with the client.

board dismissal (*cese del consejo*) Termination of employment or dismissal of all, or the majority, of the members of the board of directors of a company as a result of having been bought out by another firm.

board entrenchment (*atrincheramiento del consejo*) Defensive position adopted by a management board in the face of a hostile takeover bid.

board of directors (*consejo de administración*) Official body that leads company operations by supervising and guiding management. Members are appointed or elected at General Shareholder meetings and hold the positions of Chairman, Vice-Chairman, Secretary and Chief Executive Officer.

board of trustees (*patronato*) Group of advisors that supervise the activities of a university, foundation or institute in order to ensure that objectives are fulfilled.

body language (*lenguaje corporal*) Non-verbal and often unintended form of communication by means of gestures or body movement.

body of creditors (*masa de acreedores*) Grouping of a

company's creditors following temporary receivership or bankruptcy.

body of shareholders (*accionariado*) Group of company shareholders.

bona fide bid (*oferta de buena fe*) Offer to acquire a company, either previously agreed upon or not, which is considered beneficial for shareholders. Normally requires approval at a General Shareholders Meeting.

bonded warehouse (*almacén general de depósito*) Warehouse which is partially rented for the deposit of merchandise. In addition to safekeeping, the warehouse officer issues a deposit voucher that enables goods to be sold or pledged without having to physically move them.

bonus (*bono*) Extra payment or allowance. Bonuses are awarded to employees for reaching a particular goal normally annually, sometimes take the form of additional dividends or shares granted to shareholders.

book entry; accounting entry (*anotación contable*) The act of registering a financial transaction in the accounting records of a company. The transaction is shown in the journal and later posted to the general ledger and inventory account and balance sheet.

book of minutes (*libro de actas*) Official record of the minutes of all Shareholder and Board of Directors meetings. Each set of minutes must be prepared and signed by the Secretary and approved by the Chairman.

book value (*valor en libros; valor contable*) Value of a company or of one of its assets once released from the accounting books. It relates to the adjusted historical value after deducting depreciation. The book value of a company does not coincide with either its liquidation value or its market value.

bookkeeping (*llevar la contabilidad*) Act of ensuring updated company accounting records.

boom (*auge*) Phase in the economic cycle that is characterized by an increase in production, prices and salaries and by a high level of employment. It also identifies a favorable period in the development of a company.

border tax adjustment (*ajuste fiscal en frontera*) System used to avoid double taxation in international trade. Indirect taxes charged internally are reimbursed on merchandise leaving the country. Upon entering another country, the merchandise is charged with similar taxes to those imposed on the merchandise within the country entered. This system enables merchandise from other countries to remain competitive.

boss (*patrón*) Owner of a small business or leader of an informal group. Terms such as director or head are used in more formal organizations.

bottom line (*última línea*) Colloquially, the final result or outcome of something. In a profit and loss account the bottom line shows the net profit and loss.

bottom-up approach (*de abajo arriba*) Management approach in which initiatives and proposed decisions, and even the taking of non-strategic decisions are looked at from lower levels, keeping the upper levels as a check system to ensure the correct running of the company. It helps employees to identify with the company and with decisions taken by the group that are easily implemented with low investment costs and good short term results. Depending upon the

circumstances it should be combined with a top-down approach.

bounced check (*cheque devuelto*) Check returned by the bank that holds a current account due to insufficient funds in the account of the person that drew the check.

boycott (*aislamiento económico, bloqueo económico*) Objection to establishing relations with a country or company for the purpose of forcing acceptance of certain conditions or to impede an objective. Equivalent to economic embargo.

brainstorming (*tormenta de ideas*) Teamwork procedure for seeking ideas or solutions. The difference compared to other procedures is that in a brainstorming session one can put forward ideas or variations on ideas put forward by other people, but without criticizing or rejecting them. In an atmosphere that is free from criticism and with the interaction of people who understand the problem it is easier to find an original solution.

branch (*sucursal*) Subsidiary office which is generally located in a different city or country than that of the principal office or address.

Other offices, located in different neighborhoods or towns may in turn depend upon a branch office.

branch (*agencia*) Each of the units that represents a company in a determined geographical area to which public access is available. Normally, an independent profit center with a certain freedom of authority.

brand; trademark (*marca*) Symbol used to identify a product of industry, commerce or work that distinguishes it from others.

brand awareness (*conocimiento de marca*) Percentage of the total population or target public that recognizes or remembers a particular brand. Measured by spontaneous response or suggestion.

brand decisions (*decisiones sobre marca*) Aspect of marketing that analyses whether a product should be sold in bulk or with a brand, what type of brand (manufacturers or distributors), what brand in particular and whether small changes should be introduced such as color, size or the adjectives that accompany it.

brand development index (*índice de desarrollo de marca*) Ratio that compares the percentage sales of a brand in a geographic area with respect to the percentage of the population that area represents. If it is greater than one it signifies that the brand is better positioned in that area than in the market as a whole.

brand differentiation (*diferenciación por marca*) The capacity that a brand has to give its products a unique and positive image, especially in those attributes which are most important to that brand's target group.

brand extension (*extensión de marca*) Utilization of a brand name to launch products that differ from those in the current product range of a company. The aim is to gain brand recognition and credibility for the product with minimal publicity expenses and to consolidate the value of a brand in the market.

brand image (*imagen de marca*) Collection of qualities that a particular brand evokes for the majority of individuals. If the image is a strong one (it does not necessarily have to be positive), the beliefs and feelings produced by the brand will be common and consistent among the individuals that make up a certain population. Images can be good or bad depending upon other marketing variables, for example, a traditional image for one watch may be positive whereas it may be a detrimental image for another.

brand name; maker's name (*marca del fabricante*) Brand of an item owned by the manufacturer that obliges quality standards and enables research, marketing and advertising expenses to be offset.

brand positioning (*posición de marca*) Concept or image that a specific brand tries to represent in order to adequately focus on the proper target market or individual consumer. Normally the image is instilled in the consumers mind by specific product campaigns.

brand preference (*preferencia de marca*) The consumer's inclination for a certain brand instead of its competitors. It is a very important aim in an advertising campaign and a necessary condition for a first purchase to be made, although brand loyalty is also necessary if the purchase is to be repeated.

brand recognition (*reconocimiento de marca*) Consideration that a

targeted public knows and remembers a make of product, differentiating it from other similar products. It is measured by aided, spontaneous or suggested reminders.

brand, trademark (*marca*) Symbol used to identify a product of industry, commerce or work, that distinguishes it from others.

breach of contract (*ruptura de contrato*) Unilateral and unjustified interruption of the normal functioning of a contract. A breach of contract incurs the penalties contained therein or liabilities as established by law.

breach of contract (*incumplimiento de contrato*) Situation that goes against the law in which any of the parties to a contract fails to comply with the obligations contained therein and is found to be liable.

bread and butter (*pan*) Colloquial expression used to define a company or person's core business activity, that is essential for success. In a hotel, for example, the core business is renting or rooms, whereas a restaurant may help to increase profitability.

break-even point (*punto de equilibrio; punto muerto; punto* *crítico*) Level of production or sales at which income is equal to the costs associated with production and distribution. Given that in any process there are fixed and variable costs, the equilibrium point is obtained by dividing the fixed costs of the company by the average unitary margin.

bribe (*soborno*) Illegal action, the result of corrupting a public official or company director by giving him/her money, material gifts or other favors with the aim of obtaining favorable treatment or closing a deal, whether it be a tender for a contract or a sale.

bribery (*cohecho*) Corruption of a public official in order to gain a specific advantage or profit.

bridge financing (*crédito puente*) Loan obtained as temporary financing and with the guarantee of future income to the borrower from any source, (for example, a company knows that it will receive a capital transfer from abroad within 120 days, and assigns collection to a bank that forwards the money in the form of a loan).

briefing (*resumen*) Set of brief writen or oral instructions given to those who are going to carry out a job. It is normally given in an informative meeting that focuses on the objectives that need to be achieved.

brochure (*folleto*) Advertising comprised of various printed pages containing information on products or the company itself, aimed at a supposedly interested target public. Normally a brochure includes high quality photographs and printing, but not necessarily a price list. A leaflet is simpler.

broker (*intermediario*) Agent that serves as a link between parties in a purchase/sale operation in order to help fix a price.

broker, intermediary (*agente comercial*) Agent acting on behalf and account of a third party in business operations.

budget (*presupuesto*) Systematic summary of the provisions for projected expenses and estimates of foreseen income to cover those expenses. Prepared on a regular basis to allow short term planning to take place, objectives to be set and to control management by calculating deviations between real and budgeted results.

budget cut (*recorte del presupuesto*) Reduction of the availability of money for a particular activity. Both governments and companies try to reduce their total expense budget by diminishing or eliminating those activities that are considered to be less necessary than others.

budget extension (*prórroga del presupuesto*) Maintaining the validity of an annual budget due to the failure to approve the budget for the current year.

budget management (*administración presupuestaria*) Management technique based on the use of budgets for all activities and subsequent comparison of real and budgeted results. Employed as part of the management by objective system.

budgetary control (*control presupuestario*) Corporate control system based on annual operating budgets for all company profit and cost centers, with periodical checking of whether or not they coincide with the company's actual financial position and analysis of deviations for the purpose of detecting and amending the causes.

budgeted (*objetivo*) Adjective, synonym of: to budget for.

budgeted cost (*costo presupuestado*) Cost that we assume or plan for. Synonym of objective cost. It is used for comparison with real costs and to analyze deviations.

bug (*error*) In information systems, a persistent error in a program or device, the former requiring re-programming and the later new circuit design.

building license (*licencia de obras*) Municipal permit required to initiate works or modifications to an urban building.

bulk (in bulk) (*granel*) Merchandise that is not packaged nor sold in containers, with no specific order or size.

bulk sale (*venta a granel*) Sale of a product without packaging, even if sold in small quantities.

burnout (*agotamiento; quemarse*) Psychological and possibly physical weariness caused by too much work, sometimes accompanied by frustration at not achieving expected results or the recognition which one feels is due.

business (*negocio*) Result of a lucrative occupation or interest. Also referred to as a company if carried out on a regular basis with a certain volume of activity and level of organization.

business card (*tarjeta de presentación*) Small printed card showing the name and job title of an individual, the name of the company where they work, the address, telephone and fax numbers and sometimes the individuals home telephone number too. If the card is for the general use of anyone in the company, it also tends to indicate the principal products that the company sells.

business cycles (*ciclos económicos*) Periodic variations of general macroeconomic indices: growth, inflation, employment, etc., above and below the long term trend line of a country. A low cycle means depression and a high cycle means a boom.

business day (*día laborable; día hábil*) Day in which services are offered to the public. Normally from Monday to Friday, although certain sectors trade on Saturdays and even Sundays.

business gift (*obsequio de empresa*) Gift that a company makes for promotional or public relations purposes (for example, at Christmas). Often non-deductible.

business hours (*horario comercial*) Hours during which an establishment is open to the public.

business mediators (*agentes mediadores de comercio*) Independent agents that intervene in contracts and mercantile operations. Public officials authorized to certify public documents to all effects, charging a fee for their services.

business plan (*plan de negocios*) Detailed summary of the objectives of a new activity and of the means of achieving those objectives and expected results. Used in large companies to approve new budgets, it is also a basic tool for risk capital investors that support the creation of a company. It should include a description of the product or service to be offered, potential market and expected market share, consumer analysis, manufacturing plan with emphasis on new technologies, marketing plan, balances and accounts of provisional results for various years, financial needs and how to cover them, and a plan for a stock flotation if required.

business policy (*política de empresa*) Branch of business science that studies the fixing of objectives and goals, strategies and tactics.

business process re-engineering (*reingeniería de procesos empresariales*) Process of analyzing and implanting simplified and cheaper systems while obtaining speedier and more reliable information. It is based upon a ground-up study of necessary processes and in the introduction of information technology systems.

business school (*escuela de negocios*) Specialized educational center in the science of managing businesses and non-profit making institutions, normally providing an MBA.

business trip (*viaje de trabajo*) Trip paid by a company, principally for work purposes. Generally all justifiable expenses that are covered by a receipt and that fall within levels defined by the company are paid, although for lower ranked employees and in jobs that require frequent travel it is normal to establish a daily amount, regardless of the real expense incurred, so that the employee is additionally remunerated.

business unit (*unidad de negocio*) Each part of a business organization that has its own strategy, management and budget, although it is not always appropriate from the organization's point of view to have legal divisions, especially in multinational companies or large groups. Due to this there can be many units within an organization, or one unit can include various organizations.

business-like (*tipo empresarial*) Adjective that encompasses all the positive characteristics of a businessperson such as being pragmatic, cautious, efficient, professional, with common sense and skilled in social relations, responsible, serious, entrepreneurial, autonomous and that always calculates risks.

business-to-business marketing (*venta empresa a empresa*) Sale of goods and services in which the end consumer is another company. The importance of each marketing variable, as compared to consumer goods, is different. For example, public relations and direct selling are more complex and advertising is mainly done through trade magazines.

businessman (*empresario; hombre de negocios*) Individual who organizes a company in a professional capacity.

buy on credit (*comprar a crédito*) To acquire a good delaying payment until a later date, usually incurring interest. Even if all purchasers pay in installments (for example, an encyclopedia) the interest is added to the initial price and there is no discount for payment in cash, to make it appear as if interest were not charged.

buyer (*comprador*) Person who purchases.

buyer intention survey (*encuesta de intenciones*) Survey conducted to identify the willingness of consumers to purchase a given product, which is often new, or not, as the case may be. The survey also identifies the consumers reasons, and the price at which the product should be offered.

buyer-readiness stage (*etapa de preparación del comprador*) Period in which a consumer's reaction to a particular product is measured. May vary from total ignorance to the decision to buy the product.

buyout (*toma de control*) Purchase of a sufficiently high percentage of the shares of a company to give control over the company's operations. In large companies this does not necessarily mean a majority shareholding as the shares are widely dispersed among other shareholders.

bylaws; incorporation charter (*estatutos sociales*) Set of governing regulations established upon the incorporation of a company, that have priority over non-compulsory legislation. Includes the company name, purpose and registered address, duration, internal regulations and terms of liquidation.

C

call rate (*tasa de llamadas*) In marketing, number of persons which a telemarketer contacts in a given period of time.

call-forwarding (*desvío de llamadas*) Transfer of calls from one telephone number to another by means of an automated service.

call-waiting (*llamada en espera*) Telephone service that consists in notifying a subscriber of another incoming call.

cancel (*cancelar*) Halt an activity in course. In many computer applications, the ESC (escape) key is used.

cancellation; redemption (*cancelación*) Settling of a payment obligation.

candidate (*candidato*) Person considered for a position. Selection is normally based on educational and professional qualifications, personal interviews and, in certain cases also on psychological tests.

cannibalism (*canibalismo*) Promoting of goods at the expense of other similar goods.

May relate to parts or products. In spare parts cannibalism, equipment is used to repair other equipment when a problem arises. Product cannibalism exists when a new product in a range causes a reduction in sales of others.

cannibalization (*canibalización*) Promoting of a particular brand at the expense of another. When the budget for a brand is too low or the message too similar to an already established brand, consumers only remember the message conveyed by the initial brand advertised.

capital call (*dividendo pasivo*) Partial or total claim by a company for the remainder of share capital that has not been fully paid up.

capital expenditure (*inversión en activo fijo*) Outlay of money for the acquisition of tangible fixed assets such as buildings or machinery or, less commonly, intangible assets such as a brand name.

capital flight (*evasión de divisas; evasión de capitales*)

Withdrawal or failure to deposit currency that goes against exchange control mechanisms.

capital gain (*ganancia de capital*) Profit obtained on the sale of an asset at a higher value than the cost of acquisition. In many countries capital gains contributions are levied at a lower than normal income tax to stimulate risk taking.

capital gain (*plusvalía*) Profit that results from selling an asset at a price higher than purchase price. Real appreciation is calculated by deducting the effects of inflation.

capital gains tax (*impuesto sobre las ganancias de capital*) Tax that has a special, lower rate than general taxes and that is applied in some countries to appreciation or capital gains. Its objective is to motivate the taking on of risk.

capital good; investment good; production good (*bien de capital; bien de inversión; bien de equipo*) Goods aimed at producing other consumer or investment goods. Absorbed into the manufacturing process, for example, a machine.

capital increase (*ampliación de capital*) In companies, a legal act by which a company's share capital is increased, subject to the approval of the board of directors and general shareholders meeting, by issuing new shares or by increasing nominal value.

capital loss (*minusvalía*) Loss resulting from the sale of an asset at below cost price. For tax purposes, cost is considered as the net book value: historical cost less depreciation applied.

capital stock (*capital social*) Company capital provided by shareholders that entitles them to certain rights. Increases as well as decreases require certain formal requisites designed to ensure protection of creditors. The sum of nominal values of shares issued by a company at a given time is the issued share value. Upon subscribing shares, a shareholders becomes liable for payment of such whenever the company demands the outstanding amount, which then becomes subscribed share capital. Upon payment in cash or kind, the amount becomes paid up capital. In the United States, nominal value may not exist or merely be symbolic and therefore the equivalent of capital actually paid-in.

capital-intensive (*intensivo en capital*) Sector or company that uses a high proportion of capital with heavy investment in mechanization and technology and few human resources.

capitalism (*capitalismo*) Doctrine based on private ownership of productive resources and the belief that free market and price competition are the most efficient forms of achieving optimum distribution of resources within an economy.

capitalization (*capitalización*) Sum of a company's net worth and long term liabilities. Also, the result of applying a given rate of interest to periodical income (rent, perpetual annuity, etc.).

capitalize (*capitalizar*) To calculate the value of future payments at a given time by using a determined interest rate. In general, to take advantage of a change or situation.

capitalized expense; deferred charge (*gasto amortizable*) Outlay not registered in its totality in the results account of the financial year in which it is occasioned, but instead it is activated and counted as an expense, annually applying a particular depreciation coefficient.

capitalized expenses (*gastos capitalizados*) Expenses that due to their characteristics do not directly figure in the profits losses and account, but instead in an asset balance sheet account, normally redeemed over a maximum period of five years.

captive market (*mercado cautivo*) Monopoly situation in which a buyer cannot refuse the product offered (for example, sale of an intermediate asset to an affiliate).

cargo (*cargamento*) Merchandise loaded onto a ship or plane for transport.

carrot and stick (*palo y zanahoria*) Method used to simultaneously show possible reward and punishment. Rewards are often prolonged or require further efforts whenever close to being achieved.

carryover (*remanente*) Final balance of an account or the remains of merchandise that has not been sold. The term is sometimes used as a synonim of profit and also as the balance of losses and gains that have not been distributed and that remain for the next financial year.

cartel (*cártel*) Agreement with separate legal entities belonging to the same sector to limit competition and regulate prices and production.

cash (*caja*) Account showing a company's cash balance. Also includes bank deposits.

cash (*metálico*) Money, either notes or coins.

cash (*numerario*) Money. In a broad sense, also considered as the total amount of deposits in current accounts or financial assets on call.

cash (*efectivo*) Unit of currency either in coin form or paper (note).

cash (*dinero circulante*) Company funds in circulation generated by daily transactions. Good cash management avoids idle funds and increases returns.

cash & carry (*autoservicio mayorista*) Self-service establishment open to a limited public (retailers, hoteliers, communities), with payment in cash and no home delivery service. Although some fragmented or unit sales may take place, the majority of sales consist of complete cases.

cash balances, liquidity (*tesorería*) Liquidity, availability of liquid means in the safe of a company or credit entity.

cash basis (*criterio de caja*) System in which income and expenses are accounted for at the same time as they are paid in or out, without taking into account the period to which they refer. Easier to handle than other accounting systems, but less exact and not generally used in large companies.

cash book (*libro de caja*) Auxiliary accounting record used to register all company cash deposits and withdrawals, indicating the date, reason and amount.

cash budget (*presupuesto de tesorería*) Plan or budget that reflects incoming and outgoing payments during a given period and the position at the beginning and end of said period. Normally broken down into periods that can even be as small as daily periods depending upon the volume involved. It reflects movements by commercial operation without taking into account financial decisions which will be picked up by the financial budget.

cash count (*arqueo de caja*) Verification of cash movements, especially of the money and checks deposited in a cash box. Normally carried out by a teller or auditor.

cash deposit (*depósito de efectivo*) Cash amount deposited in a current account or savings account by a client of a financial institution.

cash discount (*descuento por pronto pago*) Discount offered by a supplier when the buyer pays in cash or within 10 days of delivery. It is normally 2% to compensate for the lower risk of insolvency and early collection.

cash flow (*flujo de caja*) Cash input or output in relation to an investment project carried out by a company or branch.

cash loss (*quebranto de moneda*) Cashiers margin of loss or compensation for possible differences in the balance of a cash box.

cash management (*administración de tesorería*) Financial department activities designed to reduce the required level of cash flow, increase return and ensure availability when necessary. One or more specialized banks are directly involved in order to, for example, consolidate balances, control surplus funds, manage payment schedules, etc.

cash on delivery sale (*venta contra reembolso*) Sale in which the buyer sends a signed order form and pays the postage costs before receiving the goods. Normally includes a claim and return period, in the event that the buyer is not satisfied with the product. Any sale in which payment is made upon receipt of the goods.

cash on delivery; COD (*contrarreembolso*) Sales and merchandise delivery system in which the buyer pays for goods upon receipt.

cash payment (*pago al contado*) Payment made at the same time or immediately after goods are received.

cash price (*precio de contado*) Amount that is paid at the precise moment that a transaction takes place when the purchaser pays using legal tender.

cash sale (*venta al contado*) Sale in which payment is made at the same time or immediately after actual delivery of the goods. Prompt payment normally involves a discount of 2%.

cash surplus (*punta de tesorería*) Temporary excess of liquidity of a company which is placed on a day to day or short term basis in order to make it profitable.

cash-cow (*vaca*) In a growth-share matrix, the market leader or dominant business in a segment with a low growth rate. It should generate resources in excess of those which it needs to maintain its market share, to invest in other group businesses. It requires a conservative style of management.

cash-cow (*mina de oro*) Colloquial expression used to describe an extremely profitable business that also generates a great degree of cash flow.

cashier's check (*cheque de caja; giro bancario*) Check drawn by a bank on its own funds. It is a promise of payment by the bank to a named person or to the bearer. A person can buy a bank check with cash or by charging their own account. The bank usually charges a commission for this service.

cashier's check (*cheque de caja*) Check drawn by a financial institution and not by one of the current account holders. It is accompanied by the security offered by the financial institution itself.

catalog (*catálogo*) In marketing, a printed list of products offered for sale with a description of features. Normally includes photographs or illustrations and general sales conditions.

When sent directly to consumers prices are generally included, whereas in wholesaler or industrial catalogs, prices are normally listed separately.

catalog selling (*venta por catálogo; VPC*) Selling in which the buyer bases his decision on a catalog containing photographs and full details and prices. Catalogs are sent by mail to existing clients or purchased in newsagents. Orders are either made by mail, telephone or in person and goods sent by mail, messenger service or personally collected.

cell (*célula*) Each box of a spreadsheet used to store data, defined by the intersection of a row and column.

centralize (*centralizar*) To assign control or transfer an operation carried out by a branch or peripheral unit to the headquarters. In general, it permits less adaptation to specific environments, however facilitates rapid overall change.

centralized purchasing (*compra centralizada*) Concentrating of purchases to suppliers by a group of business units operating in a specific geographical area.

certificate of deposit (*certificado de depósito; CD*) Certificate issued by a bank acknowledging receipt of a clients' deposit for a fixed period of time.

certified check (*cheque certificado*) Check that is guaranteed by the financial institution in which the current account is held. The bank charges the client's account at the moment of certifying the check.

Certified Public Accountant (CPA) (*contador público*) Professional accountant specialized in auditing and inspection of accounts. Must be qualified and member of a professional association in order to work as such.

Certified Public Accountant (CPA) (*perito contable*) Expert in accounting who complies with the requirements of a professional association and is therefore qualified to issue accounting reports.

chain (*cadena de sucursales*) Company that possesses several similar stores in different areas and maintains a common image, organization, promotion and distribution system.

chairman, president (*presidente*) The visible head of a company or association and, in the case of an executive chairman, the person given maximum responsibility by the board for the running of the company. Sometimes the position of Honorary Chairman is created in special recognition of a person. In the United States, the term president is generally used for the executive position which comes below the chairman. The top executive is the Chief Executive Officer or CEO.

Chamber of Commerce (*Cámara de Comercio*) Institution with its own legal entity that promotes and represents commercial and industrial interests of regional companies.

chance (*azar*) Statistical concept that expresses the idea of uncertainty in the appearance of determined phenomena or in the achievement of a particular aim. It is a key term in the theory of probabilities.

charge (*cuota*) Result of applying a rate or percentage to a total amount.

charge account (*cuenta de cargo*) Buyers account with a supplier in which purchases are charged against an account to be settled after a period.

cheap (*barato*) Sold or bought at a good price or below the normal price. Often confused with low price or inexpensive.

cheap stock (*acciones ganga*) Shares issued at a lower price than that offered to the public, as a benefit to company management or certain shareholders.

checkbook (*chequera; talonario*) Book containing blank checks issued by a financial institution. Each check features the current account number of the person or entity that uses them as a means of payment.

checking account (*cuenta corriente bancaria*) Contract between a financial deposit institution and a client in which the latter places any amount of money with the former and will be able to make use of it at any time by means of bearer securities or checks.

checklist (*lista-control*) List of questions or topics to be verified, used to control a particular activity or avoid omissions. May be accompanied by an evaluation or remarks that enable an overall points score.

Chief Executive Officer (CEO) (*presidente ejecutivo*) President of an administrative board who also takes on the additional roles of Managing Director or General Manager.

Chief Financial Officer (CFO) (*director general financiero*) Person with maximum responsibility for a company's financial operations.

Chief Operating Officer (COO) (*director general de operaciones*) Person directly in charge of main company activities that normally include purchasing, sales and production, and may not include finance, information systems and legal advice.

circulation (*circulación*) Average number of copies of a magazine distributed (subscriptions, individually sold copies and free copies). When multiplied by the average number of readers per copy it would give the publication's readers. It can also be reached by calculating the print run minus the undistributed copies and the copies returned by the sales outlets.

circulation account (*cuenta corriente vinculada*) Current bank account linked to a savings account, in such a manner that the client maintains a fixed balance in the current account to attend to his liquidity needs, and the excess is automatically deposited in the savings account where a greater interest is obtained.

circulation area (*área de circulación*) Geographic area in which a publication is available.

civil servant (*funcionario*) Person with public employment whose salary is paid out of the State or Federal budget. Sometimes subject to special working conditions.

classical economics (*economía clásica*) School of economic thought which originated in England with Adam Smith, and that lasted until the end of the XIX century all over Europe. The classical school supported the free market as the most efficient system of assigning scarce resources, attributing it with certain parallels with the workings of nature. Originally the classical school contrasted with mercantilism which was strongly interventionist.

classification (*clasificación*) Method of arranging goods or data in a particular order according to predetermined criteria.

classified advertisement (*anuncio por palabras*) Brief advertisement, normally without graphics, that is published in the classified section of a newspaper and specialized magazines. A stable and important source of advertising revenue.

clause (*cláusula*) Special agreement in a document that sets out, limits, modifies or clarifies the general contents of the document.

clearing house (*cámara de compensación*) Committee responsible for clearing checks and other forms of payment deposited at a bank as a result of transactions performed by clients, in which banks settle all customer operations.

clerk (*administrativo*) Person who performs a determined administrative function within a company, with limited responsibility and no legal authority to act independently.

client; customer (*cliente*) Individual that regularly uses the services of a professional or company or who regularly shops in the same establishment. By extension a client can be any person who buys or uses the services of an establishment or company or contracts the services of a professional on an occasional basis.

clientele (*clientela*) Collective term for all the customers that use or buy the products or services of a company, especially those that do so with a certain regularity.

close (*cierre*) Temporary or permanent cessation. This can refer to activities (store closing for the day), periods (accounts are closed prior to publication of annual results), bank accounts (final balance is calculated and liquidated prior to the account becoming inactive), newspapers (no further copy accepted prior to publication), etc.

closed economy (*economía cerrada*) Economic system that is based on autarky, self-sufficiency and which prohibits interchange with the outside world.

closing balance (*saldo de cierre*) Final amount obtained after compensating the different entries in a debit and credit account at the end of an accounting period.

closing balance sheet (*balance final*) Balance made at the end of every corporate year, with restatement of stock and debt collection, the final calculation of depreciations and, in fact, all the accounting operations necessary for calculating the result of the business year.

closing date (*fecha de cierre*) Final date before which a job must be finished or activity carried out, especially on a regular and continuous basis, for example, a publication.

closing inventory (*inventario final*) Stock inventory carried out at the end of a period. It is the same as the opening inventory for the following period as once the physical count and correct valuation have been carried out, an entry is made in the operating account for the period that is being closed that shows the difference between the accounting inventory brought forward and the closing inventory.

closing time (*hora de cierre*) Hour at which a store or market finishes or terminates its operations and does not allow entry to any new clients.

co-management (*cogestión*) Management jointly carried out by several people with the same authority. Used in labor relations to express a union's expectations of actively participating in company management. Institutionalized in certain countries.

cohort analysis (*análisis de cohortes*) Systematic study of a group of people with similar basic, social or economic characteristics, by defining and comparing behavior and events over a given time.

cold call (*visita en frío*) Term used to describe door to door sales by a salesperson, with no attention to prior targeting or pre-selling, not even by telephone.

cold canvass (*venta en frío*) Door to door sales technique by which potential clients are visited without being previously notified by mail or telephone.

column (*columna*) In media, a periodically published article of approximately the same length.

column (*columna*) Section into which a page is vertically divided.

collateral (*garantía adicional*) An asset pledged to guarantee payment of debt.

collateral credit (*crédito con garantía real*) Loan guaranteed by real estate or non-fixed assets, ownership of which is transferred to the creditor in case of non-payment.

collection (of payment) (*cobro*) Receipt or deposit of money or payment (transfer, check,

letter of credit) in compensation for a good sold or service carried out.

collections (*gestión de cobros*) Activities carried out for the purpose of achieving payment of due accounts, either by an internal department or external service, in exchange for a fee or commission.

collective bargaining (*negociación colectiva*) Negotiation of the conditions of a group of workers by their union representatives. May cover one company or an entire sector.

collective bargaining agreement (*contrato colectivo de trabajo*) Agreement between company management and employees or the industry with respect to working conditions. Employer associations and trade unions normally intervene.

collector (*cobrador*) Person responsible for collecting receipts, fees, dues, etc.

comfort letter (*carta de sostén*) Letter issued for the purpose of providing confidence or trust in a third party, although not legally binding as a formal guarantee.

commercial (*comercial*) Set of text, music and special effects that express an advertising message on the radio or television.

commercial bank (*banco comercial*) Financial intermediary that accepts deposits on sight and in installments and typically offers services such as checks, loans to individuals and companies (including mortgage loans), credit cards, salaries transferred directly into bank accounts, bills paid by direct debit, cash discounts and foreign trade operations. It can also deal in capital operations. The commercial bank can have many offices and be aimed at the consumer, or specialize in banking services for large companies.

commercial loan (*préstamo comercial*) Short-term credit granted in order to finance current asset requirements.

commercial paper (*pagaré de empresa*) Short term and transferable debt issued by an industrial or trading company without a bank guarantee to the general public, used by financially stable companies with good credit ratings.

commercial report (*informe comercial*) Information about a company prepared by a bank or a specialized agency to know how serious and how solvent they are. This is normally requested by someone that wants to establish commercial relations with them and includes data about statutes, the make up of social committees, sales, balance and results accounts where possible, the opinions of banks, clients and suppliers, list of debtors, financial assets and a subjective impression regarding the company's development.

commercial year (*año comercial*) Period of 360 days used by banks and financial organizations in order to calculate discount operations.

commercialization (*comercialización*) Group of activities intended to encourage sales of pre-designed products or services. Although not as common as the term marketing, it includes many of the same activities, such as market research, promotion, sales, commercial administration and distribution.

commission (*comisión*) Group of people appointed to take charge of a particular matter, with special advisory functions. Normally a more defined role than that of a committee.

commission agent (*comisionista*) Company involved in wholesale trading of goods produced by one or more manufacturers with retailers or other wholesalers. Similar to a distributor without actually purchasing. May be partially or totally free of payment risk.

commitment fee (*comisión de disponibilidad*) Fee often charged by a bank on an unused credit facility.

commitment (*compromiso*) In general, an obligation undertaken by virtue of a promise or contract.

committee (*comité*) Group of people in charge of the administration or management of an act or matter. Usually has more authority and is more permanent than a commission and often reports to the appointing body.

commodity (*mercancía genérica*) Natural or semi-finished goods sold in large quantities, with certain homogeneous quality criteria regardless of supplier or manufacturer. It may be consumed as it is, although it is normally a raw material in an industrial process. For example, wheat, soy beans, cotton, etc.

common stock (*acción ordinaria*) Share into which the capital of a stock company is divided, without special rights or obligations. Ordinary shares entitle their owners to vote and receive an annual dividend after interest is paid to bondholders and preferential shares receive the agreed dividend.

company; enterprise; firm (*compañía; empresa*) Company, firm, association or group of people created for a particular purpose. Mercantile companies are created to earn profits by carrying out the activities defined by their statutes.

company acquisition (*adquisición de empresa*) Takeover process by one company of another by means of the purchase of a controlling interest.

company profile (*perfil de una compañía*) Set of facts (such as name, number of employees, sales, results and shareholders' equity figures, objective, brief history, type of shareholders, product range and main activities) which are an introduction and a description of a company and allow clients, purveyors and potential employees to compare it to others.

comparative advantage; competitive advantage (*ventaja comparativa; ventaja competitiva*)

Situation or circumstance that gives a competitive preference to a country or a company in a concrete economic activity. The advantage may be motivated by a superior technology, by a lesser cost of a specific production factor, a privileged access to a market, better acknowledgment of a brand, etc.

comparative advertising (*publicidad comparativa*) Advertising in which the advantages of a brand are highlighted by giving information relating to other brands.

comparative analysis (*análisis comparativo*) The evaluation of two or more alternatives or products in order to discover differences and similarities, estimate their relations and measure their cost, efficiency and relative results. Facts and figures are used in order to measure the importance of each attribute to the target group.

comparative balance sheet (*balance comparativo*) Presentation of balance sheets in such a way as to permit a comparison of a company's figures for different periods or a comparison of different companies figures for the same period.

comparison shopping (*compra comparativa*) Manner of purchasing of certain consumers who have little brand loyalty and who are always searching for the best value-for-money. Since it is sometimes difficult to judge the relative value of certain characteristics, the price is usually what is most important to these shoppers, although safety, being additive free or other factors may also be specially relevant.

compendium (*compendio*) Oral or written extract, summary or brief statement of the most substantial part of a previously exposed subject.

competition (*competencia*) Group of companies that operate on the same market or perform a similar service, trying to obtain the same potential clients.

competitive (*competitivo*) Able to compete favorably, for example, at a lower price, better quality or image, etc.

competitive analysis (*análisis de la competencia*) Study of the competitors of a particular company or industry. The study is based on market share, growth rates per sector, strenghts and weaknesses, opportunities and threats, negotiating power with suppliers and customers and the possibility of entry and exit of companies.

competitive prices (*precios competitivos*) Low price which allows competition with rivals.

competitiveness (*competitividad*) Ability and willingness to compete. Ability or skill of an individual or group, as well as a country, region, business network or sector to make better use of economic factors than its rivals (countries, foreign sectors or companies).

competitor (*competidor*) Company, individual or product of similar characteristics, that attempts to fulfill the same needs of a similar or related public target.

complaint (*queja*) Claim presented before the relevant person or authority to emend or correct a grievance or wrong. Measure taken when a judge rejects an appeal or other motion in accordance with law. Communication from a consumer in which they express dissatisfaction with a good or service without actually making a claim.

complementary good (*artículo complementario*) Item which accompanies another when it

is used. Distributors will frequently place a complementary product with a high margin next to one that is on offer.

complementary goods (*bienes complementarios*) Different economic goods consumed simultaneously so as to satisfy a single necessity (automobiles and tires). A reduction in the demand for one of which occasions a reduction in the demand for the other. It is the opposite of substitute goods.

compliance department (*departamento de control*) Department within an organized market that ensures that activities take place in accordance with established regulations.

compliance request (*requerimiento*) Requirement made upon a person with regard to an order or precaution that must be complied with. Payment compliance is a formal requirement directed at a debtor so that he complies with his payment obligations.

compound interest (*interés compuesto*) Method of calculating interest in which the interest is added to the capital in each interest calculation period, the accumulated total serving as the basis for the calculation of interest in the following period. The effective interest for the creditor is so much larger as the frequency of calculation increases, so daily compound interest is greater than quarterly compound interest.

compressor (*compresor*) Function used to compress files so that they occupy less space on a CD-ROM or diskette.

compromise (*avenencia*) Agreement with full legal effect produced among parties as a result of a transaction or negotiation.

computer (*computadora; ordenador*) Electronic machine used for high speed processing of simplified information, comprised of a central processing unit (CPU) as well as memory and input/output units, often including peripheral equipment such as screens, printers, disk units or scanners.

computer literacy (*alfabetización informática*) Ability to work with computers and information systems that involves specific terms, basic data processing skills and perspective of how people without technical know-how are able to take advantage of automated systems.

computerized labeling (*etiquetado informático*) System in which the products in a store or in a warehouse are especially labeled with the contents inside (in a bar code form) that could be read with a scanner or electronic pen. The code may contain data about or concerning the product and its price. This system permits control over inventory.

concealment (*ocultación*) Act of hiding information, goods or income to avoid paying taxes, elude a particular claims or embezzle creditors or an insurance company.

concentrated marketing (*mercadotecnia concentrada*) Marketing focused on a particular segment of the total market, for the purpose of penetrating such market and creating a specialized reputation. Although less flexible and possibly involving greater long term risk, the strategy is recommended when substantial resources are not available, those that are available are specifically suited to that particular sector or competition is limited.

concentric diversification (*diversificación concéntrica*)

Diversification in which a new product, with technological or marketing synergies, is directed towards different clients.

condition (*condición*) Requirement necessary in order to achieve something.

condition (*acondicionar*) To prepare merchandise for a specific use, in order to satisfy a client's needs or for transport purposes. The last production activity just prior to packaging or final assembly at the client's premises.

conditional bid (*oferta condicionada*) Offer made to purchase a company under the condition of receiving a minimum percentage of shares in such, in addition to other similar requisites.

conditional sale (*venta condicional*) Sale in which the invoice may be canceled under certain conditions, normally when a purchaser has been unable to sell the goods. Similar to a consignment sale.

conference call (*teleconferencia*) Telephone call that allows more than two to be connected at the same time, reducing the need for telephone calls and meetings.

confidentiality (*confidencialidad*) Secret nature of oral or written information or documents that prevents others from becoming aware.

confirmation (*confirmación*) Bank acceptance of the accomplishment of obligations derived from a letter of credit. Reply to an independent auditor by a debtor or creditor certifying that their account balance with the audited firm is correct.

confirmed letter of credit (*carta de crédito confirmada*) Letter of credit in which the paying bank also becomes responsible in the event of non-payment by the issuing bank.

confiscation; seizure (*decomiso*) Retention of embargoed merchandise as a penalty for people who trade in prohibited articles or contraband.

conflict of interests (*conflicto de intereses*) Situation caused when the simultaneous performing of two or more activities creates the need for one person to comply with different interests.

conglomerate (*conglomerado*) Group of companies operating in different sectors, normally the result of a rapid process of acquisition and mergers. Modern business theory recommends the sale of affiliates that do not contribute synergies with the rest of the group.

consensual contract (*contrato consensual*) Contract in which validity only depends upon the consent of the parties concerned.

consideration (*contraprestación*) Payment made by one party to another under a contract.

consignee (*consignatario*) Addressee to whom transported goods are to be delivered.

consignment sale; sale or return selling (*venta en consignación; venta en depósito*) Sale in which the manufacturer or depositor sends the merchandise to the distributor or depository for it to be sold. The merchandise continues to be the property of the depositor, and it is sold and invoiced only when the depository has sold it or when it does not appear in periodical stock takes.

consolidated accounts (*cuentas consolidadas*) Accounts that detail the integrated accounts of two or more associated companies.

consolidated balance sheet (*balance consolidado*) Result of the consolidation of balances.

consolidation (*consolidación*) Incorporating of centrally controlled companies' accounting records or reports (balance sheets, profit and loss). Entries are totaled and affiliate company account balances offset (sale of one company to another, internal loans, etc.) to reflect the group's overall financial position and profitability.

consortium (*consorcio*) Group of companies that unite to carry out a specific project.

consultant (*consultor*) Person not employed by a company that is contracted to analyze and give an opinion. Duties may cover the entire company or specific matters. The purpose is to improve company operations by either detecting current errors or presenting proposals for future action through impartial reports.

consulting; advisory services (*asesoramiento*) Professional activity that consists of providing advice, evaluation, additional information or support, based upon previously gained knowledge and experience, with regard to specific markets, products, materials or analysis techniques.

consumer (*consumidor*) In economics, a person that demands and buys goods or services and whose daily decisions affect the economy and allocation of resources.

consumer advertising (*publicidad al consumidor*) Direct communication of an advertising message to individuals or families, as opposed to specialist or industrial advertising. Media with large audiences are used, such as television, radio, magazines and billboards.

consumer confidence measure (*evaluación de la confianza del consumidor*) Measure of purchase probability of high priced consumer durables. A client will not purchase when his confidence in the future economy is zero, but will purchase more as his confidence rises. This measure takes into account the individuals' economic situation as perceived by him in relation to that of those who surround him.

consumer credit (*crédito al consumo*) Personal credit granted to family economies and linked to some type of non-mortgage consumption (such as the purchase of an automobile, electro-domestics, etc.).

consumer good (*bien de consumo*) Goods or service bought and used directly by the end user and which does not need any productive transformation. It may or may not be lasting. Synonym of product.

consumer price index (CPI) (*índice de precios al consumidor [IPC]*) Index weighed up in accordance with the consumption carried out by an average family unit and which measures the general level of prices of said average consumption in a given moment as compared to a previous period. The consumer price index is the most frequently used for quantifying inflation.

consumer profile (*perfil del consumidor*) Set of demographic, social and mental characteristics that distinguish the consumers of a brand, clients of an establishment or users of a service. Profiles are obtained through consumer studies and serve to define the sector of the public to be targeted.

consumer protection (*protección al consumidor*) Consumer movement geared to defending and safeguarding their health and security, avoiding abuse and fraud by the producers of consumer goods.

consumer research (*investigación del consumidor*) Compilation and analysis of information regarding consumer characteristics in relation to a need or a product. Purchasing and consumption habits are studied, as are brand recognition and remembrance, associated products, seasonal variations, needs that are really satisfied and purchasing intentions. For qualitative studies in-depth interviews and group discussions are used, whereas for quantitative studies consumer interviews and panels are used. Consumer research is complementary to market research.

consumer shortages (*faltantes de consumo*) Goods or services that are insufficient to cover demand.

consumer spending (*consumo privado*) Total consumption of goods and services at a microeconomic level of the private sector of the economy (companies, consumers, etc.).

consumer surplus (*excedente del consumidor*) Accumulated difference between the price that a consumer was willing to pay and that which he actually pays. The demand curve reflects a decreasing marginal utility which indicates a theoretical surplus of initial units when the price paid by all units is equal to the price of the last unit.

consumers association (*asociación de consumidores*) Group of consumers or service users that have united in order to provide a better defense of their rights. They distribute advice, information, organize claims and establish quality controls.

consumption tax (*impuesto al consumo*) Tax applied to consumption, such as: tax on sales; tax on luxury items; levy on the use of electricity; special taxes on fiscal monopolies, etc. Consumption tax is a form of indirect tax.

contact (*contacto*) Every time a person perceives an advertising message. Useful contacts are those with the target group.

contest (*concurso*) Promotional activity designed to motivate a sales force, choose suppliers or contractors, in which the winner is selected according to merit, performance record or the offer presented. The element of chance is almost non-existent, as opposed to random choice.

contested bid (*oferta contestada*) Offer made to purchase a company which is refused by its management or shareholders.

contingency payments (*pagos contingentes*) Payments only made in certain circumstances, for example, in a public offer of acquisition. Bonus payment to company directors intended to persuade them to accept the takeover.

contingency plans (*planes de contingencia*) Special plans developed alongside regular plans that try to foresee a response to possible events that affect the running of a company.

contract (*contrato*) Legally enforceable agreement between two or more parties to provide goods, perform or not perform a certain act for a particular purpose.

contract of employment (*contrato de trabajo*) Agreement between an employer and employee. In most countries, a written contract in which conditions are similar for all employees. Normally includes a description of the work involved, position or function title, professional category, remuneration, additional benefits, timetable, vacations and duration.

contracting out (*concertación*) Establishing of an agreement, by virtue of which a public (or private) service is rendered by an external entity, according to certain operational limits as well as other conditions such as prices, quality standards and responsibilities.

contractor (*contratista*) Person or company that is responsible for carrying out a job or entrusted with a particular service by virtue of a contract.

contribution margin (*margen de contribución*) Difference between earnings and variable costs of a production series or particular item. The remaining amount that absorbs fixed expenses and overheads and is used to increased a company's net worth.

control group (*grupo de control*) Sample of people, similar to another which will in fact be exposed to a stimulus and which is used as reference in order to evaluate differences and compensate the placebo effect.

control stock (*paquete de acciones de control*) Number of company shares required in order to make decisions.

controlled market (*mercado intervenido*) Market structure in which the authorities intervene substantially in establishing prices and assigning resources, thereby controlling supply or demand, regulating prices or market shares.

controller (*interventor*) Supervisory person in a company or public organism that ensures that all operations are carried out correctly, in accordance with the law and internal regulations. The controller tends to be in charge of an internal auditing department.

controller (*contralor*) In financial management or company administration, the person directly in charge of budget control, major expenses or investments and use of analytical accounting information and computer data.

controlling interest (*participación de control*) Group of shares that guarantees company management.

convention (*convención*) An assembly of the delegates of a political party or another kind of association to decide on objectives, communicate programs and discuss matters. A sales convention is where all the sales persons of a company meet to be informed of the business plan, objectives, new products and in general, to boost their morale and corporate loyalty.

convert (*convertir*) Process that enables a file to be saved with a different format, therefore allowing it to be recovered by a different program to that used to create it.

convertible preferred stock (*acción preferente convertible*) Share that receives a fixed and preferentially paid dividend. May be optionally converted into common stock at a future date.

cooperation agreements (*acuerdos de cooperación*) Inter-company agreements considered valid, given that they comply with certain conditions that do not oppose free competition principles.

cooperative (*cooperativa*) Company subject to legal principles and provisions that carries out any economic or social activity for the purpose of supporting and assisting its members. Supplier of certain products or services to members that have special benefits.

copy (*copiar*) Duplication of a file without modifying the original.

342

copyright (*propiedad intelectual*) Special property that gives the authors of literary, artistic or scientific works the right to exploit them and use them as they wish.

core business (*negocio principal*) Basic company activity. Corporations or groups of companies may include several core businesses.

core time (*horas de presencia obligatoria*) In a system of flexible working hours, the period during which all employees should be at their work posts in order to help communication. With respect to a normal working timetable, it tends to be an hour after starting time and an hour before finishing time.

corporate advertising (*publicidad institucional; publicidad corporativa*) Advertising that attempts to promote the image of a company by creating more public awareness or improving the company's reputation rather than advertising a specific product. It can also be called institutional advertising.

corporate control (*control de la empresa*) Ability to make strategic decisions within a company. Objective pursued by all merger and acquisition operations.

corporate culture (*cultura de empresa; cultura corporativa*) Set of values, norms, traditions and company beliefs that are reflected in each individual and which develop during a company's life time.

corporate group (*grupo de empresas*) Group of companies united by common property links. There is normally a matrix company that, either directly or through its affiliates, owns 50% of the rest of the companies' capital. It is also applied when there exist one or various individual shareholders who own different companies, whenever they are operated in a coordinated way.

corporate identity (*identidad corporativa*) Overall image of a company in the eyes of public opinion based upon information received or gathered. Specialist agencies offer consulting services in the following fields: graphic design (letterheads, etc.); the design of packaging and labeling; internal and external architecture; basic rules for publicity, promotions and public relations; contact with employees and shareholders.

corporate income tax (*impuesto sobre utilidades de sociedades*)

Proportional tax applied to company profits.

corporation (*sociedad*) Collective body with its own legal personality, established by contract, that brings various parties together to pool resources such as securities, goods and industries, with the aim of making a profit. Corporations can be civil or merchant, limited liability or public limited companies.

corporation (*corporación*) Official entity, with a registered office, made up of a group of people who meet for the purposes of professional, scientific, economic and other matters of general interest. Set of people who seeks to attain a legitimate objective of mutual interest. The law grants them their own legal status.

corrective advertising (*publicidad correctiva*) Advertisement with the purpose of correcting an earlier message that was not true or which could lead to confusion. It may be issued on a voluntary basis or as required by a competitor or consumers' association.

cost (*costo*) Price paid for something, for example for the purchase of materials, installments, supplies or external services, interest payments, etc.

cost accounting (*contabilidad de costos; contabilidad analítica*) Equivalent to analytical accounting. Branch of accounting designed to support company management by correctly calculating costs and margins as well as business profits.

cost allocation (*imputación de costos*) Analytical assignment or allocation of costs to products, to phases of a productive process, to a company department, to affiliate companies, etc. Correct cost imputation is one of the objectives of analytical accounting.

cost and freight sale (CF) (*venta CF [costo y flete]*) International regulation established by the International Chamber of Commerce, according to which sellers are obliged to load the merchandise and pay the cost of freight to the port of destination. Insurance is contracted and paid by the buyer.

cost center (*centro de costo*) Unit within an organization for which costs and expenses are calculated for the purposes of budget control. It operates with an annual cost budget that must be reached. It has no income and therefore no profits. Useful in support departments where calculating a transfer price is difficult or worthless.

cost curve (*curva de costos*) Graphic representation of total company costs divided into fixed and variable costs according to production. The average cost and the marginal cost are usually included in the graph.

cost leadership (*liderazgo de costos*) Strategy designed to reach and maintain a more efficient cost structure than that of competitors, in order to gain a share of the market or long term profitability. The alternative is to seek technological leadership and design products with enhanced features or marketing systems with a greater scope, or strong and better distributed brands.

cost of capital (*costo de capital*) Performance rate that a company must achieve to financially cover its own funds and that of outside investors. The cost of capital has a relationship with the marginal interest rate that the company must pay for borrowed funds and with the implicit cost of capital expansions (a dividend promised in relation to the money contributed by the new shareholder). On analyzing a new investment, the current cash flow value generated by the investment, and discounted from the capital cost, should be superior to the investment amount.

cost of goods sold (*costo de las ventas*) When the goods have been produced by the company the costs of raw and auxiliary materials, direct labor and overhead costs and depreciation are added. When the goods are bought, transport costs are taken into account. Normally calculated by comparing the balance of the purchases with the difference between the initial and the final stocklist.

cost sheet (*hoja de costos*) Report or extract that records all the costs arising from a job, production process or unit, generally classified by material costs, outsourced services, direct labor expenses, energy expenses, depreciation and general expenses.

cost, insurance and freight sale (CIF) (*venta CIF [costo, seguro y flete]*) International regulation established by the International Chamber of Commerce, according to which the seller is obliged to contract the transport agent, pay the cost of freight, unloading and insurance at the port of destination, and to supply goods according to the contract. The seller is also required to obtain all necessary export licenses, carry out loading operations and pay all duties up until delivery, in addition to assuming all risk until the vessel enters its port of destination.

cost-benefit analysis (*análisis costo-beneficio*) Technique used to analyze the economic feasibility of important projects, generally in the public sector. The purpose is to identify and assign a value to all costs and profits produced throughout the duration of the project, taking into account factors that are often difficult to quantify (pollution reduction, time required to travel between two cities, etc.).

cost-plus-incentive fee contract (*contrato de costo más honorarios incentivados*) Contract based on a cost plus fee system that also includes a bonus or premium in the event of compliance with specified periods, conditions or total cost.

cost-push inflation (*inflación de costos*) Inflation caused by a rise in the cost of one or more production factors (raw materials, labor, etc.), which is reflected in the price of the final product.

count sheet (*hoja de recuento*) Sheet that lists the merchandise that should appear in an inventory in order to help record the real quantity of items seen while an inventory is being carried out and which is compared with the theoretical inventory once finished in order to ascertain the differences.

counter (*mostrador*) Bench or table located in stores and used to display products and attend to customers.

counter-offer (*contrapropuesta*) Offer following a previous proposal, with an increase in the price or conditions offered by the other party.

countersigning (*refrendar*) Signing of a document in order to verify its validity after it has been signed by another person.

country of departure (*país de origen*) Country from which goods or passengers leave.

country of destination (*país de destino*) Country of arrival of passengers or goods.

country of origin (*país de procedencia*) Country in which a product is originally produced, even if it is received via another country. Identified by the term "made in ...".

coupon (*vale-descuento*) Drawing, generally in the form of a bill, printed on the back of a product, package or in publicity material, that offers the possibility of buying that product, or the following purchase of a similar product, at a discounted price. Sometimes it is also valid for another product produced by the same company.

coupon (*cupón*) Marketing term for part of a label, newspaper announcement or leaflet contained within a package, generally with a flamboyant design, to indicate a prize or offer. Known as discount coupons if the price of the article is reduced, savings coupons if they are collected and then exchanged for a present, and reply coupons if they give access to more information or to prize draws and competitions.

cover letter (*carta de presentación*) Letter sent with other documents enclosed, stating their relation and explaining why they are sent. It is the same as letter of introduction.

creation (*creación*) Development of advertising ideas. One of the four departments of an advertising agency, together with those of production, resources and accounts.

creative director (*director creativo*) Person that runs the creative department of an advertising agency. Responsibilities are normally similar to those of the accounts director. In charge of copywriters and art directors.

creativity (*creatividad*) Imagination, ingenuity, quality of a person capable of thinking and establishing new things.

credibility (*credibilidad*) Quality for which something or someone deserves to be believed and what is said is considered true or probable.

credit (*crédito*) Financial term describing a judicial act and contract by means of which one party concedes the temporary use of a certain sum of money to another in exchange for remuneration through interests. A credit differs from a loan as in the former case use can be made of funds up to a certain quantity or limit, whereas the latter refers to a fixed sum.

credit (*acreditar*) To make a credit entry to an account.

credit account (*cuenta de crédito*) Account in which a credit amount is deposited on which the client can draw up to the credit limit established.

credit available (*crédito disponible*) Total amount of credit that can be taken from a financial institution. Normally implemented in an account or line of credit, it is the difference between the credit taken and the limit.

credit balance (*saldo acreedor*) Final amount that appears on the credit or positive side of an account or credit.

credit bureau (*agencia de calificación*) Organization that classifies and gives an opinion on the quality and solvency of fixed interest securities and trade bills issued by a particular company.

credit capacity (*capacidad de crédito*) Quantitative limit of credit granted to a person or company, or the level of debt that can be withstood, according to net worth and periodical income.

credit card (*tarjeta de crédito*) Plastic card issued by a bank or specialist institution in the name of a person or company that enables them to make purchases and effect payments that may be paid off at the end of a month or passed to a credit account with a prearranged limit. The issuing bank or institution charges the merchant a percentage of the purchase value for this service, and in some cases charges the card holder a fixed annual fee. The card has a magnetic band that helps to avoid fraud. An example is VISA.

credit entry (*abono*) In accounting, an entry on the right side of a ledger.

credit exposure (*riesgo bancario*) Total amount that a financial institution has exposed with any one client at a particular moment. The risk is the sum of loans, credits, overdrafts, bonds and guarantees, etc.

credit limit (*límite de crédito*) Maximum amount of credit that a trader or bank grants to its client.

credit line (*línea de crédito*) Authorized amount of credit granted by a financial institution to a client, who may use the funds available at any time during the established term.

credit memo (*nota de abono*) Document that acknowledges credit of a certain amount, for example, discount or return of goods.

credit ranking (*graduación de créditos*) Classification of debts according to due date or a specific order in the event of non-payment.

credit rating (*calificación de obligaciones*) Financial analysis process carried out by an agency that ranks the quality of a fixed security issue in relation to punctual interest payments and return of principal.

credit risk (*riesgo crediticio*) Possibility that an issuer of bonds or a borrower may default on his obligations or that payment may not be made upon reaching expiry.

credit sale (*venta a crédito*) Sale in which payment is made after the actual delivery of purchased goods or services. Normal terms of payment depend on the sector and relationship between a manufacturer and distributor. The most common terms are thirty, forty five, sixty or ninety days. Installments are often used for credit sales.

credit side (*Haber*) Right column of accounting records in double entry bookkeeping to which credit entries are made.

credit standing, creditworthiness (*crédito*) Commercial term used to describe prestige, degree of solvency and historical background of good and punctual compliance with commercial and financial obligations.

creditor (*acreedor*) Person or legal entity entitled to payment from another.

creditors' fraud (*fraude de acreedores*) Deceitful act committed by a debtor to avoid fulfilling his trading obligations.

creditors' settlement (*convenio de acreedores*) Arrangement between creditors and a debtor in the process of being declared bankrupt, designed to recover amounts owed, even in the event that payment is made over a given period of time.

crisis management (*administración de crisis*) Management style required in serious situations involving the establishing of short term objectives and focusing on liquidity rather that profit margins. Priority is given to urgent problems and those that arise on a daily basis, instead of possibly more important issues of long term significance.

cross-border shipments (*arbitraje de mercancías*) Purchase of merchandise in one country for subsequent sending to another with the aim of taking advantage of different acquisition costs in each country.

cross-cultural differences (*diferencias culturales*) Variations in beliefs, attitudes, customs and behavior standards from one country, race of people or social class to another.

crowding-out (*apartamiento*) Abandoning of the market by the weakest or by those that compete at market prices. Especially applied to the reduction of credit demand by individuals when an increase in public administration financial needs forces interest rates to rise.

culture shock (*choque cultural*) Sense of confusion, uncertainty and sometimes anxiety that affects an individual in a strange environment, especially a foreign country, until they understand the different customs, standards of social behavior and shared values that predominate in those environments. The shock is minimized by prior knowledge and by a capacity to adapt quickly.

currency (*moneda*) Money used in a particular country. In general, any type of money (coins or notes) that may be used as a form of payment.

currency basket (*cesta de monedas*) A collection of currencies that, weighted in a particular manner, serve to determine the value of another currency, an economic index or a price (petroleum, etc.). Currency baskets are used in international economic relations to get around the negative effects that sharp variations in a quoted product can produce in said product.

current assets (*activo circulante*) Company assets that are either liquid (cash, bank deposits, short term financial assets), or can be converted to cash within one year (debtors, stock, work in progress, etc.).

current assets financing (*financiación garantizada por activos circulantes*) Financing guaranteed by specific current assets, normally accounts receivable and stock.

current liabilities (*pasivo circulante*) Amount of a liability that is due within the current financial year.

Includes suppliers, taxes, social security and financial creditors. With the exception of distribution companies, current liabilities are normally lower than current assets.

current ratio (*cociente de liquidez*) Ratio of current assets and liabilities. Indicates the capacity for generating liquidity in the short term bearing expiry dates in mind.

curriculum vitae (*curriculum vitae*) Detailed description of an individuals' academic or professional activities and achievements. It is more general and extensive than a record.

customer complaint (*reclamación del cliente*) Expression of dissatisfaction received from a customer in an oral or written form, which is sent to the department concerned in order to avoid any new problems.

customer flow (*flujo de clientela*) Number of people that pass in front of a store (outside), enter (inside) or pass through a particular section, over a given period of time.

customer service (*servicio al cliente*) Department within a company that deals directly with clients, answering their questions and resolving their queries. This department should ensure that the client receives a satisfactory response and that their faith in the company is reinforced, while internally transmitting any problems to the relevant department in the company so that they may be resolved.

customer service center (*centro de servicio al cliente*) Office that advises the user or customer, resolves doubts and deals with claims or complaints.

customs (*aduana*) Administrative body with border offices, entrusted with the surveillance and registration of people and goods in transit. Its main function is to collect the tariffs and duties payable by imported goods, in addition to reimbursing taxes and providing export subsidies.

customs agents (*agencia de aduanas*) Office involved in the dispatching of merchandise through customs. In charge of handling all related issues such as the payment of duties, claims, etc. Represented by an agent.

customs clearance (*despacho aduanero*) Completion of formalities and payment of customs duties, equalization taxes (or VAT), compensatory amounts and other taxes required to gain access to merchandise going through customs.

customs declaration (*declaración de aduanas*) Statement that an importer or his agent must make to customs authorities specifying the type, value and quantity of the merchandise so that these can be reviewed and the corresponding tariff applied.

customs deposit store (*depósito aduanero*) Storage place for merchandise before import duties have been paid. It can be in a duty-free area or simply awaiting customs clearance.

customs examination (*control aduanero*) Checking of goods that enter or leave a country, including personal luggage, for the purpose of controlling traffic of illegal merchandise, non-declared goods and those subject to customs duties and taxes as well as deductions.

customs tariff (*arancel de aduanas*) Fee paid for the right to import or export goods. Also applied to the official tariff that regulates it.

customs value (*valor en aduana*) Value of a good for the purposes of applying an import duty at customs. It tends to be the value shown on an invoice unless this appears to be suspiciously low.

cyclical fluctuation (*fluctuación cíclica*) Oscillation in price and sales volume of a product, caused by variations in the economic cycle. Long-term interest rates, for example, fluctuate in a specific manner from boom to recession.

cyclical unemployment (*desempleo cíclico*) Unemployment caused by successive phases of economic recession and expansion and the subsequent processes of adjustment.

D

daily earnings at risk; DEAR
(*utilidades diarias en riesgo*)
Estimation of the loss of value
that may be occasioned to a
position over a period of a
day, due to adverse market
behavior. Equivalent to the
daily risk value.

damage (*daño*) Damage or
reduction suffered by a
person or a good as a
consequence of another
person's actions.

damage, loss (*siniestro*)
Misfortune, mishap or
malfunction suffered by
people or goods generally as a
result of natural phenomena.
In insurance the term is used
to describe an event that gives
rise to the insurer's liability.

damages indemnity (*indemnización
por daños y perjuicios*) Economic
compensation paid to an
injured party or one whose
property has suffered
detriment. It does not only
cover the value of the damage
or loss suffered, but also the
value of earnings that the
affected party has not been able
to earn.

data (*datos*) Information that is
used as a basis for reasoning,
discussion, argument or
calculation.

data administrator (*administrador
de datos*) Person that
coordinates activities within a
data administration
department.

data base (*base de datos*) Method
of organizing archives, in
which a set of related data is
stored on a hard disk or some
other storing deposit. Set of
data belonging to a company
and used by it in its activities.
In some cases it is
commercialized for third
party use.

data collection (*acumulación de
datos*) Accumulation of facts
and information for research
or analysis. Normally kept in
computerized files and
databases.

data processing; DP
(*procesamiento de datos; PD*)
Computerized treatment of
information so that it may be
used or stored. It includes
data input, the carrying out of
operations in accordance with

353

software limitations and the output of the treated information.

data transfer (*transferencia de datos*) Action of moving data from one position to another within a computer or between a computer and an external system or mechanism.

data-processing center (DPC) (*centro de procesamiento de datos [CPD]*) Unit comprising the management, programming and operation of an information system. It is typical of centralized information systems, and differs from distributed information systems that utilize small autonomous computers that are linked one to another.

database analyst (*analista de bases de datos*) Expert in the analysis, operating and control of databases.

date of issue (*fecha de expedición*) Date upon which a security is issued.

date of maturity (*fecha de vencimiento*) Date upon which a liability has to be paid, for example, an obligation or bill of exchange.

date of record (*fecha de registro*) Date used to register a particular share, for example, in order to determine who is to receive the dividend.

day off (*día libre*) 24 hour leave granted discretionally by an employer without a reduction in salary.

dead-end job (*puesto sin futuro*) Position that does not offer the employee any opportunity for promotion, increased pay or more responsibility.

deadline (*fecha límite*) Final date upon which an activity can be carried out. Although similar to the term closing date, it is more often used for sporadic or individual activities.

dealer (*distribuidor*) Company involved in the wholesaling of products made by one or more manufacturers to retailers and/or large consumers. The quantity of references ranges from 10 to 200. It normally acts as an exclusive agent for manufacturers within a particular area, although they may reserve the right to directly supply large establishments in exchange for a commitment not to sell other competitors' products, making firm orders, assuming payment risks and observing commercial policy established by the manufacturer.

debit (*cargo; débito*) In accounting, any entry on the left side of an account.

debit balance (*saldo deudor*) Final amount that appears on the debit or negative side of an account or credit.

debit entry (*adeudo, débito*) Amount charged to client's account as a result a debt incurred by a commercial or financial transaction. Annotation in the debit column of an account.

debit memo (*nota de cargo*) Document advising a debtor that their account has been charged. Normally used when an invoice is not appropriate, for example, transfer of an expense, interest charges, etc.

debt (*deuda*) Obligation to satisfy, pay or refund something, generally money. Group of said obligations that appear as external funds (debt) in a company's balance sheet.

debt (*fondos ajenos*) Resources that appear on the liability side of a company's balance sheet, comprised of all liabilities and debts. Debts are used as a source of finance for the company and have precedence over equity in the event of company liquidation.

debt restructuring (*reestructuración de la deuda*) Change in the agreed conditions of a credit or loan that favor the borrower, due to this party being unable to comply with its commitments or to take advantage of market circumstances. The restructuring tends to involve extended payment terms, moratoria, interest rate reductions, setting up of grace periods or the change from a variable to a fixed rate of interest.

debt service (*amortización de principal*) Any total or partial payment of the principal amount of a debt. Amortization may be made in one final payment or in installments made over regular and increasing or decreasing periods.

debt to capital ratio (*coeficiente de endeudamiento*) Relation between a company's debt and its capital. It indicates the percentage of financing of activities undertaken by creditors.

debtor (*deudor*) Individual or company that owes a certain amount by way of a commercial or financial obligation. The debtor in the case of a credit or loan is generally known as the borrower.

decision-maker, decider (*decisor*) Person that makes the last decision about a matter, for example the purchase of a product.

decision-making (*toma de decisiones*) Frequent and basic process of choosing the measures to be taken in a business world, from all the possible alternatives, in order to reach conscious and specific objectives.

deck cargo (*mercancía en cubierta*) Ship's cargo that is transported on, instead of below deck. Given that it is subject to adverse weather conditions, freight costs are lower and insurance premiums higher.

declared value (*valor declarado*) Value declared to customs by an interested party as corresponding to a good for the purposes of duty. Estimated value declared to a postal service for a good that is being sent by post and which the postal service should meet in the event of loss.

declining balance depreciation (*amortización porcentual*) Accelerated depreciation policy in which a constant percentage is assigned to the residual value of an asset for each financial year. The depreciation expense is highest in the first few years.

deductible (*deducible*) Something that can be deducted or subtracted, for example a necessary expense can be deducted from income for tax purposes.

deductible expense (*gasto deducible*) Expense that can be deducted from the earnings of a liability at the moment of calculating the tax base.

deduction (*deducción*) Amount of discount made.

deferred (*diferido*) In accounting, used to refer to income or expenses to be accrued in the future, despite having been charged or paid, appearing in balance sheets but not in profit and loss accounts.

defraud; cheat (*estafar*) To commit an offense with the intention of personal gain by means of deceit or breach of trust.

delivery (*entrega*) Result of formally placing something in the possession of someone else, who considers it to be received.

delivery date (*fecha de entrega*) Date upon which merchandise is or should be delivered.

delivery note (*nota de remisión; albarán*) Form signed by a person to acknowledge receipt of a certain quantity of merchandise. Serves as an aid to invoicing and does not normally specify price nor form of payment.

delivery order (*orden de entrega*)
Written instruction issued by
the owner of goods to a
transport agent or warehouse
requesting that such goods be
delivered or made available at
a different location.

demand (*demanda*) Economic
term for the number of units
of a particular product that
consumers are willing to buy
at each price level.

demand shift (*desplazamiento de la
curva de demanda*) Movement
of the demand curve to the
right or left, as a result of
changes in demand
components other than the
price of the good in question.

demand-pull inflation (*inflación
de demanda*) Inflation
generated by excessive
growth of aggregate demand
when the economy is in full
employment. As production
factors are fully occupied, a
strong growth in demand is
translated into a rise in prices.
In this situation the economic
policy should be to promote
an increase in productivity,
reduce public spending and
practice a restrictive monetary
policy.

department (*departamento*) Part of
an business organization that
is dedicated to a particular
function within a division,
such as production,
marketing or finance.

department manager (*director de
departamento*) Person in charge
of a particular department,
normally a specialized
functional unit (marketing,
systems or administration).

department store (*tienda
departamental; almacén*)
Commercial establishment
open to the general public
offering a wide range of
goods and services, often
divided into several floors
and specialist departments and
located in well connected
inner-city areas. Advantages
include range of products and
quality of service.

deposit (*colocar*) To place an
amount of money over a
certain period of time and at a
particular interest rate with a
financial entity.

**depository fee; transfer agent
fee** (*comisión de custodia*) Fee
charged by a financial
institution for the custody
and administration of non-
fixed assets. Custody does not
usually include financial
advice, however does cover
dividends, attendance
charges, information on
capital increases, etc.

depreciable asset (*activo
amortizable*) Part of an asset

used to calculate rates of depreciation, based on the theory that it devalues with use and over a particular period of time.

depreciate (*amortizar*) To calculate the part of fixed asset value that should be considered as an expense in a particular financial year. The calculation should depend on the asset's economic life and not its useful life.

depreciation (*depreciación*) With respect to currencies, a reduction in the rate of exchange of a currency in comparison with others. Depreciation tends to be used as a term for the continued deterioration in the value of a currency, while devaluation is reserved for a sudden variation in the rate of exchange.

depreciation (*amortización*) Acknowledgment of the gradual loss in value of a fixed asset throughout its physical or economic life by deduction a percentage of its value each financial year.

depreciation rate (*tipo de depreciación*) Rate used to calculate the depreciation corresponding to a particular period. There are various systems: Lineal; the sum of the digits of the years; fixed percentages on net figures; etc.

depreciation rate (*coeficiente de amortización*) Amount applied to the acquisition cost of fixed assets, or deductible expense used to calculate annual depreciation within a particular financial year.

depressed area (*área deprimida*) Geographic zone that is characterized by high levels of unemployment, low investment and economic stagnation.

depression (*depresión*) Marked reduction in the economic activity of a country. Prolonged negative GNP growth rate and decline in national income. A typical depression generates unemployment and usually deflation. However, recent times have seen the combined effect of depression and inflation, known as stagflation.

deregulation (*desregulación*) Process that tends to favor free market and competition between possible service suppliers while eliminating laws, administrative regulations or artificial barriers that favor local monopoly situations, for example, in the case of air traffic.

derivative instrument (*activo derivado*) Financial asset whose value is determined by the value of other assets, especially if based on indexed variations.

derived demand (*demanda derivada*) Indirect demand, or demand that is generated as a consequence of previous demand for a different commodity, for example, the demand of original spare parts caused by the purchase of cars that use those spare parts.

desktop publishing (DTP) (*autoedición*) Computerized editing system that combines text applications and graphics on the same page and handles them on screen. The majority of users that operate desktop publishing systems use three programs: a word processor to prepare texts, a graphics program to prepare images and an self-editing program to combine the texts and images.

devaluation (*devaluación*) Reduction of a currency quotation or rate of exchange with respect to others. The term devaluation is reserved for sudden depreciation, often associated with political decisions.

development (*desarrollo*) To promote growth or improvement in a product, business or country through effort, investigation and a combination of available resources in the most efficient manner. It differs from pure growth in that it is better organized and more universal.

development cycle (*ciclo de desarrollo*) Information technology term for a sequence of activities in the development of a new program. The principal stages are analysis, design, programming, revision and implementation.

deviation; variance (*desviación*) Difference between the real value (of sales, production etc.) and the budget or objective. Also the difference between the real value in one period and another comparable historical period.

differentiated marketing (*mercadotecnia diferenciada*) Marketing that uses different combinations of price, products, promotion, advertising and distribution channels for each and every target sector.

direct access (*acceso directo*) System of obtaining information based on the knowledge of its exact location. Faster than sequential access, although may require a consistent format.

direct cost (*costo directo*) Cost directly associated with production and therefore proportional to the number of fabricated units.

direct exporting (*exportación directa*) Process of sending or selling goods or services directly to a client in another country, as opposed to indirect exporting where the good or service passes through an intermediary in the country of origin. It is the more usual method of exporting, especially when the volume involved becomes significant.

direct legal action for collection (*acción cambiaria directa*) Legal action to which the legitimate possessor of a bill of exchange is entitled against the acceptor and his/her guarantors for the purpose of demanding payment that was not made upon the due date, regardless of whether or not the bill was protested.

direct mail advertising (*publicidad directa*) Message that goes directly to previously identified consumers, normally by mail. This means of communication permits greater personalization and a more extensive message.

direct marketing (*venta directa*) Sale in which a company directly contacts customers without using retail outlets or other intermediaries. Potential customers are contacted through other customers, via telephone, mailings, order forms in specialized magazines or newspaper advertisements and door to door selling. Customer response and sales results are easily measured.

direct marketing agency (*agencia de comercialización directa*) An agency which sells or buys products directly to and from individuals without the aid of an intermediary company. Its products are not sold in shops. It uses selective advertising methods such as mail ordering, door-to-door selling and uses catalogs to inform of its products.

direct memory access (DMA) (*acceso directo a memoria [ADM]*) Method by which entry/exit processes can be sent to the processor memory when a program is being executed. It consists of a specialized circuit or microprocessor that transfers memory data without using the main processor. Even though the DMA periodically steals cycles from the processor, the data is transferred much faster than by using the processor to transfer each byte (for example, red cards). Hardware that enables a pause in the main processor and to read and write information directly from memory.

director (*consejero*) Member of a company board.

directory management (*administración de directorios*) Maintenance and control of a hard disk directory structure. Normally refers to the logic (software) that enables the task to be performed.

disadvantaged group (*grupo desfavorecido*) Population group that does not benefit from the same job opportunities as the average citizen. The problem requires subsidies designed to provide genuine equal opportunity.

disbursement (*desembolso*) Payment in cash.

disclosure (*revelación*) Obligation or duty to inform interested parties of something if it is relevant to them and they have a right to know it, for example, a fatal illness at the time of contracting a life insurance policy, a shareholding by a company offering itself as a supplier, a change in the system of valuing inventories, etc.

discount; rebate (*descuento; rebaja*) Agreed reduction in tariff or public sales price of a specific good or service.

discount price (*precio de oferta*) Reduced price during a period for promotional purposes. It is less aggressive than the liquidation price.

discount rate (*tasa de descuento*) Rate of interest that is used at that particular moment to discount future cash flow.

discount rate (*tipo de descuento*) Percentage rate used to discount or calculate the current value of cash flow.

discount sale (*venta de descuento*) Permanent sale of normal articles with a reduced margin. Although at times relating to low quality items or products, or even unknown brands, it often refers to standard sales at a higher discount. Carried out at special stores that offer less service with basic premises that are often located outside urban areas.

discount store (*almacén popular*) Store selling everyday items of average quality at low prices, providing limited services. All types of product are available, however with limited stock.

discretionary income (*renta discrecional*) Part of an

individual's income that may be used freely for saving or consumption and therefore excludes taxes.

discriminant analysis (*análisis discriminatorio*) Method used to create models in which the dependent variable is based on quality rather than quantity, for example, a person that buys a particular brand. The method classifies consumers and then determines classifying or relevant variables in order to determine the group to which a particular type of consumer belongs.

diseconomies of scale (*deseconomías de escala*) Situation in which unit costs rise as production capacity does so. In the majority of industrial processes, an increase in capacity produces a decrease in unit costs as fixed costs are divided up between a greater number of units. Nevertheless, in some cases the opposite phenomenon occurs.

disk (*disco*) In information systems, a circular plate covered by magnetic material on both sides that revolves in order to store or recover data on one or more heads that transmit information to a computer. Both hard and floppy disks are used.

disk management (*administración de discos*) Maintenance and control of a hard disk by means of tools that provide the functions of formatting, copying, analysis, directory administration, defragmenting and backup copies.

dismissal (*despido*) Act by which a company terminates a labor relationship with an employee.

display; showcase (*expositor*) Marketing term for an item of promotional material that allows goods to be presented at point of sale in an attractive manner.

display case (*vitrina*) Item of furniture protected by a glass front and/or top in which products are displayed. The consumer can in some cases select a product (as in a freezer cabinet), ask a shop assistant for an item (as in a jewelers), or go to the appropriate establishment (as in a display case on an airport concourse). The term display window is used when it forms part of the front of an establishment.

disposable income (*renta disponible*) Macroeconomic aggregate that is obtained by adding direct taxes, transfers and interest payments.

disposable personal income
(*renta personal disponible*)
Amount of income that
consumers have available to
spend or save.

dissemination (*difusión*)
Spreading of news, product
information or knowledge in
order to reach as many people
as possible.

distribution (*distribución*) Action
of delivering a product by a
manufacturer through
different channels to a retailer
for sale to a final consumer.
Nowadays, it is more
common for large outlets to
organize distribution
activities. The percentage of
value added to high
consumption goods by
manufacturers is gradually
being reduced.

distribution center (*centro
distribuidor*) Organization that
delivers goods to its own or
third party establishments on
a regular basis, offering a
complete assistance service. It
allows for less storage in each
establishment and helps the
process of receipt of supplies.

distribution channel (*canal de
distribución*) All types of
networks that enable a
particular good to be
transported from the
manufacturer to the final
consumer. For example, street

selling, catalog sales and
supermarkets.

distribution channel (*canal de
comercialización*) Group of
companies that take
manufactured goods to
consumers. Varies in size,
depending on the product
and manufacturers may use
different intermediaries.
Normally includes
wholesalers and retailers,
however may even refer to
direct channels or importers,
agents, distributors, loaders,
internal branches and
wholesale self-service.

diversified company (*empresa
diversificada*) Company that
covers many markets with a
wide product range.

dividend (*dividendo*) Part of a
company's profits and
reserves distributed among its
shareholders at a particular
time as a return on capital, that
must be passed at an Ordinary
General Shareholders Meeting.
May be declared in monetary
terms or as a percentage of
nominal value.

dividend payout ratio (*porcentaje
a dividendo*) The proportion of
profit that is set aside for
payment of dividends and not
for voluntary reserves.

dividend yield (*rentabilidad por
dividendo*) Ratio between the

363

annual dividend received by a shareholder and the market price of the share that has produced it. The calculation can be carried out using the average price, the price at that time or the price at the end of the financial year.

division (*división*) Part of a business organization involved in a particular activity or production of a certain range of products, run by a General Manager. A group of companies normally includes several divisions which, in turn, are made up of departments specializing in different functions with relatively independent business units.

division of labor (*división del trabajo*) Economic principle that suggests that a country should devote its efforts to productive activities in which it has a comparative advantage, according to available natural resources, climate, labor costs, technology, etc. Also used to refer to microeconomic units.

dock receipt (*recibo de entrega*) Document certifying delivery of goods issued by the person in charge of receiving goods in a warehouse. It is usual to stamp a copy of the delivery invoice which is

then retained by the transporter. Normally the contents of crates or packages are not examined in depth, so the stamp indicates that examination of the contents is pending but acknowledges receipt of the number of packages in question and acceptance of their external appearance.

document (*documento*) Written instrument that illustrates a fact, matter or event. It has great legal importance as the expression of willingness and as evidence. Type of document can be: 1) public document that records facts and declarations of intent, with authorization or certification of a notary or the competent civil servant; 2) private document, when only the interested parties intervene.

documentary credit (*crédito documentario*) Equivalent to a letter of credit. Document in which a financial institution guarantees that if certain stipulations entrusted in them are met they will accept orders to collect from a particular client. Used in international operations assuring payment to an exporter if the goods arrive at their destination in satisfactory condition. Normally goes from the issuing bank to the paying bank in favor of a third party, the importer, in whom they trust.

domestic economies (*economías domésticas*) Group of families and individuals. Domestic economies are important in national accounting for calculating demand, savings, etc.

domestic trade (*comercio interior*) Business activity between buyers and sellers of the same country. Opposite of foreign or international trade.

dominant competitor (*competidor dominante*) Competitor that has the greatest share in the relevant market or that in some way imposes its conditions.

door-to-door selling (*venta puerta a puerta*) Direct selling without a prior selection of appointments, carried out from area to area by means of personal visits. Similar to home selling where a request for information exists and potential buyers therefore previously known.

double set of books (*doble contabilidad*) Keeping of two sets of accounting books with the intention of concealment and fiscal fraud. One set of books reflects the true financial position and the other the data that is presented to the Tax Authorities.

double taxation (*doble gravamen*) Result of assessing the same taxable item in various classes or for two taxes within the same class.

double-entry bookkeeping (*contabilidad por partida doble*) Accounting system in which each transaction is entered on the debit and credit side of accounts in such a way that the total is always the same figure and therefore enables balancing. Also referred to as double-entry accounting.

down payment (*enganche*) Quantity handed over as a first payment in a purchase operation where payment is in installments.

downsize (*simplificar*) Reduction of the size and complexity of an organization without losing the capacity to operate, for example, moving from a system of large and mini computers to local area networks with personal computers. In this sense it is synonymous with slimming, a term which is often preferred as it has more visual impact.

draft; bill (*letra de cambio*) Security presented by a drawee to a drawer for acceptance, based on a commercial or financial obligation.

draft acceptance (*aceptación de la letra de cambio*) Act by virtue of which a person accepts the obligation to pay a bill of exchange upon its due date, after acknowledging the drawer's signature. Acceptance must be expressly stated on the document.

drag (*arrastrar*) Technique of maintaining the mouse button depressed while it is moved along. Generally, it is used to move a selected an object or to highlight a section of text in a document.

drag-lock (*arrastrar-bloquear*) Function that personalizes the use of a drag ball in such a way that text can be selected without pressing a button while it moves.

drop shipment (*remesa directa*) A system for preparing, packaging and delivering orders by which a wholesaler sends the final customer from his own stock whatever the customer has ordered from a third party at the latter's expense, for example a company which sells via the Internet. It is different from the case in which the third party sends the prepared and

grouped packages and simply looks for someone to deliver them individually.

dry goods (*bienes secos*) All non-liquid goods. In the U.S., dry goods largely refer to fabrics, textiles and clothing as articles of trade.

dual boot (*arranque dual*) Possibility offered by some computers, in conjunction with operating systems, that allows the user to choose the operating system to be worked under at the moment of starting or booting the computer.

dual economy (*economía dual*) Economy divided into two very different sectors (for example, countries that produce large quantities of one product or service, such as petroleum, coffee or tourism). Greater income in one sector can produce imbalances in consumption investment or can even prejudice the development of the rest of the country.

due date (*vencimiento*) Date upon which payment of a financial obligation is due; maturity.

due diligence (*diligencia debida*) In mergers and acquisitions, a comprehensive legal process used to review a company's records, normally prior to an acquisition. Includes examinination of titles of ownership and official accounts, as well as possible tax, employment or mercantile contingencies. Often combined with an audit to determine the value of assets and liabilities.

dumping (*descarga*) Saturation of a market with merchandise at a price lower than the price used in practice in the principal market or original market for that merchandise.

duplicate; copy (*duplicado; copia*) Second document or text issued in identical terms to the first.

durability (*durabilidad*) That which lasts or lasts a long time, maintaining its original characteristics.

duration (*duración*) Time lapsed between the beginning and the end of a process.

duty-free zone (*zona franca*) Area and shops that are considered as though they are on foreign territory for customs purposes even though they are on national territory. Merchandise deposited in these zones is not subject to entry tax or import duty, and can be reshipped elsewhere.

dynamic storage (*almacenaje dinámico*) Storage system enabling merchandise stored on palettes to slide on rollers to production and dispatch areas. Used for a limited number of references or due to lack of space, when an exact rotation of products is required on a last in-first out basis.

E

early repayment (*amortización anticipada*) Reimbursing of the principal amount of a loan or credit before the agreed due date.

earning power (*capacidad de utilidad*) Possibility of a company earning more or less in the future. In addition to specific profitability, consideration must also be given to operative and financial gearing as well as industry potential and the economy in general.

earnings per share; EPS (*utilidad por acción*) Figure obtained by dividing in a particular financial year the profits of a company after tax by the total number of shares in circulation. Used as a means of calculating the value of the share, multiplying it by a suitable PER.

easy payment terms (*facilidades de pago*) Conditions offered to a client relating to payment, or that are demanded by the client. They include the term or terms, guarantees, the type of document that supports the debt, the existence or not of interest, fixed payment dates and any other condition that may be agreed upon.

eco-marketing (*ecomercadotecnia*) Marketing strategy, to which end companies present themselves, together with their products or services as being beneficial for the environment.

economic agents (*agentes económicos*) Operators and participants in a particular market or production process (family-run companies, public sector, etc.).

economic crisis (*crisis económica*) A prolonged situation of economic recession with the associated effects of unemployment or company closures.

economic efficiency (*eficiencia económica*) Optimum allocation of scarce resources to achieve productive processes at minimum cost. Each production factor is used in those processes where the marginal utility is greatest.

economic embargo (*bloqueo económico*) Blocking of financial and trading relations with a country on the behalf of another country or countries, as a punishment or reprisal, or with the aim of influencing the internal affairs of the country. Equivalent to boycott.

economic goods (*bienes económicos*) Goods subject to mercantile traffic, as opposed to free goods. Due to their nature they can be either public or private, and can also be classified as consumer; goods or investment.

economic growth (*crecimiento económico*) Increase in real terms of gross national product and a country's income per capita. Economic growth, full employment, minimum inflation, exchange rate stability and adequate income distribution are the general macroeconomic objectives of a country's economic policy.

economic index (*índice económico*) Number, coefficient or growth rate, that expresses an economic concept or relation with the aim of explaining or foreseeing something.

economic life (*vida económica*) Period of time in which a machine or project is profitable or in which a more profitable alternative is unavailable. It tends to be less than the physical life when referring to a machine.

economic planning (*planificación económica*) Deliberate organization of markets or economic activity by public authorities through preventative or programmed techniques. Include an obligatory program of goods and services to be produced with fixed prices and quantities or can provide guidelines for companies to act by.

economic stabilization (*estabilización económica*) Restrictive economic policy designed to correct basic economic unbalances, especially in relation to a balance of payments.

economics (*economía*) Social science that studies the optimum allocation of scarce resources in order to satisfy human needs. Analyses production, distribution and consumption of goods.

economies of scale (*economías de escala*) Diminishing effect of unit cost in a production process due to increased capacity and annual production. Economies of scale are produced for various reasons: less unit impact on general expenses; synergy in buying, distribution and marketing; the effect of the experience curve; greater specialization and more efficient use of capital goods.

economies of scope (*economías de gama*) The effect of reducing the unitary cost in a productive process by increasing the scope of work. Although this is not always so, it may be cheaper to produce goods A and B together than separately.

economies; savings (*economías*) Savings produced by better management within a domestic or business environment.

economist (*economista*) Specialized individual that studies macroeconomic phenomena.

effective demand (*demanda efectiva*) Quantity of a good or service that economic agents acquire at current market prices. Rationed consumption takes place if effective demand is lower than notional demand.

effective supply (*oferta efectiva*) Quantity of a good or service supplied by economic agents at current prices. If lower than notional supply, rationing takes place.

efficacy (*eficacia*) Capacity and power to work.

efficiency (*eficiencia*) Capacity to achieve expectations, to do things well and to reach targeted objectives.

efficient market (*mercado eficiente*) Market in which prices, reflect all the public information available at that time on its products. Efficiency is measured according to the level of information and to the speed of the adjustment process.

elasticity (*elasticidad*) Effect provoked in the percentage variation a particular economic variable by variations in another variable. For example, elasticity of demand.

elasticity of demand (*elasticidad de la demanda*) Measure of the behavior of demand in relation to price variations. The coefficient between the percentage changes in quantity and price. Demand is inelastic if the percentage change in quantity is inferior to that of price (elasticity is less than one), and is elastic if the percentage change in quantity is greater than that of price (elasticity is greater than one).

elasticity of supply (*elasticidad de la oferta*) Measure of the behavior of supply in relation to changes in price. For example, if the price rises by 2% and the quantity supplied rises by more than 2%, supply is elastic. If the rise in supply is less than 2% it is inelastic or rigid.

electronic banking (*banca electrónica*) Set of computerized equipment necessary for carrying out financial services in real time.

electronic funds transfer; EFT (*transferencia electrónica de fondos; TEF*) Transfer of money or means of payment using information technology systems without the need to physically move money, checks or other documents, simplifying and reducing the cost of banking operations.

email (*correo electrónico*) Transmission of messages through a network of inter-connected computers. Each correspondent has a code name (normally the initials of his last and first name) and receives all the messages on his computer terminal which are stored on the file to be read whenever he wants. Short for electronic mail.

embezzlement (*malversación*) Crime consisting in the use of funds for different purposes than those for which they were intended.

embezzlement (*apropiación indebida*) Action of taking an item received by way of title and keeping it despite an obligation to return it. Also used to describe the appropriation of goods with a view to making a profit.

emotional appeal (*atracción emocional*) Type of advertising which is designed to appeal to emotions rather than one's sense of logic or utility. These advertisements are based upon the creation of feelings of love, hate, greed, fear, sexual desire or humor, and offer the product as a solution to the needs.

employee (*empleado*) Salaried person that works for a company, individual or for the State. The term generally refers to people in a middle category within a business who are subject to being directed by others.

employee discount (*descuento a los empleados*) Discount that a company gives to employees and direct family members when they purchase goods from the company.

employee stock ownership plan; ESOP (*plan de participación en el capital de los empleados*) System favoring employee participation in the share capital of a company.

employer (*empleador*) Company or individual under whose instructions and control workers carry out their tasks.

employment (*empleo*) Group of the population that at any given moment form part of the workforce actively working and are not therefore amongst the unemployed.

employment contract (*contrato de trabajo*) Agreement between an employer and employee. Normaly includes a description of the work involved, position or function title, professional category, remuneration, additional benefits, timetable, vacations and duration.

employment office (*agencia de colocaciones; oficina de empleo*) Establishment that handles job offers and attempts to find work for the unemployed.

empowerment (*apoderamiento*) In human resources, process whereby lower level staff within an organization are granted increased scope to act and take decisions, thereby improving overall quality and response time when problems arise.

end-consumer (*consumidor final*) Person that actually uses or consumes a product. May be different from the buyer and influence the decision to purchase to a different degree. For example, a secretary that uses a word processor bought by the head office or a persistent child that wants his/her mother to buy a particular brand of toys.

end-of-period adjustment (*ajuste por periodificación*) Accrual of non-periodical income and expenses at intermediate dates for the purpose of profit calculation.

end-of-season sale (*venta de saldos; venta por fin de temporada*) Type of discount sale in which remaining seasonal stock prices are reduced.

end-user (*usuario final*) Person or entity consuming a product, who may differ from the person that orders or purchases it.

endorsable credit (*crédito transferible*) Documentary credit that can be transferred to a third party by means of an endorsing signature.

endorse (*repercutir*) Duty or power to transfer a burden from a liable person to another during the course of a commercial transaction. Transfer of the payment of a tax to another person.

endorsee (*endosatario*) Person in favor of whom an endorsement is effected.

endorsement (*endoso*) Transmission of ownership of a financial credit by means of a legal declaration normally written on the back of the document.

endorser (*endosante*) Person that signs a financial credit endorsement in favor of another.

entity (*entidad*) Association of people, whether public or private, which is dedicated to a particular activity.

entrepreneur (*emprendedor*) Person that founds a company or starts an activity. Dedicated individual that constantly seeks new areas in which to work.

entry barrier (*barrera de entrada*) Difficulty or impediment that a company encounters on trying to enter a new sector, product range or geographic area. For example, large investment of capital, patents, legal requirements and purchase of lineal space.

environmental audit (*auditoría ambiental*) Systematic investigation into work methods and procedures in a company as they relate to environmental concerns. The result of the investigation is an environmental audit report that highlights the problems in the environmental workings of the company.

equalization tax (*impuesto de compensación de gravámenes interiores*) Customs tariff applied to imported products in order to equalize conditions by attempting to compensate for all the indirect cascade taxes applied to domestic products.

equity financing (*financiación por fondos propios*) Financing of an operation by issuing new shares.

ergonomics (*ergonomía*) Science that studies the integration of man and machines. Its objective is to design jobs and products that naturally complement each other and therefore avoid fatigue and errors.

estimate (*estimación*) Evaluation of an object or situation. Hypothesis, approximate calculation.

estimated time of arrival; ETA (*hora estimada de llegada*) Time at which a means of transport is expected to arrive at its destination.

estimated time of departure; ETD (*hora estimada de salida*) Time at which a means of transport is expected to leave its point of origin and for which one should be prepared in advance depending upon the means of transport, the requirements of the transport company and the number of passengers being transported.

ethics (*ética*) Branch of philosophy that deals with the moral principles of human behavior. Set of principals and moral guidelines that regulate human reactions and relationships.

even page (*página par*) Left hand side or even number page of a publication. Normally less effective for advertising purposes.

ex-dividend date (*fecha de descuento del dividendo*) Date upon which dividends are deducted from listed values. A particular share may not have paid a dividend, given that it has not been deposited at a bank entity or presented to the company for payment.

ex-quay clause (*cláusula sobre muelle*) Same as a Free Alongside Ship (F.A.S.) sale.

ex-ship clause (*cláusula sobre buque*) Same as a Free On Board (F.O.B.) sale.

excise (*accisa*) Special indirect tax applied to certain items such as tobacco products, alcoholic beverages, petroleum products and similar items, for control purposes. Substantial effect on sales price and the economy.

exclusive distribution (*distribución en exclusiva*) Policy that guarantees that certain intermediaries are exclusively granted the right to market a product within a determined geographic area. Allows greater product prestige, control and agent training.

exchange (*intercambio*) Transfer of goods between two people in a reciprocal and simultaneous manner. It may refer to money, currencies, ideas, publications, services or, in general, any good.

exchange rate (*tasa de cambio; tipo de cambio*) Price of a unit of currency measured in units of another. This rate fluctuates in relation to the difference between the interest rates of two countries (short term) and the inflation rates (long term).

exchange ratio (*ecuación de canje*) Proportion in which shares in a company that is being taken

374

over are exchanged for shares in the company that is taking over. It is the result of negotiations over the corresponding value of each company.

executive legal action (*acción ejecutiva*) Action to which the owner of an executive document, for example a bill of exchange, is entitled. Grants the right to embargo a debtor's belongings in order to ensure payment.

executive secretary (*secretaria de dirección*) Secretary with superior academic qualifications, languages and experience. As well as working with top management, they often undertake tasks that are not strictly secretarial, such as the organization of seminars and meetings.

executive, manager (*ejecutivo*) Individual that manages, directs or organizes the activities of an organization.

exemption (*exención*) Privilege enjoyed by someone whereby they are freed from complying with a certain obligation.

exhibition (*exhibición*) Public presentation of a product with the intention of attracting attention to it. It may be in a display unit, inside a store or in a mobile display that can be set up in different locations.

exhibitor (*expositor*) Person or company who places goods on show at a trade fair or exhibition.

exit barrier (*barrera de salida*) Impediment that a company encounters on trying to leave a sector, a product range or a geographic area. Examples include redundancy costs, repercussions for other products and loan covenants.

exit interview (*entrevista de salida*) Interview between a representative of a personnel department and an employee leaving the company, for the purpose of identifying problem areas that the employee may have encountered and is now willing to discuss openly, after having decided to leave. Questionnaires are often used.

expected life (*vida esperada*) Average time that a machine will last, measured from the time of its installation. Differs from the physical life and the economic life of said machine.

expense (*gasto*) Amount of money used in running a business that does not increase the value of the assets. For example, rents, salaries, insurance, advertising. Raw material and machinery are not considered expenses.

expense account (*cuenta de gastos de representación*) Money which is used by a company's sales representatives or managers to entertain clients (meals, shows and similar expenses).

expense capitalization (*activación de gastos*) Accounting entry of expenses as assets (tangible and non-tangible investments). Financial expenses associated with incorporation, research and development costs and initial establishment expenses are commonly accounted for as assets and depreciated in future financial years.

expensive (*caro*) Goods or services that cost more than they are worth. Often confused with highly priced articles that, although being of excellent quality may, in fact be cheap.

experience curve (*curva de experiencia*) A graphic representation of the decrease of production costs of a determined good as experience accumulates. It is generally considered that by doubling production the real cost reduces 15 - 20% due to the effects of internal apprenticeships, the introduction of technology or increased machine capacity.

expert appraisal (*peritaje*) Work, analysis or study carried out by an expert assessor.

expiry date (*fecha de caducidad*) Final date upon which a product may be consumed or offered for sale or, in general, a particular activity carried out. Stricter than the term preferred consumption date, and is used for products that can be substantially detrimental to health.

export (*exportación*) Sale of goods or services from one country to another. The concept can be applied to merchandise, capital or labor.

export credit (*crédito a la exportación*) Credit granted in order to help exports, generally under favorable conditions. Two principal varieties exist: buying credit and selling credit, depending upon whether the borrower is the buyer or the vendor.

export license (*licencia de exportación*) Administrative authorization issued upon request that enables certain products to be exported. Some countries require export licenses only for strategic products, antiques or established quotas.

export manager (*director de exportación*) Person in charge of company export activities that reports directly to the general manager.

export quotas (*contingente de exportación*) Quantitative limit of the value or number of goods that may be exported, imposed by an exporting country. Not as common as import quota, however used to avoid shortages or increase prices. Export of certain goods such as antiques or works of art often require special permission.

express mail (*correo urgente*) Postal service distributed quicker than normal once it has arrived at the city of destination.

extension (*aplazamiento*) Mutually agreed upon lengthening of the due date of a loan or financial obligation.

external audit (*auditoría externa*) Audit completed by an auditor from outside the company and contracted to that effect. Can be an accounting company or an individual auditor or certified public accountant.

external economies (*economías externas*) Savings and advantages that a company can achieve as a result of their location by enjoying, for example, an adequate infrastructure, a trained and motivated local workforce, a complete client and supply structure and abundant supplies of water, energy and other natural resources.

external growth (*expansión externa*) Economic growth of a company through the acquisition of other companies.

F

factoring (*descuento de facturas*)
Cession by the selling
company of an invoice with a
discount to a specialized
company, a factoring company,
that takes on the risk of
collection control. In addition
to the purchase of the invoice
document without any rights
of recourse, they take on the
financing costs when the sale
is on a fixed term basis.

fair market value (*valor justo de
mercado*) Price at which two
independent parties would
theoretically be willing to
carry out a transaction.

fair price, appraised value
(*justiprecio*) Just valuation of a
thing bearing in mind
expenses and interest.

family business (*empresa familiar*)
Company owned by a family,
generally employing people
from outside the family but
reserving management posts
for family members. Contrary
to popular belief family
businesses tend to have more
stable strategies and
management than non-family
businesses.

faulty (*defectuoso*) Something that
has imperfections or defects;
defective.

fax (*fax*) Abbreviation of
facsimile, a technique for the
transmission of printed
documents through the
telephone line.

feasibility study (*estudio de
factibilidad*) Study carried out
to determine whether or not
an idea is profitable, as well
as to identify the necessary
conditions and means.

fee (*honorario*) Remuneration of
freelance professionals that
may be fixed or variable.

fee (*cuota*) Amount payable for a
regular service or for
belonging to an association.
Dues.

fee scale (*arancel*) A range of
commissions, brokerage fees
and honorariums that the
member of a profession
collect and charge their
clients. Amount of a bill.

field staff (*empleados de campo*)
Employees such as salesmen
or market surveyors that
work in direct personal

contact with clients, as opposed to office or production staff.

FIFO (*FIFO; primeras entradas; primeras salidas*) First in first out stock valuation system in which the first product to enter is the first to leave the warehouse.

file (*archivo*) Computer term used to describe information contained on a hard disc or in a peripheral memory (diskette, tape) in order to keep it after it has been worked upon and/or after space limitations in the central memory have been used up. Files, also known as archives, can contain data, programs, text, sound, images or any other type of information.

file (*fichero*) Group of organized records that correspond to a specific file or application, normally kept on massive storage units (disk, tape, etc.).

file storage (*almacenamiento de fichero*) Mechanism enabling massive filing of data in an information system. Examples are disk units and magnetic tape.

final artwork (*arte final*) Definitive copy, in black and white, of what will be the printed message. It is an intermediate step between the sketch and the printer's proof. It includes all drawings, photographs and text, together with notes as to which colors will be used and special printing instructions if required.

final product (*producto final*) Product that has passed through all the manufacturing and quality control processes and is ready for shipping to the client.

finance (*finanzas*) Economic sector related to money and capital markets, participating institutions and individuals, policies designed to gather resources and distribute profits, studies of the value of money, interest theory and cost of capital.

finance (*financiar*) To obtain the necessary financial resources in order to develop a continued economic activity or project. Funds may be internal or external.

finance company (*financiera*) Financial intermediary specialized in granting loans or discounting commercial effects (issued by companies or private individuals) for operations that are generally linked to consumer goods that involve risks not normally assumed by banks.

Interest rates are therefore often higher.

financial accounting (*contabilidad financiera; contabilidad general*) Branch of accounting used to measure and evaluate a company's goods, rights and debts in monetary terms, for the purpose of expressing its net worth and profitability as clearly as possible. More oriented to external or general information rather than analytical accounting.

financial analysis (*análisis financiero*) Study of the equity and profit-making potential of a company, in order to draw conclusions relating to future share value. Extended to studies on economic variables.

financial asset (*activo financiero*) Security or right relating to an easily convertible asset. For example, share capital equity, loan, preferential subscription rights or an option.

financial debt (*deuda financiera*) Set of credits received from banks and other creditors such as bondholders that correspond to pure fund contribution operations. Commercial, labor or tax creditors are not therefore included.

financial distress (*dificultades financieras*) Precarious cash flow situation due to a long term absence of profit, lack of productivity, excess growth, bad management or other similar circumstances.

financial expenses (*gastos financieros*) Financing costs, loans and general financial expenses such as discounts, client financing and commercial financial expenses.

financial income (*ingresos financieros*) Income of a company resulting from the performance of a share portfolio and from capital investment in fixed interest financial instruments such as deposits, savings accounts and financial assets.

financial intermediary (*intermediario financiero*) Company whose mercantile activity consists in re-negotiating financial assets in terms of period or amount, or in mediating in the taking on of risks. Some intermediaries can take deposits (banks and building societies) and others are simply a special type of distributor (investment funds and life assurance companies).

financial leverage (*apalancamiento financiero*) Relationship between a company's liabilities and its net worth. A high figure indicates strong leverage and increases net worth profitability, provided that the company's profitability exceeds the cost of its liabilities.

financial management (*administración financiera*) Integral management of a company's financial resources, including the obtaining of internal and external resources, collections policy, control of working capital, profit distribution criteria and analysis of investment opportunities.

financial market (*mercado financiero*) Group of financial operators and the rules used to contract different financial assets, mainly money, fixed and variable income assets both in local as well foreign currencies.

financial participation (*participación económica*) Percentage of company or business profits to which a partner is entitled, not necessarily equivalent to voting rights.

financial statement (*estado financiero*) Accounting document that represents a company's net worth and profits. Examples include a balance sheet, cash flow and profit and loss statemet.

financing (*financiación*) Contribution of funds to a particular project or company initiative, either as internal funds with a variable return depending on profits, or as external funds that incur interest charges.

finder's fee (*honorario de localización*) Fee charged by an intermediary in a sale/ purchase operation for identifying and promoting the interest of the opposing party, even though they may not be the principal intermediary and may or may not participate in final negotiations.

fire (*despedir*) Colloquial term for a company terminating a labor relationship with an employee.

firm name (*razón social*) Official name of an association in the mercantile register or records. It is used in all types of documents, although the public usually uses the commercial name.

firm sale (*venta en firme*) Sale that cannot be canceled or modified unless in the event of force majeure.

first-hand (*de primera mano*) Article offered new for sale by a manufacturer or distributor.

first-line management (*mandos primarios*) Lowest level of middle management that directly supervises work, such as a foreman, shift manager or head of a production line.

fiscal year (*año fiscal*) Period for which the Public Administration's revenue and expenses are budgeted and taxes accrued.

fixed assets (*capital fijo*) Term applied to security investment companies with fixed capital, the variations in portfolio security listings being reflected the company's listed stock exchange value.

fixed assets (*activo fijo*) Operating assets of a company that are expected to be used within one year (land and buildings, plant and machinery, etc.). Long term financial investments (shares, etc.) are considered fixed assets. Material fixed assets depreciate throughout their useful lives.

fixed cost (*costo fijo*) Cost that within wide margins does not vary according to the level of production or sales. It is fixed as a whole, and variable in its unitary repercussion.

fixed expenses (*gastos fijos*) Any expense that does not vary with production volume or sales. Equivalent to fixed costs.

fixed-income investment (*inversión en renta fija*) Investment in financial assets that produce interest such as bonds. Their value depends fundamentally on the evolution of interest rates.

fixed-price sale (*venta a precio impuesto*) Sale in which the consumer or final price, and normally the distributor's margin is previously fixed by the manufacturer or the authorities (price regulation or control). Enables prices to be specified on containers and in advertising. Prohibited in certain sectors and countries.

flank attack (*ataque por el flanco*) Form of side attack in which the attacker concentrates on increasing a product range or offering smaller or larger variants within a product/ market area in which his principal competitor is strong.

flat fee (*comisión fija*) Amount charged according to fixed conditions, regardless of the extent of a transaction. Often applied to operations in which the work required does not depend on volume.

fleet (*flota*) Group of vehicles used by a company for land, air or marine transport of people or merchandise.

flexibility (*flexibilidad*) Ability of a company to adapt to adverse economic cycles or to variations in sales volume. Flexibility is greater with less rigid fixed cost structures.

flexible time (*horas de presencia flexibles*) Work schedule that varies from the standard business hours.

flexible working hours (*horario flexible*) Working timetable that allows employees to choose the time at which they wish to start and finish their labors, within reasonable limits, designed to ensure that during the major part of the day all employees are at their work stations. Depending upon the system, employees may or may not have to advise the working hours that they have chosen in advance, and can make up the hours not worked during the same day, the same week or the same month.

float (*flotación*) Currency rate in large and non-intervened foreign exchange markets.

floating exchange rates (*cambios flotantes*) Foreign exchange rates in a free market situation. Rates rise and fall according to supply and demand. Equivalent to free changes.

floor display (*exposición en piso*) Manner of presenting articles for sale by placing them directly on the floor or on a small stand. It is usually used for promotions in which large quantities of products are sold.

floppy disk (*disco blando*) Disk made of magnetic and flexible material that rotates at approximately 300 r.p.m. within a cover. Data is read through an access hole that makes contact with the surface. Storage capacity of a floppy disk is measured in thousands of bytes (KB). The term diskette is more popular.

floppy disk (*disquete*) Common name for a soft disk.

flow chart (*organigrama funcional*) Box diagram that represents the logical structure of a computer program.

fluctuation (*fluctuación*) Difference between the value of a varying magnitude at a given time and its average value. Especially applied to the changes in price on a particular on continuous markets (foreign exchange, interbank deposits, etc.).

fluctuation range (*bandas de fluctuación*) Margins applied to both sides of a central value, enabling movement of a particular economic variable within them prior to intervention. For example, this term is applied to express the maximum range permitted for foreign currency linked to the European Monetary System before devaluation or revaluation.

FOB; free on board (*FOB; franco a bordo*) Initials of the term "free on board". International maritime trade clause that establishes the following obligations for sellers: transport costs to the vessel and loading of goods, as well as the liability for goods until they are on board at the agreed time and place. The seller is also responsible for obtaining all necessary export licenses and related charges.

focus group (*grupo de discusión*) Group of six to ten people who meet with a coordinator to freely exchange opinions about a product. It acts to detect the qualitative advantages and disadvantages of the studied product in relation to the competition (the groups are made up of consumers and non-consumers) which can later be quantified by means of a survey. It is also used for quick, low cost assessment of an advertising campaign.

follow-up (*seguimiento*) Activity that comes after a launch or after carrying out another activity, for example the follow up to a sales visit can take the form of a thank you letter, the sending of an activity plan, or a telephone call that serves as a reminder.

for your information; FYI (*a título informativo; ATI*) Expression meaning that no particular action or reply is expected.

forced unemployment (*desempleo forzoso*) Lack of employment, despite a person's willingness to work.

forecasting (*prospección; pronóstico*) Set of techniques used to elaborate hypotheses, predictions and scenarios upon which strategic and macroeconomic planning are based.

foreign bank (*banco extranjero*) Bank belonging to a foreign country with branches or subsidiaries within the territory of that country.

foreign currency (*divisa*) Overseas funds, either in the form of cash or deposits in a financial institution.

foreign currency accounts (*cuentas en moneda extranjera*) Accounts that are converted into currencies of another country.

foreign direct investment
(*inversión extranjera directa*)
Purchase of specific assets
such as companies or
property in a foreign country.

foreign exchange (*cambio de
divisa*) Service offered by a
bank or foreign currency
exchange office that enables
buying and selling of foreign
currency.

foreign exchange covering
(*garantía de cambio*) Guarantee
offered to prevent losses due
to fluctuations in exchange
rates. Used in international
loans and bond issues.

foreign exchange dealer
(*cambista*) Person involved in
buying and selling foreign
exchange and insurance. In
financial institutions, dealers
work in arbitrage
departments assigned to an
international or cash
management division.

foreign exchange department
(*departamento de arbitrajes*)
Bank department in charge of
buying and selling currencies
which are paid in cash or
in installments. In some
institutions it is dependent
upon the international
division and in others upon
the treasury division.

foreign exchange gain or loss
(*diferencias de cambio*) Profit or
loss resulting from foreign
currency exchange operations
or at a different interest rate
that than initially foreseen.

foreign exchange regulation
(*control de cambios*) Regulations
that restrict the free movement
of capital. Citizens are not
normally allowed to have cash
or deposits of foreign currency
and must be authorized to
carry out certain foreign
currency operations.

foreign investments (*inversiones
extranjeras*) Investments made
by overseas residents.

foreign trade (*comercio exterior*)
Export and import of a
country's goods and services
to and from other countries.

foreman, overseer (*capataz*)
Person in charge of a
determined number of
workers.

form letters (*cartas modelo*) In
word processors, previously
designed formats used for
new documents and, in
general, as a guide for letter
writing.

formal contract (*contrato formal*)
Contract requiring a
particular form in order to be
legally valid and enforceable.

forward contract (*contrato a
término*) Agreement to
perform a particular
transaction in the future.

forward price (*cotización a plazo*)
Price or exchange rate in the
trading of goods (currency,
financial asset, raw materials)
with payment in installments.

founding partner (*socio fundador*)
Person who, sometimes with
others, carries out the
formalities required in order
to set up a company of which
they will form part.

four-color (*cuatro tintas*) Indicates
that full color printing has
taken place using a
combination of the four
primary colors.

fragmentation (*atomización*)
Market characteristic in which
the size of units offered or
demanded is reduced.
Although in theory this is one
of the conditions required for
perfect competition, it can also
have a negative connotation
for the survival or future
development of a market.

franchise (*franquicia*) Store that
shares a common name and
image with others, and
together they are supplied
from a buying center at a
national level and a
distribution center at a
regional or wholesale level.
Each store is independently
owned and operated.

franchise contract (*contrato de
franquicia*) Contract in which
two legally independent
entities (franchiser and
franchisee) mutually agree to
a business association based
on the use of a common name
and close cooperation as far
as training, advertising and
product supply is concerned.

franchise chain (*cadena de
franquicias*) Chain of stores
that share a common name
and image and mutually
undertake to supply each
other from a buying center at
a national level and a
distribution center at a
regional or wholesale level.
Each store is owned by an
independent person who can
cease operating at any time. If
the distribution center
belongs to store owners, it
operates as a retail
cooperative. A voluntary
chain is more common in
food and drug stores as well
as traditional sectors, while a
franchise chains are used in
modern sectors such as
textiles, sound and film
equipment. Equivalent to a
voluntary chain.

franchisee (*franquiciado*) Person or
entity that accepts a franchise
contract to exploit a business
with certain conditions and
services already in existence
and with a name and
publicity held in common

with other establishments that are similar but not competitors due to their location in a different geographical area. In some cases the franchisee reconverts the traditional business whereas in others, it introduces new areas in an effort to ensure continued employment and the profitability of the investment. The benefits derive from the franchiser's experience and the greater potential due to joint action.

franchiser (*franquiciador*) Title holder of a brand, supplier of products or services, or the owner of original techniques, who grants the franchisee the possibility of exploiting a business under a joint name and in accordance with certain common operating conditions shared by other establishments within the same organization. It is usually a business seeking rapid development with a small investment, that considers opportune that the point of sale be attended personally by the owner, with the aim of diversifying the risk and reducing the incidence of fixed costs.

fraud (*fraude*) Illegal activity involving deceit. Criminal offense committed by a person in public office to the benefit of a third party, thereby harming the interests of the State.

fraud (*estafa*) Deceit with the intention of gaining a profit, by inducing another to carry out an act of payment that is detrimental to the payer or to a third party. Swindle.

free, free of charge (*gratuito*) Not subject to the payment of a price or exchange.

free advertisement (*anuncio gratuito*) An advertisement which is not charged by the medium where it will appear.

free alongside ship sale; FAS (*venta FAS*) International regulation established by the International Chamber of Commerce, according to which the seller provides and the buyer acquires goods at port, from which point on the buyer is liable for all expenses incurred.

free cash flow (*flujo de caja libre*) Gross cash flow generated by a company over a given period of time after subtracting the net increase in fixed asset investment and labor costs. It is used to value companies.

free convertibility (*libre convertibilidad*) Currency that may be freely converted and available at international stock exchanges.

free exchange (*libre cambio*) Term used to describe the situation in a country whose currency may be freely converted to others.

free exchange area (*área de libre cambio*) A geographical zone where the exchange of goods and the movement of capital is free from taxes. It is broader than a free trade zone (i.e. NAFTA).

free exchange rates (*cambios flotantes; cambios libres*) Foreign exchange rates in a free market situation. Rates rise and fall according to supply and demand. Synonym of floating exchange rates.

free form database (*base de datos de formato libre*) Database system that allows the introduction of a text without consideration of length or order. Different from word processing in that the search, recovery and organization mechanisms of much more elaborate data are incorporated within it.

free market (*mercado libre*) Market structure in which resource allocations and prices are determined by supply and demand. Free markets are open, transparent and no purchaser or seller has a clear advantage.

free market economy (*economía de libre mercado*) Economic system based on the free movement of market forces. Through information provided by the price system, economic agents adjust their supply and demand taking decisions regarding production, consumption, savings and investments to optimize the use of scarce resources. Securing of profit indicates the efficiency of this adjustment. The State does not plan or direct economic activity, but it creates the legal security required for individuals to act freely.

free on board sale; FOB (*venta FOB; franco a bordo*) International rule established by the International Chamber of Commerce, according to which the seller is liable for all expenses incurred up until the time at which the goods are loaded on to a vessel, at the date and place agreed upon by the buyer. It does not include transport costs nor insurance, which must be paid by the buyer.

free trade zone (*zona de libre comercio*) Territory in which there is free commerce of industrial and agricultural products as a result of an agreement between the countries that make up said territory. The object of a free trade zone is to promote better living conditions and employment prospects, production growth and greater financial stability in the countries within the zone. It is less extensive than a free exchange area.

freedom of press (*libertad de prensa*) Right entitling the media to publish information and to express opinions without restriction or prior censorship.

freight (*fletamento*) Contract, by virtue of which an owner or shipping agent is obliged to transport goods or people from one port to another for a specific price.

freight (*porte*) Amount of money paid to move or transport something from one place to another. Freight charges can be the responsibility of the person sending the merchandise or the individual receiving the goods.

freight broker (*corredor de fletes*) Independent intermediary between carriers and shipowners in chartering contracts. In naval operations there are normally two brokers, one acting on behalf of the shipowner and the other for carrier. The broker closes the operation and monitors it to the end; charging a commission or brokerage for his services. There also exist brokers who specialize in the sale and purchase of vessels.

freight collect (*porte por cobrar*) Payment that should be made effective by the receiver or consignee once transport has been carried out and merchandise received.

freight prepaid (*porte pagado*) Amount paid before transportation. Depending upon the agreement, it can be passed on to the consignee.

frictional unemployment (*desempleo friccional*) Unemployment caused by a lack of information and mobility in labor markets. May exist even if there is sufficient demand for available labor. Compatible with theoretical full employment.

friendly bid (*oferta de adquisición amistosa*) Offer made by a company to effectively takeover another, that is previously agreed to by its management.

fringe benefits (*prestaciones; pagos en especie*) Non-cash remuneration received by a company executive, such as a company car, insurance coverage, membership fees, paid vacation or special training courses. Normally a fringe benefit, although certain fringe benefits such as bonuses or pension plans imply monetary payment.

front man (*hombre de paja*) Person that appears as the incumbent of a business or contract when in reality they simply lend their name to someone else who is the true party to or negotiator of the contract.

front-running (*adelantamiento*) Type of business activity carried out by experts in which options or shares are bought and sold prior to the arrival of a large order that is to alter market prices, for the purpose of gaining a profit with confidential information.

frontal attack (*ataque frontal*) Competitive move, whereby a company attacks the main sales outlet of his competitor. This technique should only be applied if the attacker has more resources than the competitor as he will defend himself with everything at his disposal.

full column (*a toda plana*) News item or advertisement that occupies the entire width of a page in a magazine or newspaper, normally in the upper section in the case of a news item and in the lower section if it is an advertisement. In the event that it also occupies the entire length of the columns, it is called "full page".

full employment (*pleno empleo*) Level of minimum unemployment with equilibrium in the supply and demand of work. In the strictest sense, it is when the level of employment guarantees economic growth and price stability. Over-full employment is when the posts that are not covered exceed the number of unemployed people.

full page (*página completa*) Advertisement that occupies the entire page of a newspaper or magazine. Other commonly used sizes are half, third, quarter and eighth page advertisements. Readers normally focus on the right hand side (odd number) pages.

fully paid-in share (*acción totalmente desembolsada*) Company share or stock, where the paid up amount is equal to its subscribed value.

function keys (*teclas de función*) Keys that form part of an extended keyboard that carry out special functions in an active program and are marked from F1 to F12.

fundamental analysis (*análisis fundamental*) Method of analysis designed to forecast price trends in structured markets (stock markets, raw materials, foreign currency), by means of in-depth studies of underlying economic phenomena in order to arrive at a conclusion. Based on the hypothesis that markets behave rationally in a cause-effect relationship and, in addition, are not totally efficient. A detailed study therefore enables accurate future forecasts. Complemented by technical analyses.

funding (*captación de fondos; capitalizar*) Obtaining of resources for the purpose of financing a project, refinancing a debt or contributing to a fund. Equivalent to capitalize.

fungibility (*fungibilidad*) Quality of what is consumed or exhausted with use. Goods that no longer exist as a consequence of the use to which they are put.

G

gain (*lucro*) Earnings or profit obtained.

galley proof (*galerada*) Proof of a composition to be taken out and corrected. It is also applied to the piece of composition once placed in the galley.

galloping inflation (*inflación galopante*) Situation that is produced when the monetary mass in circulation grows so quickly that it almost entirely loses its value. In these conditions whoever possesses or earns cash tries to get rid of it by buying real goods or other currencies, thereby making the situation worse.

game theory (*teoría de juegos*) Theory and strategic simulation models that show that the result or performance obtained from a task does not depend solely upon the person carrying it out, but also on the activity of the other party. It is very useful for simulating complex negotiations or competitive situations, such as a tender bid.

gatekeeper (*prescriptor*) In marketing, person in a specific environment or type of product that is sought out by others to guide and counsel them in their purchasing decision. A leader of opinion who accompanies or intervenes in a consumers process of selection and purchasing.

gauge (*aforar*) To measure flow. Calculate the capacity of a container or perform an inventory.

general partnership (*sociedad colectiva*) Mercantile company in which the partners respond personally, jointly and without limit in the company and commit themselves to the proportional sharing of rights and completion of obligations.

general strike (*huelga general*) Work stoppage called by the majority of the unions and which affects all workers. Its purpose is to influence the decisions of government and employer's organizations.

generic (*genérico*) Term used to define an article that may be offered by several suppliers without consumers being aware of the difference, either because it is sold in bulk quantities without a particular trademark, under a white label or private label.

generic advertising (*publicidad genérica*) Advertising of a product or service category (for example, life insurance) without brands appearing. It is paid for by a group or sector of companies that often receive a subsidy.

geographical diversification (*diversificación geográfica*) Action of seeking new markets for the same product, technology or type of client. It is more an extension than diversification.

ghost shopper (*comprador fantasma*) Fictitious buyer that test and compare the quality of services offered by a company and its competitors, acting as if he were a normal client.

gift tax (*impuesto sobre donaciones*) Tax payable when transferring a good from one person to another in the form of a gift. Its purpose, apart from collecting income, is to control the workings of other taxes such as inheritance tax.

gift wrapping (*envolver para regalo*) Use of special paper to package a purchased product.

global company (*empresa global*) Company that produces and commercializes all over the world.

global marketing (*mercadotecnia global*) Consideration that a product's market is worldwide and that international consumer motivation and features are similar enough to allow proposals that differ only slightly from one country to another. Brand names, types of container and advertising campaigns may vary.

GNP (*PNB*) Acronym of Gross National Product.

go public, take public (*entrar en bolsa*) Process aimed at quoting company shares on the stock exchange so that they may be bought and sold freely. Approval is required from the general meeting of shareholders and from the stock exchange's governing body.

goal (*meta*) Desired target or objective.

goal setting (*establecimiento de objetivos*) Process of defining personal objectives in line with company targets. Employees are normally more motivated if they participate in defining objectives and believe that those objectives are attainable.

going concern (*negocio en marcha*) Business operating with adequate profits in a relatively safe position.

going public (*salir a bolsa*) Process by which the shares of a company begin to be quoted on a stock exchange after complying with the information requirements established by the stock exchange in question.

good (*bien*) Any object or service that is perceived as capable of satisfying a need. They may be free goods or economic goods.

good faith (*buena fe*) Conviction that one acts legitimately.

goods (*género*) Name used to refer to any type of merchandise.

goods (*mercancía*) Any consumer product that may be individually or collectively owned, therefore satisfying a human need and capable of being bought or sold. Equivalent to consumer goods.

grace period (*periodo de gracia; periodo de carencia*) Period of time during which one does not have to begin returning the principal sum of a loan. In the case of soft loans there can be an initial period during which interests do not accrue.

grace period (*espera*) Benefit granted to a debtor acting in good faith, allowing partial or total payment without legal action. May be complemented by a partial acquittal.

grade of service; GOS (*grado de servicio*) In general, the percentage of orders fulfilled, with respect to quantity and delivery date.

grandfather clause (*cláusula del padrino*) Clause in a regulation stating that a person or company is exempt from having to comply with said regulation.

green accounting (*contabilidad verde*) Part of an accounting system that expresses the risks, investment and expenses related to the environment. Should include the necessary investment to comply with legislation that comes into effect in the near future.

gross (*bruto*) A complete amount without any deductions, opposite of net.

gross capital formation (*formación bruta de capital*) Growth without deducting depreciation, and the capital in a particular sector of the economy in a given period of time. Capital formation is necessary for production growth as well as real and sustained economic growth and increased standards of living.

gross cash flow (*flujo de caja bruto*) Sum of after tax profit, depreciation and provisions. Used to express a company's ability to generate resources without considering aspects such as depreciation and dividend policies or tax credits.

gross domestic product; GDP (*producto interno bruto; PIB*) Total value of the goods and services produced in a country within a given period (normally a year) after deducting that which has been consumed during production. The basic criteria is one of territory, which differentiates it from Gross National Product as it includes production by foreigners in the country but does not include what is produced by nationals outside the country.

gross income (*ingresos brutos*) Total income of an individual before deducting taxes and after having taken into account taxes on account that may have been retained at source. This calculation is sometimes applied to companies to show turnover before deducting sales taxes and other discounts.

gross margin (*margen bruto*) Difference between earnings and production costs, without including overheads nor commercial and financial expenses. In trading companies, the difference between sales income and cost of goods sold.

gross national product; GNP (*producto nacional bruto; PNB*) Total value of the goods and services produced in a country within a given period (normally a year) after deducting that which has been consumed during production. It includes consumption, investments, stock variations and the value of exports after deducting imports. The basic criteria is nationality which differentiates it from Net National Product as it does not include what is produced by citizens outside the country but does include what is produced by foreigners within the country.

gross negligence (*imprudencia temeraria*) Carrying out of an action with total omission of prudence, producing harm that may constitute a misdemeanor or a crime depending upon the result: if malice has played a part it is considered a crime punishable with a prison sentence and when it is simply a case of imprudence or negligence the punishment tends to be a fine.

gross profit (*utilidad bruta; utilidad de explotación*) Profit obtained by deducting operating expenses from sales.

gross rating point; GRP (*grado de contacto; GRC*) Contacting of 1% of a target audience. If the objective is to achieve 20 contacts with 80% of a target audience, 1600 GRP have to be purchased. Used to calculate the total cost of advertising campaigns.

gross return (*rendimiento bruto*) Profit obtained after taking into account all incurred costs, except for taxes.

gross weight (*peso bruto*) Total weight including the tare or container weight. In the case of packaged products it also includes the package itself.

group dynamics (*dinámica de grupo*) Sociology technique based on personal relationships and reactions within a group. Used to improve group relationships or solve an internal or external problem, although always in a group context.

group incentive payment (*incentivo colectivo*) Payment of a variable retribution that depends upon the performance of all elements of a group. It is divided into equal parts or pre-established proportions and is used to promote cohesion and mutual motivation within the group.

group interview (*entrevista en grupo*) Selection interview in which two or more candidates participate and are required to study a particular case, used to directly compare candidates, evaluate leadership qualities and interpersonal skills.

grouping (*agrupamiento*) Operation involving the joint transport of merchandise belonging to different senders from one location to another for delivery to several different destinations.

growth stock (*acción con crecimiento*) Company share characterized by its high growth potential, for example, in the advanced technology field or in a company carrying out the majority of its operations in rapidly developing countries.

guarantee (*aval*) Commitment whereby an individual or

other entity accepts
responsibility for another's
personal conduct, debts or
compliance with their
obligations in general.

guarantee letter (*carta de garantía*)
Document generally issued
by a bank that guarantees
payment of a debt, for
example, payment of an
option to purchase.

guaranteed bill (*letra avalada*)
Bill of exchange in which
payment is guaranteed by a
third party, normally a
bank, in the event that the
drawer should fail to pay on
the due date.

guarantor (*garante*) Person who
undertakes to be responsible
for another person's honoring
of a pact, agreement or
alliance.

guarantor (*avalista; fiador*) Person
or company that provides a
guarantee or bond. The
guarantor is deemed
responsible in the same way
as the guaranteed individual
or company and, in addition
the creditor can sometimes
claim from the guarantor
directly. Unless otherwise
agreed guarantors are jointly
responsible.

guaranty (*garantía*) Action and
effect of ensuring that which
is stipulated. Thing or
measure that assures and

protects against risk or
necessity.

guidelines (*directrices*) General
rules on how to perform a
particular task.

H

hacker (*intruso informático*) Person who gains access to an information technology system without authorization. This may be due to simple curiosity, or in order to change data, or to introduce false data, viruses or explicit messages.

handout (*volante*) Printed information given to a large number of people during a meeting.

hanger (*colgante*) Advertising poster printed on both sides and often silhouetted so it can hang from ceilings and move freely.

hard disk (*disco duro*) Disk made of a rigid ceramic type material with a magnetic cover that rotate at approximately 3600 r.p.m. and should be maintained in a protected environment against dust and smoke. Capacity is measured in millions of bytes (MB).

hard disk drive (*disco duro; unidad de disco duro*) Massive storage device that reads and records data in a non-extractable rigid magnetic disk that is permanently housed. Equivalent to hard disk unit.

hardware (*equipo físico; hardware*) Information system component. Includes a UCP, terminals, memory units, printers and disk units.

head (*jefe*) Director or visible head of an organization, whether it be a company or a section therein.

head-hunter (*cazatalentos*) Person or organization involved in selecting or persuading executives to join a client company.

headcount; workforce (*plantilla de personal*) Group of employees from a company or business. They are normally classified by sections, categories and length of service. The term workforce normally only relates to fixed employees, although for the purposes of productivity calculations it includes permanent, discontinued and

398

temporary or part time
employees.

headquarters (*sede*) Place where a
company has its central office,
registered office or both.

hidden file (*archivo oculto*) Disk
file that has been given the
status of "hidden" in order to
avoid it being seen, erased or
modified. The system files are
generally hidden and any
user can hide his/her own
files in order to prevent
unauthorized access.

hidden publicity (*publicidad
encubierta*) Written or spoken
references or brand images
that are included in a
communication without it
being obvious to the public
that advertising is taking
place. The public sees or hears
the message which they can
more or less justify within the
context. Not to be confused
with paid inserts in the press
or with subliminal advertising.
Forms part of public relations.

hidden tax (*impuesto encubierto*)
Tax that does not appear in a
visible form but the effects of
which are felt in the price
paid by the final consumer. In
a general sense inflation and
monetary depreciation are
referred to as hidden taxes.

hidden unemployment
(*desempleo encubierto*)

Unemployed persons that are
not officially registered as
such, for any of the following
reasons: underemployment (a
worker that is overqualified
for the position), incapacity to
work without social security
benefits, or people not
actively seeking employment
(for example, seasonal
workers).

high resolution (*alta resolución*)
Printer or screen containing a
great deal of high quality
graphic data due to the
increased number of pixels
per surface unit.

highlight (*destacar*) To mark an
area on a computer screen
with a view to changing it in
some way.

historical cost (*costo histórico*)
Acquisition value of an
element of the asset. To try to
correct the effects of inflation,
the historical costs are
updated in the process of
balance updating.

holding company (*sociedad
tenedora*) Company that exists
to have shares in other
companies with the principal
aim of achieving management
control. It acts as the main
active partner, unlike a
portfolio company, and it
must have over 50% of the
capital of one or more
companies. It is known as the

parent company if it is not dependent upon any other.

holding period (*periodo de tenencia*) Period during which an asset or financial instrument is held as an investment, used to calculate annual profitability or as a requirement for certain fiscal incentives.

home delivery (*entrega a domicilio*) Service in which the purchased goods are taken or sent to the home of the buyer.

home office (*oficina central*) Office from which an organization is managed. May or may not house the greatest number of employees, however at least company management. Location at which company policy is established and instructions issued that normally coincides with its registered address, although in large organizations, the head office is normally located in cities with efficient communication systems or favorable legislation.

home page (*página de presentación*) The first document one sees when one accesses a Website on the Internet or an Intranet. It generally has hypertext and image maps which allow one to access related documents from that page.

hook advertisement (*publicidad anzuelo*) An advertisement whose aim is to attract the consumer's attention by distributing a free sample or promising a gift.

horizontal agreement (*acuerdo horizontal*) Agreement signed by companies with similar production capacities and marketing potential.

horizontal diversification (*diversificación horizontal*) Diversification in which current clients are offered products that are not related to previous company activities.

hostile takeover bid (*oferta pública de adquisición hostil; OPAH*) Takeover bid attempted by a minor shareholder or external investor without company management being previously advised or in agreement. In companies where the Board of Directors or management control relatively small percentages, minor shareholders may be inclined to sell for an attractive price. Hostile takeover bids are intended to gain company control.

HTML; HyperText Mark-up Language (*lenguaje de creación de hipertexto*) Language that describes the pages used in the World Wide Web. Defines screen formats including text, graphics and references on other pages. All cross references are carried out by means of a hypertext system: when selecting a highlighted, another related screen appears with further information.

human asset accounting (*contabilidad de recursos humanos*) Accounting system designed to record the amount of money invested in human resources and accumulated value, for the purpose of highlighting it as the company's most important asset.

hyperlink (*hiperenlace*) A reference with hypertext format established between two terms or entries in a document.

I

icon (*ícono*) A visual representation with a symbolic content. In graphic user interfaces, it is a miniature image which identifies an application or a document or represents a reduced work window.

identity crisis (*crisis de identidad*) Situation in which a company's objectives, product proposals or services are not well defined, even to internal staff, and there is no clear strategy. It is normally accompanied by a business crisis that affects the commercial and financial situation of the company.

illegal dividend (*dividendo ilegal*) Dividend contrary to legal provisions or company statutes.

image advertising (*publicidad de imagen*) Advertising aimed at creating an image of elegance, excellent quality, reliability or similar attributes for a company or product. It attempts to create positive feelings rather than touching upon more specific or rational aspects.

imbalance (*desequilibrio*) Situation in which two economic forces are not in equilibrium. For example, given an officially regulated price for a particular good there will be a lack of equilibrium if the demand at that price exceeds supply, thereby producing a scarcity in the market.

imperfect competition (*competencia imperfecta*) Market situation in which some or all of the conditions necessary for the existence of perfect competition are not met.

import license (*licencia de importación*) Administrative authorization issued upon request that enables products to be imported under certain conditions relating to weight, quality and price, and to withdraw the necessary funds for payment. Import licenses exist in all countries with foreign exchange controls and are normally required to be handled through a bank.

import quotas (*contingentes arancelarios*) In Community law, measures designed to establish a certain quantity of imported products subject to a reduction in standard customs duties, in such a way that any excess amount imported is subject to the entire customs duty applicable.

importer (*importador*) Individual or company dedicated to bringing goods or services from a foreign country into the domestic market.

imports (*importación*) Goods or services that are brought into a country but originate in another country. The concept can be applied to merchandise, capital, labor or services.

imprint (*pie de imprenta*) Name of the publisher, printer, year and place of publication normally found at the beginning of a published work on the credits page.

impulse buy (*compra por impulso*) Purchasing a product on the spur of the moment, motivated by seeing it attractively displayed in a store, without a previous desire to own it.

in advance (*por adelantado*) Payment of a good before its receipt. Completion of an obligation before completion of the corresponding consideration.

in the red (*números rojos*) To have losses or a negative balance.

in-depth interview (*entrevista en profundidad*) Interview in which an interviewer allows interviewees to speak freely without asking them questions and only prompting. Also referred to as a free interview, and the opposite of a guided interview, in which interviewers ask specific questions. Useful for preliminary research phases.

inactive stock (*acción parada*) Share that is not often bought and sold, even if part of a profitable company and of increasing value.

incentive (*incentivo*) Stimulus that excites or moves someone into wishing to have something or to do something. In human resources incentives are the pecuniary payments that are linked to performance.

incentive scheme (*plan de incentivos*) Set of payments that a company fixes in favor of its executives. The tendency is to make their total earnings depend more on the company's profits and the appreciation of its shares.

income statement (*cuenta de resultados*) Equivalent to profit and loss statement.

income tax (*impuesto sobre la renta*) Annual tax on individual or corporate income.

income; earnings (*renta*) In general, the utility or benefit periodically given up by something or charged to something.

incorporation (*constitución de sociedad*) Act of founding a company that normally involves certain formal requisites such as a public deed and official registration.

increase (*aumento*) Increment. Upward variation of some magnitude.

indebtedness (*endeudamiento*) Total outstanding liability in the form of credits or loans from financial institutions.

indemnify (*indemnizar*) Action of repairing the damage or detriment caused by a failure to comply with an obligation, by a civil act for which one can be held responsible or for a crime or misdemeanor. The repair is normally effected in a pecuniary fashion.

indemnify (*resarcir*) To compensate or repair a loss, damage or injury.

independent trader (*comercio independiente*) Establishment whose owner is not a member of an association, that may trade alone without the support of a particular supplier, or join a voluntary franchise group.

indifference (*indiferencia*) State of mind of a subject that does not manifest a positive or negative inclination towards another person or thing.

indirect cost (*costo indirecto*) Cost not directly associated with an activity. It is normally a fixed cost.

indirect exporting (*exportación indirecta*) Process of exporting goods or services through an intermediary in the country of origin. Indirect exporting is often a first step taken to avoid errors and not waste resources while the volume involved is not large enough to justify the existence of an expert within the company concerned. The disadvantage is that the company loses margin, has less control over their clients and does not gain experience.

individual (*persona física*) Human who is subject to rights and obligations.

industrial bank (*banco industrial*) Financial intermediary specialized in adopting positions of risk in industrial companies and in granting medium and long term loans.

industrial goods (*bienes industriales*) Goods used in the production of other goods. For example, machinery, tools, and raw materials. Not designed for individual consumption.

industrial marketing (*mercadotecnia industrial*) Marketing that specializes in company to company sale of industrial products where importance is placed on technical specifications, reliability, guarantee of supply and quality control, as well as good business relations at different levels.

industrialization (*industrialización*) Process of creating industries and incrementing the productivity level of a nation. Industrialization began with the mechanical and technological development of production in the 19th century and has subsequently taken place in a very unequal manner in different areas of the world.

inelastic demand (*demanda inelástica*) Demand that does not respond to price changes. The consumer is indifferent to changes in the price of the product and will consume the same quantity.

inferior good (*bien inferior*) Goods whose quantity demanded changes in the opposite direction of the change in income. For example, as an income increases a consumer will buy less hamburger because they are now buying more steak.

inflation (*inflación*) General rise in the price index reflected therefore by a drop in the purchasing power of money. In an inflationary process, not all prices and incomes increase by the same proportion, so it may be beneficial to some sectors or people at the cost of others.

inflation accounting (*contabilidad con inflación*) Accounting procedures used to measure the effects of a loss of purchasing power in a company's financial statements.

inflation rate (*tasa de inflación*) Rhythm of variation of the cost of living index or the general price index. It is generally measured on a monthly basis with the result being given over a twelve month period and over the period that has elapsed since the beginning of the current year, comparing the figures with the corresponding figure for the previous year in both cases.

inflationary spiral (*espiral inflacionaria*) Linking of cause-effect relationships in which an increase in salary produces an increase in price that, in turn, creates subsequent increases in salaries.

information highway (*autopista de la información*) A set of physical, logical and communication elements which allow the circulation of vast quantities of voice, data and audio-visual information between users and service centers interconnected through extended area networks. It is the founding principle for the existence of global networks like the Internet. They usually use interactive media and multimedia.

information management (*administración de la información*) Discipline that analyses information as a company resource, including definitions, uses, value and distribution of all data within a company, either processed or not by an information system. Evaluation of the type of information required by a company in order to effectively function and progress.

informative advertising (*publicidad informativa*) Advertising that transmits basic information about the product. It is often used in the launching phase, in order to build initial demand. This advertising promotes awareness of a new product available in the market.

initial public offering; IPO (*oferta pública inicial; OPI*) Offer of company shares to the general public before it is quoted on a stock exchange or following a period of postponement. Different from a private placement in that certain public information and objective distribution or auction requisites are compulsory.

innovation (*innovación*) In marketing, the development of a product, process or service in a different form to that already in existence.

input-output analysis (*análisis de entradas y salidas*) Macroeconomic analysis that studies the relationship between different sectors of the economy, based on matrix quantifying of the purchases made from one sector to others, the added value generated and the percentage of product sales consumed by end users or other sectors as raw materials or intermediary goods. Also includes the relationship with foreign sectors (imports and exports). Analyses are based on input-output tables.

insert (*encarte*) Advertisement that is included in a publication and which is printed separately by the advertiser. Normally it is on heavier paper and occupies four pages. It may be attached to the publication (bound-in-insert) or it may be loose (loose insert).

insertion order (*orden de inserción*) Formal request issued by an advertiser or advertising agency to publish an advertisement in a newspaper or magazine on a given date.

inside information (*información privilegiada*) Confidential information available to people as a result of their position within a company or an activity related thereto and which is not available to the general public. This information can provide substantial economic advantages for those that posses it.

insider (*iniciado*) Person in possession of privileged information that has not yet been made public and which could significantly affect the price of an asset. Many countries have recently passed legislation to avoid people making a personal gain or allowing others to do so by using this information.

insider trading (*comercio de iniciado*) Trading based on privileged or confidential information, mainly in stock exchange operations that are related to a possible public offer of acquisition. May be carried out by the company management itself or by others using company executives as informers. Illegal practice that is severely punished in the United States.

insolvency (*insolvencia*) Situation in which a debtor finds it impossible to pay back debts or liabilities due to a lack of resources. Insolvency may be definitive if liabilities exceed assets (bankruptcy), or temporary if the situation is caused by liquidity problems (temporary receivership).

installment (*plazo*) Each of the regular and partial payments of an obligation. It is typical of sales by installment, although it is also used, for example, for partial repayments of a loan.

installment purchase (*compra a plazos*) Purchase enabling immediate use of the goods acquired by means of periodical and predetermined partial payment of a principal amount and interest.

installment sale (*venta a plazos*) Credit sale in which part payments are established at regular intervals, normally monthly or quarterly.

institutional advertising (*publicidad institucional*) Advertising that is based o developing the image and the associated prestige of an entity without emphasizing products or brands. The target public is normally the administration, investors, suppliers, employees and important clients. When mass communication media are used it reveals a commercial objective, although it may be indirect.

insurance agent (*agente de seguros*) Intermediary that handles insurance operations. May be an agent (representative or not) belonging to the sales team of a particular insurance company or a broker with the authority to subscribe policies with whatever company considered appropriate.

insurance cover letter (*carta de cobertura provisional*) Document issued by an insurance company granting provisional coverage until the actual policy or contract is ready.

intangible asset (*activo inmaterial*) Group of intangible goods that comprise a company's assets. Value is based on acquisition price, however in the event of transfer, the value must be updated according to the company's current financial position.

intangible assets (*inmovilizado inmaterial*) Non-physical assets that can be depreciated, consisting of an industrial or commercial good or right (patents, computer codes, brand names, administrative grants or commercial funds).

interactive skills (*habilidad interactiva*) Interpersonal skills in cooperating with other members of a group and ensuring correct functioning. Certain techniques, such as group dynamics or role playing, are designed to increase social awareness and the ability to effectively relate to others.

interest (*interés*) Remuneration paid or received for the temporary use of money. It consists of two components: a compensation for the depreciative effects of inflation and a real profitability tax that compensates for the risk of insolvency and the loss of liquidity.

interest (*rédito*) Income, utility or renewable profit provided by the investment of capital.

interest charges coverage (*cobertura de intereses*) Term indicating how many times cash flow generated in a company exceeds financial charges payable by them within a given period.

interest rate (*tipo de interés*) Cost of the use of money in a credit, loan or any other financial liability. Generally it is fixed in the form of an annual percentage rate, although in countries with a high inflation rate it may be monthly or daily. The rate of interest may be simple or compounded, real or face value, at a discount or in cash, fixed or variable.

interest rate risk (*riesgo de interés*) Risk of loss in a position deriving from the unfavorable evolution of interest rates.

interim audit (*auditoría preliminar*) Partial review identifying principal problems so as to enable steps to be taken in good time in order to obtain an unqualified report.

interim balance sheet (*balance provisional*) Balance sheet drawn up at a date within the financial year that does not coincide with the normal closing date.

interim dividend (*dividendo a cuenta*) Dividend paid in advance, according to expected company profits and financial position in a particular financial year and prior to final results being passed at the General Shareholders meeting, following which a complementary dividend may be paid to complete the amount due.

intermediate good (*bien intermedio*) Goods or service bought by transformer for later conversion and which does not reach the final consumer in those conditions.

intermediation (*intermediación*) In general, the bringing together of the complementary interests of two parties by an expert, in exchange for a fee or commercial benefit. In a financial sense, the activity of banks taking deposits from savers in order to give them out as loans to borrowers.

409

internal audit (*auditoría interna*)
Department within a
company, usually directly
answerable to a special
commission from the board,
whose job is to ensure that
accounting standards are met,
assets retained, to analyze
procedures and suggest
improvements, to ensure that
information is accurate, and
to collaborate with external
auditors to avoid duplication
of work.

internal growth (*expansión
interna*) Company growth
which is based on their own
productive activities.

internal marketing (*venta interna*)
Marketing of a company's
objectives and its products to
its own employees. For a new
product to be successfully
launched, it is vital that
company employees believe
in it and are motivated in
order to provide the necessary
support.

internal rate of return; IRR (*tasa
de rentabilidad interna; TRI*)
Discount rate that levels out
the positive and negative cash
flow generated by an
investment project. If the cash
flow produced by an
investment at a given
moment is deducted from the
internal rate of return the
result will be nil. The IRR of

an investment should be
greater than the capital cost
for a project to be interesting.
It comes from the hypothesis
that funds generated during
an investment project can be
reinvested at the same rate.

Internal Revenue Service; IRS
(*agencia tributaria de los
EE.UU.*) US federal agency in
charge of managing and
supervising compliance with
tax obligations.

international corporation
(*compañía internacional*)
Multinational company listed
on a stock exchange in
several countries and
therefore not considered to
have a single nationality. The
head office in charge of each
division or type of product
can also be diversified.

Internet (*Internet*) Global
network that connects
computers in throughout the
world via phone lines. It is
not a formal or organized
network, but rather a
connection between a large
variety of information
technology systems by means
of a common protocol (TCP/
IP). The Internet network was
initially used in an academic
environment, but has since
become common place among
companies and individuals
seeking information, doing

business and sending all types of messages.

intervention exchange rates (*cambios de intervención*) Foreign exchange rates established by a central bank to define limits on a particular day's trading. The central bank guarantees purchase of all foreign exchange offered at the purchase intervention price and to sell all foreign exchange demanded at the sale intervention rate. In many cases the price is fixed on a specific currency (dollar) and all others are based thereon.

interview (*entrevista*) Personal meeting, normally between two people, in media, professional and political enviroments.

interview (*entrevista*) Meeting, generally between two people, in order to exchange or provide information or opinions.

interviewer (*encuestador*) Person who carries out the field work involved in a survey, normally someone who does this work on a sporadic basis. Pollster. It is convenient to use professionals when the group that is being studied is high level, when the questionnaire is complicated or long, or when it deals with a complex matter.

intrapreneur (*emprendedor interno*) Entrepreneur that works in a large company but has a lot of autonomy. To prevent the individual from leaving to set up on his own company, he is often given more capacity to make decisions, more funding and a share of profits by the company.

intrinsic value (*valor intrínseco*) In general, the real value that it is estimated that a good should have in a stable market, which may or may not coincide with the market value at that time.

introductory price (*precio de introducción*) Price fixed for a new market in which a company wishes to launch a product previously launched in other areas. It is usually slightly lower in order to favor initial sales, although a skimming strategy may also be adopted.

inventory (*inventario*) Quantity of each product in existence at a given time and the ordered list in which it is detailed. A physical inventory refers to an actual count of the product, and an accounting inventory appears in the accounting books once operations have been closed on a given date. Although a complete inventory is carried out at the end of a financial year it is normal to carry out partial inventories periodically, in each section, on a rotation basis.

inventory break (*ruptura de existencias; falta de existencias*) Lack of a product that is normally in stock at the moment that an order is received. The acceptable percentage of this occurring depends upon the sector and the client, but it should not be so high that it is detrimental to the image of the company, nor so low that it indicates a surplus of stocks.

inventory holding cost (*costo de almacenaje*) Cost of keeping a stock reference. Includes financial costs, insurance, and the installments of the premises. It is directly proportional to the size of the order, and together with the cost of the order and that of shortage determines the size of the optimum order.

inventory management (*administración de existencias*) Administration and control of a company's stock, warehouses and inventories, for the purpose of achieving minimum levels of stock necessary to fulfill sales and production requirements.

inverted yield curve (*curva de intereses invertida*) Situation in which short term interest rates are higher than long term, when normally the opposite is true as theoretically the risk is greater in the long term.

investment bank (*banco de inversión*) Large commercial bank specialized in offering business advice and intermediation on securities of fixed and variable interest. It does not deal with small businesses and, in general, it has only few offices. In the United States, a merchant bank specializes in the intermediation of titles-securities (shares, bonds and commercial bills) and neither accepts deposits nor concedes loans, although it does ensure the placing of title issues.

investment good (*bien de inversión*) Goods aimed at producing other consumer or investment goods. It is absorbed into the manufacturing process.

invisible exports (*exportaciones invisibles*) Export operation involving the sale of an intangible service paid for in a foreign currency.

invisible imports (*importaciones invisibles*) Invisible operation that results in currency leaving the country.

inward acquisition (*adquisición interna*) Purchase of a state owned company by a foreign state owned company. A large number of domestic companies in foreign hands is potentially dangerous to a country's economy and social welfare if its productive resources become subject to transnational decisions.

irrevocable letter of credit (*carta de crédito irrevocable*) Letter of credit that cannot be canceled without the consent of the party to which payment should be made, normally an exporter. Most commonly used letter of credit and often confirmed.

ISBN code (*código ISBN*) Code that identifies printed works. The initials correspond to the International Standard Book Number. The code is completed by a number at the beginning identifying the country, and a control number at the end. The complete code number has 10 digits.

item (*ítem*) In marketing, each of the points of a questionnaire, generally housed within a question.

itinerary (*itinerario*) Randomly established route to be followed by a market research interviewer in order to guarantee a randomly selected group of interviewees, departing from one or more points in a neighborhood and establishing streets, houses and apartments blocks to be visited. In the case of sales people the term route tends to be used.

J

job description (*descripción del puesto*) Detailed description of the objectives, responsibilities and tasks expected of a person holding a position. It is useful for selection purposes and for evaluating training needs and performance.

job enrichment (*enriquecimiento del trabajo*) Action aimed at improving job satisfaction that consists in increasing the number of jobs that a person can carry out and the number of tasks for each job position, in order to obtain more flexibility and variety. The introduction of new tasks and responsibilities is seen by an employee as acknowledgment of his work capacity and as an opportunity for development.

job evaluation (*evaluación de puestos; valoración de puestos*) System for determining the job category and salary level of a post based upon a breakdown of the post in terms of tasks and looking at the needs, time and difficulty that it involves. It is generally based upon a comparison with other posts within the company and also a comparison between similar posts in other companies.

job mobility (*movilidad laboral*) Willingness to change one's professional career. Job mobility is lateral (different function) and either ascending or descending (according to the hierarchical level) or inter-company (different company or sector). When combined with horizontal social mobility, the willingness to also change a place of residence.

job profile (*perfil del puesto*) Description of the ideal characteristics required to fulfill a job position and the conditions that apply to that position. Education, experience, special aptitudes, extracurricular activities and leadership are all taken into account. A clear job specification helps in the selection process as it improves dialogue between the candidate, the head of personnel and the future employer.

job requisites (*requisitos del puesto*) Enumeration of the personal characteristics (training, years of experience, skills and special aptitudes) required to cover a job position according to its description.

job rotation (*rotación de trabajos*) Method of professional development of staff whereby employees temporarily occupy a post that is not their normal post. The objective of job rotation is that employees can learn another job and thereby increase their knowledge, while the variety can be a source of motivation.

job satisfaction (*satisfacción en el trabajo*) Positive feeling obtained by an employee as a result of reaching objectives, work content, working atmosphere and the relationship that is shared with other members of an organization and from the physical conditions in which a job is carried out.

job title (*nombre del cargo*) Official name given to the position held by a person within an organization, that normally describes functions and/or geographical location.

job-sharing (*trabajo compartido*) Practice of dividing a full-time job for one person between two or more part-time employees, used as a form of reducing unemployment or to promote the incorporation of working mothers into the job market.

joining (*afiliación*) Act by virtue of which a person or company subscribes to an association and therefore complies with its statutes, pays membership fees and cooperates in the achieving of common objectives.

joint account (*cuenta conjunta*) Bank account in the name of two or more people. Depending upon the account holders' instructions to the bank, transactions may be carried out by an individual or will require the signatures of two or more people (joint signatures).

joint advertising (*anuncio colectivo*) An advertisement promoting the product of two or more companies, or of a whole sector such as beef.

joint venture (*empresa conjunta*) Company in which two or more companies participate while maintaining their independence in order to develop a business or project together.

joint venture (*negocio conjunto*) Business activity jointly carried out by two or more independent companies that share profits or losses at an agreed proportion. Generally, each partner specializes in a particular area and the advantages of working in conjunction are greater than doing so individually (for example, contribution of technology and sales networks). It is now common for joint ventures to form new companies.

journal (*diario; libro Diario*) Accounting record of a company's economic and financial transactions carried out on a daily basis. In double-entry accounting, each entry is performed on the debit and credit sides of an account.

judicial discretion (*arbitrio judicial*) Power by which certain items of proof or circumstantial evidence can be considered by judges and magistrates and judgment passed upon them based upon their own personal judgment and the dictates of their conscience.

junk mail (*correo basura*) Derogatory term for promotional mail, especially when poorly designed or inappropriately addressed. Often thrown away without being opened. The rate of response to this kind of mail can be less than one in a thousand.

just in time (JIT) (*justo a tiempo*) Production and stock management system that minimizes stock levels as needs are planned exactly and an exceptional level of service is obtained from suppliers. Suppliers, using the same system, may make several deliveries a day as serving a client from a large central warehouse may not result in significant financial savings. Merchandise arrives at the place where it is to be used at precisely the right moment.

K

kaizen (*mejora continuada*) Method developed by Masaaki Imai designed to increase corporate flexibility and promote personal creativity and therefore reduce costs and improve quality. The seven areas most susceptible to improvement are: transport, stock, delivery, production processes and surplus, faulty goods and machinery time.

key person (*persona clave*) Important person within an organization or department whose experience, knowledge, leadership skills, client contacts and other strengths are not easily replaceable.

kilogram (*kilogramo*) Unit of mass or weight in the decimal metric system equivalent to 1,000 grams or 2.205 pounds. A ton consists of 1,000 kilograms. The abbreviation "kilo" is frequently used.

killer bees (*abejas asesinas*) Companies willing to defend another faced with a takeover bid.

knock-off (*imitación*) Illegal use of a brand, product or design that differs from the original but is so similar that the consumer associates it with the original (associative counterfeit). It is not the same as falsification. In general, the voluntary reproduction of a thing made to look like another. An imitation.

know-how (*saber hacer*) Collection of specialized knowledge and practical techniques that allows a process to develop efficiently and differently from the market norm.

L

label (*etiqueta*) Piece of paper or fabric attached to a product for identification purposes. Normally includes brand, name and address of the manufacturer, health or industrial certification, list of ingredients and additives, expiration date, packaging date and batch number, recommendations on use, weight or volume, size, color, etc. Original designs and drawings are normally used to highlight particular brands.

labor discrimination (*discriminación laboral*) Negative distinction of a person based on sex, nationality, age, religion, race, union membership, political ideas or other similar factors, that is detrimental to his/her chances of obtaining employment.

labor expenses (*gastos de personal*) Account in which all expenses related to personnel are included. Due to their being expenses incurred over the financial year they are included in the profits and losses statement.

labor relations report (*balance social*) Part of the annual memorandum of a company in which the personal characteristics of the employees, and matters concerning them and any trades unions that might exist are recorded for company use.

labor shortage (*escasez de mano de obra*) Situation in which the demand for a certain type of worker exceeds supply. Normally occurs in high growth industries, heavy or unpleasant work and/or in unappealing locations.

labor-intensive (*intensivo en mano de obra*) Sector or company that uses a large proportion of human resources and little investment in mechanization and technology.

lack of foresight (*imprevisión*) Failure to look ahead, think things through or be prepared.

laptop computer (*computadora portátil*) Portable computer

weighing between 3 and 8 kg that fits into a briefcase and can be used while traveling.

launch (*lanzamiento*) Process of introducing a new product or service to the market, usually accompanied by an advertising campaign. The elements of the marketing mix (product, price, place, and promotion) must be carefully planned and prepared before the launch starts. Internal marketing of the product, including training and motivation of the sales force, is also very important.

launch price (*precio de lanzamiento*) Price that is fixed for a new product. If it is launched in a new market it is called the introduction price. If it is accompanied with a new package design, label, product formula or communication strategy then it is referred to as the re-launch price.

laundering (*blanquear*) Legalization of illicit monetary funds or undeclared income by various methods, such as transfer of funds among companies or false accounting of profits or sales.

law of demand (*ley de la demanda*) Economic law that states that the quantity demanded of a product is inversely proportional to its price. The higher the price, the lower the demand, and vice-versa.

law of diminishing returns (*rendimientos decrecientes*) Economic law which states that given a certain combination of production factors (land, capital, work) to produce a particular good, an increase in any one of these factors once an optimum point has been reached (while keeping the other factors constant) produces a smaller percentage increase in the final product.

law of supply (*ley de la oferta*) Economic law that states that the quantity supplied of a product is directly proportional to its price. The higher the price, the greater the supply, and vice-versa. In certain cases, supply may be regressive, for example, farmers that sell because they fear a greater drop in price, or a worker that reaches a particular level and decides to work less.

law of supply and demand (*ley de la oferta y la demanda*) Economic law that states that the price of a product is determined by the interaction of supply and demand.

lawsuit (*demanda*) Legal term defining a means of exercising one or various actions in a court of law to obtain reparation of a violated right. It is the succinct expression of facts and fundamental rights upon which a plaintiff bases a judicial case against the defendant.

lawyer (*abogado*) Graduate in Law and member of the Bar Association. In a civil lawsuit, the person responsible for advising and defending either party. In a criminal case, the person entrusted with the defense of the accused.

lay-off (*suspensión temporal de empleo*) Termination of employment for a pre-established period of time, normally as a result of scarce demand.

layout (*trazado*) Distribution on a surface, or the succinct showing of that which is going to be explained during a presentation. For example, the design of a page in a publication with spaces reserved for the title, text and illustrations. It may be preliminary, provisional or definitive.

lead manager (*jefe de fila*) Financial institution that takes on the role of principal in organizing a syndicated loan or in a share or bond issue. The lead manager is committed to a placement volume or to a level of risk greater than the other participants in the syndicate, but also has contact with the issuer and takes a differential or a higher commission than the others.

lead manager (*administrador líder*) Principal bank in a bank syndicate that organizes security issues, negotiates with the financed entity and selects other banks as managers or subscribers.

leader (*líder*) Head of a particular group, or product that leads and dominates a market.

leadership (*liderazgo*) Ability to lead. Implies efforts intended to influence the behavior of others in order to achieve organizational or personal objectives.

leading article (*artículo de fondo*) Article which delves into a subject in depth, offering all possible information in detail and particularly conveying the different views on that subject.

lean year (*año de vacas flacas*) Year showing poor results or losses.

lease contract (*contrato de arrendamiento*) Contract by virtue of which one party (lessor) allows another (lessee) to temporarily use an object, work or services in exchange for a fixed payment.

lease-back (*alquiler-venta*) Operation involving the sale of an asset (for example, an office building) and simultaneous lease agreement for a specified amount and term. May or may not include the right or obligation to repurchase. The seller obtains liquidity and a capital gain and the buyer closes both operations with a fixed margin.

leave of absence (*licencia*) Interruption of the discharge of a job with the possibility of re-incorporation.

ledger (*libro Mayor*) Accounting record in which all balance sheet and profit and loss accounts appear on a separate page.

legal entity (*persona moral*) Corporation, association or public interest foundation recognized by law. All private interest associations, whether civil or commercial and which have been granted their own legal status independently of their associates are also included. These entities can purchase and possess all types of goods, contract obligations and bring about civil or criminal actions in accordance with their constitutions.

legal loophole (*laguna legal*) Situation not contemplated or regulated by law. When a loophole is found in specific cases, such as the payment of taxes, an empty fiscal area is created which allows one to legally pay less tax.

legal representative (*apoderado*) Proxy person granted power of attorney by another person or company for certain representative purposes. In general it is understood to mean a person with power as a signatory.

legal tender (*dinero de curso legal*) Money that can be used as a legal form of payment in a given country at a given time.

letterhead (*membrete*) Name or title of a person, office or company printed on its stationary.

letter of acknowledgment (*carta de acuse de recibo*) Letter confirming receipt of something with which one doesn't necessarily agree.

letter of credit (L/C) (*carta de crédito*) Document by virtue of which a financial institution guarantees that it will accept payment on behalf of a client, provided certain requisites are fulfilled. Used in international operations to ensure payment for exporters when goods arrive at their destination under predetermined conditions. Normally transferred from an issuing to a paying bank on behalf of an importer in which the paying bank trusts.

letter of indemnity (*acuerdo de indemnización*) Agreement by virtue of which, one party assumes the payment of compensation for damages incurred by the other party as a result of a certain event.

letter of intent (*carta de intención*) Document in which a person declares his/her intention to act in a determined manner if certain conditions occur. Although not a promise, it is often required as a moral commitment in complex negotiations or when dealing with confidential information.

letter of introduction (*carta de recomendación*) Letter used by a person to recommend another for employment or business purposes.

leveraged bid (*oferta apalancada*) Offer to purchase made by a company that relies heavily on external funds. Company assets are normally used as a guarantee and then sold in order to finance the loan.

leveraged company (*sociedad apalancada*) Company that is heavily in debt in relation to its funds.

leveraged management buy-out; LMBO (*compra apalancada por ejecutivos; CAPE*) Purchase by executives of their own company with a nominal down-payment, the remainder being financed by loans guaranteed by company assets, which are sold to the public as junk bonds and repaid by operating profits and by selling part of the company's assets (assuming that the value of subsidiaries is higher after the split).

leveraged recap (*apalancamiento defensivo*) Use of a company's capacity to incur debt and subsequent distribution of the funds obtained to shareholders, for the purpose of avoiding that a financial investor do so after purchasing the company.

liabilities (*recursos ajenos*) Resources of a company that feature on the debit side of a balance sheet, made up by all obligations and debts with third parties.

liabilities (*exigible*) Debits made up by all the pecuniary obligations that a company has at any given moment (bank credits, suppliers credits, etc.). Liabilities include specific obligations, although contingent obligations may exist that do not appear as liabilities but as memorandum accounts (bonds, guarantees and discounted bills not yet due).

liabilities (*pasivo*) Any real debt or contingency with a third party.

liability restructuring (*reestructuración del pasivo*) Reorganization of the liabilities of a company in order to lower the cost or to increase the repayment period. It may include the capturing of own funds in order to reduce the need for credit.

liability side (*pasivo*) Balance sheet amount that represents a company debt (suppliers, creditors, banks), and net worth (capital and reserves). Normally located on the right or below the asset column.

libel (*libelo*) Normally anonymous written declaration in which a person is defamed.

licensee (*concesionario; licenciatario*) Person or organization to whom a license is granted.

licenser (*licenciador*) Person or organization granting a license.

licensing (*licenciar*) Granting of official permission to apply a determined manufacturing or marketing process that is normally patented, within a geographical area in exchange for a license fee or royalty. May involve a substantial investment in transferring and controlling know how, given that licensees' interests often collide with those of the licenser.

lifelong learning (*aprendizaje continuo*) Process of training imparted by executives or corporations to employees throughout their working lives. This continuous process requires monitoring in order to provide appropriate training at the right time during a career when requirements are more apparent and relevant experience and information has been acquired.

LIFO (*LIFO; últimas entradas, primeras salidas*) Last In First Out. Stock valuation system in which the last product to enter is the first to leave the warehouse. In inflationary periods, the LIFO process results in undervalued stock, thereby producing lower operating profits than the system First In First Out (FIFO), though higher than under the Next In First Out (NIFO) method.

limited acceptance (*aceptación limitada*) Acceptance to pay a lower amount than the nominal figure of a bill of exchange.

limited audit (*auditoría limitada*) Review involving a look at a partial aspect of the company such as clients or inventory rather than a complete analysis of the financial state of the company. Usually includes a comment on the accounting principles used.

limited liability (*responsabilidad limitada*) Obligation to compensate damage or detriment only up to a previously established amount. Should the damage exceed said amount, the obligation to indemnify the surplus does not exist.

limited liability company (*sociedad de responsabilidad limitada*) Mercantile society formed by a small number of partners, the capital of which is divided into equal, accumulable and indivisible shares, that carries out mercantile activities on the principle of each partners' liability being limited to the amount of their contribution.

limited liability partner (*socio comanditario*) Person that participates in a limited partnership and whose liability is limited to the capital that he/she has contributed or that he/she is obliged to contribute to a common fund.

limited partnership (*comandita*) Partnership in which one or more of the partners' role is confined to capital investment and has no direct, ongoing role in the operation of the business.

line organization (*organigrama lineal*) Organization chart representing a company in which the power is concentrated at the highest structural level and each position reports directly to a superior.

liquid assets (*activos líquidos*) Assets comprised of cash, bank deposits and temporary financial investments, all of which can be considered as cash substitutes.

liquidation balance sheet (*balance de liquidación definitiva*) Balance sheet produced when a company is being liquidated with a view to valuing the capital that will be distributed between shareholders or outstanding creditors.

liquidation sale (*venta por liquidación*) Type of discount sale in which final stock is reduced in order to sell everything before a closure, move or sale of business.

liquidation value (*valor en liquidación*) Value of assets when they are sold in an independent and fast manner. In the case of the liquidation of a company it is assumed that the continued operation of the company in a normal fashion is not of interest. It is lower than the going-concern value as the commercial depth of the company is lost and extraordinary closure costs are incurred.

liquidity (*liquidez*) Situation in which excess funds are available in a company or the entire financial system. Cash, bank deposits available on call or financial assets that may be sold immediately on a stock exchange and thereby used as a substitute for money.

liquidity ratio (*coeficiente de liquidez*) Ratio between liquid assets in a company (cash,

bank deposits, financial assets on demand) and current liabilities. In a bank it is the ratio between their clients' deposits on demand and short term deposits.

list building (*desarrollo de listas*) Term used in direct sales for the selection and development of a list of names and addresses that may provide a more appropriate response to certain products or services.

list price (*precio de tarifa*) Publicly fixed price in a suppliers' tariff, from which agreed discounts may be deducted.

list renting (*alquiler de lista*) In direct sales, payment for the use of a list of names and addresses that are considered of value in a particular operation. May or may not include the right to specific details of the list and later use.

load (*carga*) In transport, merchandise placed on a truck, ship or plane for transport.

load (*carga*) In performance measurement, the percentage of system use as opposed to maximum capacity.

loan (*préstamo*) Contract by which one party hands a good or quantity of money to another with the condition that the latter return a similar good or quantity to the former. Sometimes accompanied by an express agreement to pay interest, in which case this is calculated on the principal value of the good or quantity being loaned.

loaned employee (*empleado cedido*) Person that temporarily works as the employee of a company other than the one he is originally from and that all parties have agreed that he will return to. This system is generally used when starting up a new production plant or a new information technology application.

lobbyist (*cabildero*) Expert in conveying opinions and messages with the intention of influencing others, especially legislators and journalists toward a desired action. Such an expert attempts to pass laws that are favorable to him or his client, and to defeat those that are unfavorable.

locked market (*mercado encajonado*) Highly competitive market in which purchase and sale price are practically the same.

lockout (*cierre patronal*) Action in which a company temporarily and voluntarily suspends activity with a view to pressurizing their employees by preventing them from working. It is the opposite of a strike.

log (*bitácora*) Register of activity of a computer. Normally a text archive that is used to adapt installations, recover systems, check statistics and security.

logistics (*logística*) Set of activities and techniques related to the flow of materials, ranging from the supply of raw materials, production, storage, transport to regional warehouses and distribution and evaluation of waste. The objective is to optimize costs, ensure safety, quality and timely delivery by coordinating with other company departments.

logo; logotype (*logotipo*) Distinctive symbol often used to identify a company or brand. Normally a name written in a particular type of print which may be accompanied by graphics. The abbreviated term of logo is often used.

long term liabilities (*acreedores a largo plazo*) Liability covering all non-trading debts. Suppliers with terms of payment that exceed one year.

For example, long term bank loan and debentures.

long-term (*largo plazo*) Period of time in terms of economic analysis that is considered long enough for total changes in the productive structure of a company to take place. The actual time involved when referring to short term, medium term or long term depends upon the type of economic analysis that is being carried out. In general terms, short term tends to be less than one year and long term over five years.

long-term financing (*financiación a largo plazo*) Internal or external financing over a term exceeding one year or, in certain countries, three years.

long-term loss (*pérdida a largo plazo*) Foreseen loss during a long period of time. The opposite to long-term profit.

loss (*pérdida*) Deficit reflected in results due to income being lower than expenses, including depreciation and provisions. In general, it is the negative balance of a business or operation.

loss leader (*artículo gancho*) Item which serves to attract the public to a store either because of exclusivity, prestige or limited period price reductions, thus encouraging sales of other products. Widely used distribution tool.

loss leader (*artículo de reclamo*) Object or good sold at a very low price, possibly below purchase price, in order to bring clients in. Also known as a crowd puller or customer puller, although these terms can be used for products that attract for reasons other than price, such as exclusivity or better quality.

loss of profits (*lucro cesante*) Amount of money not obtained as a result of non-compliance with a promise, in addition to resulting damage. Often subject to a special clause in certain construction contracts and insured.

lot (*lote*) Batch. Quantity of materials purchased, produced or sold as a unit at any given time. May include items that are the same (hourly production of a machine), similar (books) or different (promotional items for different products).

M

mail server (*servidor de correo*) A computer dedicated to receiving, storing and sending messages between the users of an e-mail system. By similarity, an application which specializes in managing such messages.

mail-order selling (*venta por correo*) Selling in which a potential buyer receives promotional material which is sent to his/her personal address by a specialized firm. Customer selection is based on random choice, previous purchase, membership to a particular club or association or credit card lists. Orders are normally sent and received by mail and paid cash on delivery.

mailing (*correo*) In direct sales, communication by mail to a selected list of addresses without prior request by the addressee. The organization can send it to their own clients, or contract a specialist company with classified files corresponding to different criteria (such as geography or occupation), and with automatic envelope stuffing, addressing systems and reduced postage rate agreements.

mailing list (*lista de correo*) Classified list of names and addresses to which newsletters or promotional material is sent. Often rented or sold.

main advertisement (*anuncio principal*) The most important of a series of advertisements or entire publicity campaign. Not necessarily the first that appears. Normally absorbs the most resources.

main office (*oficina principal*) A company's main local headquarters. In banking, main offices coordinate all branches operating in a particular city or state.

maintenance fee (*gastos de mantenimiento*) In finance, annual expenses required to maintain certain brokerage and current accounts.

major stockholders (*accionistas principales*) Shareholders that own 10% or more of company shares with the right to vote.

majority shareholder (*accionista mayoritario*) One or more shareholders who jointly control more than 50% of the share capital or voting rights.

man-hour (*hora-hombre*) Unit of measure that is the equivalent to the work carried out by a normal man during one hour. It is used for budget purposes, especially where there may be part-time workers, and is also used to measure the productivity of a variable group of people.

manage, pursue (*gestionar*) To perform tasks designed to achieve business success.

management (*dirección*) Person or group of people that control an organization, working to create and maintain conditions so that the combined effort of a group of people ensures the achieving of defined objectives.

management (*dirección; gestión*) act of controlling and directing a company, including the organization and coordination of productive factors, with the objective of achieving maximum performance. Management teams are responsible for company results to its shareholders, employees and the community in general.

management audit (*auditoría de administración*) Systematic assessment of the management of a company, carried out by a team of consultants or by an auditing company and covering areas that are not limited to accounting, such as resource management, staff morale, quality and consumer recognition of products. The purpose of the audit is to see if resources are used efficiently and to point out areas where improvements can be made.

management buy-out; MBO (*compra por ejecutivos; CPE*) Acquisition of company shares by its executives or employees. Normally refers to a leveraged purchase, given that it is carried out by loans guaranteed by company assets.

management by exception (*dirección por excepción*) System based on management by objective and budget control, focused exclusively on deviations, without spending time on checking variables that are in line with budgeted forecasts.

management by objective; MBO (*administración por objetivos*

[APO]; dirección por objetivos [DPO]) Company management technique consisting in the establishing of quantified objectives over a particular period of time with the maximum possible degree of detail, in order to provide middle management with clear targets and the means of evaluating performance.

management by walking-around; MBWA (*dirección por paseo; dirección por contacto*) Equivalent to management by contact. Management style based on an open door policy and frequent contact with employees, manual workers and clients, through visits to factories and branch offices.

management consultant (*consultor de dirección*) Expert in advising company executives in relation to strategic and restructuring decision making. Normally part of a specialized organization that sells advice on how to manage a business, concentrating on issues such as strategic management, organization, marketing, finance or human resources. They are often hired for planning and implementing major strategic changes, processes that often require a restructuring of the whole organization.

management fee (*comisión de gestión*) Percentage fee charged by certain companies for management, organization and advisory services. In investment funds, the fee is charged to the fund itself. In syndicate loans, the fee is charged to borrowers by the bank.

management of change (*administración del cambio*) Set of procedures designed to ensure that an organization is constantly capable of adapting to different situations and unexpected problems that continuously arise. Business management experts and consultants are increasingly stressing the need for efficient management of change as a result of the greater speed and international implications of modern day changes.

management ownership (*acciones de la dirección*) Group of shares that belong to company management.

management style (*estilo de dirección*) Manner in which an executive uses his/her authority and decision in relation to subordinates. The most common types of decision making styles include authoritarian and democratic approaches, and with respect to relationships, those that attempt to achieve efficient performance of tasks within the short term, and those that endeavor to develop human resources and reach objectives in the medium term.

management succession (*administración de sustitutos*) Process of ensuring adequate managerial capacity in an organization, by efficiently replacing executives that are transferred to a different position, retire or unexpectedly leave the company. Requires an accurate estimate of future management needs, recruitment, training and planning.

management trainee (*gerente en entrenamiento*) Person involved in a specific training process for a middle management position. Often refers to business management graduates that are rotated between different company departments in order to provide them with working experience in different areas.

management training (*entrenamiento para la dirección*)

Development of supervisory skills of company managers by means of teaching and practical work in the principles of management. May be carried out on the job or by case study.

manager (*administrador; gerente*) Head of an organization at a middle-upper operative level, in charge of a function, department or division. In smaller companies, the person authorized to direct operations.

manager (*director*) Person that directs a company, department or organization. Tasks may include: planning, organization, coordination and control. A manager should give priority to objectives, resources and interpersonal relations and lead his/her team towards achieving a common goal.

managerial entrenchment (*atrincheramiento de la dirección*) Out and out fight by managers to defend their responsibilities and privileges in the face of a hostile takeover bid, even to the detriment of their shareholders interests, which should prevail.

managerial failure (*fracaso de la dirección*) Collapse of a competitive situation and drop in company results due to managerial errors, the consequences of which provoke the substitution of the management and, at times, the sale or liquidation of the company.

mandate (*mandato*) In the banking industry, an order made by a public or private institution to a bank to perform a specific operation such as placing a bond issue or selling an affiliate.

manpower planning (*planificación de plantillas*) Analysis of the present and future personnel needs of an organization and determination of measures to be taken to bring existing resources up to the required standard.

manufacturer (*fabricante*) Company that produces merchandise when it uses machinery, follows repetitive processes and produces in mass volume. The manufacturing process may involve changes in the form or characteristics of the original raw materials, their selection, the integration or unification of various components and final packaging. The manufacturer sells its products directly from the factory, or through commission agents, distributors, wholesalers or branch offices.

manufacturing (*fabricación*) A series of actions to transform raw materials and intermediary products into finished or final products ready for sale. These actions are generally carried out in an organized and repetitive manner with specific machinery. When a single object is produced then the term construction is used.

manufacturing cost (*costo de fabricación; costo de producción*) Cost of producing goods, usually calculated by adding raw materials and consumer goods, direct labor, and factory overhead costs. Synonym for production cost.

manufacturing for stock (*fabricación para almacén*) Large scale manufacturing in accordance with a demand estimate and not due to concrete sales. While it is not sold, the product is stored in a warehouse. It is common in high consumption low value products.

manufacturing to order (*fabricación bajo pedido*) Manufacturing that begins when there is a definite commitment with a buyer. It is common with high value products or those that have characteristics that have to be adjusted to the specific needs of each buyer.

margin (*margen*) Difference between sales price and cost price. If only accumulated variable costs are considered, the term absorption margin is used. If depreciation is deducted, it is referred to as net margin (although taxes would also have to be deducted) and if not, gross margin. If only production costs are considered, the term industrial margin is used and if all costs are accounted for, it is called commercial margin which is equivalent to net margin. May be a percentage (normally of sales price) or the difference in total amounts.

margin of error (*margen de error*) Relative figure that may be expressed as a percentage and is estimated or calculated by taking into account all possible causes of error in order to establish a range of possible values around a main figure, which is obtained by statistical calculation or scientific experiment.

marginal (*marginal*) To be at a limit. When referring to price or cost, an extra unit added. In companies or production, it implies a lack of importance or minimum profitability.

marginal cost (*costo marginal*) Cost for increasing production in an additional unit. Whenever there is production capacity available, the marginal cost is formed only by variable costs.

marginal efficiency of capital (*eficiencia marginal del capital*) Performance or utility of the last amount invested. Percentage of profit variation obtained with the last investment increase.

marginal income (*renta marginal*) Last unit of income earned by an individual.

marginal utility (*utilidad marginal*) Utility or satisfaction that the consumer obtains from the last unit consumed. Economic theory says that marginal utility is always decreasing. The consumer reaches the unit that is equivalent to the market price with the marginal utility that is obtained. The utility that was obtained from previous units, for a price below the price that the consumer was willing to pay, represents consumer surplus.

mark (*marcar*) In marketing, to determine the sales price of an article, for example by calculating the margin on cost price.

mark (*marcar*) In merchandising, to indicate the sales price of an article (in addition to other information such as size).

mark-up (*marginar*) To fix margins per reference, group or section in order to obtain a suitable average gross margin as well as the necessary competitiveness. Sales price is established by applying mark-ups to cost prices, with the exception of loss leaders or rounding off in price points.

markdown (*rebajar*) Reduction of public sale price of a good due to a special offer, end of a season or in order to liquidate stocks.

market (*mercado*) Place at which products are offered for sale, normally at regular intervals. Negotiations are regulated often by established custom. Communications technology developments have enabled markets in which goods are not required to be physically displayed. Current or potential demand for a product or group of products. Market size depends on the number of people that need the product, possess the necessary resources to buy it and are willing to offer such resources in exchange, at a given price.

market area (*área de mercado*) Geographic area in which a product or service is sold, ranging from a neighborhood to the whole world. Some companies divide their market area into regions or zones, headed in descending order of size by a director, manager, area supervisor and sales representative.

market area potential (*potencial de un área de mercado*) Evaluation of sales possibilities in a specific area that can be defined geographically or by buyer segments.

market capitalization (*capitalización bursátil*) Value of a company calculated by multiplying the number of shares issued by its listed stock exchange price.

market control (*dominio del mercado*) Possibility of a company to control the market of a product, and thereby determine its price and availability.

market coverage (*cobertura de mercado*) Percentage of clients visited by a sales force out of the total of potential clients. The percentage that buy is the numerical distribution.

market economy (*economía no intervenida; economía de libre mercado*) Equivalent to a free market economy. An economic system based upon the free movement of market forces.

market failures (*ineficiencias del mercado*) Imperfections in the market system that impede the efficient assignation of resources.

market gap (*hueco de mercado*) Need of a market that is not satisfactorily covered, allowing a company with a competitive or original product, price or form of distribution to enter the market. It is a niche in a market that has not been fully exploited.

market index (*índice de mercado*) Values that shows the variation in the price of the assets of a market duly weighed up.

market leader (*líder del mercado*) Company or brand that has the largest market share of a determined product or service. It normally has the largest brand acknowledgment and in many cases, price and quality levels are high.

market maturity (*madurez del mercado*) Third phase of a product or market's life cycle, featuring stable sales and profits. Most products are in this phase. The most common marketing activities include: re-sectoring, brand repositioning, attempts to increase consumption per client, quality or presentation upgrading, distribution channels with greater reach and attack or defense in price wars.

market niche (*nicho de mercado*) Market sector that is significantly different to others, due to a product's value for money, features, customers, distribution channels, parallel services or geographical area. The niche must be large enough and potential growth sufficient to enable specialization that impedes, or at least limits, the entry of competitors.

market penetration (*penetración del mercado*) Strategy designed to increase product sales in current markets by means of a more aggressive marketing policy, for example, lower prices and greater publicity. Other strategies include new markets, new products or a combination of both, as part of a diversification plan.

market permeability
(*permeabilidad de un mercado*)
Possibilities that certain
factors, such as publicity or
promotions, might have of
influencing a particular
market. A market is
considered to be more
permeable if it is more easily
influenced.

market power (*poder de mercado*)
Capacity of an individual or
of a group of buyers or
vendors to influence the
price of a good or service that
exists in the market. The
absolute absence of market
power constitutes one of the
conditions required for
perfect competition to exist.

market price (*precio de mercado*)
Price in which offer and
demand are in equilibrium.
Last price exercised at which
sale or purchase can take
place.

market research (*estudio de
mercado*) Study and analysis of
current or potential market
information on a particular
product, based on general
features such as size, trends,
sectors, competitors,
distribution channels and
consumer needs. Equivalent
to market study.

market research (*investigación de
mercado*) Compilation and
analysis of information
regarding the characteristics
of a real or potential market
with special emphasis on total
volume, evolution,
competitors' shares of market
purchases and sales,
numerical and adjusted
distribution and the net
participation of each brand,
distribution channels with
their methods of service,
payment, tariffs and condition
scales; competitors' strong
points and weaknesses; input
and output barriers; and
sector divisions. The
marketing department may
use its own resources such as
information gained by the
sales force and sector or
government statistics, or they
may contract specialist
consultants. Market research
is complementary to
consumer research.

market risk (*riesgo de mercado*)
Risk of loss of an entity's
resources as a result of
volatility in prices in the
financial markets. Depending
upon its origin, it can be split
into either interest rate risks
or exchange rate risk. It is
generally measured by
estimating the losses that
would be produced by
different hypotheses of
averse movements in the
markets.

market share (*cuota de mercado*) Percentage sales of a brand over the total sales in a market. It can refer to brand share or manufacturers share. Normally it is calculated by knowing the sales of a brand and estimating the total market. Market share is the equivalent of multiplying the balanced distribution by the net participation which in a certain measure shows the efficiency of the sales force and the respective marketing.

market sharing (*reparto de mercado*) Agreement between many companies offering the same product that under normal conditions would be competing in the same market, whereby they divide a particular market geographically or according to distribution channels. In some cases the price is fixed and quotas are agreed.

market size (*dimensión del mercado*) A product's total satisfied demand.

market test (*prueba de mercado*) Action organized scientifically with the aim of estimating the success of a product and its marketing plan, including samples, store simulations and market surveys. The investment in market tests depends upon the research budget, calendar pressures, launch risks, and expenses or investment in the product itself.

market timing (*oportunidad del mercado*) Most suitable time at which to carry out a transaction. In a continuous session, the best time is normally at the beginning or end, however over a longer period, for example, one month, other circumstances may intervene.

market value (*valor de mercado; valor corriente*) Value that a particular good would obtain in a market under normal circumstances. The needs of the buyer or vendor are not taken into account and it is assumed that perfect information relating to the good is available.

market value accounting (*contabilidad a valor de mercado*) Accounting system based on the market value of a company's assets and liabilities, as opposed to the value according to generally accepted accounting principles that normally tend to be more conservative and take into account the lower of market value and cost.

market-oriented (*orientación al consumidor*) Principle that governs the activities of companies with advanced marketing systems, designed to constantly identify and even anticipate consumer needs, as opposed to companies that design and sell their own products or those produced by technological progress.

marketing (*mercadotecnia*) (Mex.) Science that studies consumers, identifies needs and searches for ways of satisfying them by creating business opportunities. The objective is to increase consumer satisfaction as well as company equity and not the consumption of a particular product. Covers a series of techniques grouped into different areas: market and consumer research, product and process innovation, market position studies, advertising, public relations, sales promotion, distribution, planning and control. More than just a company division, marketing is seen as a system of organizing different company departments in relation to consumption. In Spain the English word marketing is widely used, sometimes translated as *mercadología*. In some

countries *mercadeo* is also used.

marketing plan (*plan de mercadotecnia*) Planned activity of the marketing department of a company or group of products including sales and profit objectives and fixing of budgets required for the launch or withdrawal of products, publicity, promotions, pricing and distribution, etc.

marketing research (*investigación mercadotécnica*) Methods for studying and predicting the behavior of markets and consumers.

mass media (*medios masivos*) Communication channels that reach large audiences such as television, radio and magazines. In general, messages are not well segmented, however large coverage and efficiency is available for simple messages or important consumer goods.

mass production (*producción en masa*) Production of large quantities of something, normally carried out with specialized machinery and a large degree of job division. The product is uniform or has minor variations (color, packaging, accessories). This type of production may or may not be carried out in a continuous series and is used for low cost products that do not have major design or personalization requirements. It is the opposite of limited production.

mass storage (*almacenamiento masivo*) In information systems, a fixed mechanical memory device such as a magnetic tape, paper ribbon or disk.

master plan (*plan general*) Document that contains all the plans, rules and decisions required in order to define the urban development of a city.

maternity leave (*permiso por maternidad*) Period of paid absence allowed by law to a female employee who has had a child, the length of which can vary between countries from a few weeks to 12 months. In some countries, the father can take some months of leave instead of the mother.

maturity period (*periodo de maduración; PME*) Average number of days during which stocks remain within a company, calculated by dividing the stock levels by net sales and multiplying by 365. Most companies will try to reduce this figure by planning suppliers' delivery dates, and by making changes to the production line and services to clients.

mean (*media*) Average value that may be arithmetic, geometric, harmonic or squared.

mean audit date (*fecha media de muestreo*) In market research, the central day of a period of time in which a sample is carried out, given that it normally takes longer than one day. It is important to ensure that no further significant events take place during the period of time and that it is kept to a minimum.

means of payment (*medio de pago*) Money, currency or financial asset capable of canceling a debt.

media (*medios de comunicación*) Group of material and human resources used to distribute news and information (press, radio, television).

media buying (*compra de medios*) Planning, reservation and purchase of the spots most appropriate for a specific advertising campaign in selected media. Normally carried out by an advertising agency or a specialized agency, under the supervision of the advertiser.

media planning (*planificación de medios*) Process of organizing the publicity measures and vehicles to be used during a specific campaign. The most important factors are: characteristics of the targeted public, coverage requirements and frequency in accordance with the message, available expense budget, and media being used by the competition. The planning stage is the intermediate stage between investigation and purchase of advertising means.

media research (*investigación de medios*) Compilation and analysis of information regarding the characteristics and costs of communications media with the aim of better planning and purchasing of media space.

mediation (*mediación*) Action or effect of reconciling a dispute between two or more parties.

mediator (*mediador*) Person called upon to resolve a disagreement between two arbiters or adjusters.

meeting of creditors (*concurso de acreedores*) Agreement between creditors and a legally responsible debtor in order to agree upon the schedule and amount of payments due or to declare bankruptcy.

member (*miembro*) Individual belonging to a community or association.

member (*socio*) Participant in a non-profit association.

membership contract (*contrato de adhesión*) Contract in which one party establishes standard conditions applicable to all others that wish to participate, the latter being unable to change any of the established conditions (for example, telephone lines).

memorandum (*memorándum*) Brief report on a subject that should be taken into consideration before a decision is made or action performed.

memory (*memoria*) Unit for storing and later recovering data.

mentoring (*guía, padrinazgo*) Professional training and guidance system in which new employees are assigned a mentor or supervisor with more experience and seniority that provides guidance and support.

mercantile (*mercantil*) Relating to commerce.

merchandise (*mercadería*) Term used to refer to any good subject to negotiation or sale.

merchandising (*mercadeo*) Area of marketing that specializes in points of sale, involving stock and product line management, display, promotions, sampling and supervision or advertising materials.

merger (*fusión*) Voluntary union of one or more companies in order to form a single company with new legal and independent characteristics. If the characteristics of one of the companies is retained, it is called take over merger. In a merger there may be fiscal benefits. The final stock capital is constituted by the sum of all capital of the different companies involved in the merger, plus possible merger premiums. A merger may be horizontal (companies of the same sector), upwardly vertical (with a supplier), downwardly vertical (with a client), or conglomerate (without any relationship).

mergers and acquisitions; MA (*fusiones y adquisiciones; FA*) Department or company that exists to provide remunerated intermediation services in the buying and selling of companies.

methods and time measurement (*análisis de métodos y tiempos*) Procedure designed to provide a breakdown of industrial and administrative operations into simple tasks that require optimization. The objective is to simplify and eliminate unnecessary tasks while defining standard targets that can serve as a productivity incentive scheme. The breakdown of tasks originally indicated an employee's basic assigned activities over a given time.

middle management (*mandos intermedios*) Employees with a certain level of qualifications, authority and power. Normally responsible for performing activities but not establishing objectives nor organization.

minimum salary (*salario mínimo*) Minimum wage or remuneration that any worker should receive according to law, regardless of the type of employment or profession. It is fixed on a daily or monthly basis.

minutes (*acta*) Document that records the matters discussed during a meeting, in particular the agreements reached. Minutes are read, modified and passed at the beginning of the following meeting.

misappropriation (*desfalco*) Appropriation or incorrect use of money or securities by people who have the obligation of looking after it.

mismanagement (*desgobierno*) Poor running of a company or organization leading to objectives not being reached, resources being wasted, employees becoming demoralized, loss of clients and, if the situation is not corrected, the eventual disappearance of the company.

mission statement (*misión de la empresa*) Brief description of corporate purpose used to inform employees and external agents of a company's objectives and priorities. Practice that became popular at the end of the 80's, although of little value if not well defined. The main advantage lies in the internal preparation process, given that it helps to focus attention on what the company expects to achieve and therefore highlight its priorities.

mixed company (*empresa mixta*) Company whose capital belongs to a government (or state companies) and privately capitalized companies.

mixed economy (*economía mixta*) Economic system in which free market principles and institutions coexist with criteria taken from centrally managed economy (planning, price intervention, cost fixing, quotas). The mixed economy does not constitute an efficient economic system as it mixes political decisions and motives with rational economic criteria, but it has been introduced in many countries for reasons of equality or stability.

mobility management (*administración de movilidad*) Manner in which a network controls the position of a mobile telephone in order to achieve the best possible call routing.

mom and pop business (*negocio familiar*) Small family-run concern with relatively few employees, normally represented by a store or agency.

money (*dinero*) Currency, legal tender represented by coins or notes. Unit of measurement for financial transactions.

money order (*orden de pago*) Irrevocable order to transfer funds from one current to another.

money supply (*masa monetaria*) Total amount of money in circulation, including current account or saving deposits available on call.

money supply (*oferta monetaria*) Amount of money or credit in circulation at any given time.

monopolistic competition
(*competencia monopólica*)
Intermediate form of
competition between
monopoly and perfect
competition. Deals with a
multi-competitor market that
offers a product (as in perfect
competition) but demand
preferences exist. Products
offered are not equal in the
opinion of consumers,
therefore each producer has a
monopoly on his specific
version of the product (as in a
monopoly). Preferences can
be due to the differentiation
of products, advertising or
other factors.

most-favored nation clause
(*cláusula de la nación más
favorecida*) Agreement
whereby a nation allows
another to import a product
with the same advantages as
those enjoyed by the nation
most favored by them.

motivation research (*estudio de
motivación*) Study and
analysis of reasons, desires and
needs of consumers, as well as
positive and negative
motivation. Used to identify
and structure motives and
subsequently predict behavior.

mouse pad (*alfombrilla; cojín*)
Small flat surface designed to
facilitate computer mouse
movement.

multinational company (*empresa
multinacional; EMN*)
Company with production
or distribution facilities in
several countries. Known as
an international company if
the shareholders originate
from different countries.
Generally known simply as a
multinational.

multinational corporation
(*compañía multinacional;
empresa multinacional*)
Equivalent to a multinational
company with production or
distribution facilities in
several countries. Even
though headquarters and
central office are in a certain
country, company decisions
are made with a global
perspective to benefit from
the comparative advantages
of each country. A company is
called international if its
shareholders come from
several countries.

multiplier principle (*principio del
multiplicador*) Interactive
relation between overall income
and an initial increase in
investments or exports. The
final result is the initial effect
multiplied by a particular
coefficient.

multitasking (*multitarea*) Ability
of certain operative systems
to execute several
applications simultaneously.

443

multivariant analysis (*análisis multivariante*) Technique used in statistical analysis of several variables. The study of relationships may be based on multiple correlation, regression, factorial and cluster analysis, among other techniques.

municipal company (*empresa municipal*) Company whose assets and control are taken on by a municipal authority, normally to legally monopolize a service in a more agile judicial form.

N

name badge (*placa personal*) Card or emblem showing the name of a person and the organization to which they belong, used to facilitate identification at a conference or trade fair.

named vote (*voto nominativo*) Voting system whereby the way in which each person voted is recorded.

national accounting (*contabilidad nacional*) Obtaining of a country's financial data. For example, GNP, public income or expenses.

natural wastage (*atrición natural*) Process of natural reduction of staff levels within an organization by not replacing those that leave the company voluntarily, or through retirement, illness or death.

negotiable certificate of deposit (*certificado de depósito negociable*) A certificate of deposit that can be transferred by means of a simple endorsement.

negotiable instrument (*instrumento negociable*) Means of payment that can easily be transferred to a third party by means of an endorsement or simply by handing it over to them, such as a check or a promissory note.

negotiate (*negociar*) To carry out business operations with the aim of making a profit.

negotiation (*negociación*) Formal discussion between parties for the purpose of reaching an agreement or advantage.

negotiation package (*paquete de negociación*) Combined rights and obligations offered or agreed upon during negotiations, in such a way that they must be accepted jointly and any subsequent change in one condition will affect others, even if only temporarily agreed upon.

negotiator (*negociador*) Expert in achieving beneficial agreements for an organization in dealings with third parties.

net (*neto*) Exact amount after discounting or subtraction. For example, net price is the actual price paid and net profit is calculated by subtracting taxes from gross profit.

Net (*Red*) Familiar name given to the Internet which covers both the Web (WWW) as well as all the other computers which are connected using protocols other than HTML and HTTP.

net current assets (*activo circulante neto*) Working capital. Positive difference between current assets and current liabilities.

net dividend (*dividendo neto*) Dividend paid to shareholders after deducting capital income tax withheld at the source. The net dividend is therefore calculated by deducting tax withholdings from the gross dividend amount.

net fixed assets (*activo neto*) Value obtained by deducting all depreciation from gross fixed assets.

net margin (*margen neto*) Difference between earnings and all necessary costs, including depreciation and taxes. In trading, normally indicates gross margin less direct sale expenses.

net national product; NNP (*producto nacional neto; PNN*) National gross product after deducting depreciation. It is usually similar to the market prices. If it is the factor costs, that is after deducting indirect taxes, it is the equivalent of National Income.

net present value; NPV (*valor actualizado neto; VAN*) Value, updated to the present moment by means of an adequate rate of interest, of all future charges and payments that an activity is expected to generate.

net price (*precio neto*) Price at which no discounts are accepted. In practice it is often the final price, after deducting all discounts from the tariff or catalog price.

net profit (*utilidad del ejercicio; utilidad neta; resultado neto contable*) Profit obtained subtracting from the revenue all those expenses relating to the financial period. Equivalent to net profit throughout the entire financial year.

net return (*rendimiento neto*) Profit obtained after deducting payable taxes from gross return.

net sales (*ventas netas*) Sales at gross invoice amount less returns, allowances, freight paid for customers, sales taxes and discounts taken.

net value (*valor líquido*) Value that results from deducting operating costs from price.

net weight (*peso neto*) Gross weight minus the container weight or the weight of packaging materials. The drained net weight of conserved products is calculated by deducting the weight of the conserving liquid.

net worth (*activo neto; neto patrimonial; recursos propios*) The difference between total current assets and current liabilities. Share capital plus reserves, not including fictitious assets or liabilities. May include goodwill for the purpose of calculating a company's purchase price.

net yield (*retorno neto*) Profitability of an asset after deducting the expenses required for its purchase and maintenance. Taxes that profitability will incur are not normally deducted, despite the fact that the term net may indicate the contrary. The nominal return or yield is that obtained without deducting expenses.

network (*red*) In general, people or means that communicate and work together in a coordinated fashion. In computer science, a system made up of many computers and terminals interconnected by public or dedicated communication channels.

network adapter (*adaptador de red*) Printed circuit installed in a workstation or server that controls data exchange within a network. Network adapters carry out the electronic functions of access methods (data link protocol). The means of transmission (braided par, coaxial or optic fiber cable) physically interconnects all network adapters.

network administrator (*administrador de red*) Person that manages a network. Generally in charge of installing server applications, user registration and assigning passwords for access to different resources, as well as control of network activities.

network database (*base de datos de red*) Method of organizing a database by register owner, in such a way that each register, except the root, can have different owners and, as such, be accessed to by different routes. Database residing within a network, which, in turn, implies a system design based on Client-Server architecture with a Database Server. Database containing the network users' information.

network management (*administración de red*) Control

of an active network, designed to locate and isolate problems as well as gather statistics in order to facilitate installation.

networking (*socializar; trabajar en red*) Deliberate use of friends, associations, and informal meetings such as conferences, parties, organized visits, to make contacts with the aim of generating ideas, business, or influencing people.

new product development (*desarrollo de nuevos productos*) Combined operations that lead to the renewal of a product portfolio using technological innovations, client suggestions or the appearance of new requirements. They require close cooperation from the outset between the research and development department, production department and marketing department, that must continue throughout all the phases: idea selection, technical evaluation, product development, manufacturing process, market tests and launching.

new share (*acción nueva*) Share issued as a result of a capital increase. The term "new share" is used to differentiate this type of share from existing shares, given that different conditions sometimes apply for a certain duration.

news release (*comunicado*) Document conveying new information. Frequently used to refer to documents sent to the media for publication.

newsletter (*boletín*) Regular publication specialized in general economic or sectorial information.

NIFO (*NIFO*) Next In First Out. Stock valuation system that assigns outgoing goods with a replacement value. Increases cost price and decreases accounting profit, even more than the LIFO system if inflation exists.

nominal yield (*rendimiento nominal*) Annual return of an asset expressed as a percentage of its cost without deducting any maintenance costs. Neither is the amount of time that the asset has been kept taken into account as this would affect the effective or real return.

non-convertible (*inconvertible*) Currency that is not quoted on the international exchange market. The existence of exchange controls means that extremely convertible currencies cannot be freely transferred to or from a country by residents.

non-current asset (*activo no circulante*) Fixed asset not intended to be convertible in the short term.

non-current liability (*pasivo no circulante*) Liability that is not due within a current financial year. Normally a financial obligation, given that commercial liabilities are assumed over shorter terms.

non-executive director (*consejero no ejecutivo*) Member of a board of directors that does not have executive powers. If not an advisor or executive, his/her opinions are probably more generalized and objective, and intended to defend shareholder interests. In certain countries, auditing and executive management remuneration committees are normally exclusively comprised of non-executive directors, that also comprise the majority of committees responsible for appointing executive company management.

non-operating expenses (*gastos extraordinarios*) Expenses caused by atypical or non-recurring company operations.

non-operating income (*ingresos extraordinarios*) Income generated by operations other than those that the company normally carries out, or that are not recurrent, such as the profit gained from the sale of a fixed asset.

non-realized profit (*utilidad latente*) Theoretical profits that would be obtained on liquidating, on the day, an operation within an unexpired period or by selling shares previously bought at a cheaper rate. The profit can not be registered in the accounts until it really has been carried out, firstly because the expiry date is reached and, secondly, because effectively those shares are sold.

non-voting stock (*acción sin derecho de voto*) Company shares or stock paying a preferential dividend, lower issue price or other compensation, in exchange for the lack of voting rights at General Shareholder Meetings.

notary certificate (*acta notarial*) Document certifying a deed or right, as witnessed or authorized by a notary.

notary public (*notario*) Official public representative authorized to certify contracts, wills and other legal documents.

note receivable for collection (*pagaré en gestión de cobro*) Bill handed by a beneficiary into a bank for collection just before the due date in return for a commission. No interest is generated as the bank have not forwarded the amount of the bill.

notes payable (*pagarés por pagar*) Outstanding bills of exchange or promissory notes. The effects can have a commercial and financial origin.

notes receivable (*pagarés por cobrar*) Bills of exchange or promissory notes. The bills can have a commercial or financial origin.

notes to financial statements (*notas a los estados financieros*) Complementary information on financial statements that gives details on accounting policy, specific accounts and extraordinary items.

notional supply (*oferta nocional*) Quantity of a good or service that economic agents are willing to supply at current market prices. If greater than effective supply, rationing takes place.

nullity action (*acción de nulidad*) Procedure initiated to obtain total annulment of a contract lacking essential requirements or when consent was obtained by force. Any contract declared to be null and void is legally inoperative.

O

objective (*objetivo*) Business or organizational target used to coordinate, motivate and evaluate performance.

obsolescence (*obsolescencia*) Outdating of technology or of a product caused by another that carries out the same function more efficiently.

occupancy permit (*uso de suelo habitacional*) Permit from Urban Authorities to occupy a dwelling.

occupation (*ocupación*) Regular employment or work carried out by a person for the purpose of earning a living.

occupational accident (*accidente laboral*) Accident suffered by an employee at his/her place of work, during a business trip or while traveling from home to work.

occupational psychologist (*psicólogo industrial; psicólogo empresarial*) Psychologist specializing in the application of selection, motivation and training techniques in companies and organizations in general.

They also contribute toward analyzing job satisfaction and proposing changes in job content or processes for carrying out a job.

odd page (*página impar*) Right hand side page of a publication. Advertisements appearing on odd number pages are normally easier to read and therefore more expensive.

off-balance sheet lending (*crédito de firma; riesgo de firma*) Bank risk that does not involve the transfer of money at the time of acceptance by the financial institution (such as bonds, guarantees and letters of credit).

off-line storage (*almacenamiento fuera de línea*) Disks and tape containing data stored in a data bank.

off-peak times (*horas valle*) Period of minimum demand.

off-the-job training (*entrenamiento fuera del trabajo*) Practical training of an employee away from the work place environment,

451

although in artificially similar situations. Within the training center, role plays and case studies are often used to recreate normal work place conditions.

offer (*oferta*) Business proposition or proposal to enter into a contract, understood as a firm offer if not otherwise indicated and until it is withdrawn.

offer letter (*carta de confirmación*) Written and formal offer from a company to hold a particular position that specifies the title, duties, superiors and financial conditions.

offering date (*fecha de salida*) Date upon which the general public can subscribe to a new share issue.

office (*oficina*) Place at which management and administrative staff perform their duties.

office assistant (*ordenanza*) Auxiliary employee of a public office or department whose functions normally involve administrative tasks.

officer (*agente*) Person with the authority to carry out legally enforceable acts, for example, legal officers or traffic police.

oligopolistic competition (*competencia oligopólica*)

Equivalent to oligopoly. Market situation in which the few producers that exist attempt to make agreements that improve their financial situation at the expense of consumers. If there are only two suppliers, it is a duopoly and if there is one supplier only, a monopoly.

on account (*a cuenta*) Advance or partial payment where the total amount is often not determined.

on presentation (*a la presentación*) Act of exhibiting a payment document to the drawee for immediate payment or for the purpose of recording the due date.

on-the-job training (*entrenamiento en el trabajo*) Training of an employee at his place at work.

on-line (*en línea*) In computers, work mode in which the user's terminal is connected to a central computer or a server through cable or communication channels. The user can thus maintain an interactive dialogue between the computer and the terminal and the user and terminal get immediate response to their actions: consulting information, introducing data and requesting the execution of programs.

open an account (*abrir una cuenta*) In accounting, to assign a computerized code to an account in which entries are to be recorded. In banking, to complete an application form and effect the initial deposit in a new account.

open economy (*economía abierta*) Economic system that favors the commercial interchange of goods and services, capital and workers with other countries. In the same way that totally closed economies do not exist, neither do totally open ones, not even when referring simply to the interchange of goods.

open interest (*contratos abiertos*) Total contracts or options available at a given time.

open negotiations (*entablar negociaciones*) To establish serious contact with interested parties with a view to reaching a mutually favorable agreement. A letter of intent may be required.

opening (*apertura*) Group of correctly planned promotional and publicity events planned for the inauguration of an establishment. Suppliers are often required to sponsor activities.

opening balance (*saldo de apertura*) Initial amount in a balance account or ledger.

opening balance sheet (*balance inicial*) Balance sheet made at the beginning of each financial year and on commencing business in order to show the contributions of the company partners.

opening inventory (*inventario inicial*) Stock inventory at the start of a period. It is the same as the closing inventory for the preceding period. By adding purchases and deducting sales the final theoretical inventory is arrived at, which is then compared with the real inventory.

opening time (*hora de apertura*) Hour at which a store opens its doors to the public, or allows operations to take place in a market.

operating leverage (*apalancamiento operativo*) Relationship between a company's fixed and variable costs. A high figure indicates strong leverage. At times of optimum sales activity, profits will increase proportionately greater than those of other companies that produce the same volume at the same cost, but more inclined towards variable costs. In a recession, however, the latter will be in a better position. The rate should be lowered when strong financial leverage also exists in order to achieve greater stability in net worth profitability.

operating revenue (*ingresos por operaciones*) Earnings that a company receives as a result of their normal operations, as opposed to extraordinary results, shares portfolio performance, financial deposits (in the case of companies that do not include this as part of their normal operations), etc.

operating statement (*cuenta de explotación*) Statement that details cash flow generated by the normal management of a company, principally stock variations, purchases and expense accounts and sales and income accounts.

operation (*operación; explotación*) Business activity and result recorded in the operating accounts or results of a company.

opinion leader (*líder de opinión*) Person acknowledged as having the most extensive experience or know how in a specific field and whose advice may affect a final decision.

opportunity cost (*costo de oportunidad*) Worth of an alternative mode of action not chosen. Profitability that a particular production factor might have obtained in another use.

optimum size (*dimensión óptima*) The size of a unit (company, factory or production line) at which profitability, productivity or well-being is maximized.

option (*opción*) The right to act, refrain, accept or refuse something. Faculty granted to one party as entitlement to a right or action.

oral contract (*contrato verbal; contrato de palabra*) Non-written agreement based on the consent of both parties. Synonym of verbal contract.

order discount (*descuento de cantidad*) Reduction on price tariff due to the volume of an order, not taking into account the accumulated purchase volume of that client, but bearing in mind the reduced costs involved in handling a bulk order (for example a full truck).

order number (*número de pedido*) Reference number that identifies an order for services or products used to facilitate communications between buyers and sellers, invoicing and general administrative control.

order of the day (*orden del día*) Agenda, program of matters to be discussed at a meeting. The order is normally as follows: list of those present, absent and represented, reading and approval of the minutes of the previous meeting, list of matters to be discussed and questions and answers.

orderbook (*cartera de pedidos*) Group of purchase orders pending delivery.

ordinary income (*renta ordinaria*) Individual or company income that does not derive from capital gains and includes the returns from personal work, rents and professional, business and artistic activities.

organization (*organización*) Structured group of material and human resources that carries out the same activity or endeavor to achieve a common goal.

organization (*organismo*) Public body that may include a group of departments or divisions.

organization chart (*organigrama*) Graphic and schematic representation of a company's structure that normally includes the names of positions and their occupants, as well as the hierarchical and functional relationships of such. May include a description of functions and responsibilities.

organization planning (*planificación de la organización*) Systematic process for analyzing, establishing, controlling and correcting the style and structure of a company to ensure that it achieves its objectives through the efficient use of resources.

organization structure (*estructura de la organización*) System, procedure and formal organization applied by a company in order to reach its objectives with available resources.

organizational change (*cambio de la organización*) Variation in a company's structure and style in response to a change in strategy or foreseen situations.

organizational development; OD (*desarrollo organizacional*) Combined techniques aimed at improving an organization's ability to achieve its objectives. They cover areas such as speed in adapting to changes in one's environment, improving employees grasp of company objectives, easing communication between the company and the employees regarding decision making, and creating a positive working environment.

organizational psychology (*psicología de las organizaciones*) Branch of psychology specializing in organizational problems such as personnel selection and orientation, business studies and the setting up of training and motivation programs.

original cost (*costo original*) Set of costs related to the acquisition of goods.

original maturity (*periodo de maduración original*) Period between the date of issue of a security and the foreseen date for the last repayment, that is the foreseen life expectancy of a security.

outdoor advertising (*publicidad exterior*) Advertising that is communicated to individuals outside their homes. Static means include billboards in cities or by the roadside, telephone booths and bus stops, while mobile means include taxis, buses and subway trains.

outline (*esquema*) Sketch. Representation based solely on general and important characters.

outplacement (*recolocación*) Service which helps find new employment for executives that have recently lost their jobs. Sometimes it is paid by the company that has made a lay-off in order to reduce the trauma associated with the loss of a job. The service helps to define the objectives and strong points of an individual, they provide training in resume preparation and interviewing, and they help to pin-point target companies. As opposed to head-hunter services, the aim of an outplacement service is to find the best possible job for the individual.

output (*salida*) Quantity or value of goods that passes from one sector to another or to final demand.

output (*salida*) Production of a machine, factory or a process in general.

outsourcing (*contratación externa; subcontratación*) Obtaining of a non-vital service or component from an external supplier. Provides greater flexibility, saves time and money and normally results in higher quality and specialization.

outward acquisition (*adquisición externa*) Purchase made by a state owned company of a foreign state owned company.

overdraft (*sobregiro*) Amount drawn on a current account that exceeds the funds previously deposited therein.

overdraft facility (*crédito en descubierto*) Credit that is normally agreed verbally, in the short term and for a small amount that the bank concedes to a clients' current account.

overdue (*atrasado*) Past its expiry date or awaited moment.

overdue credit (*crédito vencido*) Credit that has reached expiry and must be covered.

overdue interest (*interés moratorio*) Surcharge above an agreed interest rate during the period that a credit or obligation is outstanding.

overdue interests (*intereses moratorios*) Result of applying the delayed payment rate to the principal amount of a credit with regard to the number of days delay. Governments also apply late payment interest for not paying fiscal debt in the time period allocated for that purpose.

overhead cost (*costo de operación*) All costs not directly related to production such as indirect manufacturing costs, general commercial and administrative costs, financial expenses and office installments. The gross margin should be enough to absorb the overhead costs and to make a profit.

overhead expenses (*gastos generales*) Expenses that are not associated with production, which reflect the cost of the structure that the company needs in order to operate: departments, administrative centers, general management.

overhead projector (*retroproyector*) Easily transported projector that allows transparencies to be shown on a screen during a presentation, thus helping the presenter to keep an order and helping the audience to follow the presentation visually while listening at the same time.

overhead value analysis; OVA (*análisis de gastos de estructura*) Method designed to analyze overhead expenses, especially those relating to wages and salaries, for the purpose of studying whether or not they are in line with other business units and the functions actually performed.

oversold (*sobrevendido*) Situation in which one has sold more than really required, or in market terms, excess of supply over demand.

overtime (*horas extra*) Work time in excess of the ordinary legal working day or of the hours approved by collective agreement. Overtime work is generally limited unless it relates to a case of preventing or repairing losses or other extraordinary damage.

overvalued (*sobrevalorado*) Any good that has a price that exceeds its real worth.

owner (*propietario*) Subject or individual that has rights over property. This can be a single person or a group of people, in which case it is considered to be a community regulated by special norms.

owner (*dueño*) Person with domain over an object.

P

P.O. Box (*apartado postal*) Box rented at a post office in order to receive mail.

package-shot (*bodegón*) Closing scene of an advertising film in which the products appear clearly identified with the brand name. They can be accompanied by raw materials or finished products. The manufacturer's logo usually appears.

packaging (*empaquetado*) Preparation of goods prior to storage or transportation by placing them in adequate boxes or bundles. The term can also be used with reference to the preparation of attractive packages used at point of sale for marketing products.

packing list (*nota de remisión de envío; albarán de preparación*) List of goods specifying quantities consigned which is used to control dispatching and delivery of goods.

page feed (*alimentación de páginas*) Process employed by the majority of the printers to advance to the beginning of the next page.

pallet (*paleta*) Platform used to stack products and therefore facilitate transport and storage, normally made of wood and handled by fork-lifts.

palletize (*paletizar*) To orderly place boxes or goods on a pallet. Rows are arranged in such a way to ensure an even load and adhesives, metal straps or plastic covers are often used as a reinforcement. Column stacking reduces stability, however increases box strength.

palletized shipment (*envío paletizado*) Transport of returnable or non-returnable goods on pallets designed to facilitate loading and unloading.

panel (*panel*) Group of experts on a specific topic that inform an interested audience or answer questions.

paper profit (*beneficio en el papel*) Theoretical profit produced when the price of goods exceeds its purchase price plus maintenance and financial expenses. Profits are not real until the goods are sold at that price. Equivalent to non-realized profit.

parent company (*empresa matriz; sociedad matriz*) Holding company that heads a group of businesses controlling their property either directly or through other affiliated companies. Its capital is spread between individuals and companies with small shares. It can consolidate the balance sheets and results of its subsidiaries within its own accounts, acknowledging minority interests if they exist.

parent company (*matriz; sociedad matriz*) Holding company that controls a group of companies either directly or through affiliates. Capital is shared with other individuals or companies with minor interests. May consolidate affiliate balance sheets and profit and loss accounts, specifying minor interests, as the case may be.

Parkinson's laws (*leyes de Parkinson*) Parkinson wrote his first aphorism in 1958: "work invariably expands to fill the time available" and his second in 1960: "expenditures climb to reach income".

part-time work (*trabajo de tiempo parcial*) Work carried out by a worker during a certain number of hours or days that is normally less than two thirds of the normal time spent at work. This system is used above all in establishments that are open to the public during long hours or in businesses that have a high activity peak during certain hours of the day.

partial bid (*oferta parcial*) Offer to purchase a limited percentage of company shares with voting rights. Minimum and maximum percentages vary from one country to another.

participative management (*dirección participativa*) Management style that promotes employee participation in decision making and planning. This approach gives special priority to good interpersonal relations within the company.

participative management by objective; PMBO (*dirección participativa por objetivos; DPPO*) Similar to management by objective (MBO) but with a greater emphasis on the democratic or participative process of establishing targets.

partly paid-in share (*acción parcialmente desembolsada*) Share that has not been fully paid up by its owner.

partner (*socio*) Person who, in association with others, sets up a commercial company for profit, sharing in both profits and losses.

partnership contract (*contrato de sociedad*) Contract in which two or more people undertake to contribute money, goods or work for the purpose of sharing a profit.

patent (*patente*) Document that guarantees the right to use an invention (object, process or application) upon registration, by granting certain rights over a given period of time.

paternity leave (*permiso por paternidad*) Period of paid leave agreed between an employer and the Social Security system that is granted to a father when it is agreed that he should replace the mother on maternity leave in order that she can rejoin her own job within the shortest possible time. Although picked up by legislation in a number of countries, this system is not often used in practice.

pay (*pagar*) To deliver a cash amount or equivalent form of payment for the purpose of settling a debt or fulfilling an obligation.

pay day (*día de paga*) Date upon which company employees are paid.

pay-slip (*hoja de paga*) Document that shows in detail all of the concepts that influence the amount that a person is paid, including tax withholdings and social security contributions.

payable at sight (*pagadero a la vista*) Document that enables the payment of the expressed debt upon presentation by a creditor to a debtor, payable on demand.

payback period (*periodo de recuperación*) Period required for cash flow generated by a project to cover the initial investment.

payment (*pago*) Effective compliance or settlement of an obligation or debt involving a cash or other form of payment.

payment date (*día de pago*) Date established for the periodical payment of debts or loans (for example, salaries).

payment in kind (*pago en especie*) Settlement of a debt by means of a non-cash or monetary payment.

461

payment on account (*pago a cuenta*) Payment made by a debtor as partial settlement of an obligation, prior to paying off the total amount. Different from an installment in the total amount due is unknown.

payout ratio (*parte a dividendos*) Percentage of available profit paid as a dividend, the remainder being allocated to voluntary reserves.

payroll (*nómina*) Total amount paid to all company employees. Each employee receives a payslip.

payroll (*masa salarial*) Term used to refer to total remuneration received by all company employees.

payroll (*nómina*) List of company employees, specifying fixed and variable remuneration.

peak-hours (*horas pico*) Period of maximum demand, for example when telephone calls or electrical consumption are at their highest. The term can also be applied to the time of day when traffic is heaviest.

peer group (*colegas*) Reference group of people within an organization, possibly due to seniority, functions or responsibilities within a certain area. Although internally competitive, it may serve to identify roles and provide mutual assistance.

pension (*pensión*) Fixed amount of money, normally paid on a monthly basis for services rendered, extraordinary situations or as a subsidy in certain cases (widow's and disabled pension). Normally updated at a rate determined by the Authorities or based on a cost of living index.

pension fund (*fondo de pensiones*) Fund comprised of the savings of a large number of people, used to pay an inflation adjusted lifetime pension to its participants, after reaching the age of retirement. Resources are invested in fixed and variable return assets as well as in real estate at recommended levels, in order to be able to meet future commitments.

pension plan (*plan de pensiones*) Set of norms that establish the regulations and workings of a pension fund and the rights and obligations of those persons in whose favor it is set up, including the initial contribution and subsequent payments to be made by a company or by the beneficiary.

pensioner (*jubilado; retirado; pensionista*) Person that receives a pension after his/her retirement.

pensioner (*pensionista*) Person receiving a pension that does not belong to the work force.

pensioners (*clases pasivas*) Official term used to describe retired people, pensioners, orphans or surviving spouses who receive some form of welfare or pension.

per capita (*per cápita*) Per head, per individual. It is the result of dividing an aggregate sum among the total population (for example, income per capita).

per capita income (*renta per cápita*) Figure obtained as a coefficient between the national income of a country and its total population. It gives an idea of the level of life style or standard of living in a country.

per diem (*dieta*) Compensation paid by a company to a worker in order to reimburse the necessary expenses related to his/her work (meals and accommodation), calculated according to the employee's position and place of work. Based on a fixed amount per day.

perfect competition (*competencia perfecta*) Idealistic form of competition with a large number of buyers and sellers, free market access, rapid communications between all participants and transaction or transport costs are insignificant in relation to price.

performance appraisal (*evaluación de rendimiento; evaluación del desempeño*) Qualification of professional efficiency in a subordinate carried out by the boss, generally on a regular basis. Systematic and periodic assessment of an employee's performance within an organization.

perishable goods (*bienes perecederos*) Goods destined for use or consumption within a limited period of time on the assumption that beyond that time period they will deteriorate.

permanent disability (*invalidez permanente*) Incapacity that prevents one from carrying out their job on a permanent basis.

permanent financial investments (*activo financiero, inmovilizado financiero*) Financial assets that exist for the purposes of controlling a subsidiary, or in order to maintain a stable participation in a company, not for the purposes of a temporary investment or other economic reasons.

permanent financing
(*financiación permanente*) Long
term financing, normally
through bonds or debentures
and company equity.

permit (*permiso*) Licence or
consent to do or say
something.

perpetual (*perpetuo*) That which
remains throughout a
lifetime.

perpetual inventory (*inventario
permanente*) Accounting
system that keeps the
inventory constantly updated
as it registers all incomings
and outgoings. This does not
prevent the accounting
inventory and the real
inventory being different as
errors and pilfering may occur.
It differs from an intermittent
inventory which does not
register outgoings, which are
calculated at the end of a
period by knowing the level of
purchases and the difference
between the opening and the
closing inventories.

personal computer; PC
(*computadora personal*)
Ambiguous term used to
describe the majority of
portable and transportable
computers, also called
microcomputers that may
function independently, as
part of a local network or host
computer terminal. Modern

day prices and the abundance
of software has enabled the
use of information systems in
the majority of business
sectors. Generally referred to
by the initials PC.

**personal identification number;
PIN** (*número de identificación
personal; NIP*) Numerical code
that permits user access to a
system.

personal income tax (*impuesto
sobre la renta de las personas
físicas; IRPF*) Direct tax
applied to individual income,
regardless of its source
(employment, performance of
capital assets, appreciation).
The taxpayer in this case is
the family unit and its
characteristics (number of
children, etc.) is taken into
account when determining
the amount of tax due.

personal loan (*crédito personal*)
Loan in which the borrower
guarantees interest payments
and the return of the principal
amount with his goods,
without the existence of a
bond or any additional
guarantees.

personal selling (*venta personal*)
Type of selling in which the
seller directly contacts a
client, normally used in
industrial sales or when the
product is expensive or
difficult to understand or use.

personality test (*prueba de personalidad*) Psychological test used to assess an individual's personality. Personality tests are often used in personnel selection situations, especially in cases where a specific kind of personality is wanted for a given post. For example, a salesman should preferably be an extrovert and self motivated, whereas a cashier should above all be honest and be able to carry out a routine job without becoming demoralized.

personnel manager (*director de recursos humanos*) Person in charge of human resources and responsible for establishing and implementing policies relating to recruitment, training, motivation, leave, disciplinary action, dismissals, industrial relations and, in general, all matters concerning company employees.

personnel placement (*asignación de personal*) Process of placing the most appropriate staff within a company into available jobs, gaining optimum use of overall human resources and keeping costs at a competitive level.

petty cash (*dinero para gastos; caja chica*) Funds used to pay for minor expenses, such as meals and transport that are reimbursed by the company.

Phillips curve (*curva de Phillips*) Theory that upholds the existence of a direct relationship between full employment and inflation. This theory gives rise to economic policies that allow inflation in order to reduce employment. Reality has shown that inflation can be accompanied by a high level of unemployment.

physical distribution (*distribución física*) Part of logistics science that deals with the flow of final products from the factory to the client. Depending on the integration with other marketing activities, it may include sales forecasts, production planning, transport, storage and distribution, order processing and customer service.

physical inventory (*inventario físico*) Stock inventory carried out on site and by means of a personal count of the available quantity of all products. Generally, teams of two people are formed to review stock. Finally, the data obtained by two teams and the theoretical inventory are compared and deviations are calculated.

physical life (*vida física; vida técnica*) Foreseen duration of a machine working with adequate maintenance.

pilot program (*programa piloto*) Program which is normally of short duration and limited scope that precedes the definitive program by way of a test to detect possible design flaws and indicate the probable results and effectiveness of the definitive program.

pilot survey (*encuesta piloto*) Survey carried out with a reduced universe in order to detect and correct possible design faults before proceeding with the definitive survey.

pin (*aguja*) Each plug-in connection of a multiple conducting switch, connected to its own unit in order to close a circuit.

pin feed (*alimentación por clavijas*) Method of paper advance by means of a set of pins on a roller or drum. The pins hold the paper by fitting through holes perforated at the right and left of the sheet.

piracy (*piratería*) Illegal copying of computer programs or of goods with brand names.

place of delivery (*lugar de entrega*) Location designated for delivery of goods sold. If at the purchaser's address, the F.O.B. system is normally used, and the C.I.F. system if at the seller's address.

placement fee (*comisión de colocación*) Commission paid to a financial intermediary for the placement and subsequent sale of securities.

plagiarism (*plagio*) Illegal copying of material previously produced by another and passing it off as one's own original work.

plan (*plan*) Set of organized and projected actions to achieve expected results, in which objectives, means, participants, completion dates and strategies are set out in detail.

plan (*planificar*) Action of preparing a program of activities in which economic variables and objectives are fixed, the required financial resources and their source are established and the specific objectives during a given period are determined.

planned economy (*economía dirigida; economía planificada*) Economic system in which decisions concerning what goods or services should be produced, in what quantity and at what price are left in the hands of central bureaucracy. In practice this can lead to great inefficiency, scarcity of basic products and the appearance of black markets.

planning (*planificación*) Organized activity that fixes objectives, determines strategies, and puts into effect the material and personal means that are required to achieve those objectives.

plant (*planta*) Industrial installation. It is a synonym of a factory although it is used to refer to each principal unit in a large industrial center, and for installations with few personnel and large investments in machinery and laboratories.

point of sale; POS (*punto de venta*) Establishment, or each division within an establishment, that sells a particular category of products.

point of sale advertising (*publicidad en punto de venta; PPV*) Advertising carried out at the point of sale using specific material.

point of sale material (*material punto de venta; MPV*) Manufacturer message to a consumer that is maintained at the time of purchase. May be achieved by posters,

stickers, display items, music or other methods.

policy (*política*) Action plan designed by the management of a company that is adapted to specific situations by the executives. The term is especially applied to general criteria such as behavior, although it also includes the planning and operative strategy.

portable computer; laptop computer (*computadora portátil*) Small computer that is easy to carry, normally with smaller keyboards, a flat liquid crystal screen with two possible power sources and rechargeable batteries.

portfolio management (*administración de cartera*) Activity consisting in the management, analysis and implementation of private or official security portfolio orders. The service may be carried out by internal resources or by outsourcing, at a fixed or variable fee.

position (*puesto*) Function that is occupied by a person in an organization. Post. Job.

positioning (*posición; posicionamiento*) In marketing, the set of characteristics that a product should have and the way these are communicated in accordance with the advantages that the product has with respect to the competition and the perceptions and expectations of the targeted public. Sophisticated techniques are used to determine positioning, such as factorial and cluster analysis.

possessory action (*acción posesoria*) Legal action that protects mere possession against other claim, without considering the right to possession.

post a credit (*abonar*) To make a credit accounting entry by posting an amount on the credit side of an account.

post a debit (*adeudar*) To charge account or effect an entry on the debit side.

post office (*oficina de correos*) Public office at which mail services are carried out.

postal draft (*giro postal*) Transfer of funds from one geographical location to another by means of official postal services.

postage (*franqueo*) Placing of stamps matching the cost of mailing on letters or documents.

postdate (*posdatar*) To date a cheque or document with a date beyond that when it was really signed with the aim that it becomes effective as from that later date.

poster (*cartel*) In advertising, a printed or hand-written page containing text, drawings and/or prices used for advertising or for decorative purposes.

postponed (*diferido*) Suspending of an action until a later date.

potential market (*mercado potencial*) Possible demand for a good or service. People with a particular need that can be satisfied by a good or service (theoretical market) with the necessary resources to acquire it, including current markets of a particular company or its competitors, as well as possible increases due to greater product knowledge, purchasing power, number of consumers or consumption per capita.

power off (*apagar*) To turn off a computer, close applications and exit a system if necessary, by cutting off power supply.

power of attorney (*poder notarial*) Written document by means of which a person or company grants another the power to act in their place and on their behalf.

preferential creditor (*acreedor preferente*) Creditor with a preferential right to payment in the event of legal or insolvency proceedings such as bankruptcy or temporary receivership. The creditor's privileges are based on his/ her rights to the goods (pledge, mortgage) or legal entitlement (tax authorities, salary embargo).

preferred stock (*acción preferente*) Intermediate security between a share and an obligation with a guaranteed dividend in the event that the company earns a determined profit. Also called an income sharing debenture, normally without voting rights.

preliminary sketch (*anteproyecto*) Group of preparatory jobs used for discussion prior to the emitting of a final report.

premium (*premio*) Increase in value of a quotation on a term basis. The difference in price between a leading article and its competition. Merchandise that is sold at a premium, this is to say at a superior price, has better quality and/or image.

preparation cost (*costo de pedido*) Fixed cost for carrying out an order for raw materials or half-finished or finished product. It may include the administrative and transportation expenses and the costs of setting up a production line. Together with the storage and the storage costs, it determines the size of the optimum order.

present value (*valor actual*) Result of discounting one or more future quantities to the present using a particular discount rate. The discount rate reflects the temporary value of money and the risk element that always exists in future foreseen cash flow. If the cash flow is seen in face value terms, the discount rate will also include an hypothetical figure for expected inflation.

presentation (*presentación*) Ceremony in which a new product is exhibited and, in general, an idea or report expressed for the first time before an audience using audio-visual means.

press book (*álbum de prensa*) Booklet with blank pages used to collect press clippings or radio and television transcriptions relating to a particular person, campaign or topic.

press clipping (*recorte de prensa*) Part of a publication that is kept and distributed as it is considered to be of interest. The public relations department of a company keeps a file of press cuttings that affect the company and sometimes it is useful to spread them and use them through other types of media.

press conference (*conferencia de prensa*) Meeting of reporters called by a person or institution for the purpose of communicating an event and later answer relevant questions.

press office (*oficina de prensa*) Information service provided to the media by companies acting as a regular spokesman, issuing press releases and answering journalist's questions.

press release (*gacetilla*) Brief news story issued by an organization for publication in selected media outlets. Sometimes referred to as a press statement, although this is usually distributed to all the media. A common form of public relations designed to communicate annual data, appointments and product launches.

press release (*boletín de prensa*) Information issued to the media (not only newspapers) in order to provide information on a particular event.

price (*precio*) Value or quantity of money that is associated with a good. The price is always linked with the idea of an exchange based upon that which the market can offer for it.

price differentiation (*diferenciación de precios*) Technique used to adapt product features (quality, warranty, minimum delivery, term of payment) to each individual customer's requirements, and especially to fix prices that optimize company profits. The difference may be beneficial to consumers (for example, air fares).

price discrimination (*discriminación de precios*) Establishing of different prices for a similar or exact product that does not reflect a proportional difference in cost and attempts to adapt to the intensity of demand in different sectors in order to maximize profits. May be based on different types of clients, locations, period of the day or year, or type of product finishing or packaging.

price effect (*efecto precio*) Variation in the demand of a product as a result of changes in its price. Normally consumption drops as the price rises and vice-versa.

price fall (*caída de los precios*) Rapid sales price decrease due to a reduction in demand or increase in supply. Usually the result of a change in tastes or style although may be widespread the cause affects an entire regional economy.

price fixing (*fijación de precios*) Agreement between the suppliers of a similar product, by virtue of which they undertake to maintain a particular price structure. A collusive agreement designed to restrict competition.

price range (*rango de precios*) Difference between the minimum and maximum price of a good during a given period.

price stability (*estabilidad de precios*) Temporary situation in which consumer as well as wholesale prices are stable, without inflation or deflation.

price war (guerra de precios) Market situation in which competition between companies is carried out largely by reducing sales prices. Usually, the price covers the variable and fixed cost, and provides a normal profit. In certain circumstances (for example, with a drop in demand, entrance of a competitor on the market, desire of an outlet to increase market quota), the group of competitors in the market are forced to sell at a loss, or without covering their fixed costs.

price-earnings ratio; PER (*precio/ beneficio; PB*) Ratio between the market price of a share and the net profit per share for the year before (sometimes the dividend plus rights). By extension it is the ratio between the value of a share and the profit that one hopes to obtain from it. A higher price-earnings ratio indicates greater confidence in the value of the share or the hope of higher profits in the future. The inverse of a price-earnings ratio is a profitability rate, for example, a price-earnings ratio of 8 equates to 12.5%.

price-fixing (*acuerdo de precios; fijación de precios*) Agreement between competitors to sell their products at a certain price. Illegal activity, however relatively common during short periods. In addition to price, other conditions may be established, such as form of payment and advertising costs.

price-list (*tarifa de precios*) Document in which the seller indicates the price of his products (even recommending the retail price), the discounts applicable and the payment and delivery terms.

price-weighted index (*índice ponderado por precios*) Index in which the values that make it up are weighed up in accordance with their price and not in terms of volume handled or any other criteria.

primary liability (*obligación principal*) Obligation to pay a debt.

primary market (*mercado primario*) Market in which securities are issued (capital increases and fixed securities).

prime rate (*tipo de interés preferencial*) Interest rate that banks charge their best clients and which is, therefore, the minimum cost of credit charged by a bank as it is applied to those clients that present the lowest level of risk. The prime rate tends to be used to fix the rate of interest for a particular client (for example, 1% above prime rate).

principal (*principal*) Nominal amount initially loaned and which should be returned by the borrower at expiry of the loan contract. Interest is calculated by applying the interest rate to this amount.

principal (*comitente*) Person entrusting his/her successor with a particular matter or business activity.

principal (*titular*) Person that habitually occupies a particular post, for example a seat on the board, although in his/her absence the place can be taken by a reserve if certain requirements are met.

principle of cost price (*principio del precio de costo*) Accounting principle by which companies should account for their goods and rights based upon their acquisition or production price. In accordance with generally accepted accounting principles, if the market price or the realization price of a good is lower, it is prudent to use the lower price.

print screen (*imprimir pantalla*) To obtain an image on a computer screen and store it on a disc file or print it directly. The key used for printing is marked Print Screen and to store, depending upon the particular application, a combination of keys such as Ctrl + Print Screen might be used.

print-run (*tirada; tiraje*) Total number of examples or copies of a publication or object (medals, stamps, etc.).

printed matter (*impreso*) In communications, a book, leaflet or sheet composed by means of a printing process.

printer (*imprenta*) Company that specializes in the reproduction of books, leaflets or documents on paper.

printer (*impresora*) Mechanism that produces a paper copy of the results of a computer operation. There are various types of printers; thermal, electrostatic, matrix, ribbon or laser. Line printers print one line at a time and can normally print in both directions. Character printers print one character at a time, like traditional typewriters, and are slower than line printers. Printers may have a system for feeding paper one sheet at a time or in a continuous roll.

printer file (*fichero de impresión*) Image document or format ready to be sent to a printer, used to prepare documents when direct printing is not required or convenient.

printer queue (*cola de impresión*) List of files waiting to be printed. Many programs can print files in order, while users continue working on other tasks.

printout (*copia impresa*) Printed version of a document, calculation sheet, or other type of information created on the computer.

private accusation (*acusación privada*) Demand presented by one of the parties involved or, due to the nature of the offense and in spite of the intervention of a public attorney, such party wishes to personally defend their rights.

private corporation (*empresa privada*) Company whose shareholders are individuals or other private companies that are ruled by the principle of making profits. They may or may not be quoted on the stock exchange.

private debt (*deuda privada*) Collective debt owed by individuals and organizations in a country, without including public debt owed by municipal, regional or State governments.

private partnership (*sociedad civil*) Company formed in accordance with legal and civil norms that does not have mercantile aims as its objective.

pro forma invoice (*factura proforma*) Standard invoice or document which is sent if payment is demanded by the seller prior to actual delivery of the merchandise or the buyer wishes to accept the conditions.

pro rata (*a prorrata*) Method of proportional distribution.

pro-forma (*proforma*) Model or example that may serve as a definitive product. For example, a pro-forma bill or invoice is sent when the supplier demands payment before the merchandise is sent. A pro-forma audit report indicates what the final report should be like if factors that at that moment are still unknown prove to be correct.

procedure (*vía*) Process for doing or obtaining something.

procedure (*tramitación*) Collection of steps or stages that must be followed until the resolution of a matter is reached.

product (*producto*) Any object or service that is perceived as capable of satisfying a requirement. It is the result of a creative effort, and is offered to the consumer under certain characteristics. It is equivalent to the term good. There are products or goods that are free and economical that in turn are divided into consumption and investment. Consumer products are classified by families, articles and references.

product differentiation (*diferenciación de productos*) Implementing of complementary features, quality improvements, styles or brand image that distinguish a product from others and enables greater profitability. Consumers appreciate the added value and direct price competition is reduced.

product image (*imagen del producto*) Intrinsic image of a product, although at times it may be heavily influenced by the image of a brand.

product leader (*artículo líder*) Product with relatively high market share that is easily recognized by consumers and is used by the manufacturer to stimulate sales of other products in the same product family. Sales forces and publicity concentrate on these products which, to a large degree, determine the manufacturers image and profit line.

product life-cycle; PLC (*ciclo de vida de un producto; CVP*) The life of a product can be split into four phases, namely introduction, growth, maturity and decline. Sales grow in the first three phases and fall in the last, as do profits, although it should be noted that in the introductory stage there may be losses.

product line (*línea de producto*)
Set of uniform products that
satisfy similar needs and are
offered to the public under
the same brand. If the line is
complete, it is called a
product range. Each product
may include several items
and references.

product line (*abanico*) Range of
different products, services or
prices within the same
category, offered at regular
intervals for the purpose of
covering as many needs as
possible.

product range (*gama de artículos*)
In a strict sense, a set of
different items of the same
product differentiated
by color or additional
complements. Differentiation
by size or fit, providing
various references to the same
product. In the wider sense, it
is used as a synonym for
product line or range of
sections.

product range analysis (*análisis
del surtido*) Study and
quantifying of the items
offered at any given time.
Variables include the type of
outlet, competitor and supplier
activities, consumer
suggestions, actual storage
facilities and sales outlet
display, as well as gross

margin and rotation per item,
group and section.

production database (*base de
datos de producción*) Database
containing information about
a company's daily
transactions and master files.

production good (*bien de capital;
bien de inversión; bien de equipo*)
Goods aimed at producing
other consumer or investment
goods. Absorbed into the
manufacturing process, for
example, a machine.
Equivalent to investment
goods.

production manager (*director de
producción*) Person in charge
of manufacturing in general.
If functions include logistics,
the term operations manager
is often used and sometimes
includes systems.

production-oriented (*orientada a
la producción*) Company policy
focused on launching
products developed by its
own experts, given that they
are easier to produce or more
suited to production
installations, instead of being
based on consumer needs.

productive capacity (*capacidad
productiva*) Volume of
production that a company
can reach by using all
available resources, or a
production line or equipment
at full capacity, taking

maintenance and possible breakdowns into account.

productivity (*productividad*) Relation between the quantity of a good produced and the economic means used for it. In general it tends to allude to the utilization of the work factor. On a macroeconomic level productivity is the coefficient between the gross domestic product in real terms and the total number of hours worked in a country in one year. It is essential that the productivity of a country should grow so that the gross domestic product and disposable income may grow in a stable and lasting manner.

profession (*profesión*) Persons' employment, function or occupation practiced with the right to remuneration.

professional (*profesional*) Person that practices a profession, especially when done so with relevant capability or competence in the particular speciality or sector.

professional association (*colegio profesional*) Association of people belonging to the same liberal profession (lawyers, economists, doctors), for the purpose of defending and promoting their interests.

profit (*utilidad; ganancia*) Positive balance that results from deducting all the costs and expenses occasioned over a determined period of time from the revenue of the company in the same period. If the balance is negative, there is a loss.

profit (*ganancia*) Gain. Benefit produced as a consequence of a business deal, trading or other action. In general accounting, the working account and the losses and the profits account indicate respectively the operative and total result of the economic year.

profit and loss statement (*cuenta de pérdidas y ganancias*) Account detailing operating results, extraordinary items and the results of share portfolios and their assignment to reserves or provisions, dividends, taxes, and surplus. When the balance is positive it indicates a profit and appears as a liability.

profit before tax (*utilidad antes de impuestos*) Result of deducting all the expenses of the financial period, except taxes.

profit center (*centro de utilidad*) Department, division or other basic unit within a company for which income and expenses are calculated and general expenses are assigned with the aim of making a profit. Each profit center operates with an annual income and expenses budget and with a deviations analysis as a means of management control.

profit center organization (*organización por centros de utilidades*) Structure designed to establish independent profit centers, divided, for example, according to geographical area or product group. Depending on the size of the company and level of independence, profit centers may be single departments, sectors or factories. Advantages include independence and guaranteed prices, and results are based on mutually defined targets.

profit from ordinary activities (*utilidad de las actividades ordinarias*) Profit obtained by normal company operations after consideration of expenses and revenue and before consideration of extraordinary results and those resulting from shares.

profit-sharing (*reparto de utilidades; participación de utilidades*) System in which company employees receive a percentage of profits, in addition to a salary. Calculation and payment methods are previously defined. The amounts are normally reinvested and only paid upon leaving the company.

profitability (*rentabilidad*) Obtaining of profit or positive results in an investment or economic activity.

profitability index (*índice de rentabilidad*) Index of the profitability of an investment as a relation between the actual value of the investment and future cash flow.

profitability threshold (*umbral de rentabilidad; punto de equilibrio*) Volume of business that allows fixed costs to be covered and from which point onwards profit can be generated. It is calculated by dividing total fixed costs (structure and production plus commercialization costs) into the difference between the average sale price and the average variable cost, taking into account the different products sold.

profitable; cost-effective (*rentable*) Quality of being profitable when compared to the costs or investments needed to obtain something.

programmer (*programador*) Person that prepares, tests and maintains computer software. In charge of investigating users' problems, and using them to make up logical sequences and finally carry out the program with the help of fourth generation languages (easier and more extensive) or with conventional languages such as FORTRAN and COBOL.

programmer analyst (*analista programador*) Person that designs and analyzes information systems, in addition to programming applications.

progressive tax (*impuesto progresivo*) Tax whose applicable rate increases with the applicable base. The effect produced is similar to that of an initial deductible.

project (*proyecto*) Preparatory action relating to a building contract or activity which includes establishing specifications, plans, objectives, timetables, technical descriptions, budgets and, in general, all of the factors to be taken into account before proceeding with the activity in question.

project financing (*financiación por proyecto*) Combination of credit, loans and guarantees, granted for the financing of a large project, the volume of which is far greater than either party's equity. Solely guaranteed by the cash flow generated by the project itself and not by guarantors or collateral.

project management (*administración de proyectos*) Planning, implementing and completing of a project as efficiently as possible by optimizing resources, quality control and delivery. Company organization based on projects is opposed to the standard system of departments and divisions, and requires a high level of team spirit and good communications between the specialists involved. Certain specific techniques, such as the critical path method, facilitate project planning and control.

projection (*proyección*) Expectations maintained over a variable or collection of variables for the future which takes into account immediate experience.

promissory note (*pagaré*) Private document that obliges the payment of a certain amount at a particular due date.

promotion (*ascenso*) Step up the hierarchical ladder in a company which generally involves, along with an increased salary, an increase in responsibilities.

promotional sale (*venta en promoción*) Similar to discount selling, however focused on very few products and sections, designed to present new items and increase customer turnover. Temporary discounts attract buyers and accelerate purchasing decisions.

proof reading (*corrección de pruebas*) Text revision carried out after typesetting to ensure that it coincides with the original copy and to eliminate the errors that it may contain.

proportional tax (*impuesto proporcional*) Tax with a constant applicable rate.

prospecting (*prospección*) Exploration of future possibilities based on present indications.

prospectus (*prospecto*) Small publication that specifies the characteristics of a product or service.

prototype (*prototipo*) Original model to which final tests are applied before proceeding with the manufacture of the final good.

proxy (*poder; delegación*) Written authorization given by one person to another so that the second person may represent the first in a particular act, such as voting at a shareholders meeting.

public accountancy (*contabilidad del sector público*) Set of regulations that control Public Administration accounting, used to establish operating principles, methods of control and adaptation of public sector activities to general accounting criteria.

public accusation (*acusación pública*) Demand in which legislation obliges a Public Attorney to initiate legal proceedings, regardless of whether or not a private accusation has been filed. Reserved for crimes considered to be committed against the State.

public debt (*deuda pública*) Financial obligation of a State for which it pays interest. Generally it originates from public subscription.

public domain (*dominio público*) Set of goods that are not susceptible to private property due to their public nature.

public expenditure (*gasto público*) Total public sector expenses of a country. It includes the expenditure of the central government administration, autonomous entities, local administrations, social security and State owned companies.

public good (*bien público*) Goods or services that private enterprise decides not to offer because of the impossibility of doing so profitably, and which, on being beneficial for society as a whole is provided by the State.

public offering (*oferta pública de venta; OPV; oferta pública de enajenación; OP*) Public and generally non-restricted offer of shares in order to sell a significant part of a company. Particularly used by State authorities to privatize public companies. May or may not involve a controlling interest and quotas are often established, for example, for employees, local and foreign investors, institutions and private investors. May be carried out by public auction or acceptance of the price offered, in which case pro-rata distribution or limits per investor are established.

public relations; PR (*relaciones públicas*) Marketing techniques that send a message without the receiver being totally conscious that they are receiving it. The most common receivers are clients, personnel, shareholders and investors, local and national government and opinion leaders. The most common methods used are articles and reports in the media, conferences, seminars, specialized publications, sponsorship of activities and trips. The objective of this effort is to maintain a positive image and to create a feeling of acceptance and understanding of a person, organization or idea.

publicist (*publicitario*) Person that works in an advertising agency or is related to the advertising sector.

publicity (*publicidad blanca*) Impersonal form of stimulating demand or of influencing the opinion or behavior of a group towards a company or product by means of a communication in a large audience medium that is not paid for by the company or organization that receives the benefit of the communication. Sometimes this information cannot be controlled, especially in terms of when it appears.

publicity (*publirreportaje*) Wide range advertising message with high information content. In magazines a member of the editing staff generally intervenes and it may appear to be an actual report in the publication.

publishing house (*editorial*) Company that edits books either in paper or electronic form. It contacts authors and printing houses and markets those books that it publishes either directly or through distributors or exclusive wholesalers.

pull strategy (*estrategia del tirón*) Situation in which a manufacturer believes in the ability of mass advertising to attract demand for his product, distributors therefore being obliged to buy from him and offer discounts in order to be competitive. This may not be a popular practice and the manufacturer may also have to employ a push strategy. Long term advantages that include greater product prestige and sales stability.

punctuality (*puntualidad*) Capacity to carry out an action at the appropriate time, especially to arrive at a given place and time for a meeting or to deliver a good at the stated time. The culture of each country gives a margin of tolerance depending upon the type of appointment, the importance of the people involved, the place chosen for the meeting and in some cases it may be considered rude to turn up somewhere at the exact moment specified.

purchase (*compra*) Ownership acquired in exchange for money.

purchase intention (*intención de compra*) Phase that comes before a purchase decision when all the factors that influence the final decision have not been weighed but when an impulse is felt to satisfy a need in a particular way. The measure of the percentage of the population that finds itself in this phase, and the strength of their intentions, helps to adopt certain marketing measures. In the case of consumer products with a short shelf life, the purchase intention and repeat purchase intention are taken into account.

purchase order (*orden de compra*) Formal offer made by a potential buyer of certain goods at a given price and quantity, as specified on the order. The operation is completed upon acceptance by the seller. In practice, it is often the purchaser that accepts general conditions offered by a seller, subsequently sending a purchase order to facilitate replacement orders.

purchase price (*precio de compra*) Amount paid to the seller when something is purchased.

purchasing power (*poder adquisitivo*) Capacity to buy goods and services in physical units with an amount of money. Purchasing power diminishes when inflation and the cost of living increases.

push strategy (*estrategia del empujón*) Situation in which a manufacturer believes in his sales force's ability to get the product, by invading the channel with promotional activities. This benefits distributors, that obtain substantial discounts and also the manufacturer in the short term. Partly combined with the pull strategy, which leads a consumer to buy.

Q

qualified opinion (*opinión calificada*) Auditor's report that specifies certain limitations relating to the examination of accounts (not being present at stocktakes, etc.) or non-agreement with a particular accounting operation considered contrary to generally accepted accounting principles or not compatible with previous accounts.

qualitative analysis (*análisis cualitativo*) Examination of relevant factors that are unable to be quantified, in order to reach a specific decision.

quality certificate (*certificado de calidad*) Document issued by a company selling a product guaranteeing that it meets the specifications that are characteristic of said product. It is normally accompanied by a guarantee whereby the company commits itself to replace or repair the product, free of charge, should it prove to be defective before a set period of time has elapsed.

The quality certificate indicates the existence of quality control procedures in the company.

quality circle (*círculo de calidad*) Small group of employees that work together and meet regularly to propose improvements and create new methods. Once a proposal has been accepted by management they put it into practice and check to see that the forecast results are achieved. This system started in Japan and is an example of shared management.

quality control (*control de calidad*) Regulations and operations used to ensure that the results of a particular process coincide with predetermined criteria. Mainly performed by operators and teams, however may be subject to inspection.

quality inspection (*inspección de calidad*) Examination of the quality of a product carried out by people who are independent of the people who manufactured it. It may be carried out by another department in the company, by the buyer or by a specialized third party acting as an arbiter.

quick asset ratio (*prueba ácida*) Accounting measure that gives an idea of the solvency and liquidity of a company. It is obtained by dividing the sum of the treasury or money, clients accounts and temporary financial investments by the liability on demand.

quorum (*quórum*) Number of members in a council, chamber, reunion or debating group that must be present for decisions taken to be considered valid.

quota (*cuota*) Ceiling or limit of an activity.

quota system (*límite de admisión; numerus clausus*) Admission system used by universities or maximum number of people that may be admitted to a particular organization.

quotas (*contingentes cuantitativos*) Maximum quantity of product value or volume that can be imported or exported.

quoted price (*precio de cotización*) Price at which the last transaction has taken place in an organized market.

R

R&D; research and development
(*ID; investigación y desarrollo*)
Initials commonly used for
research and development,
being the collection of
activities directed towards
improving and innovating the
products or processes of a
company from a technological
rather than a commercial
point of view. It is related
more to applied investigation
than basic investigation.

racial discrimination
(*discriminación racial*)
Distinction of a person based
on race. Often occurs in initial
recruiting processes. Prohibited
by law in almost all countries,
although difficult to
completely eradicate.

raise the price (*encarecer*) To make
the price of a product rise
above what would have been
its market price. This artificial
increase tends to occur as a
result of hidden information,
dissemination of false
information or withdrawal of
the product supply.

random access (*acceso aleatorio*)
Type of access to a system's
memory, file or database in
which file positions are
referenced and access is
therefore possible in any
order. Random access is
available when the sequence
of chosen transactions does
not correspond to any other
sequence in which data may
be arranged. For example,
access to record 3001 is
available without having to
read the previous 3000
records. Main random access
systems are RAM, ROM,
PROM and disks.

random sampling (*elección al
azar*) Selection of a group or
item in such a way that any
similar group or item would
have the same probability of
being selected, without any
particular method being
followed to predetermine or
stratify the selection.

rate of return (*TR; tasa de
rentabilidad; retorno*) Percentage
rate that is obtained by dividing
the actual or expected profits
from an investment by its cost.

rating (*evaluación*) Assigning a
value to a share, person or

thing in accordance with certain criteria to which that being evaluated should adapt in order to be considered acceptable.

ratio (*cociente*) Result of comparing two quantities by dividing them to know how many times one is bigger than the other.

re-export (*reexportación*) Exporting of merchandise previously imported on a temporary basis without payment of customs duties, after being submitted to a process or development.

re-import (*reimportación*) Importation of a good previously exported due to non-payment or lack of sales.

readership (*lectorado*) Number or readers of a publication in average terms. Estimated by taking the average number of copies sold multiplied by the average number of people that read each copy, the result is used to calculate the impact cost of an advertisement.

real guarantee (*garantía real*) Handover of a possession, mobile or immobile property as a guarantee of fulfillment of a debt. Mortgages and securities are real guarantees.

real interest (*interés real*) Interest expressed in real terms, that is, discounting the inflation rate.

real storage (*almacenamiento real*) Total system RAM, as opposed to virtual memory.

realized profit or loss (*ganancia o pérdida realizada*) Profit or loss on the sale of a security.

rebate (*retorno; descuento por volumen*) Special discount for volume that is paid at the end of a year, which favors a concentration of suppliers and clients. It tends to be scaled with certain percentages assigned to each volume or to the growth during the last year. Sometimes it is stepped with discounts calculated for each volume. If the average discount is the same, in the case of stepped calculations the marginal discount in the top rungs is greater.

receipt (*justificante*) Document that proves that the delivery of a good or payment of money has taken place.

receipt (*recibo*) Justification that delivery of something has taken place. Document in which the creditor explicitly acknowledges that money or some other commodity has been received from a debtor in compliance with or as payment of an obligation.

receipt (*resguardo*) Document which states that a payment or delivery has been effected.

recession (*recesión*) Temporary reduction in economic activity and climate. It is not as severe as a depression.

recession (*contracción*) Decrease in economic activity and especially that of credit provided by the financial sector.

recommendation (*recomendación*) Advice, warning or suggestion given to a person regarding, for example, the personality of a job applicant or the price and manner in which a product should be sold.

record (*contabilizar*) To register a business operation in an account. Normally performed according to the double-entry bookkeeping system that creates an equivalent debit and credit amount that ensures balanced accounts.

red tape (*papeleo*) Forms and procedures required to request something from an organization. Term often associated with excessive and lengthy bureaucracy.

redemption (*redención*) In marketing, delivery of a coupon to buy a product or to obtain a gift. These coupons are found in products previously purchased or can be obtained by mail or through newspapers. The manufacturer reimburses the wholesaler the discount plus a premium for their collaboration as an incentive. There are firms that specialize in controlling the whole exchange process. The percentage of redemption can be used to measure the success of a promotion.

reference (*referencia*) In general, information relating to an individual or company obtained from one document or another that serves to verify data, give a credit or risk rating or to form or support an opinion, for example when contracting a person for a job.

reference (*referencia*) Letters and/or numbers that serve to identify a letter or document, facilitating its filing and follow-up.

refinance (*refinanciar*) To obtain funds to replace a previous loan. It is used to extend the expiry date or to reduce the interest rate.

refinancing (*refinanciación; refinanciamiento*) Substitution of a credit or loan by a new one upon expiry. The refinancing can be done to take advantage of better market conditions or because the borrower cannot repay.

registered mail (*correo certificado*) Postal service carried out with special security measures. The addressee signs on receiving the missive and thereby provides proof of the arrival of the letter. For legal purposes it may lack validity because the contents of a communication cannot be registered. It may be sent with acknowledgment of the receipt in which case the sender receives a message from the mail service confirming arrival of the letter at its destination.

registered share (*acción nominativa*) Share specifying the owner's name, the issue and transfer of which must be recorded in the company shareholders registry. Normally transferable by endorsement.

registered tonnage (*arqueo*) Measure of capacity or official weight of a ship.

registered trademark (*marca registrada*) Business trademark that is officially registered and thereby guarantees its owner the right to exclusive use and to oppose attempts to register similar brands.

Different types of registration exist according to sectors and are only applicable on a national basis, although extension or inscription in other countries may be requested.

regression analysis (*análisis de la regresión*) Method designed to study the correlation between a dependent variable and one or more other independent variables, thereby being simple or multiple. Linear regression is used to obtain a linear adjustment relation with a specific defining value between the dependent and independent variable. A possible method is that of squared minimums.

regressive tax (*impuesto regresivo*) Tax whose applicable rate decreases as the applicable base increases, thereby taxing lower income proportionately more. It is the opposite to a progressive tax.

reimbursement (*reembolso*) Return or payment of the principal of an issue of fixed income titles or of a debt.

reinforced management contract (*contrato blindado*) Contract subscribed by executive company management in which the executive is guaranteed greater than normal compensation in the event of dismissal.

relative advantage (*ventaja relativa*) Position held by a company or country that produces a particular product or service in which, despite consuming more resources than another company or country (in other words, without having an absolute advantage), it is nevertheless in its interests to produce the product or service in order to later interchange it for others, given that if a different good were produced, both companies or countries would need more resources for the same level of total production.

relative market share (*cuota de mercado relativa*) Result reached by dividing market share by the dominant competitor's share (the largest share in the market) or the following competitor's share (if the company concerned is the dominant competitor). This index of market position serves to select the objectives in a selective price war and above all to indicate the freedom of movement and relative costs that each competitor has.

relocation (*desplazamiento*) Movement of a person or good from one place to another. Distance from a starting point to final destination.

remittance slip (*aviso de remesa*) Printed form that accompanies an invoice, check or cash payment, recording relevant data such as total amount, date and origin.

remuneration (*retribución*) Recompense or payment for the execution of a job or the providing of a service.

remuneration (*remuneración*) That which is given or which serves to pay the emolument or salary of an employee.

renewal notice (*aviso de renovación*) Notification normally sent in advance by an insurance company to its clients to remind them to effect payment of the renewal premium or to advise them of the tacit renewal of their policy.

reorganization (*reorganización*) Adaptation of an existing organization to new circumstances.

repayment (*devolución*) Financial term for the total or partial settlement of the principal amount of a debt.

repeal (*abrogación*) Abrogation. Act of annulment or revoking of a rule or legal provision.

replacement cost (*costo de reposición*) Current cost of substituting a fixed asset for another one with the same characteristics. Replacement cost accounting may better reflect the position of the company if its assets are relatively old. Replacement cost is usually higher than book value due to inflation, except in industries with steep experience curves. Not normally used for tax purposes.

replacement value (*valor de reposición*) Current cost of replacing a fixed asset with another that has the same characteristics. An account showing replacement values or revaluation better reflects the state of a company. The replacement value tends to be higher than the accounting value due to current inflation except in industries with very steep experience curves.

report (*informe*) In general, a verbal or written judgment expressed by a technician or expert.

report (*parte*) Brief document that periodically provides information on results and events (for example, a production report).

representation (*representación*) Action and effect of substituting a person by acting in their name. It is especially relevant in legal terms (legal representation) as a means of protecting the interests of those who are less capable of defending themselves.

representative (*representante*) Person that represents another, whether it be an individual or company. Company or individual who, on a permanent basis, carries out sale and purchase operations on behalf of a third party, in exchange for remuneration.

repurchase agreement (*pacto de recompra [repo]; compromiso de recompra*) Agreement by which a seller undertakes to buy back, under certain conditions. Often used in the short-term sale of financial securities. Equivalent to a buy back agreement relating to certain financial securities.

repurchase agreement sale (*venta con pacto de recompra*) Equivalent to a temporary sale of assets without previously establishing the date of repurchase. The buyer is entitled to sell the asset (for example, a promissory note) to the seller at any time, although the seller is not entitled to demand the operation. Price (in this case, the interest rate) may be fixed or established at the time.

resale (*reventa*) Sale of a product a short time after its original purchase, generally at a higher price.

rescind (*rescindir*) To annul or cancel a contract.

research and development agreements (*acuerdos de investigación y desarrollo*) Agreements designed to promote the study and application of basic techniques and new products.

research department (*departamento de investigación de mercados; departamento de estudios*) Unit that analyzes markets and tries to foresee the future behavior of principal variables. They frequently publish their reports on business sectors or companies with a view to guiding potential investors and as a service to their clients and to the community in general. It is common in large financial institutions.

reservation (*reserva*) Request for the right of use of something at a given time that may not still be available if requested at a future date, for example, a seat on an airplane, in a theater, a room in a hotel or a table in a restaurant.

reserve (*reserva*) Asset account made up of non-distributed profits or by the inclusion of balance adjustments. Reserves form part of a company's own funds.

reset button (*botón de reiniciar*) Button or special key on a computer that resets the system. The equivalent on a printer cleans the memory enabling it to receive new data from the computer to be printed.

resignation (*dimisión*) Voluntary renouncing of a position or job.

resource allocation (*asignación de recursos*) Distribution of limited means between different departments, programs products or objectives within a company, reflected in annual income and expense budgets.

respondent (*encuestado*) Person who answers a questionnaire or a survey whether conscious of the fact or not. Anonymity is normally guaranteed.

restitution (*devolución*) Action of returning something or its equivalent to the person who owned it.

restructuring (*remodelación*) Remodeling or adaptation to new circumstances.

results (*resultados*) Figure obtained by deducting all costs from the income of an organization during a given period, including depreciation and provisions. The result, if positive, is known as a surplus or profit and, if negative, a deficit or loss.

resume (*historial*) Brief description of professional objectives, academic and work experience, personal data, hobbies and extracurricular activities, to accompany a job application.

retail price (*precio al por menor*) Sale price to the consumer. It is usually the final net price since discounts are hardly ever applied.

retail sale (*venta al por menor; venta al detalle*) Sale of a limited quantity to the general public.

retail trade (*comercio al por menor*) Direct trade with final consumers.

retailer (*detallista; minorista*) Merchant who sells goods directly to the final consumer. A retailer normally purchases goods from one or various wholesalers, although some major manufacturers may supply him directly or through distributors.

retained earnings (*utilidades no distribuidas; utilidades*

retenidas) Profits that are kept in the company as legal or voluntary reserve and which are not distributed as dividends. Another designation for undistributed profits or earned surplus.

retainer (*iguala*) Agreed amount paid on a periodic basis as a fee for services carried out whenever required, as opposed to payment on a percentage basis or for specific operations.

retention of title clause (*cláusula de reserva de dominio*) Privilege clause, used in deferred payment sale agreements, that allows that vendor to retain title over the good being sold until payment of the last installment has been effected. The buyer is liable for all risks pertaining to it.

retirement (*jubilación*) Definitive interruption of one's working life for reasons of age or physical impossibility. Currently it is considered more as a right than an obligation.

retirement pension (*pensión de jubilación*) Pension received by a person reaching a determined age and subsequently ceasing to work, normally requiring a minimum period of service.

retroactivity (*retroactividad*)
Capacity of a decision or fact
to be effective with respect to
situations that have passed in
time.

return (*rendimiento*) Product or
utility that is obtained from
something.

return (*devolución*) Delivery to the
vendor by the buyer of a good
previously bought, within the
trial period or due to
important defects in the
merchandise. It implies a
return by the seller of the
purchase price to the buyer.

return (*regreso*) Referring to a bill
of exchange, it is the
possibility that the bearer of a
referred bill has of obtaining
payment from any of the
other obliged exchangers such
as the drawer, acceptor,
endorser or guarantors.

return of capital (*capital
recuperado*) Funds generated
by a project or derived from a
sale and available for
investment in other activities.

return on assets; ROA
(*rentabilidad sobre activos; retorno
sobre activos*) Ratio between
net profits and total assets. It
represents the profitability of
a company with respect to the
asset invested, whether
financed with own funds or
third party funds.

return on equity; ROE (*retorno
sobre capital*) Earnings
expressed as a percentage, on
common stock investment,
over a certain period.

return on investment; ROI
(*retorno de la inversión*)
Percentage rate of profit
obtained in a business or
project with respect to the
total investment therein. The
return can be calculated with
profit before or after tax.

return on sales (*utilidad sobre
ventas*) Percentage that
represents net profits on net
sales over a period of time.

revenue (*ingresos*) Income of
money into a company as a
result of the sale of goods or
services that are typical of the
normal operations of the
company. In a broad sense,
income from share portfolios
and fixed rate deposits are also
considered, plus additional
income and income that is not
typical of the company's
normal operations.

revenues (*cifra de negocios*) Total
sales and income.

reversing entry (*contraasiento*)
Entry that exactly amends a
previous entry made by
mistake.

right to speak (*voz*) Facility to
express an opinion on a
matter in one's own name or

in the name of another, which does not imply, unless one has a right to a vote, that the opinion expressed has to be taken into account when reaching a final decision.

risk (*riesgo*) Uncertainty over something that could happen and variability of the possible results. Generally it applies to express the idea of loss, but in theory it indicates uncertainty about achieving particular results. An insured person or thing.

risk adjusted return on capital; RAROC (*rentabilidad ajustada a valores en riesgo*) Method of efficiently distributing an investment portfolio between different profitable, liquid and risky assets.

risk averse (*adverso al riesgo*) Investor requiring a lower level of risk than the market average and therefore prefers to invest in safer although less profitable securities.

risk factor (*factor de riesgo*) Any contingency whether foreseen or not, of an economic, political or social character, internal or external, permanent or joint, that may endanger the normal functioning of a business activity.

risk manager (*administrador de riesgos*) Person in charge of the control, contracting and administration of insurance policies, coverage and risk estimation for a company or institution. Risk managers are responsible for ensuring suitable coverage for all company assets, including customer accounts.

risk-free return (*rentabilidad sin riesgo*) Return offered by an obligation that is considered to have no risk. Any other borrower must offer more interest.

role ambiguity (*ambigüedad del papel*) Uncertainty about a specific role to be played in an organization or situation. The individual is not aware of what is expected of him/her and how a position is to be carried out.

role playing (*representación de papeles; juego de roles*) Group learning method in which participants carry out a role in order to better understand the problems that may arise and the different solutions that each participant offers. For example, one person plays the role of a salesperson and another acts as the buyer, between them developing sales arguments and the replies to possible objections.

rollout marketing (*lanzamiento progresivo*) Technique for launching a new product that consists in launching the product in one part of the market with the idea of subsequently covering demand elsewhere. It is used in large complex markets when the competition would similarly not be in a position to jump ahead and launch a product in the whole market.

rollover loan (*crédito rotatorio*) Short term variable interest loan in which interest rates for each period are fixed according to a formula (for example 0.5% on MIBOR). The borrower does not have the option of partial amortization.

rollover period (*periodo del crédito*) Each of a number of periods that make up a variable interest loan during which new rates of interest are fixed. The borrower generally has the option to choose the length of the period with its corresponding rate or not to avail himself of the loan for that period, however, once the period and the rate have been fixed, he must avail himself of the total amount of the loan for that period. When the period finishes, a new period is agreed and so on until final expiry is reached.

roster (*escalafón*) Grouping of individuals belonging to a company, according to grade, seniority or merit. Specially applied to public servants.

rotating office (*cargo rotatorio*) Position held by different people in succession, according to a predetermined order.

rough lay-out (*boceto*) Simple, non-definitive representation of an idea, message or product. More elaborated than a blueprint sketch.

rough-draft (*borrador*) Papers pending correction in which notes or details need to be completed.

round-table (*mesa redonda*) Group of people without a superior-subordinate relationship that meets to discuss a particular topic, often with a moderator and presentation by certain speakers.

royalty (*regalía*) Amount to be paid for the use of industrial or intellectual property such as a patent or trademark registered in the name of another party. It tends to be a proportional amount based upon a percentage or the number of units bought or sold. In some cases a fixed initial amount is paid.

run (*avalancha de depositantes*) In banking, pressure caused by clients simultaneously wishing to make withdrawals or close their accounts.

rush hour (*hora punta*) In general, the period of maximum traffic that tends to coincide with the opening or closing of schools, shops and offices. Peak time. In marketing, the hours of maximum consumption (audience of a means of communication or clients of a commercial establishment).

S

safe (*caja fuerte*) Strongbox equipped with special security mechanisms, containing money and valuables.

salary (*sueldo*) Employees' remuneration, fixed on a monthly or an annual basis regardless of the hours worked or the amount produced.

salary review (*revisión salarial*) Periodic examination of the remuneration received by a person with regard to their personal development, the situation of the company and variations in the cost of living. It can be formalized in a document that details the achievements and failures of the person in question, makes recommendations to improve upon weak points and ends with an appraisal interview. Some companies carry out evaluations on the anniversary date of a person joining the company and others that evaluate everyone on a common date.

salary scale (*escala salarial*) List of salaries for different types of work within a company. Salaries for a particular position may vary according to qualifications and experience.

sale (*venta*) Action and contract of transfer of an asset in exchange for an established price.

sale by auction (*venta en subasta*) Sale in which several buyers compete for a good or service, that is awarded to the highest bidder, provided that the price offered exceeds the starting price.

sale contract (*contrato de compraventa*) Contract by virtue of which one party (seller) undertakes to deliver an object to another (buyer), who subsequently undertakes to pay a certain amount of money or its equivalent.

sale price (*precio de saldo*) Very reduced price in order to clear products off the shelves, normally at the end of a season.

sales chart (*curva de ventas*)
Graphic and chronological
representation of sales that
serves to compare products,
salesmen, variations over
historical sales or budget
deviations.

sales conference (*junta de ventas;
conferencia de ventas*) A
meeting of a company's sales
department to discuss the
results obtained and future
objectives.

sales exclusivity (*exclusividad de
ventas*) Distribution of
products by a company by
means of certain
intermediaries but excluding
others within the same sector.
A company can, for example,
exclusively represent a
particular product within a
specific geographic area.

sales expenses (*gastos de ventas*)
Expenses associated with
commercial management
such as discounts,
commissions, advertising and
promotion.

sales force (*fuerza de ventas*)
Group of employees charged
with selling company
products through direct
contact with the clients, as
well as planning and
organizing the suitability of
products and clients within
the territory. This second
aspect implies marketing

knowledge and the
establishment of qualitative
long-term objectives. They are
company employees with the
ranks of salesman, supervisor,
branch or area manager and
to this end different from
commission agents or
distribution representatives,
although it is common
practice that a large part of
their earnings depends
upon the sales that they
make.

sales forecast (*previsión de ventas;
pronóstico de ventas*) Estimate
of the sales that a company
thinks it will be able to realize
during a given period, based
upon the sales results during
previous periods and also
taking into account foreseen
market conditions and
planned marketing activities.

sales letter (*carta de venta*) Letter
sent to potential customers
encouraging and persuading
them to buy a product or
attend a presentation.

sales manager (*jefe de ventas*)
Person that supervises the
salespeople and
commissioned representatives
that a company has in a
particular region, who is
ultimately responsible for
preparing and reaching sales
budget figures.

sales network (*red de ventas*)
Group of people and means used by a company to sell its products. Apart from the salesforce made up by sales people, it can also include people who work on a commission basis and distributors.

sales plan (*plan de ventas*)
Fundamental part of a company's planning that looks at the amount of product to sell per area or zone, client and period of time. It includes expected prices and margins and the cost of commercial activities that are to be adopted, such as promotions and publicity. It takes into account variations in the sales force, launching and withdrawal of products, and seasonal variations. It usually includes numerical and balanced distribution objectives, and net participation. It is the result of team work that takes into account the historical data, the competition's activities, market evolution overall and by segments according to investigation of the market and of the permanent consumer. The plan should also include control procedures and potential risk prevention.

sales promotion (*promoción de ventas*) Part of marketing that includes the commercial measures (gondola ends, displays or discounts) that push the introduction and sale of a product. It is sporadic and has immediate objectives, as opposed to advertising communication.

sales quota (*cuota de ventas*) Sales objectives assigned to a salesperson, company, or to a line of products. Completion usually is accompanied by incentives or prizes. It is normally somewhat higher than a sales budget used to make investment and production decisions.

sales region (*zona de venta*)
Territory covered by a salesperson or group of salespeople based in a subsidiary office or regional distribution center. Different routes are established within each zone. The division of a country into zones is made for geographical reasons, or due to the history of the company, type of client and distribution, and sometimes so that they coincide with criteria established by market research companies.

sales representative
(*representante de ventas*) Person

who sells the products or services of a company and generally covers a specific geographic area. In some cases he/she may be an employee of the company or may work for his/her own account, charging a commission to the company that he/she represents.

sales revenues (*ventas*) Group of units of sold products during a period. Taxes and discounts are commonly excluded in the bill, although the returns and discounts for rapid payment are not. In financial companies and intermediaries, the number of sales plus the real amount is the group of received commissions.

sales route (*ruta de venta*) Itinerary that a sales person should follow to visit his clients in an optimum manner. Each route is repeated every 7, 14 or 28 days, depending upon the importance of each client. To optimize a route sometimes marginal clients are maintained to help reduce fixed costs. The distribution route may or may not coincide with the sales route depending upon the orders obtained.

sales tax (*impuesto sobre ventas*) Tax which is calculated on the sale to the final consumer. It taxes all kinds of items in general, although some may be exempt, such as basic needs or cultural goods. When it is applied only to certain kinds of goods such as cigarettes or fuel, it is called special or excise tax.

salesperson (*vendedor*) Person that sells or attempts to sell. A professional salesperson is specifically trained and usually possesses a suitable personality, normally receiving a commission per unit sold. A group of salespeople is referred to as the sales force.

sampling (*muestreo*) Action of choosing a sample after a process of selection. Sampling may be based on probability or not, and either fixed or sequential.

sampling method (*método de muestreo*) Form of selecting a sample. The most common methods are: random sampling with or without displacement, stratified and systematic sampling.

saturation (*saturación*) Maximum level in the use of a factor or in the coverage of a market. To exceed this level implies getting negative results (for example, too much advertising can lead to rejection, or excess distribution of a product which makes storeowners' interest decline as they already have product to sell).

saturation point (*punto de saturación*) Level at which the demand for a good or service is fully satisfied so that growth in sales is limited to replacements or to cover the possible growth of the population.

savings (*ahorro*) Amount deducted from a consumed quantity and destined for future use. Difference between personal income and expenses.

savings account (*cuenta de ahorros*) Contract between a financial institution and a client whereby the latter deposits money with the former in exchange for interest. The money can be withdrawn at any time, but a check cannot be drawn against such an account. Withholdings, interests and reimbursements are noted in a savings account booklet.

savings and loan association (*caja mutua de ahorros [EE.UU.]*) North American financial institution that invests its funds in mortgage loans for its depositors.

savings bank (*caja de ahorros*) Financial deposit institution providing similar services to those of a commercial bank, although specializing in mortgage loans and deposit accounts.

scarcity (*escasez; carestía*) Situation in which something is lacking or in short supply or demand, causing fluctuations in price, stock and production factors before a balance can be reached.

scope of the examination (*alcance del trabajo*) In auditing or consultancy, the depth and extent to which a report is to be carried out, according to defined objectives. Greater detail involves more working time and greater cost.

screensaver (*salvapantallas*) Information technology program designed to change the image that appears on a monitor, thereby avoiding its deterioration.

schedule (*programa*) Organized plan of activities in which each activity is assigned a time indicating when it should take place.

search (*buscar*) In information systems, to scan a chart or file in order to locate data that coincides with given specifications.

seasonal adjustment (*ajuste estacional*) Numerical

501

adjustment of data taken over varying periods of time (chronological series), in order to account for the fact that information on a particular period is normally affected by particular factors of the period itself.

seasonal business (*negocio de campaña*) Purchases and sales made exclusively during a certain time of the year. Normally related to agricultural harvests, weather conditions or customs. Periods do not normally coincide with calendar years.

seasonal fluctuation (*fluctuación estacional*) Oscillation in price or sales volume of a product in a specific season of the year. Seasonal fluctuations in price are superimposed on cyclical fluctuations and sector trends.

seasonal sale (*venta estacional*) Sale that takes place at a particular time of year (umbrellas, etc.). Companies either complete their product range with others, endeavor to promote sales of their product throughout the entire year or only offer it in certain months.

seasonal unemployment (*desempleo estacional*) Unemployment caused by a seasonal demand for labor, due to natural causes or local customs.

seating capacity (*aforo*) The number of people that may be seated within a particular enclosure at any given time.

second-hand purchase (*compra de segunda mano*) Acquisition of a good from a user or an intermediary rather than directly from the manufacturer.

secondary distribution (*distribución secundaria*) Sale to retail investors of an issue previously included in large packages.

secondary storage (*almacenamiento secundario*) External storage mechanisms, such as disks and tape.

secretary (*secretaria[o]*) Person that collaborates with a director or group of directors in administrative and management tasks (correspondence, filing, work plans, preparation of agenda) and their links with the outside world and with other departments within the company, having been delegated the capacity to take certain decisions and a representative role. More commonly known as an administrative assistant in the U.S.

seed money (*inversión inicial*) Initial contribution for starting up a new company, either by the founders or by risk-capital investors.

selection interview (*entrevista de selección*) Interview intended to evaluate potential candidates for a particular position. Normally the final phase, after having studied candidates' background and psycho-analysis tests are successfully completed. Interviewers may be psychologists, the personnel manager and/or future superior. Interviews performed individually or in groups, in order to evaluate leadership qualities and personal inter-action.

selective attention (*atención selectiva*) Process by which a consumer is subconsciously only aware of a small percentage of the publicity messages that he receives and of an even smaller proportion of their content.

selective price war (*guerra de precios selectiva*) Market situation in which the attacking competitor chooses as objectives in its price war the areas where his relative market quota is lowest. It selects the type of product, packaging, client or geographic area where it is relatively weak, and as such, has less to lose if a full-scale price war breaks out.

self-employed person (*independiente*) Person who works on his/her own account, that is, with no dependency or ties. In some countries these people are subject to specific tax and social security legislation.

self-liquidating premium (*autoliquidable*) Sales promotion where a complementary product is offered at a reduced price that covers costs but is still, nevertheless, very attractive to the consumer. The reduced cost is achieved through bulk buying or by ordering a special production.

sell (*vender*) To transfer the ownership of an asset in exchange for an agreed price. Includes the offer, presentation and negotiation.

sell at fixed price (*expender*) To dispatch goods by retail at an agreed or conventional price.

sell-by date (*fecha límite de venta*) The last date to sell a product. Some products are obliged to carry this date, which in practice is considered the preferred date of consumption although in theory it only points out the last day on which it can be sold.

seller's market (*mercado de oferta*) Market in which suppliers have a clear advantage, given that demand exceeds supply.

selling point (*argumento de venta*) Each of the strong points of a product or service that are used when making a sale.

selling price (*precio de venta*) Price at which a product is sold, which may coincide with the tariff price.

seminar (*seminario*) Meeting, generally with an educational or investigative purpose.

senior debt (*deuda preferente*) Debt that has priority over other debts in the event of company liquidation.

seniority system (*escalafón por antigüedad*) System in which professional promotion or salary increases are based exclusively on the number of years employed.

sensitivity analysis (*análisis de sensibilidad*) Study of the impact that a change in the variables of an economic model has on results. Intended to respond to questions such as: What would happen if...? Identifies the critical variables of economic models.

sequential access (*acceso secuencial*) In data processing, a system designed to obtain information that begins with the card index principle and searches in order until it finds the information required. Slower than direct access.

service area (*área de servicio*) Area offering a variety of goods and services to the motoring public, such as gasoline, cafeterias or rest areas.

service charge (*cargo por servicio*) An additional charge for service rendered to a customer in a hotel or restaurant. It is usually between 12 and 15% and sometimes it is already included in the bill. One may also add a tip, depending on the country's custom and on whether the service has been exceptional.

service contract (*contrato de servicios*) Lease contract in which the purpose is to provide services defined by a particular objective or period of time.

set up (*configurar*) To integrate hardware and software in the same system, in such a way that all components work together with maximum performance.

set-up (*montaje*) In marketing, the final organizing of a store before it opens to the public.

severance pay (*indemnización por despido*) Compensation received by a worker as a result of dismissal, which varies from country to country.

sexual discrimination (*discriminación por razón de sexo*) Distinction of a person based on his/her sex. Often occurs in job recruitment, promotions and salary. In many countries, anti-discrimination legislation exists, however in practice, it is difficult to eliminate.

sexual harassment (*acoso sexual*) Act of persecution or disturbing of a person by remarks with sexual connotations that are not considered appropriate in a professional environment. Increasingly addressed by modern criminal legislation.

share (*acción*) In relation to companies, each equal part of the share capital of a public limited or joint stock company. May be a nominal or bearer share, partly or fully paid. A share is a security that entitles its owner to participate in company profits as well as in the net worth if the company is dissolved. Also entitles preferential subscription of new shares and the right to vote at General Shareholder Meetings.

shareholding (*paquete de acciones*) Total shares in a company that are owned by a shareholder.

sheet feeder (*alimentador de hojas*) Mechanical device designed to feed printers.

shelf-space (*frontal*) Set of fronts that a product or item has in the display unit of a store. The size is usually assigned proportionate to its profitability or its sales, giving priority to the distributor brands.

shift differential (*compensación por trabajo por turnos*) Additional salary agreed upon for shift work to compensate for the disruption of family life caused by having to work in the evening or at night on public holidays.

shift-work (*trabajo por turnos*) Continuous work that does not interrupt a production line, with employees changing over every eight hours. Shifts generally rotate by common agreement between the morning, afternoon and night shifts.

ship broker (*corredor intérprete de buques*) Maritime trading agent charged with preparing and drawing up contracts relating to sea going traffic.

Publicly accountable and required to be a member of the corresponding professional association.

shipment (*envío*) Action of sending something to a different location. Also refers to the goods sent.

shipping agent (*consignatario de buques, agente marítimo*) Company providing supply, port procedure management as well as loading and unloading services to shipping companies at specific ports. Advances payment, if necessary, on behalf of shipping companies in exchange for an established fee.

shop around (*ir de tienda en tienda*) To go to different stores in order to compare prices and the quality of a particular product before effecting a purchase. They tend to be high price and seldom purchased products.

shop floor (*planta*) The area in a factory or workshop where production takes place. The expression can be used to describe the lowest hierarchical level of a company that consists of workers.

shopping center (*centro comercial*) Collection of retail shops concentrated in a purpose-built area where clients can buy all manner of goods. They tend to include one or two shops that are the driving force and ensure a certain flow of people, such as a well known food or clothing store.

short-term (*corto plazo*) With an expiry date of not more than a year. A subjective classification depending on the sector of activity. Considered short term, in the case of implantation of a measure, when the effects are felt almost immediately, generally disappearing within a year, or when they only have temporary repercussions.

short-term economic policy (*acción coyuntural*) Economic policy applied during a short period of time, designed to recover or maintain a certain level of growth of a particular economic system or sector.

shortage (*faltante*) A desired, normal or expected quantity that is missing.

shortage cost (*costo de ruptura*) Cost for not having a stocklisted product. It can lead to a halt in the production line. When concerned with trading stock the sale can be lost. It is a cost without repercussions or an unperceived profit.

show of hands (*votación a mano alzada*) Making of a decision based upon a count of people in favor or against a particular proposal, the group with the greater show of hands being proclaimed the winner.

shrinkage (*pérdida desconocida*) Unjustified difference in stock levels caused principally by theft by clients, employees or suppliers, or to deterioration of merchandise that is not accounted for as such and to errors in marking prices.

sick leave (*permiso por enfermedad*) Days of leave that an employee can legally take in case of illness while still receiving compensation from the employer or from Social Security. The number of days should be certified by a doctor, while the percentage amount of retribution received is normally legislated in each country.

sick pay (*compensación por enfermedad*) Compensation a worker receives from his company and social security while temporarily ill or unable to work. The percentage of normal compensation received and the distribution of payment between company and social security differ from one country to another.

sign (*rótulo*) Emblem or signal indicating a commercial business or store, or each of the sections within it.

signature (*firma*) Written identifying mark normally placed at the end of a document to certify authenticity and compliance.

silent partner (*socio pasivo; socio dormido*) Partner that only contributes capital but does not work or participate actively in the management of a company, acting simply as a financial partner.

simple interest (*interés simple*) Interest calculated on the principal amount only, without taking into account possible interest already earned.

sketch (*bosquejo*) First design draft of an idea or a message.

slogan (*lema*) Short catch-phrase used at the end of an advertisement to summarize its message.

slush fund (*caja negra*) System designed to provide funds for illegal operations such as political pay-offs or bribes.

smuggling (*contrabando*) Entry of merchandise without paying applicable customs duties and, in general, illicit trading or production.

social marketing (*mercadotecnia social*) Marketing designed to develop activities that affect the society as a whole. Different to commercial marketing in that competing organizations fight for the same cause. Such competitors may assist social marketers in many ways, however also create fragmented markets and other problems.

social responsibility report (*balance con la comunidad*) Section in company annual report and accounts detailing activity relating to employees, shareholders, consumers, clients, suppliers, competitors, universities, public entities and environmental issues.

Social Security contributions (*cotizaciones a la Seguridad Social*) Contributions paid by employers and employees to cover social needs such as assistance for handicapped, unemployed and retired people. It is deducted directly from salaries. In spite of the rights granted due to payment, the amount contributed does not have to correspond proportionally to salary, given that these payments have a redistributive nature.

software (*equipo lógico; software*) Set of programs, applications, systems, maintenance and training manuals that ensure correct functioning of an information system.

sole proprietor (*empresario individual*) Person that carries out an economic activity on a small scale on his/her own behalf without a partner. Sole proprietor companies are generally found in the service sector (commercial office, solicitor) or in the primary sector (small farmers).

solvency (*solvencia*) Capacity to pay debts upon their expiry. It is measured as a ratio between current assets and liabilities for example.

solvency ratio (*coeficiente de solvencia*) Ratio between own assets and total liabilities.

space allocation (*asignación de espacios*) Optimum use of space for displaying products in a shop in order to maximize sales. Generally, only sales figures of a particular item are taken into consideration and a proportional amount of space is allocated, whereas space management takes into account potential sales of the product and of associated products, plus gross margins and direct costs which may vary from one product to another.

span of control (*extensión de la dirección*) Number of subordinates for whom an executive or supervisor is responsible. According to management theory, a manager can not efficiently control more than a certain number of subordinates directly responsible to him/her. It is claimed that the higher the level of organization required, the smaller the number of subordinates that can effectively be controlled by a manager.

specialist (*especialista*) Expert in a particular subject or activity.

speciality trade (*comercio especializado*) Generally a retail establishment with a selected range of products and large supply, with a greater capacity to inform its clients and handle specific orders.

specifications (*especificaciones*) Detailed and precise explanation of the features of a product, project or proposal.

speech (*discurso*) Oral presentation given before an audience. Executives normally have to develop certain public speaking skills for different situations and special events.

spell check (*verificador ortográfico*) Function of the operation that verifies if the words in the document are written correctly. It is commonly included in word processors although it is also in other databases or other calculation sheets.

split commission (*comisión compartida*) Commission divided between an official broker and the person who made the transaction possible.

spokesperson (*portavoz*) Person with sufficient authority to speak on behalf of a collective. Governments and large organizations have a spokesperson who is in charge of transmitting official news of interest to the media and answering their questions.

sponsor (*patrocinar*) To provide partial or total financial support for an activity or program. In public relations, sponsors subsidize sporting competitions or research and cultural events as a way of promoting their image and contributing to social well-being.

sponsor (*patrocinador*) Person or institution that sponsors or donates money to a certain activity.

spread (*diferencial*) In general terms, the margin between purchase and sale price in a financial transaction. In relation to loans with variable interest rates, the spread is calculated as the difference between the reference interest rate.

spreadsheet (*hoja de cálculo*) A computer program that organizes data and operative instructions in a matrix of rows and columns. The cells in the matrix may contain numerical data, text, logical, arithmetical and statistical formulas referred to other cells. By extension, the term is applied to computer programs specialized in the management of files and documents organized according to this structure.

sprocket feed (*alimentación por rueda dentada*) Method of paper advance by means of a set of pins on a roller or drum. The pins hold the paper by fitting through holes perforated at the right and left of the sheet. Equivalent to pin feed.

squandering (*despilfarro*) Excessive and unnecessary wastage.

staff (*personal*) Group of people that work within a company, factory or organization.

staff training (*formación de personal*) Specialized technical training provided by a company for its employees on a relatively constant basis.

stagflation (*estanflación*) Economic stagnation and unemployment with inflation, a phenomenon observed in developed countries following the oil crisis.

standard agreement (*contrato tipo*) Standard contract used as a model for a final agreement, after including the identification of the parties concerned, purpose and price, as well as the specific terms agreed to by the parties, thereby differentiating it from a membership contract.

standard cost (*costo normalizado, costo estándar*) Equivalent to a standardized cost. Theoretical or technical cost of a specific aspect of the operation (franking cost, cost of material of product A). In cost accounting the standardized costs are used to fix the budgets.

standardization (*normación; normalización*) Norm applicable to a particular type or model that adapts a product or system to what is considered as normal.

standstill (*bloqueo*) Negotiating situation in which none of the parties is prepared to make concessions or offer alternatives that are acceptable to the other parties.

staple good (*artículo básico*) High turnover product that forms part of a basic selection of goods that, almost by necessity, should be on offer to the public. Consumers remember the price of these products and they are the most indicative of the pricing policy of a particular store.

start-up (*puesta en marcha; puesta en servicio*) Initiation of operations or activities developed for this end. It is especially applied to industrial installations to indicate the beginning of operations.

start-up expenses (*gastos de arranque*) Expenses associated with initiating a commercial or industrial activity (studies, brand transfers, patents), and that include the asset as part of the company goods. These expenses are redeemed in later financial years and then they are recorded in the results account.

state-owned company (*empresa pública*) Company whose assets and control are taken on by a country's government. Its activities are not carried out for the sole purpose of profit, they also take on specific services or work in basic or strategic sectors.

statement of account (*estado de cuenta*) Report that summarizes all the movements of an account during a short period of time, for example, a breakdown that a bank sends to its clients on a regular basis.

statutory voting (*votación estatutaria*) Voting in accordance with the statutes of a company, which normally implies one vote for each of the normal shares that make up the share capital of the company. One may have shares but no vote, preferential shares with no vote, founding shares with a reinforced vote and, in the case of some North American companies, cumulative shares.

step (*trámite*) Each of the stages that must be carried out in a business or in a legal process until reaching the moment when it is finalized.

sticker (*adhesivo*) Small printed advertisement glued on the front or back that is displayed at sales outlets or on car windows. Contains a simple reminder of a campaign or brand.

stock dividend (*dividendo en forma de acciones*) Dividend paid through the issue of new shares or granting of company owned shares free of charge.

stock exchange (*bolsa*) Public trading place, regulated and supervised by the Administration, where dealing in values, goods and raw materials takes place via stockbrokers.

stock option (*opción-bono*) Option to purchase shares in a company granted to an employee as incentive for reaching a target and to remain with the company. May or may not be transferable and normally forfeited upon leaving the company. Exercising prices are often attractive and terms extended.

stockbroker (*agente de cambio y bolsa; corredor de bolsa*) Qualified intermediary that acts as public officer in the transfer of shares and debentures. Member of a professional association controlled by a Supervisory Board.

stockholder (*accionista*) The owner of a share.

stockholders' equity (*fondos propios*) Company resources that appear on the liability side of its balance sheet that are comprised of share capital plus reserves, and profits pending assignation.

stockpile (*acopiar*) Accumulation of merchandise in large quantities, although not necessarily for the purpose of obtaining a profit.

stock-out (*falta de existencias*) Shortage of a product that is normally in a warehouse when an order is received. The acceptable percentage depends upon the sector and client, however should not be excessively high and therefore damage the company's reputation of good service, nor excessively low and therefore give the impression of being overstocked.

storage (*almacenamiento*) General term applicable to any device or installation capable of storing data or merchandise for later recovery.

store (*almacenar*) To receive and maintain stock in an orderly

and efficient manner. Products can be stored in product groups or rotated.
Product group storage enables items to be placed according to the order list, which groups references into product categories. Rotation storage enables items to be stored in sale order, thus reducing distance traveled by products that are sold in large quantities. At times, the two systems are combined although never used for large sizes, fragile or highly valuable goods or those that require special care.

straight line depreciation (*amortización lineal*) Depreciation system (for accounting or tax purposes) in which an asset is depreciated at the same percentage in each financial year. The fixed percentage is calculated by dividing the asset's value by its expected life.

strategic goal (*objetivo estratégico*) Important company target that defines its strategy and establishes short term objectives or specific company issues. Considered vital for survival or success and defined as part of a strategic plan.

strategy (*estrategia*) Plan, method or policy used to achieve an objective. As opposed to a tactic, strategy refers to the general or essential long term company objectives. Types of strategy include those relating to sales, advertising or communications, distribution, pricing, brands, personal, financial or productive activities and information systems.

stress (*estrés*) State of anxiety, tension and nervousness that an individual may suffer due to excess demands that are either self-imposed or expected by others when performing a task, that may result in physical deterioration.

strike (*huelga*) Workers right that is acknowledged by law and consists of an alteration or suspension of working activity as a means of exerting pressure in order to achieve improvements in working conditions.

strike committee (*comité de huelga*) Body elected by workers to define strike strategy and action to be taken.

structural change (*cambio estructural*) Important economic or social change within a market, which occurs slowly and irreversibly, although variable in time, for example, growth in the service sector and reduction in the primary industry, or improved training and employment of women in developed countries.

structural unemployment (*desempleo estructural*) Unemployment caused by profound changes resulting from different consumer attitudes, technological innovation or a lack of competitive capacity within a particular region or sector. Corrective measures involve long term structural changes in production systems.

structured interview (*entrevista estructurada*) Interview performed according to predetermined guidelines, in which the interviewer asks a series of questions in order to gather necessary information, for example, in a selection process in which several candidates are compared.

sub-culture (*subcultura*) Values, beliefs and lifestyle pertaining to a particular group of people who in turn form part of a larger group, for example, in a company with a particular culture, a specialist department that is particularly proud of its contribution to the running of the company or one that feels itself pushed aside. Members of a sub-culture often develop common characteristics that differentiate them from the other members of the group or company.

subcontract (*subcontrato*) Contract with a third party in compliance with some or all of the obligations that adhere to the original contract, used especially in construction and service industries.

subliminal advertising (*publicidad subliminal*) Prohibited form of advertising whereby a message is received unconsciously by the public without any indication that it has been issued. In order to do this special techniques are used such as the inclusion of a frame with suggestive images of a product between the 24 frames per second needed for cinematographic projection.

subordinate (*subordinado*) Person that depends upon another. A boss has the power to direct work carried out by a subordinate within formal or informal procedures, but should principally use his authority and greater experience or training to win employees confidence and to motivate them.

subscribe (*abonar*) To register a person entitled to receive certain services or to attend a series of performances.

subscribed capital (*capital suscrito*) Capital amount that a shareholder undertakes to pay. Normally coincides with subscribed capital.

subscriber (*abonado*) Person entitled to a particular service after having paid a periodical or subscription fee.

subscription (*abono*) Agreement and document resulting in the purchase of the right to use facilities or attend a performance during a particular period of time. Payment may be by lump sum or a series of periodical installments. May include preferential rights to purchase future subscriptions. Valid for one person or for a family and not normally transferable (even if only for one session).

subsidiary (*filial, subsidiaria*) Company in which over 50% of the capital belongs to another company or group of companies. The holding company has effective control and consolidates the profit and loss account acknowledging minority interests in the company. Equivalent to an affiliate association.

subsidiary account (*cuenta subsidiaria; subcuenta*) Subdivision that helps to group and classify entries in an accounting plan. Equivalent to sub-account.

suggestions box (*buzón de sugerencias*) Box placed at a sales outlet or in a company in which customers or employees deposit their opinions, recommendations or even complaints.

sum-of-the-year's-digits depreciation (*amortización por suma de dígitos de los años*) Accelerated depreciation policy in which the amount deducted each financial year is calculated by the formula $f(n) = v(e-n)/s$, where v is the initial cost of the asset, e its expected life, n the period and s the sum of digits equivalent to $s = e(e+1)/2$.

summary (*resumen*) Reduction of a text or speech to simple and brief terms that only take the essential elements into account.

sunk costs (*costos enterrados*) Withstood costs that can not be recuperated in the course of the company's normal activity.

supervisor (*supervisor*) Person in charge of overseeing the correct functioning of a small group of people. In general

515

the term is used with reference to mechanical and repetitive work carried out by employees, not for manual work carried out by laborers (foreman).

supervisory board (*consejo de vigilancia*) Council that supervises the activities of a company's Board of Directors.

supplier (*proveedor*) Person or entity that provides a company with goods or services required by them.

supply (*abastecer*) To provide or sell the required amount of goods.

supply (*aprovisionamiento*) Provision of goods for subsequent use.

supply (*oferta*) In economics, the quantity of a good offered in a particular market at a given time or price or set of prices. In theory, supply and demand coincide at equilibrium price. If prices go up, supply increases and demand decreases.

support advertisement (*anuncio de apoyo*) Advertisement related to a principal entry, normally used as to complement the main message.

surcharge (*sobretasa*) Additional amount imposed on top of the normal payable amount.

surface mail (*correo ordinario*) Postal service of letters, packets or parcels by land or sea, but not by air and without special security or delivery measures. As the postage rate charged is lower than in airmail, this form of transportation is appropriate for deliveries that are not very urgent and that weigh a lot.

surplus (*excedente, superávit*) Excess over what is required. Excess of earnings over expenses. Synonymous of profit.

surplus budget (*presupuesto excedentario*) Budget in which earnings are greater than expenses.

survey (*encuesta*) Poll procedure used to obtain information by asking or observing a collective in a systematic and structured fashion. When the universe being studied is vast, a sample group is chosen.

survey by observation (*encuesta por observación*) Survey in which the surveyor observes the behavior of the chosen universe in accordance with observation instructions but without establishing direct contact. Used to check that certain actions take place (for example, displaying of point of sale material, use of crash helmets by motorcyclists.

sustainable yield (*rendimiento sostenible*) Amount of a renewable resource (such as fish) that can be harvested without upsetting the natural equilibrium.

synthetic asset (*activo sintético, sintético*) Combination of financial assets that include a derivative. Synthetic assets enable original assets to be modified at low cost, for example in relation to risk or liquidity, and the creation of new assets that do not exist in the market.

system file (*archivo del sistema*) Machine coded archive that is part of an operating system or some other control program, including the configuration archives used by such programs.

systems analysis (*análisis de sistemas*) In information systems, the installation and maintenance of the machines and operating systems and suitable connections for a specific environment.

systems analyst (*analista de sistemas*) Information systems expert that organizes equipment, operative systems and communications without designing programs or specific applications.

systems audit (*auditoría de sistemas*) Review of programming, systems, machines and the workings of the data processing system of a company as a whole with a view to defining quality, security and efficiency in computer operations.

T

table scale (*baremo*) Set of regulations used to calculate prices (with regards to total volume, size of the order and composition or cost of transport) and to assess and compare people or objects.

take private (*salir de bolsa*) Process designed to stop the shares of a company being quoted on a stock exchange. It is becoming more frequent in developed countries as it means that less information has to be provided, allows medium-term investments to be taken on, or can be the result of a company having been taken over or of a management buy-out.

take-over merger (*fusión por absorción*) Type of business merger in which one of the companies retains its legal characteristics while the other contributes the totality of its assets and liabilities and is dissolved.

takeover (*conquista*) Purchase of a company regardless of the initial resistance of its Board of Directors. Normally carried out through a public offer of acquisition and payment in cash, junk bonds and/or shares in the buyer's company.

takeover bid (*oferta pública de adquisición; OPA*) Public offer of acquisition of shares designed to gain a controlling interest in a company. The offered price is normally higher than market price in order to motivate acceptance which is required before a specific date. Normally involves a maximum number of shares in order to successfully gain control.

tangible fixed assets (*activo material; inmovilizado material*) Part of the company asset which is made up of immobile goods, or mobile goods that are not to be sold in the normal course of operations. They include land and natural goods, buildings, machinery, installations and tools, transport elements, furniture and equipment, information processing equipment, spare parts and specialized complex installations.

target company (*compañía objetivo*) Company chosen for a takeover bid.

target group (*público objetivo*) Specific sector of the population to whom a product or advertising message is aimed, whether they be the buyers or consumers of the product. The target public is defined by demographic, geographic, and socio-economic characteristics and by life style.

tariff (*tarifa aduanera*) Price that must be made effective to enable a good or cargo to be transferred from one country to another.

tariff barrier (*barrera arancelaria*) Limitation on international trade consistent with demanding payment of a fee, called duty, to allow the importation of merchandise.

task management (*administración de tareas*) Part of an operative system that simultaneously controls the performing of one or more tasks by a computer.

tax (*impuesto*) Public income created by law and by the obligatory compliance of taxpayers contained in said law, whenever a tax obligation arises as a result of a particular taxable event having taken place.

tax adviser (*asesor fiscal*) Person who gives counsel on tax issues.

tax at source (*impuesto en la fuente*) Tax that is collected at the moment in which a taxable event takes place.

tax bracket (*categoría fiscal*) Taxable base level according to a taxpayer's income.

tax evasion (*evasión fiscal*) Defrauding the Treasury by means of concealing earnings, simulating or exaggerating deductible expenses, unjustifiably applying subsidies and tax reductions.

tax exemption (*exención fiscal*) Fiscal bonus in favor of the taxpayer that effectively cancels a taxable obligation under certain given circumstances fixed by law.

tax haven (*paraíso fiscal*) Country or territory whose tax legislation attracts individuals or companies that wish to pay lower taxes and therefore become residents, even if their business activities are based in another country.

tax incentive (*beneficio fiscal*) Taxation benefits granted by the State to companies in certain sectors or geographical areas or those which comply with certain conditions (investment, training plans, exportation) with the aim of promoting specific investment and job creation activities.

tax loss carry-back (*pérdidas fiscales [a pasado]*) Fiscal losses that can be used to compensate for profits made in past years, giving rise to a tax credit. In some cases this mechanism does not exist as only future profits can be compensated for by losses, not profits made in the past.

tax loss carry-forward (*pérdidas fiscales [a futuro]*) Losses that can be used to compensate for future profits thereby avoiding tax payments on those profits. This mechanism may only be used by companies or by companies and individuals, and can be used to compensate for any type of income or only in respect of capital gains, depending upon the country. In certain cases it may be used in respect of past profits, giving rise to a tax return.

tax on capital income (*impuesto de rentas de capital*) Proportional tax on account, taken at source, applied to earnings from mobile capital (dividends, interests).

tax revenue (*ingresos fiscales*) Collection of earnings by a government body that come from taxes and rates.

taxable base (*base gravable*) Income or basis of calculation used to determine the tax payable by a particular subject, in accordance with applicable legislation.

taxpayer (*contribuyente*) Person or company that pays or is liable to pay taxes. Normally the taxable subject, although certain exceptions exist in relation to indirect taxes.

team building (*creación de espíritu de equipo*) Establishment of a climate of cooperation aimed at promoting team work, and organizing work efficiently among the team members. Team building is the primary responsibility of the leader of the group.

teamwork (*trabajo en equipo*) Positive spirit of collaboration by a group of people that favors the reaching of objectives and results. Better results are obtained by working in a group as opposed to working individually. A common objective is sought and in order to reach it work is divided between the members of the team and a system of coordination is established. It allows the knowledge of the different members of the group to be put to good use.

teaser advertising (*publicidad de intriga*) Form of advertising communication consisting in a series of incomplete messages that begin to make sense in successive waves in order to draw attention and awaken curiosity. Although more interest may be generated, heavier investment is required as repetition is needed for the brand to penetrate.

technical analysis (*análisis técnico*) Method designed to forecast trends and prices. Based on the hypothesis that historical pricing and structured public market activity trends provide the best way to forecast future trends. The method considers that operators think in such a way that enables decision making conclusions according to price and quotation curves. Complemented by fundamental analysis.

technical obstacle (*barrera técnica*) Requirement that imported merchandise meets the technical regulations and quality specifications of the importing country, particularly when the differences are artificial and the idea is to restrict free trade.

technical profit (*utilidad técnica*) Profit obtained as a result of real losses being lower than foreseen losses as calculated by technical statistics, or by internal or external management costs being lower than foreseen costs as calculated by actuarial statistics or formulae. It is common to operate at a technical loss compensated for by financial profits produced as a result of excess financial income in real terms obtained in the market with technical interest rates used in actuarial formula.

technical selling (*venta técnica*) Selling of complex mechanical, electrical or other products to the customer. Since this requires expert knowledge about the product, technical salespersons are usually engineers or with related education. Technical selling typically requires long customer-seller relations, and reliable after-sales technical support.

technical support (*soporte técnico*) Technical assistance provided by a manufacturer to users of a product, either in the form of a personal visit, by telephone, or by repairs carried out in a factory or workshop.

technological change (*cambio tecnológico*) Introduction of new methods of production that increase productivity and profitability while reducing costs.

technological unemployment (*desempleo tecnológico*) Unemployment caused by changes in methods of production or technology, resulting in a decrease in the number of employees necessary to reach a determined level of supply.

technology transfer (*transferencia de tecnología*) Process of transferring knowledge and/or experience from one human team to another. It includes some methods and aspects that are protected by the laws of industrial and intellectual property and others that are not. Technology transfer is currently a requirement for the sale and supply of large items of machinery to Third World countries.

telecommunications (*telecomunicaciones*) Science related to the mechanisms or techniques used for the transmission of signals, images, writings, sound and data by any type of cable, radio, satellite or other electromagnetic medium. Use of telephone lines for the transmission of data between computers and terminals.

telecommuting (*teletrabajo*) Work that is carried out from home (without the need to move to a normal company work center) thanks to modern information and communications technology.

telephone selling (*venta por teléfono*) Form of selling that begins and often ends by telephone. Specialized firms with specially trained staff are often contracted for campaigns that last from one to two months.

temporary admission (*admisión temporal*) Temporary import of goods into a country, mainly raw materials, for the purpose of processing and re-export. Exempt from customs duties.

temporary disability (*invalidez temporal*) Incapacity that prevents one from carrying out his/her job for a period of time but with the expectation of recovery.

temporary worker (*trabajador temporal*) Worker that is contracted for a short term in order to replace someone or to cover a period when there is an increase in activity that is not cyclical. Sometimes temporary contracts are made in order to avoid having to hire someone permanently.

termination (*resolución*) Action of finalizing a legally valid contract. It differs from rescission which is a subsidiary action and is based upon the existence of detriment to one of the parties.

termination (*cese*) Action and effect of leaving a job or position of responsibility. This could be the employees' decision (resignation) or the employers' (dismissal).

test (*prueba*) Trial or experiment conducted in order to confirm or deny the truthfulness of a hypothesis.

test market (*mercado de prueba*) Geographical area in which a product is launched in order to estimate its success. Several representative cities are normally chosen and different marketing plans implemented (for example, advertising, handouts, introductory offers and vouchers for other products). An evaluation is made of brand awareness, product testing and repeated purchases. Although the process is effective, it may cause a delay in product launching, alert competitors

and results difficult to interpret.

testimonial (*anuncio testimonial*) Advertising message based on the recommendation of a product by a reputable authority, preferably related to such product.

thin market (*mercado estrecho*) Market with very few operations and/or limited number of such, therefore reducing security liquidity.

timetable (*calendario*) Record of activities planned for the future and dates upon which events are to occur.

time horizon (*horizonte temporal*) Period of time used for analysis or planning.

time management (*administración del tiempo*) Efficient organization of available time. Due to the increased speed and complexity of business operations, time has become a rare commodity and correct time management requires accurate programming of priorities, separating of repetitive tasks and those that may be delegated, allocating of time to main responsibilities, forecasting of alternative plans of action and spare time.

to the order of (*a la orden*) Expression meaning that a commercial effect may be endorsed. The endorsee is able to transfer it to another person who may demand payment.

tombstone (*memorial*) Announcement of an important financial operation (syndicated loan, issue of securities, company sale or merger) that is published in the financial press only for information purposes. Typically designed as a tombstone, highlighting the names of the parties and the intermediary, that uses it as advertising and normally pays the costs. Often framed and used for decorative purposes.

top management (*alta dirección*) Chief Executive Officer or senior executive in an organization as well as the executives that report directly to him/her.

top-down approach (*de arriba abajo*) Management approach in which planning and decisions are made at the top level of an organization and then implemented at lower levels. Can be helpful in times of crisis, when a radical change of strategy is required or when implementation speed is the key. Depending upon the circumstances it should be combined with a bottom-up approach.

total capitalization (*capitalización total*) Company capital structure, including long term debts and net worth. Also used to express the value of a company calculated by multiplying the number of shares issued by its listed stock exchange price.

total cost (*costo total*) Sum of fixed and variable costs that a company or product has.

tractor feed (*alimentación por tractor*) Mechanism that enables high speed printing. Contains pins and tractors that fit into each perforated hole located on the right and left.

trade accounts payable (*cuenta de proveedores*) Account detailing payment obligations contracted by the company with suppliers of goods and services, not documented by exchange letters.

trade association (*agrupación sectorial*) Group of companies created for the purpose of defending mutual sectorial interests involving purchases to common suppliers, exports, etc. Legal entity that keeps separate accounts to those of its members.

trade balance (*balanza comercial*) Relationship of exchange of merchandise between one country and other countries over a specific period of time. It is considered favorable or positive if the exports are greater than the imports.

trade bills (*papel comercial*) Trading effects or bills of exchange resulting from commercial transactions, as opposed to promissory notes. Trade bills are issued by the seller and may or may not be accepted a purchaser.

trade coverage (*cobertura comercial*) Percentage of exports over imports.

trade directory (*guía comercial*) Guide containing names and details of businesses in a sector or geographical area, classified in a convenient way. They are usually listed according to activity.

trade liberalization (*liberalización de los intercambios*) Process that tends to establish greater freedom for international trade by gradually eliminating barriers.

trade magazine (*revista especializada*) Magazine with a readership that belongs to a sector or that share a specific interest, as opposed to a general interest or consumer magazine. It is the optimum channel for reaching a particular public with

technical messages and to carry out sales from company to company or industrial sales.

trade mission (*misión comercial*) Group of people that visits another country for the purpose of increasing product awareness and trade, normally with official sponsorship, even if comprised of representatives from the private sector.

trade name (*nombre comercial*) Name by which an establishment or company wishes to be known to the general public, which does not necessarily coincide with its official name.

trade reference (*referencia comercial*) Written or verbal opinion of a supplier about the seriousness and guarantee of one of his clients, or vice versa, used to make out a commercial report or used directly by another possible supplier.

trade sale (*venta a profesionales*) Restricted sale to intermediaries in a specific sector involving special discounts.

trade-in sale (*venta con canje*) Sale in which the price of a new product is reduced by that of a similar used product given in exchange, that may or may not be of the same brand or in working condition.

trader (*comerciante*) A person engaged in the act of trading. Usually used to indicate a person buying and selling on the stock market or other security exchanges.

trainer (*entrenador*) Person who teaches or trains another person in a particular field, for example, languages, sport or sales techniques. Although there is a theoretical element, emphasis is placed upon practical aspects of the field. If the subject is general, the trainer is often hired from outside the company but if it is highly specialized internal trainers need to be developed.

training (*entrenamiento*) Learning for a job under the supervision of an expert who teaches and corrects.

transaction (*transacción*) In general, any type of commercial negotiation or deal.

transaction costs (*costos de transacción*) Costs incurred in the purchase or sale of securities, including agent's commission and taxes directly related with the operation.

transfer (*traspaso*) In accounting, the charging of a particular amount from one account and credit of the same amount in another account.

transit goods (*mercancías en tránsito*) Goods that temporarily enter a geographical area for the purpose of being re-freighted, normally without transformation and subject to special customs regulations.

transport (*transporte*) Process of transferring people or freight from one place to another normally in exchange for remuneration.

transport intermediary (*agrupador*) Intermediary that purchases large quantities of merchandise, thereby obtaining substantial discounts which are partially passed on to clients.

transport license (*licencia de transporte*) Authorization or permit granted to enable movement of passengers or goods, upon compliance with local regulations.

traveler's check (*cheque de viajero*) Certificate or document promising payment that is issued by a financial intermediary and sold to a holder that can pass it on to a third party. The traveler's check is guaranteed against loss and robbery. The first holder signs it when he receives it and must sign it again when transferring it in order to avoid fraudulent use. The issuing institution charges a commission but above all make a gain through flotation (the time elapsed between issue and collection).

treasurer (*tesorero*) Person responsible for the handling of an institutions' liquidity and for negotiating the availability of funds, generally reporting to the financial director of the company.

treasury stock (*autocartera*) Company shares in the hands of the same company or a subsidiary. This often comes about through the need to buy shares on the stock exchange in order to keep the price up. Sometimes these are placed on foreign stock exchanges or in specific operations. Same as portfolio shares.

trial and error method (*método de tanteo*) Procedure used to identify an answer by means of successive attempts that gradually come closer to the solution.

trilateral deal (*operación triangular*) Trade agreement between two different countries to that of an agent, who acts as a mere intermediary, whereby the goods do not actually enter the agent's country of residence.

trillion (*billón*) A million millions, one followed by twelve zeroes. A billion is a *millardo*.

turnaround (*rescatar*) To recover the profitability of a company in a desperate situation. This process tends to include an increase in own funds, refinancing of bank debt and supplier credits, the sale or closure of marginal businesses and concentration of production in the most profitable areas, all of which may imply a reduction in the workforce.

turnkey (*llave en mano*) Form of contracting in which a supplier of an installation or factory undertakes to ensure complete construction until operative. Often used when purchasers are not fully experienced in contracting out different project phases.

tutorial (*tutorial*) In information technology, an introduction in the form of a book or program that helps the user to learn a new program, mechanism or procedure, generally divided into various lessons that explain each of the functions step by step.

U

unconditional bid (*oferta no condicionada*) Offer to purchase made by a company in which a specific number of shares required is not specified.

uncontested bid (*oferta no contestada*) Offer made by a company to purchase another that is accepted, despite not having been previously negotiated by company management or shareholders.

underlying asset (*activo subyacente, subyacente*) Asset contracted through an option or future.

underlying inflation (*inflación subyacente*) Behavior of the Consumer Price Index (CPI) excluding factors that to a lesser degree depend upon the evolution of internal costs of the economy, calculated by separating the price of imported energy raw materials and non-processed internal products from the general index.

undifferentiated marketing (*mercadotecnia indiferenciada*) Marketing that applies the same price, product, promotion, advertising and distribution channels to all clients, with the belief that the relative sectors are not different enough to warrant a different marketing approach.

unemployment (*desempleo*) Situation in which an individual of working age is actively seeking employment but is unable to find an occupation or job. The percent of unemployed in relation to the active population is an important macroeconomic index.

unemployment rate (*tasa de desempleo*) Percentage of the active population that lacks a job. The figures can vary as in some cases they do not include those that are not working but are not actively seeking employment or those people that have not yet entered the job market for the first time.

unfair competition (*competencia desleal*) Style or form of behavior in a market that contravenes legislation or unwritten laws governing market competition, for example, in relation to product quality and advertising.

unhealthy activities (*actividades insalubres*) Acts that breach administrative regulations relating to health, hygiene and the environment.

union representative (*delegado sindical*) Person within a company that represents a labor union. The chief or coordinator of members of a union within a company, although not necessarily a member of the workers' committee within the company.

unique selling point; USP (*argumento de venta único; AVU*) Advertising term for an argument that forms the core of communication strategy when selling a product or service. A play on the word unique meaning one alone, exclusive and excellent.

unit (*unidad*) Lower level in a business organization, headed by a manager, that has a defined purpose and a certain amount of autonomy. There are normally a number of comparable units as in the branches of a supermarket or a bank.

unit cost; average cost (*costo unitario; costo medio*) Cost obtained by dividing the total costs of the company by the number of units produced. Equivalent of average cost.

unpaid (*impagado*) Receipt or bill that has expired and has not been paid.

unqualified opinion (*auditoría limpia*) Auditors' report indicating that the auditor has been able to examine all the accounting information available and that generally accepted accounting principles have been followed.

unrealized capital gain (*plusvalía teórica*) Profit calculated according to market prices but without a sale having taken place.

unsaleable (*invendible*) Product that cannot be sold, generally due to poor quality or new legal regulations.

unsecured debt (*deuda sin garantía*) Obligation that is not backed by a guarantee, pawned item or specific mortgage.

unsold (*invendido*) Product that has not been sold at the end of a period of time. The term is generally applied to products affected by changes in fashion, the end of a season, technological obsolescence or the launch of a better product.

unstructured interview (*entrevista no estructurada*) An open or in-depth interview without a defined questionnaire. Normally used in preliminary phases to identify all possible factors and obtain new ideas.

update (*actualizar*) In computer science, to modify data contained in a file or database with the intention of adding and/or deleting records as well as changing existing records. To install a new version of a previously installed program.

update (*actualizar*) To modify data or a report based on current information. In finance, the current value of future cash flow can be calculated by discounting at the approved rate of interest. In accounting, updates are performed by estimating the replacement value of a particular asset or its standard or revised value.

used credit (*crédito dispuesto*) Total amount of credit the client has employed at any given moment.

useful life (*vida útil*) Time during which it is foreseen that a machine or project will be profitable. In the strict sense, it is the time during which it is estimated that there will not be a more profitable alternative available. It tends to be less than the physical life when referring to a machine.

user (*usuario*) One who regularly uses a service. One who has the right to use something which he does not own, although with certain limitations (right of use).

user-friendly (*amistoso*) Computer program considered to be extremely easy to understand and use by beginners. Requires suitable manuals and more space, however is generally less sophisticated.

utility (*utilidad*) Satisfaction of needs obtained by the use of a good. It determines the value of a good in terms of interest in its use and benefit.

V

vacancy (*vacante*) Job position that is not occupied.

vacation (*vacaciones*) Right of a worker whereby they are exempt from labor for the purposes of rest or relaxation but are remunerated as though they were still carrying out their work.

value (*valorar*) To evaluate and put a price upon a good.

value (*valor*) Utility of a good that permits an equivalent amount of money to be exchanged for a good. It is something subjective, that can only be quantified at the precise moment of sale and purchase.

value added (*valor añadido*) Increase in price obtained at each phase of a production process. The added value is obtained by deducting the cost of all the necessary materials or services acquired externally from the price of the finished product.

value added tax; VAT (*impuesto sobre el valor añadido; IVA*) A tax payable only upon the additional value created in each phase of a productive process. It creates more work than a tax on the sale to the final consumer, but it helps to control taxes and it creates an advance of funds for the Treasury, which they prefer.

value analysis (*análisis de valor*) Systematic market analysis procedure used to evaluate all cost factors involved in producing a particular product, according to its value or use to consumers. Enables features and functions to be added or subtracted, based on the benefits derived by the consumer.

value date (*fecha valor; día de valor*) Date from which a certain amount is considered to be debited or credited to a current account for the purpose of calculating interest. The period between the time at which an amount becomes available to a financial institution and the moment in which it is actually paid to a client is called floating or flotation.

variable cost (*costo variable*) Cost directly proportional to the quantity of manufactured or sold products. It is fixed by unit and variable as a whole.

variable expenses (*gastos variables*) Expenses that are directly proportional to the number of units manufactured or sold. Equivalent to variable cost.

variance analysis (*análisis de desviaciones*) Procedure designed to calculate and define the difference between two real and objective or budgeted amounts. In time, differences may occur in the cost of living or sales price, volume or range of products, etc. that the procedure quantifies in order to analyze the underlying cause.

venture capital (*capital-riesgo*) Capital investment in a new company that may be considered a high risk due to its recent incorporation or the high degree of research involved, as opposed to investment in more established companies. Expected profits are also normally greater, to offset a higher rate of failure. In the United States, the capital gain is normally obtained when the company is quoted on the OTC exchange.

vertical agreement (*acuerdo vertical*) Agreement between companies operating at different levels of the production and marketing processes.

vertical diversification (*diversificación vertical*) Diversification of company activities designed to absorb past or future activities to those currently being carried out. Normally referred to as vertical integration.

viability (*viabilidad*) Capacity or possibility of a company or project progressing in such a way that long term profitability is assured.

vice-president (*vicepresidente*) Post and person occupying the post that stands in for a president in his absence.

video adapter (*adaptador de vídeo*) Printed circuit installed in a personal computer to generate text and visual images on screen. Determines the quality of resolution and number of colors available.

video-conference (*videoconferencia*) Transmission of voices and images along a telephone line, enabling two or more people located in different places to have a conversation.

volume (*volumen*) In general, capacity, size and total

quantity, such as sales or import volume.

volume discount (*descuento de volumen; descuento por consumo*) Reduction of tariff prices due to the accumulated volume over a period by a client, not taking into account the size of orders that they have been placing, but bearing in mind the lower costs involved in serving a principal client.

vote (*voto*) Manifestation by a person of their decision regarding a particular matter, or regarding the election of a proposed candidate.

vote by proxy (*voto por poder*) The exercising of one's right to vote by means of another person who has been given powers of representation and specific instructions. In a company these are normally delegated to the President of the Board, and the proxy card clarifies whether votes should be in favor, against or an abstention for each of the points that appear on the agenda. In the case of no particular vote having been specified, it is assumed to be a vote in favor.

vote of censure (*voto de censura*) Manifestation of disagreement with the way in which a person or group is carrying out a job, normally used to refer to a vote in a chamber or corporation when there is no confidence in the Government, governing body, or board of directors.

voting rights participation (*participación política*) Percentage of the total votes to which a shareholder is entitled. Often equivalent to financial participation, since each share is normally entitled to one vote. However, they may differ if shares have no voting rights (for example, preferential shares) or have multiple voting rights, or in the case of pyramid participation.

voting stock (*acciones con derecho de voto*) Company shares that entitle their owners to vote at General Shareholder Meetings personally or by proxy.

voucher (*vale*) Document that gives rights to a particular good or service. It may or may not explain whether payment has been effected or not and may or may not indicate the price. Sometimes it is used as a commitment to pay (for example, a voucher to withdraw merchandise).

W

wage (*salario*) Collection of economic payments received by workers for the provision of their professional services. Although it is a generic term it is applied more to workers than to directors. It may be calculated in line with hours worked, days or production (piece work).

warehouse (*almacén*) Place where stock is kept. May be used for wholesaling activities over the counter, self-service or as a distribution center for retailers.

waste (*derroche*) Excessive use or use of resources without an appropriate purpose, especially referring to money.

waste (*malgastar*) To use money and, in general, resources, without gaining a reasonable profit.

watchdog (*censor*) Person in charge of supervising compliance with statutes, regulations and agreements.

weighted distribution (*distribución ponderada*) Percentage of total sales by outlets offering a particular brand, divided by the total market for such product. Indicates actual market penetration, given that it accounts for the number of outlets as well as size.

white knight (*caballero blanco; príncipe*) Company that assists another threatened by a possible takeover, by offering better conditions. These improved conditions may be in the form of a higher price per share, cash payment instead of a share swap, a guarantee of management continuity or a promise that the company will retain management independence after the purchase.

wholesale price index (*índice de precios al por mayor*) Balanced index of wholesale goods and services. It gives an idea of production cost inflation.

wholesale price (*precio al por mayor*) Selling price to retailers or large consumers, normally involving discounts on the tariff price.

wholesale sale (*venta al por mayor*) Sale to retailers or consumers of large quantities, by wholesalers that buy from manufacturers or importers.

wholesale trade (*comercio al por mayor*) Type of trading in which clients are intermediaries and do not consume the products they purchase.

wholesaler (*mayorista*) Company that sells goods to retailers and consumers of large quantities, purchasing from many different manufacturers. According to the sector, the number of references may range from 2,000 to 100,000. Not normally an exclusive distributor for the majority of goods sold and may sell at any price, although often in compliance with manufacturer trade policies.

widow and orphan stock (*acción de viudas*) Share that pays high dividends and is considered extremely safe, although growth prospects may be fewer. Normally has a low beta ratio.

withdrawal (*retiro; reintegro*) Amount withdrawn from a current account or savings account by a client of a financial institution.

withholding (*retención*) Holding back of part of a sum to be paid in order to guarantee the completion of an obligation or to facilitate the collection of a tax.

withholding tax (*retención en origen*) Part of an income or deposit that is retained by the payer in order to pay it straight into the Treasury. A taxpayer normally deducts the amount withheld when completing a tax return.

word of mouth (*de boca en boca*) Information or rumor that is transmitted in an oral and disorganized fashion. It contributes decisively to brand and product image.

work force (*mano de obra*) Group of workers on staff.

work in process (*obra en curso*) Current assets in the manufacturing or assembly phase. In companies that produce fixed assets, it may constitute a significant percentage of assets and generate false results if not correctly accounted. Products are normally referred to as semi-finished goods.

work permit (*permiso de trabajo*) Permit given by government officials to foreigners that authorize them to work in the country for a certain period of time. The purpose of work permits is to regulate and control immigration.

work team (*equipo de trabajo*) Group of people that coordinate the implementing of a particular activity.

workaholic (*adicto al trabajo*) Person obsessed by work and therefore disregards other aspects of his/her personal life or family relationship.

worker (*trabajador*) Person that is remunerated in exchange for an activity carried out in a company.

workers' assembly (*asamblea de trabajadores*) Meeting of employees to agree on a position for dealing with the management of a company. Many countries recognize this as a worker's right and regulation has been established to control it.

workers' committee (*comité de empresa*) Body comprised of representatives elected by the workers of a company to defend their interests.

working capital (*capital de trabajo; capital circulante*) Excess of current assets over current liabilities that ensures payment to suppliers and creditors as debtors and stocks are converted into liquid assets. Equivalent to excess permanent funds over fixed assets. In the distribution sector, the figure is normally negative due to cash payments and the strong competition beaten suppliers.

working control (*control de hecho*) Actual control of a company by a group of investors or another company without a total of 50%, due to the fact that all other shares are minority interest.

working day (*día laborable*) Day in which services are offered to the public. Normally from Monday to Friday, although certain sectors trade on Saturdays and even Sundays.

working day (*horario laboral*) Beginning, duration and end of the time during a normal day when work should be carried out, the determination of which is one of the employer's functions.

working environment (*clima laboral*) Working atmosphere as experienced by employees within a company. This is affected by successful sales and results, job security, training and promotion opportunities, team spirit and the ability of top and middle management to take decisions and resolve conflicts effectively.

working hours (*jornada de trabajo*) Duration of the working day generally required of all staff and which in many countries tends to be around 40 hours a week, each working day following a set pattern either in shifts, with or without a lunch break.

workstation (*puesto de trabajo*) Physical space where a worker carries out his job, especially in an assembly line.

write-off (*llevar a pérdidas y ganancias*) To achieve a zero account balance as a recognition of the total loss of asset value, be it property or a debtor, etc. When the loss is not total, an asset can be recovered by partially reducing its book value.

wrongful dismissal (*despido improcedente*) Termination of a labor contract or relationship that is considered inadmissible by employment authorities, normally leading to the worker being re-employed by the company or compensated.

WWW; World Wide Web (*multimalla mundial;* telaraña; WWW) Part of the Internet network with an appearance and user interface similar to the graphics of operating systems like Windows, OS/2 or MacOS that allows access to information. It is one of the most popular parts of the Internet network thanks to its visual attraction and ease of use. It is based on HTML for screen formats and HTTP for transmission protocol.

Y

year-end closing (*cierre de ejercicio*) Accounting records at the end of a financial period to include the last movements (depreciation, provisions, stabilizing, etc.) prior to the accounts for the year being closed.

yellow pages (*páginas amarillas; sección amarilla*) Telephone book that classifies subscribers according to their business activity, providing easy access to information on different services, such as restaurants, small companies and stores, etc. The service may also be computerized.